土方　久著

複式簿記生成史の研究

——ドイツ固有の簿記とイタリア簿記の交渉と融合——

東京　森山書店　発行

目　　次

ドイツ固有の簿記とイタリア簿記の交渉と融合

ドイツ固有の簿記と
イタリア簿記の交渉と融合

問題の提起

想えば，筆者は，実に無謀な構想を練ったようである。「ドイツ簿記の16世紀」から，17世紀，18世紀を経由，19世紀までの単式簿記と複式簿記，さらに，静態論から「20世紀の動態論」まで，この4世紀余，この400年余の間を俯瞰して，今日の複式簿記の枠内にある会計，したがって，「複式簿記会計への進化」を解明しようとしたのだから。しかし，後悔しきりのなかで，ともかくも，筆者の姉妹の書として，2005年には，拙著『複式簿記の歴史と論理―ドイツ簿記の16世紀―』(森山書店)，2008年には，拙著『複式簿記会計の歴史と論理―ドイツ簿記の16世紀から複式簿記会計への進化―』(森山書店）を世に問うことで，人知れぬ獣道でしかないかもしれないが，その筋道だけは，やっとの想いで解明しえたようである。

しかし，いまだに気掛かりなのは，16世紀に支持される「ドイツ固有の簿記」。世界に現存する最初の印刷本『算術，幾何，比および比例全書』が Pacioli, Lucaによって出版されるのは1494年。Pacioloを原型とする「イタリア簿記」がドイツに移入されるのは，これに遅れること約半世紀，1549年に，Schweicker, Wolffgangによって出版される印刷本。まさに標題自体が正鵠を得る印刷本『複式簿記』によってであるのだが，Pacioloによって出版される印刷本に遅れること約4半世紀，すでに，ドイツでは最初の印刷本『新しい算術書』が，1518年に Grammateus, Henricusによって出版される。この印刷本の1編「商人の仕訳帳，商品帳および金銭帳に拠る簿記」には，「ドイツ固有の簿記」が解説される。さらに，これから約4半世紀には，1531年，1546年に Gottlieb, Johannによって出版される印刷本『ドイツの明解な簿記』,『簿記，二様の精巧かつ明解な簿記』にも，ドイツ固有の簿記が解説される。

したがって，「イタリア簿記」がドイツに移入されるまでの約半世紀に，「ドイツ固有の簿記」が展開されたことになる。そうであるからこそ，複式簿記としては，どこがドイツ固有の簿記であるか，それでは，Pacioloによって出版される印刷本を原型とするイタリア簿記とは，どのように交渉したか，さらに，どのように融合したかについては，大いに解明しておかねばならないはずである。

そのようなわけで，拙著『複式簿記の歴史と論理』には，筆者は，すでに，1518年に Grammateusによって出版される，ドイツでは最初の印刷本を「ドイツ固有の簿記の成立」として解明。1531年に Gottliebによって出版される印刷本を「ドイツ固有の簿記の展開」として解明。さらに，1546年に Gottliebによって出版される印刷本を「ドイツ固有の簿記の発展」として解明したところである。

しかし，筆者は，停年を目前に大学の研究室を片付けていると，これまでに苦労して入手しえておきながら，通覧しただけで忘れてしまっていた印刷本，特に「ドイツ固有の簿記」を解説する印刷本が見出される。しばし片付けるのを中断して，いま，改めて，この印刷本を読み返してみると，「ドイツ簿記の16世紀」を解明するのに急いだあまりか，資料不足であったことに加えて，推敲不足，したがって，説明不足であったことを痛感させられるのである。そればかりか，すでに，16世紀のドイツに出版される簿記の印刷本の目録を作成して，その複写を依頼して入手しえたすべての印刷本は，とにかく読了しえた自負の念からか，筆者なりに確信するところでは，まずは，Grammateusによって，「ドイツ固有の簿記」が成立したにしても，これを確立したのは，Gottliebによって出版される 2 冊の印刷本の間に，von Ellenbogen, Erhartによって，1537年に出版される印刷本『プロシアの貨幣単位と重量単位に拠る簿記』の初版本であることに，さらに，これを新たに展開したのは，1538年に出版される，この印刷本の改訂本であることに気付かされるのである。

ところが，「イタリア簿記」がドイツに移入されるまでの約半世紀，したがって，16世紀前半だけに，「ドイツ固有の簿記」が展開されたのではなさそうである。1565年には Kaltenbrunner, Jacobによって，印刷本『新訂になる算術書』，1567年には Hübner, Symonによって，印刷本『新しい算術書』が出版されて，16世紀後半までも，「ドイツ固有の簿記」は展開されるからである。しかし，いずれの印刷本も，Grammateusによって出版される印刷本とは，具体的に解説する事例は相違するのだが，印刷本の組版がわずかに食違うくらい，場合によっては，印刷本の組版が全く同様，解説する文章もほとんど同様なのである。したがって，Grammateusによって出版される印刷本を模倣するばかりか，この印刷本を剽窃したとの疑惑ないし批判すら甘受しなければならないほどであるので，16世紀後半に出版される印刷本は，16世紀前半に解説された「ドイツ固有の簿記」の域を超えるものではなさそうですらある。しかし，このような印刷本であっても，依然として出版されたということは，想像するに，「イタリア簿記」が移入されてからの16世紀後半にも，「ドイツ固有の簿記」が支持されていたからではなかろうか。

そうであるとしたら，なおさら，複式簿記としては，どこがドイツ固有の簿記であるか，それでは，Pacioloによって出版される印刷本を原型とするイタリア簿記とは，どのように交渉したか，さらに，どのように融合したかについては，大いに解明しておかねばならないはずである。

すでに，16世紀の前半に，Gottliebによって，「ドイツ固有の簿記」は，Pacioloによって出版される印刷本を原型とするイタリア簿記と交渉して融合しようとしたのだが，融合したにしても，どこまで融合しえたか，どうしたら完全に融合しうるかとなると，16世紀の後半に，さらに，これを新たに融合したのは，Pacioloによって出版される印刷本に遅れること約1世紀，1596年にWilhelm, Matthiamによって出版される印刷本『新しい算術書』であることに気付かされるのである。

そこで，筆者は，「ドイツ簿記の16世紀」，特に「16世紀におけるドイツ固有の簿記とイタリア簿記の交渉と融合」について，

第1章では，「ドイツ固有の簿記の確立」として，1537年にvon Ellenbogenによって出版される印刷本『プロシアの貨幣単位と重量単位に拠る簿記』の初版本を解明して，複式簿記としては，どこがドイツ固有の簿記であるかについて，

第2章では，「ドイツ固有の簿記の展開」として，1538年にvon Ellenbogenによって出版される，この印刷本の改訂本を解明して，複式簿記としては，どこがドイツ固有の簿記であるか，これに併せて，そのように解説されたのはな

ぜかについて，筆者なりの卑見を披瀝することにする。

第3章では，「ドイツ固有の簿記の融合」として，1596年にWilhelmによって出版される印刷本『新しい算術書』を解明して，Pacioloによって出版される印刷本を原型とするイタリア簿記とは，どのように交渉したか，さらに，どのように融合したか，これに併せて，融合したにしても，どこまで融合しえたか，どうしたら完全に融合しうるかについて，筆者なりの卑見を披瀝することにする。

そのようなわけで，本書は，「ドイツ簿記の16世紀」について，複式簿記の歴史の裏付けを得ながら，その論理を解明しようと，筆者が7年前に世に問うた前々書『複式簿記の歴史と論理』の補完の書である。

なお，改めて，筆者が作成している，16世紀のドイツに出版される簿記の印刷本の目録を披露することにする。表1を参照。

16世紀のドイツに出版される簿記の印刷本
○ GRAMMATEUS, Henricus（SCHREIBER, Heinrich）; *Ayn new kunstlich Buech welches gar gewiß vnd behend lernet nach der gemeinen regel Detre / welschen practic / regeln falsi vñ etlichẽ regeln Cosse mancherlay schöne vñ zuwissen noturfftig rechnñg auff kauffmanschafft. Auch nach den proportion der kunst des gesanngs im diatonischen geschlechte auß zutaylẽ monochordũ / orgelpfeyffẽ vñ ander instrument auß der erfindung Pythagore. Weytter ist hierinnen Begriffen Buechhaltten durch das Zornal / Kaps vnd schuldbüch. Visier zumachen durch den quadrat vnnd triangel mit vil andern lustigen stücken der Geometrey. Gemacht auff der löblichen hoenschül zü Wieñ in Osterreich durch Henricũ Grammateum / oder schreyber von Erffurdt der siebẽ freyen künsten Maister,* Erfurt 1518（印刷は1523）.
○ GOTTLIEB, Johann; *Ein Teutsch verstendig Buchhalten für Herren oder Geselschaffter inhalt wellischem proceß / des gleychen vorhin nie der jugent ist fürgetragen worden / noch in drück kummen / durch Johañ Gotlieb begriffen vñ gestelt. Darzu etlich vnterricht für die jugent vñ andere / wie die Posten so auß teglicher handlung fliessen vñ fürfallen / sollen im Jornal nach künstlicher vñ Buchhaltischer art gemacht / eingeschrieben / vnd nach malß zu Buch gepracht werden,* Nürnberg 1531.

○ von ELLENBOGEN, Erhart; *Buchhalten auff Preussische müntze vnd gewichte / vormals nie gesehen / also behende vnd offenbar gesetzet / das es ein jder verstēdiger leslichen selbs begreiffen mag / Darff der halben nicht mehr so fehrlichen reisen / inn ferne frembde land / vnd Buchhalten mit grosser vnkost lernen,* Wittenberg 1537（初版本）.

○ von ELLENBOGEN, Erhart; *Buchhalten auff Preussische muntze / vnd gewichte / Also behende vnd offenbar gesetzt / das es ein ilicher vorstendiger (so er rechnen kan) leßlichen selber vorsteen mag / darff der halben nymandts mer so ferlichen yn ferne frembde land reysen / vnnd Buchhalten mit grosser mühe vnd vnkost lernen,* Danzig 1538（改訂本）.

○ GOTTLIEB, Johann; *Buchhalten, Zwey künstliche vnnd verstendig Buchhalten / Das erst / wie Einer fur sich selbst oder Geselschafter handeln sol. Das ander / fur Factoren / vñ wie man auch Wahr mit Gewin oder verlust stechen vñ wie verstechen mag / mit iren Beschlüssen / Proben vnnd außzügen / So dermassen in Truck nie kommen sein / Nach künstlicher rechter natürlicher art vnd proceß / durch Joann Gotlib gestelt. In diesem sindt man auch auffs kürtzte / was Buchhalten sey / Vnd wie die Posten im Jornal / nach rechter vnd Künstlicher ordnung / sollen gestelt / vnd nachfolgents zu Buch getragen vnd Beschlossen werden,* Nürnberg 1546.

□ SCHWEICKER, Wolffgang; *Zwifach Buchhalten, sampt seinē Giornal / des slben Beschlus / auch Rechnung zuthun etc.,* Nürnberg 1549.

△ 著者は不明；*Vndterricht eins gantzen Handelsbuchs, Darinnen mit Trewhertzigen gemüth / die art eines rechten ordentlichen Buchhaltens angzeigt wird / Durch einen sondern Liebhaber der hochberhümpten Kunst der Arithmetica / im verschienen 1556. Jar / zusamen getragen. Jetzt aber zu nutz vnd fürderung allen Aufahenden Händlern vnnd Kauffleuten / auch denen / so Factoreyen zu versehen haben / inn Druck verfertiget / vorhin degleichen nie mehr gesehen,* Frankfurt am Main 1559.

○ KALTENBRUNNER, Jacob; *Ein newgestellt kunstlich Rechenbüchlein / darinnen alle yetztgebzeuchige Kauffmans / auch andere Rechnungen / gantz klar vnd verstendtlich begriffen. Zu nutz allen seinen / vnd einem jeden angehenden Schuler Rechens / ganz leichtlich zu lernen / mit hülff des Allmechtigen verfertigt,* Nürnberg 1565.

○ HÜBNER, Symon; *Ein New Rechenbüchlein / auff allerley Kauffmanns Rechnung / von mancherley schönen Regeln / vortheil vnd behendigkeit /*

darinnen alles gantz deudtlich vñ verstendilich an tag geben / mit schönen Regeln vñ Exempeln / sampt einem kleinen Buchhalten, Danzig 1567.

□ GAMERSFELDER, Sebastian; *Buchhalten Durch zwey Bücher nach Italianischer Art vnd Weise,* Danzig 1570.

□ SARTORIUM, Wolffgangum; *Buchhalten / mit zwey Büchern / nach Preussischer Müntze / Maß / vnnd Gewichte,* Danzig 1592.

□ GOESSENS, Passchier; *Buchhalten sein kurtz zusam̃en gefasst vnd begriffen / nach arth vnd weise der Italianer / mit allerhandt verständlichen guten Exemplen von Factoryen / auch Geselschafft handlungen,* Hamburg 1594.

○ WILHELM, Matthiam; *Ein Newes Rechenbühlein / mit vilen schönen Gesellschaften / Wächsel / vnd ander dergleichen Kauffmans Rechnungen / so zuvor in truck nie außgangen / durch die Wälsch Practik / mit mancherley Müntz sortten soluiert vnd auffgelößt. Beneben einem kurtzen Formular Bühhaltens / den Jungen angehenden Handtierungs vnd Kauffleuten sonderbar nutzlich,* Augsburg 1596.

*○印は「ドイツ固有の簿記」を解説する印刷本。計 8 冊。
*□印は「イタリア簿記」，したがって，複式簿記を解説する印刷本。計 4 冊。
*△ 印は，Penndorf, Balduinによると，ネーデルランドは Mennher von Kempin, Valentinによって提唱される「代理人簿記」を展開して解説する印刷本。計 1 冊。
Vgl., Penndorf, Balduin; *Geschichte der Buchhaltung in Deutschland,* Leipzig 1913, S.132ff.
Vgl., Kheil, Carl Peter; *Valentin Menher und Antich Rocha 1550-1565, Ein Beitrag zur Geschichte der Buchhaltung,* Prag 1898.

表 1

ところで，これまでに書き漏らしたことを補うために，補遺としては，筆者が「ドイツ簿記の16世紀から複式簿記会計への進化」を解明しようとして以来，抱き続けてきた疑問，「会計情報」自体が多様な変革を迫られる現状にあって，しかも，この変革を可能にする開示「技術」が急速に進歩する現状にもあって，「それでも，複式簿記に関わるのはなぜか」，したがって，「それでも，今日の複式簿記の枠内にある会計，『複式簿記会計』であるのはなぜか」，このような疑問を抱き続けてきた筆者は，「『複式簿記』であるなら間違いはない」と思い込んでしまう「複式簿記の神話」に無意識に頼っていることを自覚しておかねばならないとの想いから，「記録の起源と複式簿記の記録」を解明している。このような課題，「記録すること」自体の起源から説き起こしたことは，まさに趣味の域との謗りは免れないかもしれないが，筆者には，それなりの理由があってのことである。本来，「簿記」は，「帳簿を備付けること，保持すること」，したがって，まずは，「帳簿に記録すること」を意味する。それでは，いつから記録するようになったか，「何をどれくらい」，これをどのように記録するようになったか，「何のために」記録するようになったか，「記録すること」自体の起源は……。これに対して，帳簿に記録することを意味する「簿記」との関わり，特に「複式簿記」との関わりは……。

したがって，1回かぎりの取引事実を記録する「時点記録」，「断片記録」，この「会計文書」を信頼しうるものにするために，「商人」と「取引相手」の商人が，ごまかされることがないように，改竄されることがないように，どのように腐心したか，まずは，「記録」の起源について解明しておきたかったからである。これに対して，反復する取引事実を記録する「継続記録」，この「会計帳簿」を信頼しうるものにするために，商人「自身」が，ごまかすことがないように，改竄することがないように，どのように腐心したか，さらに，複式簿記の「記録」について解明しておきたかったからである。これを併せ解明しうるなら，商人「自身」が腐心したことによってこそ，この「複式簿記の神話」が生み出される発端となったことを浮き彫りにしえようというわけである。

これに加えて，約半世紀の間，簿記教育の現場に会計教育の現場に携わってきた筆者が努めてきたことであるが，「複式簿記」をただの技法として，ともすれば難解のままに学習してもらうのではなく，少しは楽しい教養として「簿記知識」を学習してもらいたいとの願いがあったからでもある。このような願いから，筆者は，「記録すること」自体の起源から説き起こして，その「会計文書」を信頼しうるものにするために，「商人」と「取引相手」の商人が，ごまかされることがないように，改竄されることがないように，いかに腐心したか，これに対して，その「会計帳簿」を信頼しうるものにするために，商人「自身」が，ごまかすことがないように，改竄することがないように，いかに腐心したか，数百年，いや，数千年にも亘る「商人の英智」のほどを知ってもらいたかったからでもある。

末尾に，付録としては，筆者が「ドイツ簿記の16世紀に」に取組んでから，実際に調査，可能なかぎり収集しながら整理してきた目録，「19世紀にドイツに出版される簿記の印刷本の目録」を作成している。16世紀から18世紀までにドイツに出版される簿記の印刷本の目録は，すでに，筆者の姉妹の書に披露してきたのだが，紙幅の都合から，披露するのを躊躇していた目録である。

これに併せて，本来，日本の会計制度と「会計理論」の関わりを解明しようとして，近代会計の父 Schmalenbach, Eugenの大著『動的貸借対照表論』に取組んできた筆者が，会計制度，会計理論と「複式簿記」の関わりまでも解明しなければならなかった理由，なぜ「ドイツ簿記の16世紀」から取組まねばならなかったか，なぜ「ドイツ簿記の16世紀から複式簿記会計への進化」にまで取組まねばならなかったかを読者諸賢に納得してもらいたい想いを吐露している。さらに，この大著こそは，筆者の学者人生にとって，研究の出発点であると同時に，研究の終着点であったことから，Schmalenbachの人となりについても紹介している。

そのようなわけで，補遺としては，「記録の起源と複式簿記の記録」，さらに，付録としては，「19世紀のドイツに出版される簿記の印刷本の目録」まで書き添えることによって，本書は，「ドイツ簿記の16世紀から複式簿記会計への進化」について，複式簿記の歴史の裏付けを得ながら，その論理を解明しようと，筆者が4年前に世に問うた前著『複式簿記会計の歴史と論理』の補完の書でもある。

第1章　ドイツ固有の簿記の確立

――フォン エレンボーゲンの印刷本
『プロシアの貨幣単位と重量単位に拠る簿記』(初版本), 1537年――

第1節　は　じ　め　に

「複式簿記」については，世界に現存する最初の印刷本『算術，幾何，比および比例全書』（*"Summa de Arithmetica Geometria Proportioni et Proportionalita"*, Venezia.）[1] が，1494年にPacioli, Lucaによって出版されてから，これに遅れること約4半世紀，ドイツでは最初の印刷本『新しい技術書』（*„Ayn new kunstlich Buech*･･･", Erfurt.）が，1518年にGrammateus, Henricus [2] によって出版される。この印刷本の1編「商人の仕訳帳，商品帳および金銭帳に拠る簿記」(Buchhalten durch Zornal, Kaps vnd Schuldtbuch auff kauffmanschaft) には，「ドイツ固有の簿記」が解説される。さらに，これから約4半世紀には，1531年，1546年にGottlieb, Johannによって出版される印刷本『ドイツの明解な簿記』(*„Ein Teutsch verstendig Buchhalten*･･･", Nürnberg.)，『簿記，二様の精巧かつ明解な簿記』(*„Buchhalten, Zwey künstliche vnnd verstendige Buchhalten* ･･･", Nürnberg.) にも，ドイツ固有の簿記が解説されるの

1) 標題の原文は，*Sũma*。ここでは，*Summa*と表記する。
参照，拙稿；「イタリア簿記の原型」，『商学論集』(西南学院大学)，51巻2号，2004年9月，1頁以降。51巻第3･4号，2005年2月，1頁以降。
参照，拙著；『複式簿記の歴史と論理』，森山書店 2005年，141頁以降。

2) この著作の原稿が完成されたのが1518年であって，実際に出版されたのは1523年であるといわれる。
参照、片岡義雄著；『パチョーリ「簿記論」の研究』，森山書店 1956年，34頁。
名前としては，Scriptoris, HenricusまたはSchreiber, Heinrichとも表記されるが，1517年にはギリシャ風の名前にして，1518年にもGrammateus, Henricusを使用していたことから，そのように表記することにする。
Vgl., Penndorf, Balduin; *Geschichte der Buchhaltung in Deutschland,* Leipzig 1913, S. 107.

である。

しかし，Paciolo[3)] によって出版される印刷本を原型とする「イタリア簿記」がドイツに移入されるのは，この印刷本が出版されてから約半世紀，まさに16世紀半ばの1549年のことである。Schweicker, Wolffgangによって出版される印刷本『複式簿記』（„*Zwifach Buchhalten* ･･･“, Nürnberg.）[4)]，まさに標題自体が正鵠を得る印刷本によってである。

事実，Penndorf, Balduinは表現する。「これまでの著作にイタリア人が影響を与えたにしても，わずかであるか，全く影響を与えてはいない。しかし，わずか数年後の1549年には，Pacioloの論説を完全に模範とする著作が出版される。Schweickerの著作『複式簿記』が，それである」。しかも，「Kheil, Carl Peterが，この著作を詳細に論評して指摘したのは，この著作がイタリア人に依拠するということである[5)]」[6)] と。

したがって，「イタリア簿記」がドイツに移入されるまでの約半世紀の間は，「ドイツ固有の簿記」が展開される。しかし，複式簿記としては，どこがドイツ固有の簿記であるか，それでは，Pacioloによって出版される印刷本を原型とするイタリア簿記とは，どのように交渉したか，さらに，どのように融合したかについては，大いに解明しておかねばならないはずである。

そのようなわけで，筆者は，すでに，1518年にGrammateusによって出版される，ドイツでは最初の印刷本『新しい技術書』を「ドイツ固有の簿記の成

3）Pacioli, Lucaについては，姓と名を表記する場合に，「パチョーリ家のルカ」というように，複数形のPacioliを使用して，姓のみを表記する場合には，単数形のPacioloを使用する。

4）参照，拙稿；「ドイツ簿記とイタリア簿記の交渉」，『商学論集』（西南学院大学），50巻3号，2003年12月，1頁以降。50巻4号，2004年2月，1頁以降。51巻1号，2004年7月，1頁以降。
参照，拙著；前掲書，219頁以降。

5）Vgl., Kheil, Carl Peter; *Ueber einige ältere Bearbeitungen des BUCHHALTUNGS-TRACTATES von LUCA PACIOLI*, Prag 1896, S. 75ff.

6）Penndorf, Balduin; *a. a. O.*, S.125. 括弧内は筆者。

7）参照，拙稿；「ドイツ固有の簿記の成立」，『商学論集』（西南学院大学），48巻2号，2001年10月，1頁以降。

立」[7)]として解明。1531年にGottliebによって出版される印刷本『ドイツの明解な簿記』を「ドイツ固有の簿記の展開」[8)]として解明。さらに，1546年にGottliebによって出版される印刷本『簿記，二様の精巧かつ明解な簿記』を「ドイツ固有の簿記の発展」[9)]として解明したところである。

ところが，Gottliebによって出版される1531年の印刷本から1546年の印刷本の間に，1537年にvon Ellenbogen, Erhartによって出版される印刷本『プロシアの貨幣単位と重量単位に拠る簿記』(*„Buchhalten auff Preussische müntze und gewichte*･･･“, Wittenberg.)のあることが指摘される。Penndorfは表現する。「Gottliebは，まもなくダンツィヒ（現ポーランド領のグダンスク）に後継者として算術師，von Ellenbogenを見出した」[10)]が，「Grammateusの解説するところを模範にしたのがvon Ellenbogenである。したがって，二つの著作(Grammateusの著作とvon Ellenbogenの著作）から両者の利点を結び付けて，彼は3番目の著作を創造する」[11)]と。

これに対して，von Ellenbogen自身も彼の印刷本の冒頭に表現する。「筆者が，ドイツ，これ以外の国々の貴顕，かつ高名な算術師によって出版された多様な簿記，これをいかに集約したかを知ってほしい。賢明な算術師，ニュルンベルクの市民であるJohan Gotliebも，彼によって出版された簿記の印刷本も，これをいかに自慢してよいかを知ってほしい」[12)]と。

事実，Gottliebによって出版される1531年の印刷本では，「帳簿記録」について解説されるにすぎない。「帳簿締切」について解説されるのは，1546年の印

8）参照，拙稿；「ドイツ固有の簿記の展開」，『商学論集』（西南学院大学），48巻3･4号，2002年2月，23頁以降。
参照，拙著；前掲書，41頁以降。

9）参照，拙稿；「ドイツ固有の簿記の発展」，『商学論集』（西南学院大学），49巻1号，2002年6月，1頁以降。49巻2号，2002年9月，1頁以降。
参照，拙著；前掲書，71頁以降。

10）Penndorf, Balduin; *a. a. O.,* S.117. 括弧内は筆者。

11）Penndorf, Balduin; *a. a. O.,* S.119. 括弧内は筆者。

12）von Ellenbogen, Erhart; *Buchhalten auff Preussische müntze vnd gewichte*･･･, Wittenberg 1537, 標題の裏側の丁. 写本に打たれた頁数は，S.3.
なお，Johan Gotliebは，「Johann Gottlieb」の誤植。

刷本まで待たねばならない。したがって，「帳簿記録」については，von Ellenbogenによって出版される印刷本に，1531年の印刷本から「集約した」であろうことは容易に想像される。これに対して，「帳簿締切」については，Grammateusによって出版される印刷本でも，von Ellenbogenによって出版される印刷本でも，実は「損益計算書」という表現は見出されないが，「損益集合表」としての損益計算書が作成される[13)]。しかし，Grammateusによって出版される印刷本では，「簿記の検証」(Proba des Buchhaltens)[14)] については，解説されるだけで，具体的に例示されることはないのに対して，von Ellenbogenによって出版される印刷本では，実は「貸借対照表」という表現は見出されないが，「残高検証表」としての貸借対照表が具体的に例示して作成される[15)]。これに対して，Gottliebによって出版される1546年の印刷本では，「損益集合表」としての損益計算書が作成されことはなく，新たに「損益勘定」が開設される[16)]。さらに，2枚の「貸借対照表」が作成される。これまた，実は「貸借対照表」という表現は見出されないが，「簿記の検証」については，「残高検証表」としての貸借対照表が作成されるのに加えて[17)]，実は「残高勘定」という表現

---

13) Vgl., Grammateus, Henricus; *Ayn new kunstlich Buech・・・*, Erfurt 1518, Bl. 97L.
なお，丁数（Blatt）が打たれるので，以下，左側の面はL.，右側の面はR.と表記する。
参照，拙稿；「ドイツ固有の簿記の成立」，『商学論集』（西南学院大学），48巻2号，2001年10月，19頁。
参照，拙著；前掲書，27頁。
Vgl., von Ellenbogen, Erhart; *a. a. O.*, Bl.6L (Güterbuch). 写本に打たれた頁数は，S.28.
なお，「商品帳」に打たれた丁数を使用して，以下，左側の面はL (Güterbuch).，右側の面はR (Güterbuch). と表記する。

14) Grammateus, Henricus; *a. a. O.*, Bl. 104L.
参照，拙稿；前掲誌，20頁。
参照，拙著；前掲書，28頁。

15) Vgl., von Ellenbogen, Erhart; *a. a. O.*, Bl. 9L (Schultbuch). 写本に打たれた頁数は，S. 48.
なお，「金銭帳」に打たれた丁数を使用して，以下，左側の面はL (Schultbuch).，右側の面はR (Schultbuch).と表記する。
しかし，この「貸借対照表」は借方と貸方，左右対照の「勘定様式」ではなく，上下対照の「階梯様式」で作成されるので，そのように表現することには疑義があるかもしれない。しかし，「残高検証表」としての貸借対照表ではあるので，そのように表現することにする。

は見出されないが，新たに「残高勘定」としての貸借対照表も開設される[18]。したがって，ドイツ固有の簿記としては，Penndorfが表現するように，1537年に出版される印刷本には，von Ellenbogenが「3番目の著作を創造する」としたのなら，Gottlieb自身，1546年に出版される印刷本には，「4番目の著作を創造した」であろうことは容易に想像される。それだけに，von Ellenbogenによって出版される印刷本も解明しておかねばならないはずである。

しかし，このvon Ellenbogenによって出版される印刷本こそは，まさに「幻の書」である。Penndorf自身，「ケーニヒスベルク大学図書館に所蔵する写本」（Abdruck in der Universitätsbibliothek in Königsberg）（バルト海に面する港湾都市のケーニヒスベルクは国境をリトアニアとポーランドに接する現ロシア領のカリーニングラード）から引用する旨，注記してはいるが[19]，所蔵していないとの回答しかないからである。ケーニヒスベルクといえば，独ソ戦の激戦地。都市全体が灰燼に帰したがために，想像するに，この印刷本も焼失したからかもしれないが，さらに，ドイツはもちろん，近隣の国々の主要な大学図書館に調査を依頼しても，これまた，所蔵していないとの回答しかないからである。諦めかけたところで，「イギリス勅許会計士協会図書館」（ICAEW（Institute of Chartered Accountants in England & Wales） Library）に所蔵している旨，聞知したので[20]，

16）Vgl., Gottlieb, Johann; *Buchhalten, Zwey künstliche vnnd verstendige Buchhalten* ···, Nürnberg 1546, Bl. 8 (erstes Buchhalten) / 20 (anderes Buchhalten).
なお，「最初の簿記」の「金銭帳」から打たれた丁数を使用して，以下，左側の面はL (erstes Buchhalten).，右側の面はR (erstes Buchhalten).，「これ以外の簿記」の「仕訳帳」から打たれた丁数を使用して，以下，左側の面はL (anderes Buchhalten).，右側の面はR（anderes Buchhalten). と表記する。
参照，拙稿；「ドイツ固有の簿記の発展」，『商学論集』（西南学院大学），49巻1号，2002年6月，21頁。49巻2号，2002年9月，7頁。
拙著；前掲書，91/114頁。

17）Vgl., Gottlieb, Johann; *a. a. O.*, Bl. 11 (erstes Buchhalten) / 23 (anderes Buchhalten).
参照，拙稿；前掲誌，31頁(49巻1号)。11頁(49巻2号)。
参照，拙著；前掲書，101 / 118頁。

18）Vgl., Gottlieb, Johann; *a. a. O.*, Bl. 10 (erstes Buchhalten) / 22 (anderes Buchhalten).
参照，拙稿；前掲誌，29頁(49巻1号)。9頁(49巻2号)。
参照，拙著；前掲書，99 / 116頁。

19）Vgl., Penndorf, Balduin; *a. a. O.*, S.118.

この印刷本の調査，複写を依頼すると，所蔵しているのは「Kheil, Karl Peter（Kheil, Carl Peter）の写本（manuscript copy)」であるとの回答である。しかし，Kheilのコレクションであるか，それとも，Kheil自身の手写しであるか，判然とはしない。はたして，Penndorfが引用する写本であるか，これまた，判然とはしない。しかし，Penndorfが引用する具体的な事例とは一致するので，このKheilの写本は，von Ellenbogenによって出版される印刷本の，まさに写本ではあると判断しうる。

そこで，複式簿記としては，どこがドイツ固有の簿記であるかについて，さらに，1537年にvon Ellenbogenによって出版される印刷本『プロシアの貨幣単位と重量単位に拠る簿記』を解明して，筆者なりの卑見を披瀝することにしたい。

第2節　帳　簿　記　録

まずは，帳簿記録についてである。「日記帳」(teglich Buch)[21] が作成されると同時に，実は「元帳」(Buch / Hauptbuch）という表現は見出されないが，「商品帳」(Güterbuch / Capisbuch）と「金銭帳」(Schultbuch）に分類される元帳が作成される。

しかし，日々の取引事象を暦順的，特に叙述的に文章で記録するだけの日記帳ではない。Grammateusと同様に，日記帳の左端の行には，日々の取引事象を「二重記録」するために分解する。「商品帳」と「金銭帳」，どの勘定に記録

20）参照，井上清ホームページ；「初期ドイツ簿記書史概説」，〈http:// homepage 2. nifty. com/dear-inoue/bookkp/chap 2. html〉，2001年12月，1頁。
Cf., Institute of Chartered Accountants in England and Wales; *Historical Accounting Literature,* London 1975, p. 55 / 257.

21）Penndorfは「日記帳またはイタリアの仕訳帳」(Teglich Buch, oder von den Italiener Jornal oder Zornal genannt）という表現を引用するが，写本には，「日記帳」という表現があるだけで，そのような表現は見出されない。
Vgl., Penndorf, Balduin; *a. a. O.,* S.118.

するかについて指示するのである。しかし，実は「元丁欄」という表現は見出されないが，商品帳に転記するのであれば，商品の仕入と売上については，「商」(K) の文字と元帳の丁数，「元丁」，金銭帳に転記するのであれば，債権または債務の発生と消滅については，「債」(S) の文字と元帳の丁数，「元丁」，現金の収入と支出については，「現」(C) の文字と元帳の丁数，「元丁」を記録するGrammateusとは相違する[22)]。商品帳に転記するのであれば，X商品，Y商品に区別する商品勘定に打たれる丁数，「元丁」(事例は丁数1から丁数5)，金銭帳に転記するのであれば，債権または債務の発生と消滅については，債務者A，債務者Bに区別する債権勘定と，債権者C，債権者Dに区別する債務勘定の丁数，「元丁」(事例は丁数1から丁数6)，現金の収入と支出については，現金勘定に打たれる丁数，「元丁」(事例は丁数7から丁数8) を記録する。転記する勘定がないとしたら，丁数，元丁は「丁数0」を記録する。仕切線で区別することはないにしても，商品帳の商品勘定，金銭帳の債権勘定または債務勘定と現金勘定に打たれる丁数の順序で，かならず3つの丁数を記録するのである[23)]。したがって，日記帳の左端の行に指示する元帳の丁数から判断するなら，日々の取引事象を分解することにはなる。実は「仕訳帳」(Jornal) という表現は見出されないが，「二重記録」するために分解する仕訳帳にもなるのではなかろうか。

もちろん，日記帳の左端の行に，商品勘定の丁数，債権勘定または債務勘定の丁数，現金勘定の丁数の順序で，かならず3つの丁数を記録することによっては，転記するのが「商品帳」か「金銭帳」であるかは判明するが，左側の面と右側の面のどちらに記録するかは指示されないことに疑問は残る。

しかし，このような疑問は，実は「借方」(Soll / Debit) と「貸方」(Haben /

---

22) Vgl., Grammateus, Henricus; *a. a. O.*, Bl. 94f.
参照，拙稿；「ドイツ固有の簿記の成立」，『商学論集』(西南学院大学)，48巻2号，2001年10月，5頁以降。
参照，拙著；前掲書，13 / 18頁。

23) Vgl., von Ellenbogen, Erhart; *a. a. O.*, Bl. 1ff (teglich Buch). 写本に打たれた頁数は，S.5ff.
なお，「日記帳」に打たれた丁数を使用して，以下，左側の面はL (teglich Buch).，右側の面はR (teglich Buch). と表記する。

Kredit）という表現は見出されないが，Grammateusと同様に，「商品帳」と「金銭帳」である帳簿の見開きの左側の面と右側の面に，事前に，von Ellenbogenも独自の内容を指示しておくことによって解決する。日記帳から「商品帳」と「金銭帳」に転記するのに，帳簿の見開きの左側の面と右側の面に最初から独自の内容を指示しておくのである。しかし，商品帳に転記される「商品」と金銭帳に転記される「債権」については，今日と反対側の面に記録するGrammateusとは相違する[24)]。今日と同側の面に記録して，商品帳では，X商品，Y商品に区別する商品勘定の左側の面に「仕入」，右側の面には「売上」，金銭帳では，債務者A，債務者Bに区別する債権勘定の左側の面に「債権の発生」（私に支払うべし），右側の面に「債権の消滅」（支払済）を転記しなければならない。金銭帳に転記される「債務」および「現金」については，今日と同側の面に記録する。債権者C，債権者Dに区別する債務勘定の右側の面に「債務の発生」（私は支払うべし），左側の面には「債務の消滅」（支払済），現金勘定の左側の面に現金の「収入」，右側の面には現金の「支出」を転記しなければならない。

そこで，X商品，Y商品に区別する商品勘定の左側の面に商品の「仕入」（Kauffen / Gekaufft），右側の面には商品の「売上」（Verkauffen / Verkaufft）の頭書きがある。債権勘定または債務勘定の左側の面に「私に支払うべし」（Sal mir），右側の面には「私は支払うべし」（Sal ich）の頭書きがある。現金勘定の左側の面に現金の「収入」（bereit gelt eingenomen），右側の面には現金の「支出」（bereit gelt ausgegeben）の頭書きがある。Grammateusと同様に，この頭書きを頼りに，商品の仕入と売上，債権または債務の発生，現金の収入と支出を記録することになる。しかし，債権勘定または債務勘定の反対側の面には，「支払済」（Hab zalt / Hadt zalt）の頭書きを頼りに，債権または債務の消滅を記録す

24）Vgl., Grammateus, Henricus; *a. a. O.*, Bl. 91L.
参照，拙稿；前掲誌，3 / 7頁。
参照，拙著；前掲書，11 / 15頁以降。

る Grammateusとは相違する[25)]，債権勘定または債務勘定は，債務者A，債務者Bに区別して，債権者C，債権者Dに区別する「人名勘定」(Personenkonto)。この人名勘定の左側の面に「私に支払うべし」，右側の面には「私は支払うべし」の頭書きがあるだけで，人名勘定の反対側の面に転記するなら，自動的に債権または債務の消滅を記録することになるのである。von Ellenbogenは表現する。「私が誰かに支払うと，『私に支払うべし』の側に，誰かが私に支払うと，『私は支払うべし』の側に記録する」[26)] と。

しかも，実は「摘要欄」という表現は見出されないが，「商品帳」と「金銭帳」に分類される元帳の摘要欄の片隅，右隅の欄には，日記帳の丁数，「日丁」を記録する。この転記された元帳と日記帳が符合しうるようにするためである。Grammateusと同様である。

ところが，これまた，実は「金額欄」という表現は見出されないが，左側の面の1つの項目と右側の面の1つの項目が結合する「単純取引」であるなら，「商品帳」と「金銭帳」，どの勘定に記録するかは指示されて，いくらで記録するかも指示されるはずである。しかし，左側の面または/および右側の面で2つ以上の項目が結合する「複合取引」であるなら，「商品帳」と「金銭帳」，どの勘定に記録するかは指示されても，いくらで記録するかは指示されないことに疑問は残る。日記帳の摘要欄に叙述的に文章で記録する取引事象から判断するしかないのである。これまた，Grammateusと同様である。

なお，von Ellenbogenの例示する「日記帳」の丁数1および丁数3，「商品帳」の丁数1および丁数3，「金銭帳」の丁数1，丁数3，丁数5および丁数8を原文と共に表示することにする[27)]。図1，図2および図3を参照。

---

25) Vgl., Grammateus, Henricus; *a. a. O.*, Bl. 91L / 102L / 103L.
参照，拙稿；前掲誌，3 / 11 / 12頁。
参照，拙著；前掲書，11 / 20 / 21頁。

26) von Ellenbogen, Erhart; *a. a. O.*, Bl.1L (Güterbuch). 写本に打たれた頁数は，S.29. 二重括弧は筆者。

27) von Ellenbogen, Erhart; *a. a. O.*, Bl. 1L / 3R (teglich Buch) / 1 / 3 (Güterbuch) / 1 / 3 / 5 / 8 (Schultbuch). 写本に打たれた頁数は，S. 5 / 8 / 18f / 22f / 30f / 34f / 38f / 44f.

日記帳

丁数1(左側の面)

元丁	1537年3月	Marck	Schil.
1 1 7	同月3日。私は，ダンツィヒの市民，Hans Schwatzewoltから蜜蝋，9シフポンドを仕入れた。単価64Mar.3Schi.。300Marckは現金を支払い，残金はミカエル祭に支払うべし。	576	27
1 1 0	同月5日。私は，ワルシャワの市民，Andres Stoltenbergから葡萄酒，20ラストを仕入れた。単価32Marck13Schil.。ドミニコ会に支払うべし。彼は私の証文を持っている。	644	20
2 0 7	同月16日。私は，ツゥロンの算術師，Thomas Colmerからライ麦，17ラストを仕入れた。単価18Marck。現金を支払うが，ミラノの市民，Peter Purisel，さらに，Jörg Lingerおよび Michel Hubnerに送金する。	306	0

		Marck	Schil.
1			
	Mertzen		
	1537		
	Adi. 3. ditto / habe ich gekaufft		
1	von Hans Schwatzewolt /		
1	B. zu Dantzike 9. schiffpf.		
7	wachs / kost j schiffpf. 64. mar.		
	3. schi. Habe jm daran gege=		
	ben 300. marck / die reste sol		
	auff Michaelis fallen / thut	576	27
	Adi 5. ditto / habe ich gekaufft		
	von Andres Stoltenberg B.		
1	zu Warschau 20 last weitzen		
1	kost j last 32 marck 13 schil.		
0	Sol jms bezalen auff den		
	Dommick / des hat er meine		
	handschrifft / thut	644	20
	Adi 16. ditto / habe ich gekaufft		
	von Thomas Colmer / Re=		
2	chenmeister zu Thorn 17. last		
0	korn / zu 18 marck / ist bar be=		
7	zalt / Dabey sind gesessen Mis=		
	ter Peter Jurivel B. zu Mey		
	land / vnd Jörg Linger / vnd		
	Michel Hubner / Thut	306	0
	April		

丁数3（右側の面）

元丁	1537年6月	Marck	Schil.
0 1 7	同月7日。私は，葡萄酒に対して支払いを負っているAndres Stoltenbergに現金を支払うべきところ，Greger Kamermanに現金を支払った。	333	2
2	同月12日。私はAndres Koeからライ麦，200ラストを仕入れる。単価16Marck。この内，2860 Marckは現金を支払い，残金については，私は支払うべし。	3200	0
2 0 7	同月21日。このライ麦に対する諸掛り経費をニュルンベルクのKlaus Holdzel，Peter DömelおよびHans Wurmに現金で支払った。	94	0

＊同(6)月12日の元丁は，債務勘定の「丁数3」と現金勘定の「丁数7」の欠落。

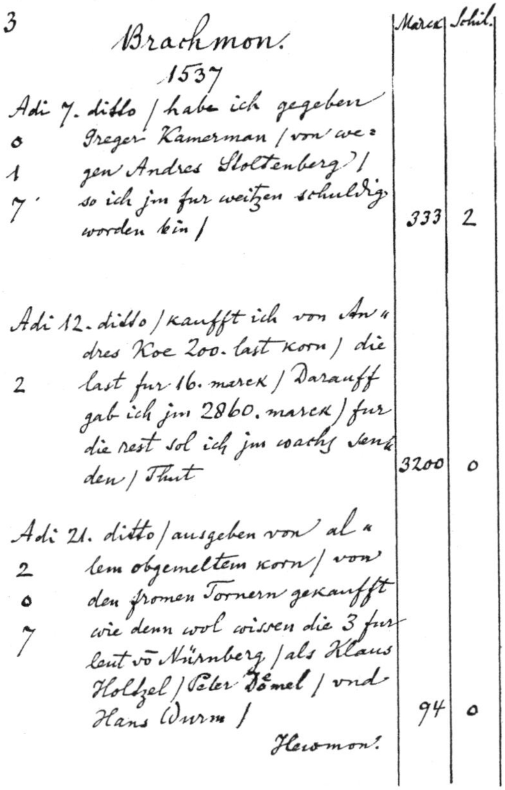

3

Brachmon.

1537

		Marck	Schil.
	Adi 7. ditto / habe ich gegeben		
0	Greger Kamerman / von we=		
1	gen Andres Stoltenberg /		
7	so ich jm fur weitzen schuldig		
	worden bin /	333	2
	Adi 12. ditto / kaufft ich von An=		
	dres Koe 200. last korn / die		
2	last fur 16. marck / Darauff		
	gab ich jm 2860. marck / fur		
	die rest sol ich jm wachs sen=		
	den / Thut	3200	0
	Adi 21. ditto / ausgeben von al=		
2	lem obgemeltem korn / von		
0	den fromen Tornern gekaufft		
7	wie denn wol wissen die 3 fur		
	leut võ Nürnberg / als Klaus		
	Holtzel / Peter Dömel / vnd		
	Hans Wurm /	94	0
	Heromon.		

図1

商品帳

丁数1

神に感謝　1537年	Marck	Schil.		Marck	Schil.
			蜜　蝋		
仕　入 3月3日。Hans Schwartzewoltから9シフポンド。 日丁1	576	27	売　上 9月10日。Törgenn Peyerに7シフポンド。 日丁4	511	0
商品売買益。	62	39	売残商品。 2シフポンド。	128	6
仕　入 3月5日。Andres Stoltenbergから20ラスト。 日丁1	644	20	葡萄酒 売　上 9月10日。Merten Rodenに18ラスト。 日丁4	270	0
商品売買益。	140	6	売残商品。 2ラスト。	64	26

＊葡萄酒の売上は，「720Marck」の誤植。

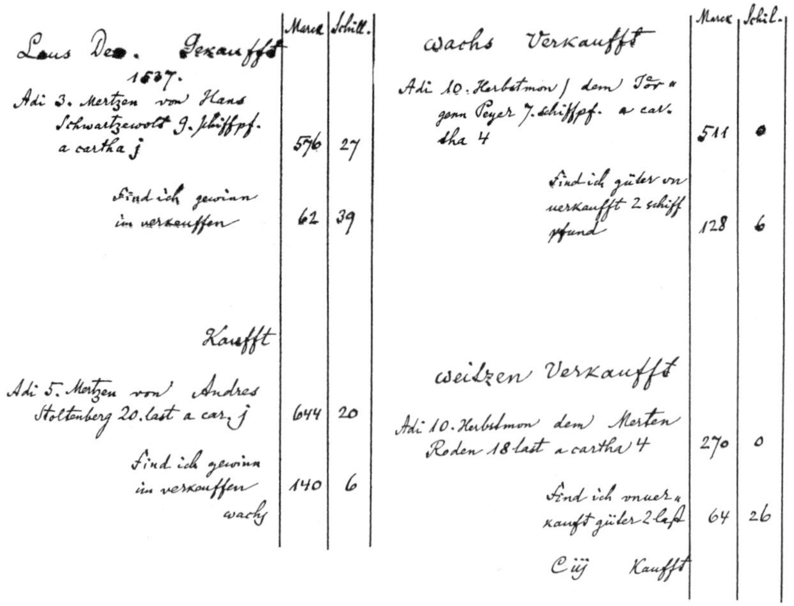
Laus Deo. Gekaufft 1537.
Adi 3. Mertzen von Hans Schwartzewolt 9. schiffpf. a cartha j — 576 27
Find ich gewinn im verkauffen — 62 39
Kaufft
Adi 5. Mertzen von Andres Stoltenberg 20. last a car. j — 644 20
Find ich gewinn im verkauffen — 140 6
wachs Verkaufft
Adi 10. Herbstmon / dem Törgenn Peyer 7. schiffpf. a cartha 4 — 511 0
Find ich güter vnverkaufft 2 schiff pfund — 128 6
weitzen Verkaufft
Adi 10. Herbstmon dem Merten Roden 18 last a cartha 4 — 270 0
Find ich vnuerkaufft güter 2 last — 64 26
Ciij Kaufft

丁数3

	Marck	Schil.		Marck	Schil.
			麻　布		
仕　入			売　上		
5月17日。Masshes Wirpendorffから6ラッケン　日丁2	480	0	5月17日。Andres Stoltenbergに2ラッケン。日丁2	100	18
			12月5日。Joachim Lismanに3ラッケン。日丁6	225	0
			商品売買損。	74	42
			売残商品。1ラッケン	80	0
			鉛		
仕　入			売　上		
3月28日。Hans Brokerから95センタス。日丁3	380	0	8月8日。Valten Nagelに80センタス　日丁4	500	0
商品売買益。	180	0	売残商品。1センタス。	60	0

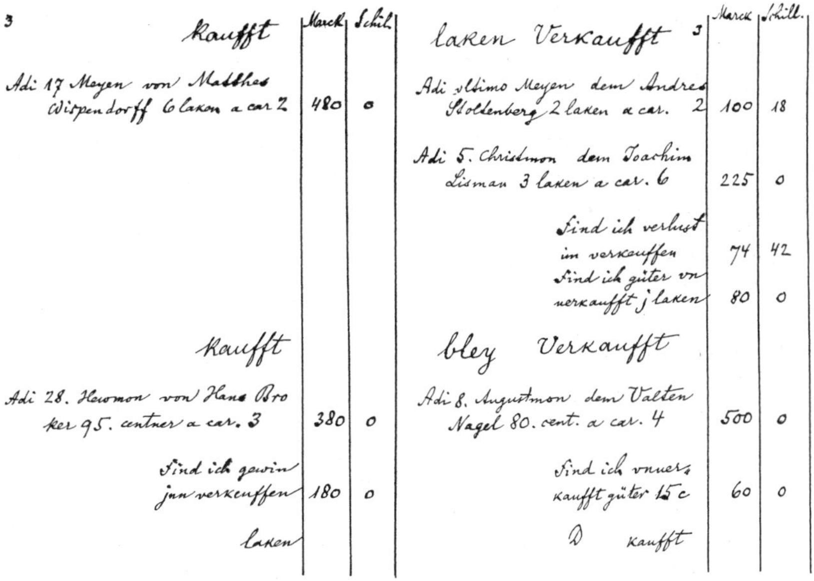

3 Kaufft	Marck	Schil.	laken Verkaufft 3	Marck	Schill.
Adi 17 Meyen von Matthes Wirpendorff 6 laken a car. 2	480	0	Adi vltimo Meyen dem Andres Stoltenberg 2 laken a car. 2	100	18
			Adi 5. Christmon dem Joachim Lisman 3 laken a car. 6	225	0
			Find ich verlust im verkauffen	74	42
			Find ich güter vnverkaufft j laken	80	0
Kaufft			bley Verkaufft		
Adi 28. Hewmon von Hans Broker 95. centner a car. 3	380	0	Adi 8. Augustmon dem Valten Nagel 80. cent. a car. 4	500	0
Find ich gewin jnn verkeuffen	180	0	Find ich vnuerkaufft güter 15 c	60	0
laken			D kaufft		

図2

金銭帳

丁数1

神に感謝　1537年 私に支払うべし	Marck	Schil.	私は支払うべし	Marck	Schil.
10月2日。Hans Schwartzewolt。残金の支払い。　日丁5	276	27	3月3日。Hans Schwartzewolt。蜜蝋に対して。支払日はミカエル祭。　日丁1	276	27
3月31日。Andres Stoltenberg。残金の支払い。　日丁2	100	18	3月5日。Andres Stoltenberg。葡萄酒。支払日はドミニコ祭。　日丁1	644	20
4月7日。Andres Stoltenberg。残金の支払い。　日丁3	333	2			
8月5日。Andres Stoltenberg。残金の支払い。　日丁4	211	0			

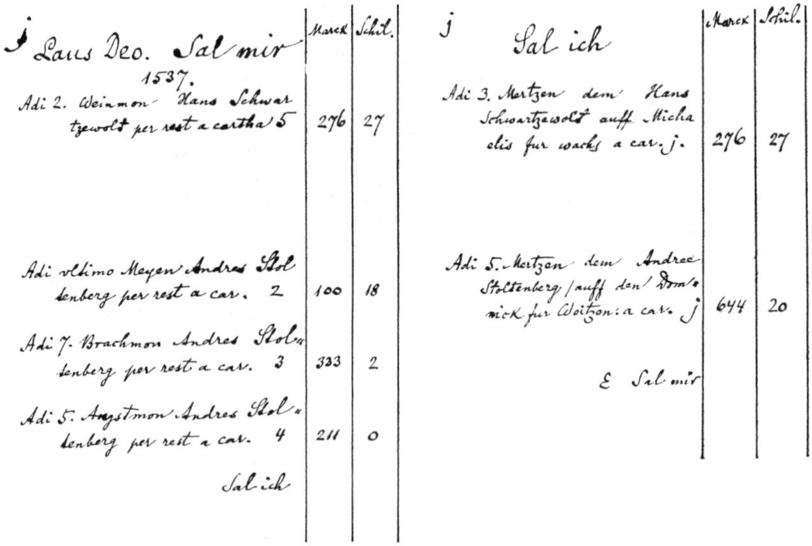

丁数3

私に支払うべし	Marck	Schil.	私は支払うべし	Marck	Schil.
11月22日。Andres Koe。残金の支払い。日丁5	240	0	11月22日。Andres Koe。日丁3	340	0
債務残高。	100	0			
7月6日。Hans Broker。生薑。日丁3	375	0	7月28日。Hans Broker。残金の支払い。日丁3	375	0

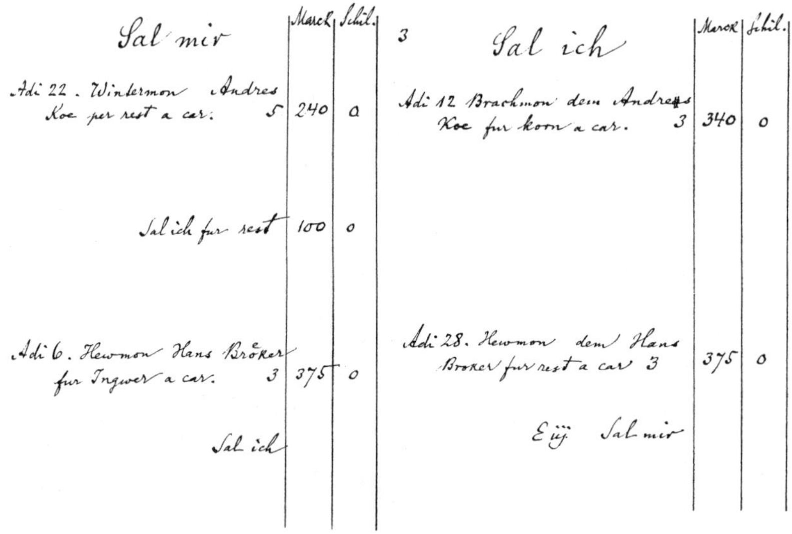

Sal mir	Marck	Schil.	3 Sal ich	Marck	Schil.
Adi 22. Wintermon Andres Koe per rest a car. 5	240	0	Adi 12 Brachmon dem Andres Koe fur korn a car. 3	340	0
Sal ich fur rest	100	0			
Adi 6. Hewmon Hans Bröker fur Ingwer a car. 3	375	0	Adi 28. Hewmon dem Hans Broker fur rest a car 3	375	0
Sal ich			Eiij Sal mir		

丁数5

	Marck	Schil.		Marck	Schil.
私に支払うべし 9月10日。Merten Rode。葡萄酒。　日丁4	662	0	私は支払うべし 10月11日。Merten Rode。残金の支払い。 　　　　　　　日丁5	100	0
			同月同日。Merten Rode。残金の支払い。 　　　　　　　日丁5	250	0
			12月5日。Merten Rode。残金の支払い。 　　　　　　　日丁6	150	0
			債権残高。	162	0
11月14日。Peter Knaben。ライ麦。日丁5	3042	0	11月20日。Peter Knaben。残金の支払い。 　　　　　　　日丁5	3000	0
			債権残高。	42	0

	Marck	Schil.		Marck	Schil.
5　Sal mir			5　Sal ich		
Adi 10. Herbstmon Merten Ka- den fur Weitzen a car.　4	662	0	Adi 11. Weinmon dem Merten Rode fur rest a car.　5	100	0
			Adi ditto Merten Rode fur rest a cartha　5	250	0
			Adi 5. Christmon Merten Ro- de fur rest a car.　6	150	0
			Sal ich Merten Rode fur rest	162	0
Adi 14. Wintermon Peter Kna- ben fur Korn a car.　5 Sch sal	3042	0	Adi 20 ditto Wintermon Peter Knaben fur rest a car.　5	3000	0
			Sal mir fur rest	42	0
			5　Sal mir		

丁数8

現金勘定 収　入	Marck	Schil.	現金勘定 支　出	Marck	Schil.
1月2日。元丁7の合計。	7394	0	9月16日。元丁7の合計。	4480	17
同月17日。Heinrich Schwartzewoltから錫の代金。　日丁6	274	8	10月2日。Hans Schwartzewoltに残金。　日丁5	276	27
2月9日。Wilhelm Bubから天鵞絨の代金。　日丁7	80	0	11月22日。Andres Koeに残金。　日丁5	240	0
同月10日。Matthes Krusから天鵞絨の代金。　日丁7	88	0	1月31日。Matthes Wirpendorffに残金。　日丁6	380	0
元丁7と元丁8の合計。	7836	8	2月1日。Hans Barに天鵞絨の代金。日丁7	144	0
			2月15日。Matthes Kugelerに錫の代金。　日丁7	66	0
			元丁7と元丁8の合計	5586	44

＊「元丁7」は，現金勘定の前丁の丁数。

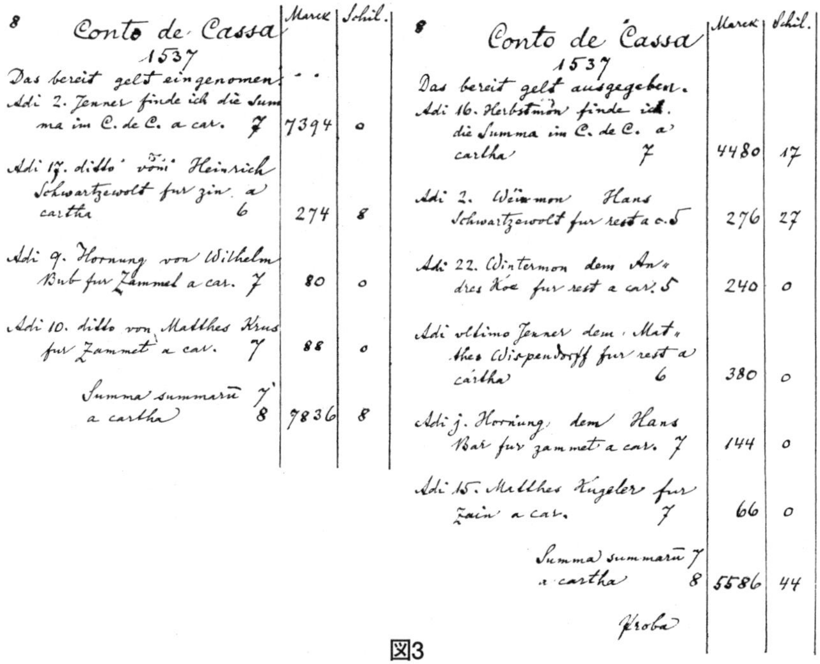

8 Conto de Cassa 1537	Marck	Schil.	8 Conto de Cassa 1537	Marck	Schil.
Das bereit gelt eingenomen			Das bereit gelt ausgegeben.		
Adi 2. Jenner finde ich die Summa im C. de C. a car. 7	7394	0	Adi 16. Herbstmon finde ich die Summa im C. de C. a cartha 7	4480	17
Adi 17. ditto von Heinrich Schwartzewolt fur zin a cartha 6	274	8	Adi 2. Weinmon Hans Schwartzewolt fur rest a c. 5	276	27
Adi 9. Hornung von Wilhelm Bub fur Zammet a car. 7	80	0	Adi 22. Wintermon dem Andres Koe fur rest a car. 5	240	0
Adi 10. ditto von Matthes Krus fur Zammet a car. 7	88	0	Adi ultimo Jenner dem Matthes Wispendorff fur rest a cartha 6	380	0
Summa summarum 7 a cartha 8	7836	8	Adi 1. Hornung dem Hans Bar fur zammet a car. 7	144	0
			Adi 15. Matthes Kugeler fur Zain a car. 7	66	0
			Summa summarum 7 a cartha 8	5586	44
			Proba		

図3

したがって，商品帳にも金銭帳にも，今日と同側の面に記録される。商品帳に転記される商品勘定には，左側の面に「商品の仕入」，右側の面に「商品の売上」，これに対して，金銭帳に転記される債権勘定，債務勘定には，左側の面に「債権の発生」と「債務の消滅」，右側の面に「債務の発生」と「債権の消滅」，現金勘定には，左側の面に「収入」，右側の面に「支出」が記録される。今日と同側の面に記録されるとなると，取引事象を帳簿の見開きの左側か右側，いずれかの面に「二重記録」することしか意図されていないだけではないのかもしれない。左側の面と右側の面に「反対記録」されるのと同様になるからである。そうであるとしたら，帳簿の見開きの両面の左右対照に，日々の取引事象の金額，同額が記録して転記されるので，常時，帳簿の見開きの左側の面に記録される合計と右側の面に記録される合計が一致する「貸借平均原理」が保証されることになろうというものである。左側の面に記録される合計と右側の面に記録される合計が一致するとしたら，「計算に間違いはない」ことが，したがって，「帳簿記録」だけではなく，「帳簿締切」にも，計算に間違いはないことが検証されるはずではある。

しかし，想像するに，商品帳に転記される商品の仕入と売上にしても，金銭帳に転記される債権の発生と消滅，債務の発生と消滅，さらに，現金の収入と支出にしても，「商品勘定」，「債権勘定」，「債務勘定」，さらに，「現金勘定」には，左側の面と右側の面に相対するように転記して，二重記録することが意図されているなら，商品勘定からは，「商品売買益」または「商品売買損」が計算されるのである。これに対して，債権勘定からは，「債権残高」，債務勘定からは，「債務残高」が計算されるのである。「貸借平均原理」が保証されることは全く意図されていないにしても，左側の面と右側の面に相対するように転記して，「二重記録」することしか意図されてはいないだけで，帳簿の見開きの両面に左右対照の勘定様式，「Ｔ字型勘定」の原型が採用されるのではなかろうか。しかし，Grammateusから，そうであるように，現金勘定からは，「現金残高」が計算されるのではなく，収入の「合計」と支出の「合計」が計算されることに疑問は残る。

ところで，不可解であるのは，Grammateusから，そうであるように，現金が元入れされることはなく，したがって，「資本金」が記録されることはなく，最初の取引としては，商品を仕入れて，現金が支払われることから開始されることである。掛買いされるだけでもなく，まずは，現金が支払われることから開始されることである。これを批評して，Penndorfは表現する。「『簿記の検証』，すなわち，貸借対照表（Bilanz）において配慮される」[28] のだが，「『そこに計算される』のは，（期間）利益ではない。期末資本である。（期間）利益になるのは，何も持たずに，営業が開始された場合においてでしかない」[28] と。

したがって，この貸借対照表に「期間損益」を計算するためには，まさに「何も持たずに，営業が開始された場合」が例示されると批評。現金が元入れされることはなく，したがって，「資本金」が記録されることはなく，最初の取引としては，不可解にも，商品を仕入れて，現金が支払われることから開始されると批評するのである。そうであるとしたら，現金が借入れられて，現金を受入れることからか，商品が掛買いされて，商品を仕入れることから，したがって，「借入金」か「買掛金」の債務が記録されることから開始されることにしても，その貸借対照表に計算されるのは，期末資本であると同時に，「期間利益」でもあるはずである。

そのようなわけで，筆者が注目したのは，「ドイツ固有の簿記」を新たに展開して，1546年にGottlieb によって出版される印刷本『簿記，二様の精巧かつ明解な簿記』。この『簿記，二様の……簿記』の標題に付記しては，「最初の簿記（erstes Buchhalten）は自分自身（Selbst）または組合員（Gesellschafter）が，どのように取引しなければならないかであるが，これ以外の簿記（anderes Buchhalten）は，『在外商館の支配人』（Factor）についてである」[29] と表現することから想像しようとしたのである。出資者である在外商館の本部（資本主）

28）Penndorf, Balduin; *a. a. O.*, S.112. 括弧内は筆者。

29）Gottlieb, Johann; *a. a. O.*, 標題の付記。二重括弧は筆者。
参照，拙稿；「ドイツ固有の簿記の発展」，『商学論集』（西南学院大学），49巻1号，2002年6月，3頁。
参照，拙著；前掲書，73頁。

から元入れされた現金，したがって，この「現金」と「資本金」については，意識的に記録しないか，隔離しておいて，「在外商館の支配人自身の商業取引」だけを記録することにしたのでは，とでも想像するしかなかったのである[30)]。かなりの無理は自覚しながらも，そうすることによって，最初の取引としては，不可解にも，商品を仕入れて，現金が支払われることから開始されることに納得しようとしたものである。

第3節　帳　簿　締　切

さて，帳簿締切についてである。「金銭帳」と「商品帳」に分類される元帳は，実際に締切られることはない。しかし，Grammateusから，そうであるように，商品帳には，帳簿棚卸ではあるが，「期末棚卸」が採用されるので，「口別損益計算」（Erfolgsrechnung an die Partien）の域に留まるはずはない。しかも，これまた，Grammateusから，そうであるように，X商品，Y商品に区別する商品勘定に計算される「商品売買益」または「商品売買損」を配列，記録することによって，「損益集合表」としての損益計算書を作成して，「期間損益」が計算されるので[31)]，「期間損益計算」（Periodenerfolgsrechnung）の片鱗が読取ら

30）参照，拙稿；「ドイツ固有の簿記の成立」，『商学論集』（西南学院大学），48巻2号，2001年10月，24頁以降。
参照，拙著；前掲書，33頁。
しかし，このようには，筆者自身が想像したにすぎない。Gottliebは，このように表現しているわけではない。在外商館の支配人としては，「私の主人」（meiner Herr）である在外商館の本部（資本主）に対して，「決算報告書」（Auszug dieser Rechnung）が作成されねばならないことを強調しているだけである。
Vgl., Gottlieb, Johann; *a. a. O.,* Bl.24 (anderes Buchhalten) / 25 (anderes Buchhalten). 二重括弧は筆者。
参照，拙稿；「ドイツ固有の簿記の発展」，『商学論集』（西南学院大学），49巻2号，2002年9月，17/19頁。
参照，拙著；前掲書，124 / 126頁。

31）Vgl., Grammateus, Henricus; *a. a. O.,* Bl. 97R.
参照，拙稿；「ドイツ固有の簿記の成立」，『商学論集』（西南学院大学），48巻2号，2001年10月，19頁。
参照，拙著；前掲書，27頁。

れうる。

すでに，期末棚卸については，Grammateusは表現する。「商品の利益および損失を計算するためには，まずは，商品が売上げられたか交換されたか，全部であったか一部でしかなかったかを調査しなさい。売上げられたか交換されたのが全部であるなら，売上げられたか交換されたときの価額を記録しなさい。それでも，いくらか商品が売残っているなら，仕入れたときの価額で評価して，この価額を他方の価額（売上げられたか交換されたときの価額）に加算しなさい。それから，『仕入』の側に移行すると，その価額は記録しているので，『売上』の側の金額と『仕入』の側の金額，2つの金額を持つことになる。『売上』の側の合計から『仕入』の側の金額を控除するなら，損失または利益が計算される。『仕入』の側の金額を『売上』の側の金額から控除するようであれば，利益を得ている。しかし，『売上』の側の金額を『仕入』の側の金額から控除するようであれば，損失を被っている」[32]と。

したがって，商品帳には，商品が完売されてから，X商品，Y商品に区別する商品勘定に商品売買益か商品売買損の「口別損益」が計算されるだけではない。商品が完売されなくても，「売残商品」である繰越商品が商品勘定に追加，記録されて，商品売買益か商品売買損の「期間の口別損益」が計算されるのである。しかし，計算されるにしても，X商品，Y商品に区別する商品勘定には，「商品の仕入」と「商品の売上」だけしか記録されないGrammateusとは相違する[33]。商品が完売されるなら，X商品，Y商品に区別する商品勘定には，商品売買益か商品売買損の「口別損益」が記録される。商品が完売されないなら，「売残商品」である繰越商品が商品勘定に追加，記録されて，商品売買益か商品売買損の「期間の口別損益」が記録される。von Ellenbogenは表現する。「仕入れて得られる利益（Gewin inn Keuffen）（商品売買益）は『仕入』の側に，仕入れて被る損失（Verlust inn Keuffen）（商品売買損）は『売上』の側に記録す

32）Grammateus, Henricus; *a. a. O.*, Bl. 98L. 二重括弧および括弧内は筆者。
参照，拙稿；前掲誌，14頁以降。
参照，拙著；前掲書，23頁。

33）Vgl., Grammateus, Henricus; *a. a. O.*, Bl. 99f.
参照，拙稿；前掲誌，10頁。
参照，拙著；前掲書，19頁。

る。売残商品（unverkaufftes Gut）は『売上』の側に記録する。諸掛り経費(Vnkost）は『商品』(『仕入』の側）に記録する」[34] と。

もちろん，商品勘定の左側の面に「商品の仕入」，右側の面には「商品の売上」が転記されるので，「期末棚卸」が採用されるなら，「売残商品」である繰越商品が商品勘定に追加，記録されることで，商品勘定には，商品売買益または商品売買損の「期間の口別損益」が計算される。

したがって，「期間の口別利益」が計算される場合には，商品勘定の左側の面は「商品の仕入」，「商品売買益」，右側の面は「商品の売上」，「売残商品」である繰越商品の順序で記録されるはずである。「期間の口別損失」が計算される場合には，商品勘定の左側の面は「商品の仕入」，右側の面は「商品の売上」，「売残商品」である繰越商品，「商品売買損」の順序で記録されるはずある。図4を参照。

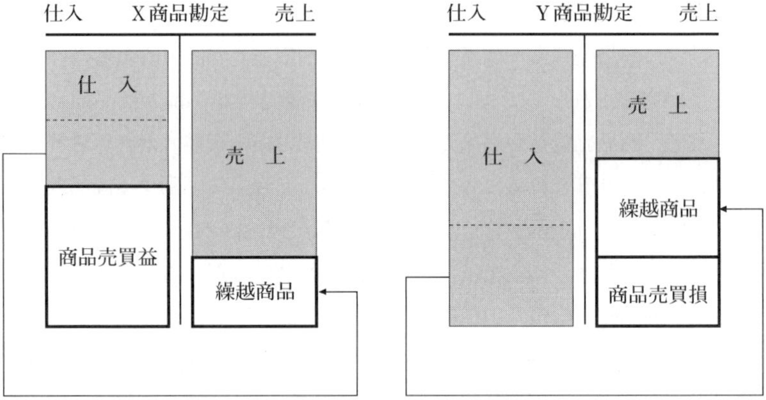

図4

しかし，von Ellenbogenが例示する事例では，「期間の口別利益」が計算される場合には，商品勘定の左側の面，右側の面は同様の順序で記録されるが，

34）von Ellenbogen, Erhart; *a. a. O.*, Bl. 7R（teglich Buch）. 写本に打たれた頁数は，S.17. 二重括弧および括弧内は筆者。

「期間の口別損失」が計算される場合には，そうではない。丁数3の「麻布勘定」の左側の面は「商品の仕入」，右側の面は「商品の売上」，「商品売買損」，「売残商品」である繰越商品の順序で記録される[35]。「売残商品」である繰越商品と「商品売買損」の順序が入替わっている。図3を参照。したがって，「売残商品」である繰越商品が商品勘定の右側の面に追加，記録されることで，「商品の仕入」に売上原価を計算，これを「商品の売上」から控除して，商品勘定には「期間の口別損益」が計算されるのではなさそうである。そのように想像するのではなく，「商品の売上」からは，これに対応する商品の仕入，したがって，「売上原価」が控除されることによって，商品勘定には「期間の口別損益」が計算されて，「売残商品」である繰越商品が商品勘定の右側の面に追加，記録されるのでは，と想像するのである。図5を参照。

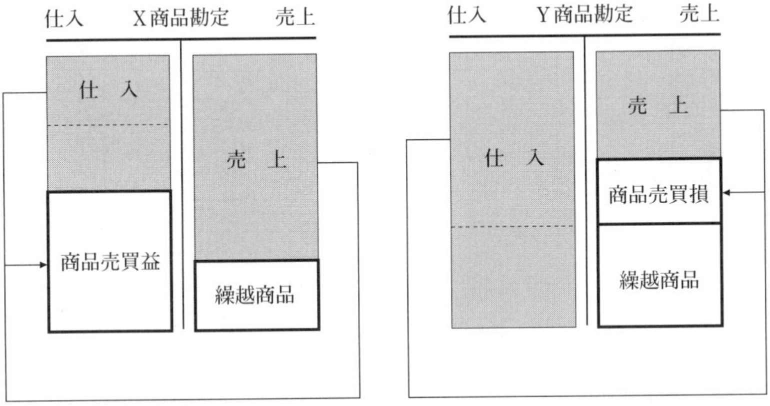

図5

そこで，商品売買益または商品売買損についてであるが，商品帳が締切られることはない。「損益勘定」に振替えられることはない。X商品，Y商品に区別する商品勘定に計算される「商品売買益」または「商品売買損」を配列，記

35）Vgl., von Ellenbogen, Erhart; *a. a. O.*, Bl.3R (Güterbuch). 写本に打たれた頁数は，S.23.

録することによって，「損益集合表」としての損益計算書を作成して，「期間損益」が計算される。しかし，仕訳帳の末丁に「期間損益」を計算するGrammateusとは相違する36)。商品帳の末丁，左側の面には，「利益」として，商品売買益を集合すると同時に，「損失」として，商品売買損を集合して，商品売買益の合計から商品売買損の合計を控除，von Ellenbogenは「利益から損失を控除して，残るのは純利益」（Nim den verlust vom gewin / So bleibet lauter Gewin）と表現することで，「期間利益」が計算される。

なお，von Ellenbogenの例示する「商品帳」の末丁，「損益集合表」としての損益計算書を原文と共に表示することにする37)。図6を参照。

商品帳の末丁に作成する損益計算書

	末丁（左側の面）	
	Marck	Schil.
利　益		
蜜　蝋	62	39
葡萄酒	140	6
生　薑	75	0
ライ麦	2024	0
鉛	180	0
サフラン	150	0
天鵞絨	36	0
合　計	2685	45
損　失		
麻　布	74	42
錫	29	52
合　計	104	34
利益から損失を控除して，残るのは純利益。	2581	11

＊ライ麦の利益は，「2042Marck」の誤植。

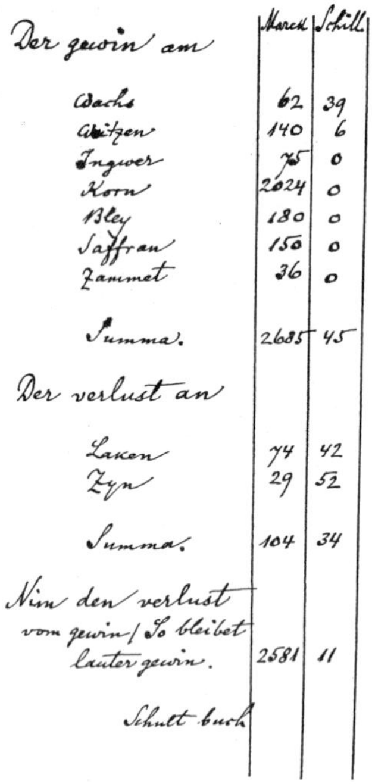

	Marck	Schill.
Der gewin am		
Wachs	62	39
Weitzen	140	6
Ingwer	75	0
Korn	2024	0
Bley	180	0
Saffran	150	0
Zammet	36	0
Summa.	2685	45
Der verlust an		
Laken	74	42
Zyn	29	52
Summa.	104	34
Nim den verlust vom gewin / So bleibet lauter gewin.	2581	11
Schutt buch		

図6

36）Vgl., Grammateus, Henricus; *a. a. O.,* Bl. 97R.
参照，拙稿；前掲誌，19頁。
参照，拙著；前掲書，27頁。

37）von Ellenbogen, Erhart; *a. a. O.,* Bl. 6L (Güterbuch)．写本に打たれた頁数は，S.28.

さらに，商品帳だけではなく，金銭帳も締切られることはない。「残高勘定」に振替えられることはない。しかし，「簿記の検証」については，解説されるだけで，具体的に例示されることのないGrammateusとは相違して，「残高検証表」としての貸借対照表が具体的に例示して作成される。現金勘定に記録される「収入」の合計には，債権勘定に計算される「債権残高」の合計と商品勘定に記録される「売残商品」である繰越商品の合計を加算すると同時に，現金勘定に計算される「支出」の合計には，債務勘定に計算される「債務残高」の合計を加算して，「収入の合計＋債権残高の合計＋売残商品である繰越商品の合計」から「支出の合計＋債務残高の合計」を控除して，von Ellenbogenは「残るのは純利益」と表現することで，「財産余剰」，場合によっては，「財産不足」が計算される。これが「損益集合表」としての損益計算書に計算される「期間利益」または「期間損失」に一致することを検証しようとするのである。「期間損益」を「財産余剰」または「財産不足」で検証しようとする，まさに「簿記の検証」である。Grammateusは表現する。「収入（合計）と債権（残高）と共に売残商品を合計しなさい。この合計から支出（合計）と債務（残高）を控除しなさい。そこに計算されるのが（期間）利益の金額であるなら，計算に間違いはない」[38]と。

したがって，商品帳に転記される商品の仕入と売上にしても，金銭帳に転記される債権の発生と消滅，債務の発生と消滅，さらに，現金の収入と支出にしても，「商品勘定」，「債権勘定」，「債務勘定」，さらに，「現金勘定」には，左側の面と右側の面に相対するように転記して，「二重記録」することが意図されさえするなら，「貸借平均原理」を保証することなど全く意図されていなくても，「計算に間違いはない」ことが検証されるはずである。「損益集合表」としての損益計算書に計算される「期間損益」が「残高検証表」としての貸借対照表に計算される「財産余剰」または「財産不足」に一致することによって，「計算に間違いはない」ことが，したがって，「期間損益」には，計算に間違い

38）Grammateus, Henricus; *a. a. O.,* Bl. 105L. 括弧内は筆者。
　　参照，拙稿；前掲誌，20頁。
　　参照，拙著；前掲書，28頁。

はないことが，翻って，「帳簿記録」にも，計算に間違いはないことが検証されるはずである。

なお，von Ellenbogenが例示する「金銭帳」の末丁の上段，「残高検証表」としての貸借対照表を原文と共に表示することにする[39]。図7を参照。

金銭帳の末丁の上段に作成する貸借対照表，下段は売残商品の合計

	末丁（左側の面）Marck	Schil.
簿記の検証 現金勘定の収入，債権残高および売残商品の合計。	8747	55
この合計から，現金勘定の支出と債務残高の合計を控除。	6165	44
残るのは純利益	2581	11
売残商品		
蜜　蝋，2シフポンド。	128	6
葡萄酒，2ラスト。	64	26
生　薑，5袋。	71	15
麻　布，1ラッケン。	80	0
鉛，15センタス。	60	0
サフラン，15ポンド。	120	0
錫，4センタス。	76	0
天鵞絨，4エレ。	12	0
褐色の毛織物，44エレ。	66	0
合　計	677	47

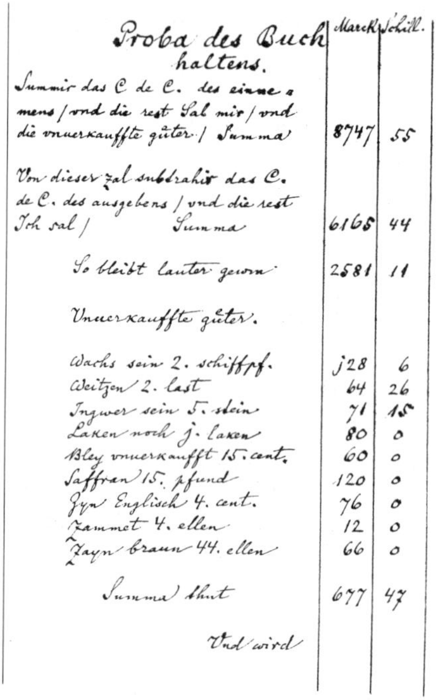

Proba des Buchhaltens.	Marck	Schill.
Summir das C de C. des einnemens / vnd die rest Sal mir / vnd die vnuerkauffte güter / Summa	8747	55
Von dieser zal subtrahir das C. de C. des ausgebens / vnd die rest Ich sal / Summa	6165	44
So bleibt lauter gewin	2581	11
Vnuerkauffte güter.		
Wachs sein 2. schiffpf.	128	6
Weitzen 2. last	64	26
Ingwer sein 5. stein	71	15
Laken noch 1. laken	80	0
Bley vnuerkaufft 15. cent.	60	0
Saffran 15. pfund	120	0
Zyn Englisch 4. cent.	76	0
Sammet 4. ellen	12	0
Zayn braun 44. ellen	66	0
Summa thut	677	47
Vnd wird		

＊現金勘定の収入，債権残高と売残商品の合計 8747Marck55Schil.は，7836Marck8Schil.+234Marck（162Mar.+42Mar.+30Mar.）+677Marck47Schil.。
＊現金勘定の支出と債務残高の合計 6165Marck44Schil.は，5586Marck44Schil.+580 Marck（100Mar.+100Mar.+380Mar.）=6166Marck44Schil.の誤植。

図7

39）von Ellenbogen, Erhart; *a. a. O.*, Bl. 9L（Schultbuch）. 写本に打たれた頁数は，S.46.

ところで，X商品とY商品に区別する商品勘定に追加，記録される「売残商品」である繰越商品は，商品帳の末丁に集合するGrammateusとは相違して[40]，金銭帳の末丁の下段に集合して，「売残商品」である繰越商品の合計が計算される。想像するに，「残高検証表」としての貸借対照表を作成するための内訳として移動されたのかもしれない。しかし，そうであるとしたら，債務者A，債務者Bに区別する債権勘定に計算される「債権残高」も，債権者C，債権者Dに区別する債務勘定に計算される「債務残高」も，金銭帳の末丁のどこかに集合して，これまた，「残高検証表」としての貸借対照表を作成するための内訳として，債権残高の合計と債務残高の合計も計算しておかねばならないのではなかろうか。債権勘定から「債権残高」，債務勘定から「債務残高」が計算されるにしても，債務者は債務者だけ統括する債権勘定から「債権残高の合計」，債権者は債権者だけ統括する債務勘定から「債務残高の合計」を記録するGrammateusとは相違するからである[41]。債権勘定または債務勘定は，債務者A，債務者Bまたは債権者C，債権者Dに区別する「人名勘定」。人名勘定である債権勘定からは，「債務者Aの債権残高」，「債務者Bの債権残高」，人名勘定である債務勘定からは，「債権者Cの債務残高」，「債権者Dの債務残高」を計算して記録されるだけである[42]。図3を参照。von Ellenbogenは表現する。「計算（債権勘定または債務勘定）から計算（翌期の新しい債権勘定または債務勘定）へ転写するには（Rechnung vber rechnung zufuren），私は支払うべしの残高（rest / Sal ich）（債務残高）は『私に支払うべし』の側に，私に支払うべしの残高

40）Vgl., Grammateus, Henricus; *a. a. O.,* Bl.100R.
参照，拙稿；前掲誌，17頁。
参照，拙著；前掲書，26頁。

41）Vgl., Grammateus, Henricus; *a. a. O.,* Bl.101L / 102L.
参照，拙稿；前掲誌，11 / 12頁。
参照，拙著；前掲書，20 / 21頁。

42）Vgl., von Ellenbogen, Erhart; *a. a. O.,* Bl. 3L / 4L / 5R (Güterbuch). 写本に打たれた頁数は，S.34 / 36 / 39.

43）von Ellenbogen, Erhart; *a. a. O.,* Bl. IL (Güterbuch). 写本に打たれた頁数は，S.29. 二重括弧および括弧内は筆者。

(rest/Sal mir)（債権残高）は『私は支払うべし』の側に記録する」[43]と表現するにすぎないのである。金銭帳の末丁のどこかに集合して，債権残高の合計と債務残高の合計が計算されることはない。

それよりも，Grammateusから，そうであるように，現金勘定からは，「現金残高」が計算されることはない[44]。収入の「合計」と支出の「合計」が計算されることに疑問が残る。しかし，本来，商品帳と「金銭帳」に分類される元帳ではなく，最も簡単に理解するとして，商品帳と「現金帳」に分類される元帳であるのでは，と想像するなら，どうであろうか。「残高検証表」としての貸借対照表に計算される財産余剰または財産不足，これは「現金余剰」または「現金不足」に擬制して計算されるのではなかろうか。そうであるとしたら，「債権残高の合計」と「売残商品である繰越商品の合計」は現金の「収入」に擬制して加算されると同時に，「債務残高の合計」は現金の「支出」に擬制して加算されるなら，収入の合計から支出の合計を控除して計算されるのは，このように擬制して計算される「現金余剰」または「現金不足」である。「損益集合表」としての損益計算書に計算される「期間損益」が「残高検証表」としての貸借対照表で，そのように擬制して計算される「現金余剰」または「現金不足」に一致することを検証しようとするのでは，と想像するなら，筆者なりには納得しえようというものである。

したがって，「損益集合表」としての損益計算書が作成されると，「簿記の検証」をするために，「残高検証表」としての貸借対照表が作成されねばならないのである。「損益集合表」としての損益計算書に計算される「期間損益」が「残高検証表」としての貸借対照表に計算される「財産余剰」または「財産不足」に一致することによってこそ，「計算に間違いはない」ことが検証されるからである。商品帳に転記される商品の仕入と売上にしても，金銭帳に転記される債権の発生と消滅，債務の発生と消滅，さらに，現金の収入と支出にしても，「商品勘定」，「債権勘定」，「債務勘定」，さらに，「現金勘定」には，左側の

44）Vgl., Grammateus, Henricus; *a. a. O.,* Bl.104.
参照，拙稿；前掲誌，13頁。
参照，拙著；前掲書，22頁。

面と右側の面に相対するように転記して，「二重記録」することが意図されさえするなら，「貸借平均原理」を保証することなど全く意図されていなくても，「計算に間違いはない」ことが，したがって，「帳簿記録」だけではなく，「帳簿締切」にも，計算に間違いはないことが検証されるからである。図8を参照。

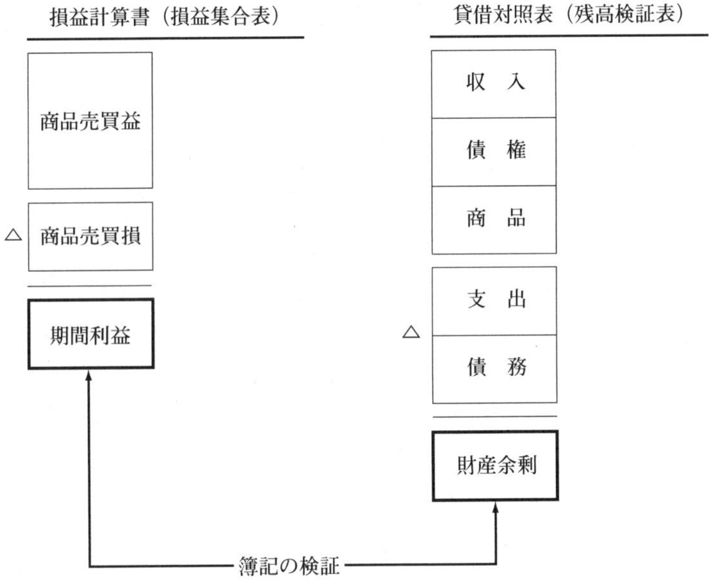

図8

それでは，「期間損益計算」に移行したのであろうか。Grammateusから，そうであるように，von Ellenbogenでも，最初の取引としては，不可解にも，商品を仕入れて，掛買いされるだけでもなく，まずは，現金が支払われることから開始されることを想起してもらいたい。すでに，Penndorfが表現するように，「(期間) 利益になるのは，何も持たずに，営業が開始された場合においてでしかない」[28] とするなら，1期目には，期間利益の2581Marck11Schil.が「損益集合表」である損益計算書に計算されるのに対して，財産余剰の2581Marck11 Schil.が「残高検証表」としての貸借対照表に計算されることになる。そのかぎりでは，「期間損益計算」に移行しているのかもしれない。

しかし，2期目からも，はたして，そのように計算されうるであろうか。さらに，かなりの無理は自覚しながらも，最初の取引としては，不可解にも，商品を仕入れて，現金が支払われることから開始されることに，筆者なりに納得しようとしたことを想起してもらいたい。出資者である在外商館の本部（資本主）から元入れされた現金，したがって，この「現金」と「資本金」については，意識的に記録しないか，隔離しておいて，「在外商館の支配人自身の商業取引」だけを記録することにしたのでは，とでも想像するしかなかったのである。したがって，この「現金」と「資本金」について，意識的に記録しないでおいたとするなら，期間利益の全額2581Marck11Schil.がこれと同額の現金残高で在外商館の本部（資本主）に配当されてしまうことで，2期目からも，「期間損益」は計算されうるはずである。この「現金」と「資本金」について，隔離しておいたとするなら，期間利益の全額2581Marck11Schil.が「隔離しておいた資本金勘定」に，したがって，「商品売買益」または「商品売買損」は，出資者である在外商館の本部（資本主），この「資本主（債務）勘定」に振替えられると同時に，これと同額の現金残高も「隔離しておいた現金勘定」に振替えられることで，これまた，2期目からも，「期間損益」は計算されうるはずである。この「資本主（債務）勘定」に振替えられるのは，期間利益が計算されると，これは資本主が享受する権利，したがって，「債務の発生」ということに，期間損失が計算されると，これは資本主が負担する義務，したがって，「債務の消滅」ということになるであろうからである。しかし，配当されるだけの現金残高が，1期目の現金勘定に計算されえないとしたら，期間利益の全額は配当されようはずもない。実際，1期目の現金勘定に計算されるのは，収入の合計が7836Marck8Schil.，支出の合計は5586Marck44Schil.，したがって，現金残高は2249Marck24Schil.でしかなく，期間利益の全額が配当されようはずもない。したがって，2期目からは，「期間損益」が計算されるとはかぎらない。そうであるとしたら，「期間損益計算」の片鱗が読取られるにすぎないのではなかろうか。

事実，商品帳と金銭帳に分類される元帳が実際に締切られることはないので，

Ｘ商品，Ｙ商品に区別する，2期目の商品勘定には，1期目の商品勘定に記録される「売残商品」である繰越商品はもちろん，1期目の商品勘定に計算される商品売買益または商品売買損もそのまま繰越されるしかないのではなかろうか。これに対して，債務者Ａ，債務者Ｂに区別して，債権者Ｃ，債権者Ｄに区別する，2期目の債権勘定または債務勘定には，1期目の債権勘定または債務勘定に計算される債権残高または債務残高，2期目の現金勘定には，1期目の現金勘定に計算される収入の合計と支出の合計もそのまま繰越されるしかないのではなかろうか。したがって，2期目からは，「期間損益」が計算されるとはかぎらないのである。事業の決算日は，出資者である在外商館の本部（資本主）に報告するだけの，あくまで「事業の暫定的な決算日」にすぎないのでは，と想像するのである。そうであるとしたら，「期間損益計算」に移行しているのではなく，その片鱗が読取られるだけの「暫定的な期間損益計算」にすぎないのではなかろうか。

そこで，帳簿締切については，「商品帳」と「金銭帳」に分類される元帳は，実際に締切られてはいないが，あえて憶測するとして，簡単に例示するなら，「商品帳」と「金銭帳」は，以下のように繰越，締切られるのではなかろうか。図９および図10を参照。

事例：前半
(1)現金200を元入れて，事業を開始。
(2) X商品を仕入れて，現金200を支払う。
(3) Y商品を仕入れて，支払い80は掛けとする。
(4) X商品（原価200）を売上げて，現金230を受取る。
(5) Y商品（原価30）を売上げて，受取り40は掛けとする。
(6)本日，事業を暫定的に決算(期間損益を計算)。

消滅	資本主(債務)勘定 発生
	(1)現 金 200
	(6)利 益 40

収入	現金勘定 支出
(1)資本主 200	

商品帳

仕入	X商品勘定 売上
(2)現 金 200	(4)現 金 230
(6)利 益 30	

＝

仕入	Y商品勘定 売上
(3)債 務 80	(5)債 権 40
(6)利 益 10	(6)残 高 50

＝

金銭帳

消滅	債務勘定 発生
(6)残 高 80	(3) Y商品 80

＝

発生	債権勘定 消滅
(5) Y商品 40	(6)残 高 40

＝

収入	現金勘定 支出
(4) X商品230	(2) X商品200

≠

損益計算書（損益集合表）

期間利益 40	(6) X商品 30
	(6) Y商品 10

＝

貸借対照表（残高検証表）

(6)収 入 230	(6)支 出 200
(6)債 権 40	(6)債 務 80
(6) Y商品 50	財産余剰 40

＝

簿記の検証

＊「損益集合表」としての損益計算書と「残高検証表」としての貸借対照表は上下比較の「階梯様式」であるのだが，便宜的に左右比較の「勘定様式」で作成する。

図9

事例：後半

(7)債務80と債権40，現金の収入230と支出200，Ｙ商品50，Ｘ商品の利益30とＹ商品の利益10を繰越して，帳簿を更新。

(8)Ｙ商品（原価50）を売上げて，受取り30は掛けとする。

(9)債権の返済として，現金70を受取る。

(10)債務の返済として，現金80を支払う。

(11)本日，事業を解散（全体損益を計算）。

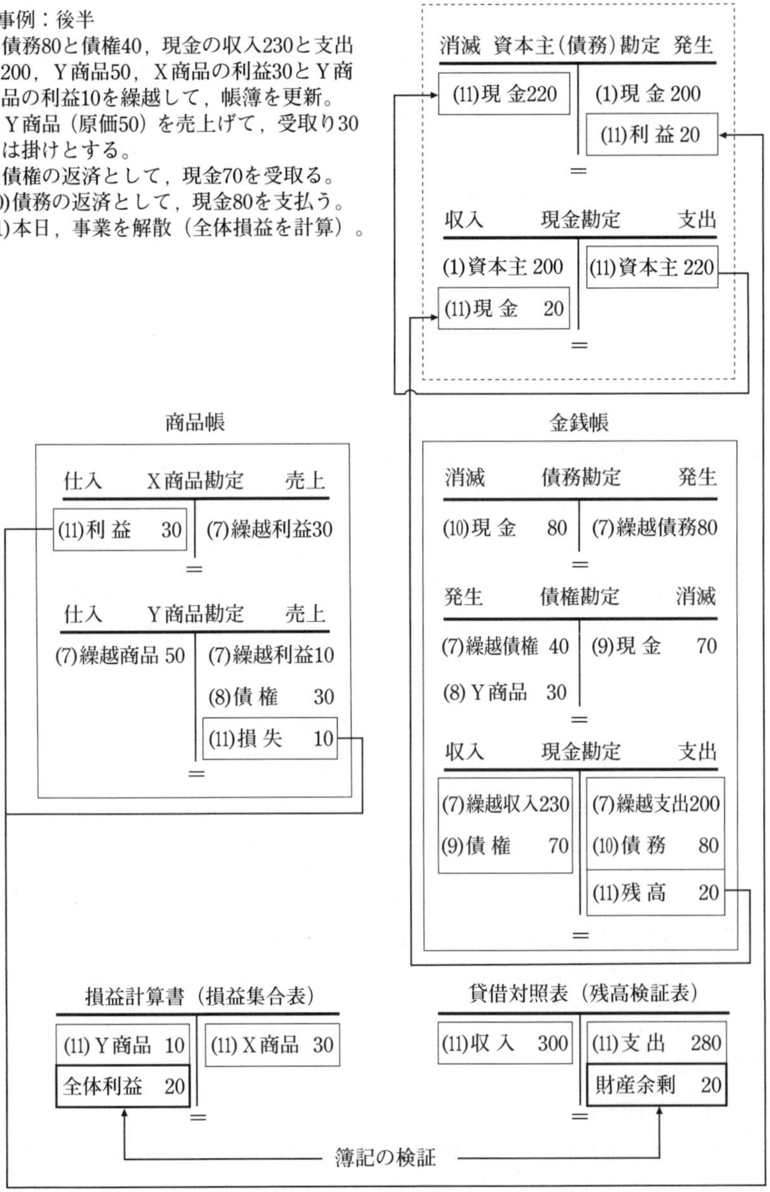

＊「損益集合表」としての損益計算書と「残高検証表」としての貸借対照表は上下比較の「階梯様式」であるのだが，便宜的に左右比較の「勘定様式」で作成する。

図10

第4節　む　す　び

このように，1537年に von Ellenbogenによって出版される印刷本『プロシアの貨幣単位と重量単位に拠る簿記』を解明して，筆者なりの卑見を披瀝したところで，「複式簿記」としては，どこがドイツ固有の簿記であるかについても解明される。

まずは，帳簿記録については，元帳が「商品帳」と「金銭帳」に分類されることにある。商品帳には，商品が完売されると，X商品，Y商品に区別する商品勘定からは，商品売買益または商品売買損の「口別損益」が計算されるはずである。そのかぎりでは，「口別損益計算」の域に留まるのかもしれない。しかも，事業の解散時に，「損益集合表」としての損益計算書が作成されるとしたら，口別利益の合計から口別損失の合計を控除して，「全体損益」が計算されるはずである。これに対して，金銭帳には，債務者A，債務者Bに区別する債権勘定，債権者C，債権者Dに区別する債務勘定，さらに，現金勘定に記録されるが，事業の解散時までには，債権は完済，債務も完済されてしまい，債権勘定からは，現金勘定に振替えられるか，債務勘定には，現金勘定から振替えられるはずである。したがって，事業の解散時に，「残高検証表」としての貸借対照表が作成されるまでもない。「全体利益」が計算されるなら，現金勘定に「現金余剰」が計算されるはずである。債務は完済されえないとして，「全体損失」が計算されるなら，「現金不足」，債務勘定に「債務残高」が計算されるはずである。したがって，全体利益が検証されるのは，「現金勘定」に計算される現金余剰。全体損失が検証されるのは，「債務勘定」に計算される債務残高としての現金不足ということになる。したがって，「全体損益計算」を想像するに，商品帳と金銭帳は，まさに「対蹠的な元帳」として分類されることにある。

しかし，帳簿棚卸ではあるが，「期末棚卸」が採用されるので，商品帳には，商品が完売されないなら，「売残商品」である繰越商品が商品勘定に追加，記録されるので，X商品，Y商品に区別する商品勘定からは，商品売買益または商品売買損の「期間の口別損益」が計算されることになる。しかも，事業の決算時に，「損益集合表」としての損益計算書が作成されることでは，期間の口別利益の合計から期間の口別損失の合計を控除して，「期間損益」が計算されることになる。これに対して，金銭帳には，事業の決算時に，債務者A，債務者Bに区別する債権勘定からは，「債権残高」，債権者C，債権者Dに区別する債務勘定からは，「債務残高」，現金勘定からは，収入の「合計」と支出の「合計」が計算されることになる。したがって，事業の決算時に，「残高検証表」としての貸借対照表が作成されることでは，「収入の合計＋債権残高の合計＋売残商品である繰越商品の合計」から「支出の合計＋債務残高の合計」を控除して，「財産余剰」または「財産不足」が計算される。したがって，期間利益が検証されるのは財産余剰，期間損失が検証されるのは財産不足ということになる。しかも，現金勘定から計算されるのは，「現金残高」ではなく収入の「合計」と支出の「合計」。筆者なりに納得しうるところでは，この財産余剰または財産不足は，現金の「収入」と現金の「支出」に擬制して計算される「現金余剰」または「現金不足」ということになる。したがって，「期間損益計算」を想像しても，商品帳と金銭帳は，これまた，まさに「対蹠的な元帳」として分類されることにある。

さらに，帳簿締切については，商品帳と金銭帳が実際に締切られることはないが，「簿記の検証」をするために，「損益集合表」としての損益計算書と「残高検証表」としての貸借対照表が作成されることにある。商品帳に転記される商品の仕入と売上にしても，金銭帳に転記される債権の発生と消滅，債務の発生と消滅，さらに，現金の収入と支出にしても，「商品勘定」，「債権勘定」，「債務勘定」，さらに，「現金勘定」には，左側の面と右側の面に相対するように転記して，「二重記録」することが意図されさえするなら，「貸借平均原理」を保証することなど全く意図されていなくても，「計算に間違いはない」ことが検証されるはずである。したがって，「損益集合表」としての損益計算書に計算される「期間損益」が「残高検証表」としての貸借対照表に計算される「財産余剰」または「財産不足」に一致することによって，「計算に間違いはない」ことが，したがって，「期間損益」には，計算に間違いはないことが，翻って，「帳簿記録」にも，計算に間違いはないことが検証されることにある。

しかし,「期間損益計算」に移行したわけではない。1期目の期間利益の全額が配当されてしまうなら，2期目からも，期間損益は計算されうるはずである。もちろん，1期目の現金勘定に，配当されるだけの現金残高が計算されてのことであるが，1期目の現金勘定に計算されえないとしたら，期間利益の全額は配当されようはずもない。したがって，2期目からは,「期間損益」が計算されるとはかぎらない。事実，商品帳と金銭帳に分類される元帳が実際に締切られることはないので，2期目からは,「期間損益」は計算されえないのである。事業の決算日は，出資者である在外商館の本店（資本主）に報告するだけの，あくまで「事業の暫定的な決算日」にすぎないのでは，と想像するのである。そうであるとしたら，期間損益計算の片鱗が読取られるだけの「暫定的な期間損益計算」にすぎないのではなかろうか。

なお，ドイツ固有の簿記を解明しようとして，ヨリ馴染み易いものにするために，1537年にvon Ellenbogenによって出版される初版本，その原本と写本の標題を紹介することにする。

Buchhalten auff

Preuſſiſche müntze vnd ge-
wichte/vormals nie geſehen / alſo be-
hende vnd offenbar geſetzct/das es
ein jder verſtēdiger leslichen ſelbs
begreiffen mag/Darff der hal
ben nicht mehr ſo fehrlichen
reiſen/inn ferne frembde
land/vnd Buchhal
ten mit groſſer vn-
koſt lernen.

* *
*

Welſche Prattica

auffs kürtzeſt beſchloſſen/
Auch auff vnſere müntze/vormals im
druck nie geſehen/mit etlichen mei-
ſterſtücken fragen / hieher
auffzulöſen/geſant.

1537年，von Ellenbogen, Erhartの初版本，その原本の標題。縦は28.5cm，横は22.5cm。

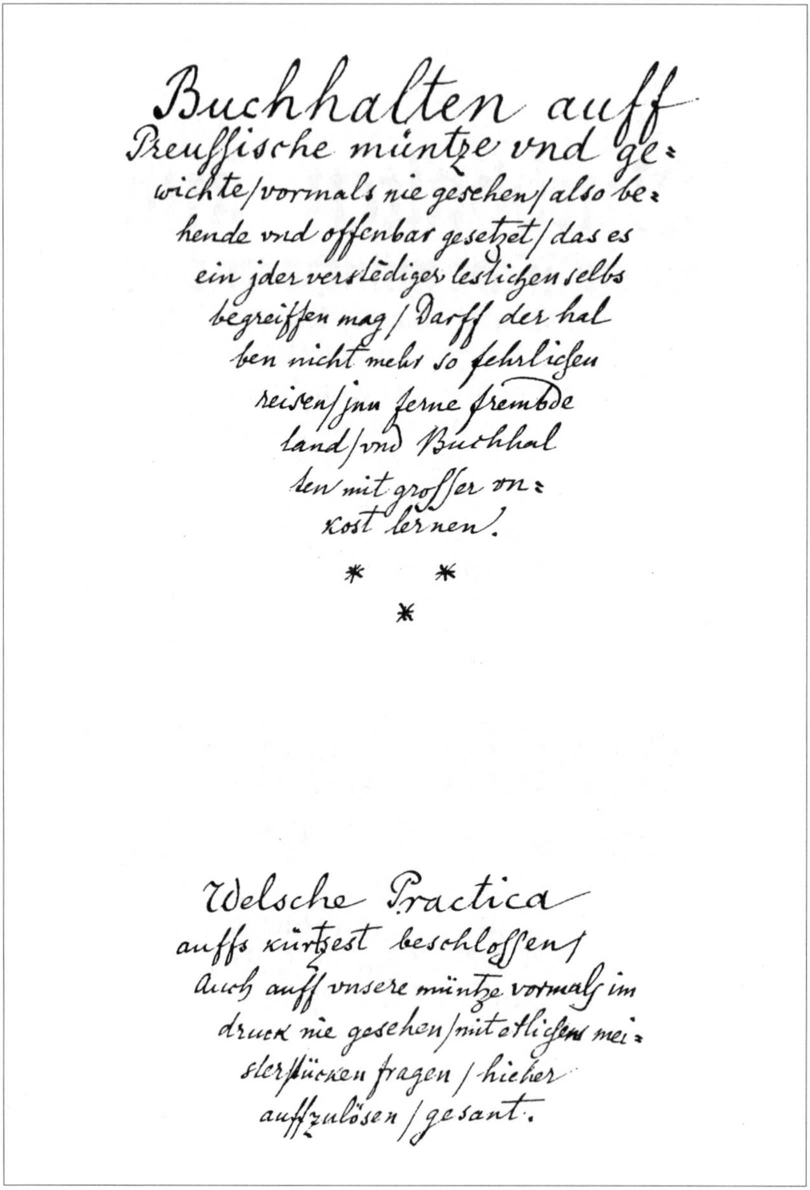

Buchhalten auff
Preussische müntze vnd ge-
wichte/vormals nie gesehen/also be-
hende vnd offenbar gesetzet/das es
ein jder verstēdiger leslichen selbs
begreiffen mag/Darff der hal
ben nicht mehr so fehrlichen
reisen/jnn ferne frembde
land/vnd Buchhal
ten mit grosser vn-
kost lernen.

* *
*

Welsche Practica
auffs kürtzest beschlossen/
Auch auff vnsere müntze vormals im
druck nie gesehen/mit etlichen mei-
sterstücken fragen/hieher
auffzulösen/gesant.

1537年，von Ellenbogen, Erhartの初版本，その写本の標題。縦は28cm，横は21cm。

第2章　ドイツ固有の簿記の展開

――フォン エレンボーゲンの印刷本
『プロシアの貨幣単位と重量単位に拠る簿記』(改訂本), 1538年――

第1節　は　じ　め　に

すでに，筆者は，「複式簿記」について，世界に現存する最初の印刷本『算術，幾何，比および比例全書』が1494年にPacioli, Lucaによって出版されてから，これに遅れること約4半世紀，1518年にGrammateus, Henricus[1)]によって出版される，ドイツでは最初の印刷本『新しい技術書』を「ドイツ固有の簿記の成立」[2)]として解明。さらに，1537年にvon Ellenbogen, Erhartによって出版される印刷本『プロシアの貨幣単位と重量単位に拠る簿記』を「ドイツ固有の簿記の展開」[3)]として解明したところである。

しかし，von Ellenbogenによって出版される印刷本こそは，まさに「幻の書」。これを解明したPenndorf, Balduinは「ケーニヒスベルク大学図書館に所蔵する写本」(Abdruck der Universitätsbibliothek in Königsberg)（バルト海に面する港湾都市のケーニヒスベルクは国境をリトアニアとポーランドに接する現ロシア領のカリー

1) この著作の原稿が完成されたのは1518年であって，実際に出版されたのは1523年であるといわれる。
参照，片岡義雄著；『パチョーリ「簿記論」の研究』，森山書店 1956年，34頁。
名前としては，Scriptoris, HenricusまたはSchreiber, Heinrichとも表記されるが，1517年にはギリシャ風の名前にしていたことから，そのように表記することにする。
Vgl., Penndorf, Balduin; *Geschichte der Buchhaltung in Deutschland*, Leipzig 1913, S.107.

2) 参照，拙稿；「ドイツ固有の簿記の成立」，『商学論集』(西南学院大学)，48巻2号，2001年10月，1頁以降。
参照，拙著；『複式簿記の歴史と論理』，森山書店 2005年，9頁以降。

3) 参照，拙稿；「ドイツ固有の簿記の展開」，『商学論集』(西南学院大学)，49巻1号，2002年6月，91頁以降。49巻2号，2002年9月，51頁以降。

ニングラード）から引用する旨，注記してはいるが[4)]，所蔵していないとの回答しかないからである。ドイツはもちろん，近隣の国々の主要な大学図書館に調査を依頼しても，これまた，所蔵していないとの回答しかないからである。諦めかけていたところで，「イギリス勅許会計士協会図書館」（ICAEW（The Institute of Chartered Accountants in England & Wales）Library）に所蔵している旨，聞知したので，この印刷本の調査，複写を依頼すると，所蔵しているのは「Kheil, Karl Peter（Kheil, Carl Peter）の写本（manuskript copy）」であるとの回答である。しかし，Kheilのコレクションであるか，それとも，Kheil自身の手写しであるか，判然とはしない。はたして，Penndorfが引用する写本であるか，これまた，判然とはしない。しかし，Penndorfが引用する具体的な事例とは一致するので，このKheilの写本は，von Ellenbogenによって出版される印刷本の，まさに写本であると判断して，これを解明したところである。

ところが，これに前後して，ポーランドの首都はワルシャワの南西に位置する内陸都市のヴロツワフにある「ヴロツワフ大学図書館」（Biblioteka Uniwersyteka we Wroclawiu）に所蔵している旨，連絡があったので，複写を依頼すると，写本の初版本が出版された翌年の1538年に出版される印刷本（„*Buchhalten auff Preussische muntze vnd gewichte*・・・“, Danzig.），したがって，「改訂本」のようである。初版本が出版されるのはドイツの首都のベルリンの南西に位置する内陸都市のヴィッテンベルクであるのに対して，改訂本が出版されるのはバルト海に面する港湾都市のダンツィヒ（現ポーランド領のグダンスク）である。

しかし，筆者は，すでに，初版本の写本を解明したこともあって，「ドイツ簿記の16世紀」を解明するのに急ぐがあまり，この改訂本は解明することもなく忘れてしまっていたようである。いま，改めて，その改訂本を読み直してみると，初版本と改訂本の間には，3つの点で大きな相違があることに気付くのである。

第1の点。Grammateusによって出版される印刷本の「仕訳帳」（Zornal）か

4）Vgl., Penndorf, Balduin; *a. a. O.*, S.118.

ら，そうであるように，von Ellenbogenによって出版される初版本の「日記帳」(teglich Buch) でも，現金が元入れされることはなく，したがって，「資本金」が記録されることはなく，最初の取引としては，不可解にも，商品を仕入れて，現金が支払われることから開始される[5)]。掛買いされることもなく，まずは，現金が支払われることから開始される[6)]。図1および図2を参照。

Grammateusの仕訳帳

丁数1(左側の面)

		fl	ß	d
元丁 商1 現3	1月1日。私はオーストリア産の葡萄酒，9樽を仕入れた。単価20fl.。現金を支払った。	180	—	—

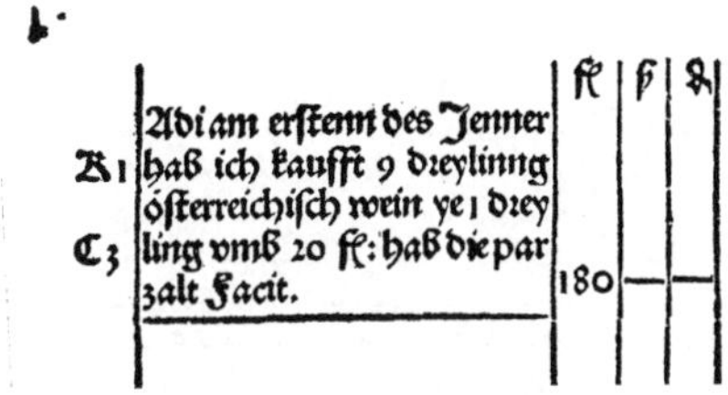

		fl	ß	d
A1 C3	Adi am erstenn des Jenner hab ich kaufft 9 dreylinng österreichisch wein ye 1 dreyling vmb 20 fl: hab die par zalt Facit.	180	—	—

図1

5) Vgl., Grammateus, Henricus; *Ayn new kunstlich Buech* · · ·, Erfurt 1518, Bl.93R.
なお，丁数 (Blatt) が打たれるので，以下，左側の面はL.，右側の面はR.と表記する。
参照，拙稿；「ドイツ固有の簿記の成立」，『商学論集』(西南学院大学)，48巻2号，2001年10月，9頁。
参照，拙著；前掲書，18頁。

6) Vgl., von Ellenbogen, Erhart; *Buchhalten auff Preussische müntze vnd gewichte* · · ·, Wittenberg 1537, Bl.1R (teglich Buch). 写本に打たれた頁数は，S.5.
なお，「日記帳」に打たれた丁数を使用して，以下，左側の面はL (teglich Buch).，右側の面はR (teglich Buch). と表記する。
参照，拙稿；「ドイツ固有の簿記の展開」，『商学論集』(西南学院大学)，49巻1号，2002年6月，97頁。

von Ellenbogenの日記帳（初版本）

丁数1（右側の面）

元丁	1537年3月	Marck	Schil.
1 1 7	同月3日。私は，ダンツィヒの市民，Hans Schwatzewoltから蜜蝋，9シフポンドを仕入れた。単価64Mar.3Schil.。300Marckは現金を支払い，残りはミカエル祭に支払うべし。	576	27

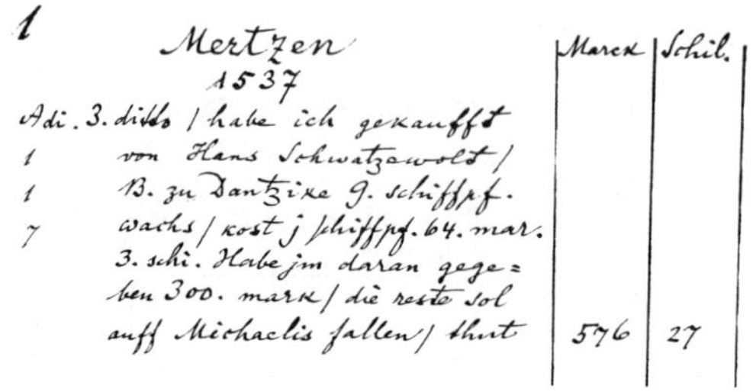
1
Mertzen
1537
Adi. 3. ditto / habe ich gekaufft
1 von Hans Schwatzewolt /
1 B. zu Dantzike 9. schiffpf.
7 wachs / kost j schiffpf. 64. mar.
3. schi. Habe jm daran gege=
ben 300. marck / die reste sol
auff Michaelis fallen / thut

Marck	Schil.
576	27

図2

ところが，改訂本の「日記帳」（Teglich Buch）では，最初の取引としては，3人の組合員が共同出資して，現金と商品が受入れられることから開始される。この出資者である「資本主」が記録されるのである[7]。この「資本主」については，後述。

第2の点。Grammateusによって出版される印刷本の「商品帳」（Kaps）では，X商品，Y商品に区別する商品勘定の左側の面に「売上」（vorkaufft）と表現して，商品の売上，右側の面には「仕入」（kaufft）と表現して，商品の仕入が，今日とは反対側の面に記録される[8]。これに対して，von Ellenbogenによって出版される初版本の「商品帳」（Güterbuch / Capisbuch）では，X商品，Y商品

7）Vgl., von Ellenbogen, Erhart; *Buchhalten auff Preussische muntze vnd gewichte*・・・, Danzig 1538, Bl.1L（Teglich Buch）.
なお，「日記帳」から打たれた丁数を使用して，以下，左側の面はL（Teglich Buch）.，右側の面はR（Teglich Buch）.と表記する。

に区別する商品勘定の左側の面に「仕入」(kaufft) と表現して，商品の仕入，右側の面には「売上」(verkaufft) と表現して，商品の売上は，今日と同側の面に記録される[9)]。図3，図4を参照。

Grammateusの商品帳，商品勘定

丁数1

	fl	ß	d		fl	ß	d
葡萄酒を売上				葡萄酒を仕入 1月1日。9樽。 仕丁1	180	—	—

	fl	ß	d		fl	ß	d
Weyn vorkaufft,				Weyn kaufft. Adi 1 des Jenner: 9 dreyling Im 30 1: R 1 Facit —	180	—	—

図3

---

8) Vgl., Grammateus, Henricus; *a. a. O.*, Bl.99.
参照，拙稿；「ドイツ固有の簿記の成立」，『商学論集』(西南学院大学)，48巻2号，2001年10月，10頁。
参照，拙著；前掲書，19頁。

9) Vgl., von Ellenbogen, Erhart; *a. a. O.* (1537), Bl.1 (Güterbuch). 写本に打たれた頁数は，S.18f.
なお，「商品帳」に打たれた丁数を使用して，以下，左側の面はL (Güterbuch).，右側の面はR (Güterbuch).と表記する。
参照，拙稿；「ドイツ固有の簿記の展開」，『商学論集』(西南学院大学)，49巻1号，2002年6月，100頁以降。

von Ellenbogenの商品帳（初版本），商品勘定

丁数1

神に感謝　1537年	Marck	Schil.		Marck	Schil.
仕　入			蜜　蝋 売　上		
3月3日。Hans Scfwartzewoltから9シフポンド。 日丁1	576	27	9月10日。Törgenn Peyerに7シフポンド。 日丁4	511	0
商品売買益。	62	39	売残商品。 2シフポンド。	128	6

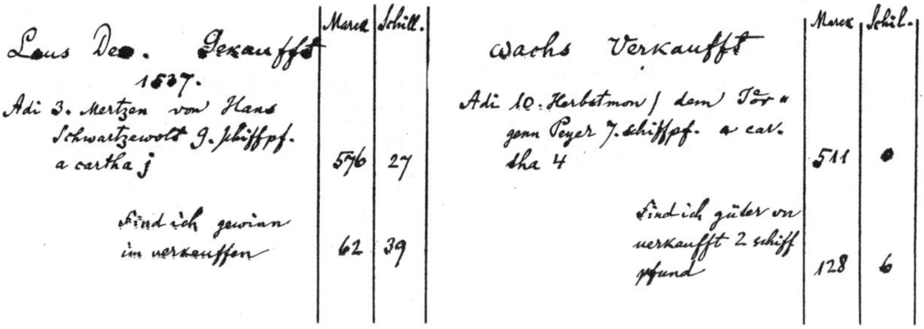

Laus Deo. Gekaufft 1537.	Marck	Schill.	Wachs Verkaufft	Marck	Schil.
Adi 3. Mertzen von Hans Schwartzewolt 9. schiffpf. a cartha j	576	27	Adi 10. Herbstmon / dem Törgenn Peyer 7. schiffpf. a cartha 4	511	0
Find ich gewinn im verkauffen	62	39	Find ich güter vnverkaufft 2 schiffpfund	128	6

図4

さらに，Grammateusによって出版される印刷本の「金銭帳」(Schuldtbuch)では，債務者A，債務者Bに区別する債権勘定の左側の面に「支払済」(Hadt zalt）と表現して，債権の消滅，右側の面には「私に支払うべし」(Sal mir）と表現して，債権の発生が，今日とは反対側の面に記録される[10)]。ところが，債権者C，債権者Dに区別する債務勘定の左側の面に「支払済」(Hab zalt）と表現して，債務の消滅，右側の面には「私は支払うべし」(Ich Sal）と表現して，債務の発生は，今日と同側の面に記録される[11)]。これに対して，von Ellenbogenによって出版される初版本の「金銭帳」(Schultbuch）では，債権勘定と債務勘定に区分されることはなく，左側の面に「私に支払うべし」(Sal mir) と表現して，債権の発生ばかりか，債務の消滅，右側の面には「私は支払うべ

し」(Sal Ich) と表現して，債務の発生ばかりか，債権の消滅が，今日と同側の面に記録される[12)]。図 5 および図 6 を参照。

Grammateusの金銭帳，債務勘定と債権勘定

丁数1

	fl	ß	d		fl	ß	d
支払済				私は支払うべし			
9月27日。Hansen Schmidt。 仕丁4	18	—	—	2月7日。Hansen Scmidt。 仕丁1	36	—	—
				5月6日。Jorg Pfeil。 仕丁2	1	—	—
				5月31日。Hans Scmidt。 仕丁3	6	—	—
債務残高。	25	—	—				

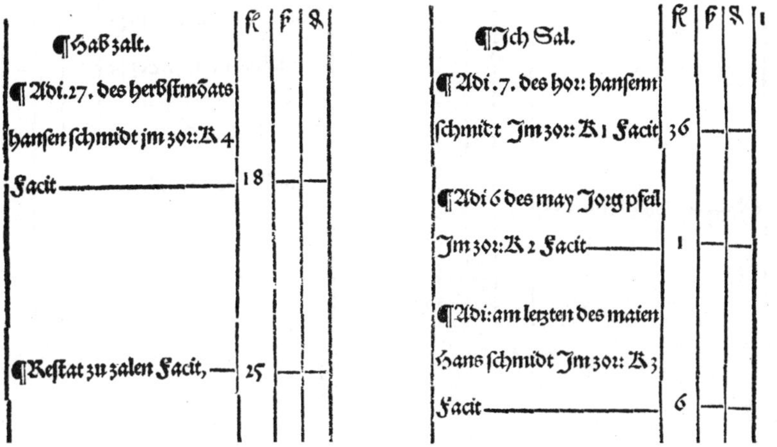

	fl	ß	d		fl	ß	d
¶Hab zalt.				¶Ich Sal.			
¶Adi.27. des herbstmōats hansen schmidt jm 3or:B 4 Facit	18	—	—	¶Adi.7. des hor: hansenn schmidt Jm 3or: B 1 Facit	36	—	—
				¶Adi 6 des may Jorg pfeil Jm 3or:B 2 Facit	1	—	—
				¶Adi:am letzten des maien Hans schmidt Jm 3or: B 3 Facit	6	—	—
¶Restat zu zalen Facit,	25	—	—				

10) Vgl., Grammateus, Henricus; *a. a. O.*, Bl.103.
参照，拙稿；「ドイツ固有の簿記の成立」,『商学論集』(西南学院大学), 48巻2号，2001年10月，12頁。
参照，拙著；前掲書，21頁。

11) Vgl., Grammateus, Henricus; *a. a. O.,* Bl.102.
参照，拙稿；前掲誌，11頁以降。
参照，拙著；前掲書，20頁。

丁数2

支払済	fl	ß	d
11月6日。Peter Weckauff。			
仕丁4	2	—	—
債権残高。	3	3	—

私に支払うべし	fl	ß	d
4月7日。Hannß Kesler。			
仕丁2	3	—	—
7月7日。Peter Weckauff。			
仕丁3	2	—	—
8月1日。Sigmũd Wiener。			
仕丁4	—	3	—

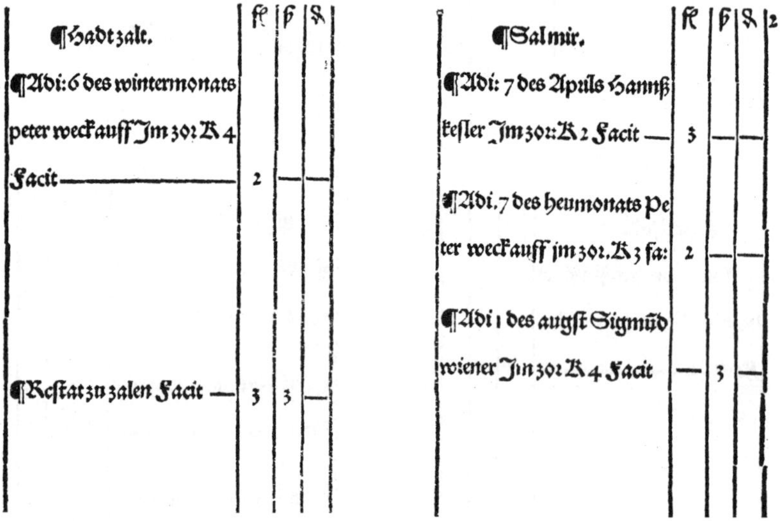

Hadt zalt.	fl	ß	d
Adi: 6 des wintermonats peter weckauff Jm 302 K 4 Facit ——	2	—	—
Restat zu zalen Facit —	3	3	—

Sal mir.	fl	ß	d
Adi: 7 des Aprils Hannß kesler Jm 302: K 2 Facit —	3	—	—
Adi. 7 des heumonats Peter weckauff jm 302. K 3 fa:	2	—	—
Adi 1 des augst Sigmũd wiener Jm 302 K 4 Facit	—	3	—

図5

von Ellenbogenの金銭帳（初版本），債務勘定と債権勘定

丁数1

	Marck	Schil.		Marck	Schil.
神に感謝　1537年 私に支払うべし 10月2日。Hans Schwartzewolt。残金の支払い。　日丁5	276	27	私は支払うべし 3月3日。Hans Schwartzewolt。蜜蝋に対して。支払日はミカエル祭。　日丁1	276	27

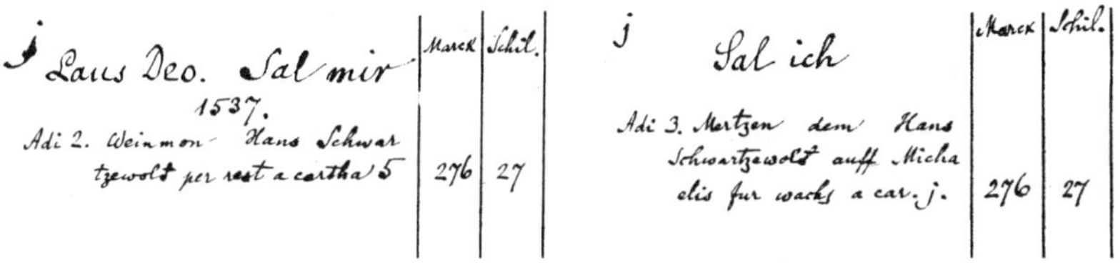
j Laus Deo. Sal mir 1537.

	Marck	Schil.
Adi 2. Weinmon Hans Schwartzewolt per rest a cartha 5	276	27

j Sal ich

	Marck	Schil.
Adi 3. Mertzen dem Hans Schwartzewolt auff Michaelis fur wachs a car. j.	276	27

丁数5

	Marck	Schil.		Marck	Schil.
私に支払うべし 9月10日。Merten Rode。葡萄酒。　日丁4	662	0	私は支払うべし 10月11日。Merten Rode。残金の支払い。　日丁5	100	0
			同月同日。Merten Rode。残金の支払い。　日丁5	250	0
			12月5日。Merten Rode。残金の支払い。　日丁6	150	0
			債権残高。	162	0

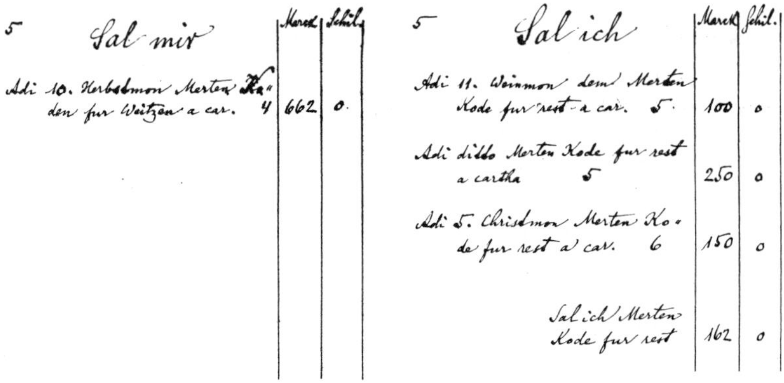
5 Sal mir

	Marck	Schil.
Adi 10. Herbstmon Merten Ko den fur Weitzen a car. 4	662	0.

5 Sal ich

	Marck	Schil.
Adi 11. Weinmon dem Merten Kode fur rest a car. 5.	100	0
Adi dito Merten Kode fur rest a cartha 5	250	0
Adi 5. Christmon Merten Kode fur rest a car. 6	150	0
Sal ich Merten Kode fur rest	162	0

図6

ところが，改訂本の「商品帳」(Gutterbuch/Capis) でも，初版本の「商品帳」と同側の面に記録される。今日と同側の面に記録されるのである。しかし，改訂本の「金銭帳」でも，債権勘定と債務勘定に区分されることはないが，不可解にも，初版本の「金銭帳」とは反対側の面に記録される。左側の面に「私は支払うべし」(Sal Ich) と表現して，債務の発生と債権の消滅，右側の面には「私に支払うべし」(Sal mir) と表現して，債権の発生と債務の消滅が記録されるので，今日とは反対側の面に記録されるのである[13)]。この債権勘定と債務勘定については，後述。

第3の点。Grammateusによって出版される印刷本から，そうであるように，実は「損益計算書」(Gewinn- und Verlustrechnung) という表現は見出されないが，「損益集合表」としての損益計算書を作成。商品帳では，X商品，Y商品に区別する商品勘定に計算される「商品売買益」または「商品売買損」が仕訳帳の末丁に集合される[14)]。これに対して，von Ellenbogenによって出版される初版本では，商品帳の末丁に集合される[15)]。いずれにしても，X商品，Y商品に区別する商品勘定に計算される「商品売買益」または「商品売買損」を配列，記録することで，「損益集合表」としての損益計算書を作成して，「期間損益」

---

12) Vgl., von Ellenbogen, Erhart; *a. a. O.* (1537), Bl. 1 / 5 (Schultbuch). 写本に打たれた頁数は，S.30f / 38f.
なお，「金銭帳」に打たれた丁数を使用して，以下，左側の面はL (Schultbuch).，右側の面はR (Schultbuch). と表記する。
参照，拙稿；「ドイツ固有の簿記の展開」，『商学論集』(西南学院大学)，49巻1号，2002年6月，104 / 110頁。

13) Vgl., von Ellenbogen, Erhart; *a. a. O.* (1538), Bl. 7 / 8 (Schultbuch).
なお，「金銭帳」に打たれた丁数を使用して，以下，左側の面はL (Schultbuch).，右側の面はR (Schultbuch). と表記する。

14) Vgl., Grammateus, Henricus; *a. a. O.*, Bl.97R.
参照，拙稿；「ドイツ固有の簿記の成立」，『商学論集』(西南学院大学)，48巻2号，2001年10月，19頁。
参照，拙著；前掲書，27頁。

15) Vgl., von Ellenbogen, Erhart; *a. a. O.* (1537), Bl. 6L (Güterbuch). 写本に打たれた頁数は，S.28.
参照，拙稿；「ドイツ固有の簿記の展開」，『商学論集』(西南学院大学)，49巻1号，2002年6月，120頁。

が計算されるのである。しかし，配列，記録されるのは商品売買益の合計と商品売買損の合計だけである。諸掛り経費（vnkost）を記録するとしたら，「商品帳」に記録されるしかないので，商品に加算して，場合によっては，商品に按分して，X商品，Y商品に区別する商品勘定に記録される[16]。図7および図8を参照。

Grammateusが仕訳帳の末丁に作成する損益計算書

丁数4（左側の面）

	fl	ß	d
12月18日。私は計算を締切って，以下のように利益および損失を計算する。			
葡萄酒の利益	—	—	—
鯡の利益	6	—	—
蜜蝋の利益	5	—	—
胡椒の利益	1	4	—
亜麻布の損失	—	2	—
小刀の利益	1	—	—
石鹸の損失	1	4	—
利益の合計	11	6	—

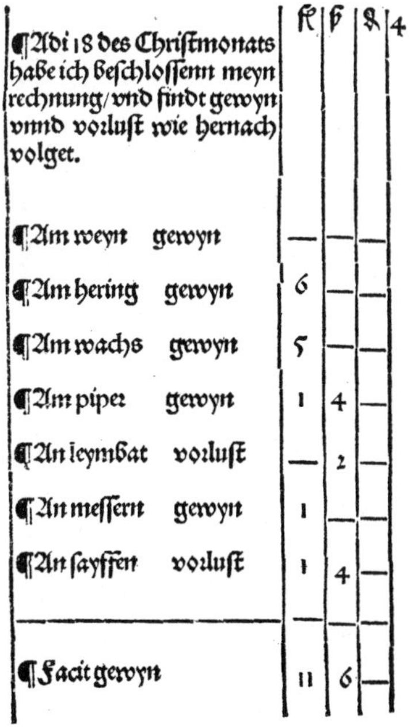

	fl	ß	d	4
¶Adi 18 des Christmonats habe ich beschlossenn meyn rechnung/vnd findt gewyn vnnd vorlust wie hernach volget.				
¶Am weyn gewyn	—	—	—	
¶Am hering gewyn	6	—	—	
¶Am wachs gewyn	5	—	—	
¶Am piper gewyn	1	4	—	
¶An leymbat vorlust	—	2	—	
¶An messern gewyn	1	—	—	
¶An sayffen vorlust	1	4	—	
¶Facit gewyn	11	6	—	

図7

16）Vgl., von Ellenbogen, Erhart; *a. a. O.*（1537）, Bl. 3L（teglich Buch）. 写本に打たれた頁数は，S.8.
参照，拙稿；前掲誌，98頁。

von Ellenbogenが商品帳（初版本）の末丁に作成する損益計算書

末丁（左側の面）

	Marck	Schil.
利　益		
蜜　蝋	62	39
葡萄酒	140	6
生　薑	75	0
ライ麦	2024	0
鉛	180	0
サフラン	150	0
天鵞絨	36	0
合　計	2685	45
損　失		
麻　布	74	42
錫	29	52
合　計	104	34
利益から損失を控除して残る純利益。	2581	11

＊ライ麦の利益は，「2042Mark」の誤植。

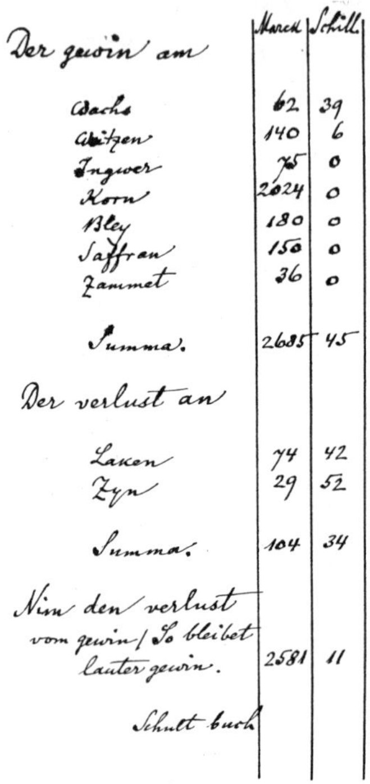

	Marck	Schill.
Der gewin am		
Wachs	62	39
Weitzen	140	6
Ingwer	75	0
Korn	2024	0
Bley	180	0
Saffran	150	0
Zammet	36	0
Summa.	2685	45
Der verlust an		
Laken	74	42
Zyn	29	52
Summa.	104	34
Nim den verlust vom gewin / So bleibet lauter gewin.	2581	11
Schutt buch		

図8

ところが，改訂版でも，初版本と同様に，「商品帳」の末丁に「損益集合表」としての損益計算書を作成して，X商品，Y商品に区別する商品勘定に計算される「商品売買益」または「商品売買損」が集合される。「期間損益」が計算されるのだが，配列，記録されるのは商品売買益の合計と商品売買損の合計だけではない。補助簿である「雑記小帳」（Haderbüchlein）に記録しておいた諸

17）Vgl., von Ellenbogen, Erhart; *a. a. O.* (1538), Bl.6L (Gutterbuch).
なお，「商品帳」に打たれた丁数を使用して，以下，左側の面はL (Gutterbuch).，右側の面はR (Gutterbuch). と表記する。

掛り経費と，給料も配列，記録される[17]。しかも，「金銭帳」の現金勘定の右側の面には，そのような「支出」は記録されるのだが，不可解にも，この相手勘定になるはずの「諸掛り経費勘定」も「給料勘定」も，直接には「損益勘定」すら開設されることはなく，「損益集合表」としての損益計算書に配列，記録されるのである[18]。この「損益集合表」としての損益計算書については，後述。

そこで，複式簿記としては，どこがドイツ固有の簿記であるかについて，初版本と改訂本の間に大きく相違する3つの点に注目しながら，1538年に von Ellenbogenによって出版される印刷本『プロシアの貨幣単位と重量単位に拠る簿記』の改訂本を再考して，筆者なりの卑見を披瀝することにしたい。

第2節　帳　簿　記　録

まずは，帳簿記録についてである。改訂本でも，初版本と同様に，「日記帳」が作成されると同時に，実は「元帳」という表現は見出されないが，「商品帳」と「金銭帳」に分類される元帳が作成される。

しかし，日々の取引事象を暦順的，特に叙述的に文章で記録するだけの日記帳ではない。Grammateusと同様に，日記帳の左端の行には，日々の取引事象を「二重記録」するために分解する。「商品帳」と「金銭帳」，どの元帳に記録するかについて指示するのである。しかし，実は「元丁欄」という表現は見出されないが，商品帳に転記するのであれば，商品の仕入と売上については，「商（K）」の文字と元帳の丁数，「元丁」，金銭帳に転記するのであれば，債権または債務の発生と消滅ついては，「債（S）」の文字と元帳の丁数，「元丁」，現金の収入と支出については，「現（C）」の文字と元帳の丁数，「元丁」を記録するGrammateusとは相違する。改訂版でも，初版本と同様に，商品帳に転記するのであれば，X商品とY商品に区別する商品勘定に打たれる丁数，「元丁」（事例は丁数4から丁数5），金銭帳に転記するのであれば，債権または債務の発生

18）Vgl., von Ellenbogen, Erhart; *a. a. O.* (1538), Bl. 3L (Teglich Buch).

と消滅については，債務者Ａ，債務者Ｂに区別する債権勘定と，債権者Ｃ，債権者Ｄに区別する債務勘定に打たれる丁数，「元丁」（事例は丁数7から丁数8），現金の収入と支出については，現金勘定に打たれる丁数，「元丁」（事例は丁数9）を記録する。転記する元帳がないとしたら，丁数，元丁は「丁数0」を記録する。日記帳の左端の行には，商品帳の商品勘定，金銭帳の債権勘定または債務勘定と現金勘定に打たれる丁数の順序で，かならず3つの丁数を記録するのである[19)]。したがって，日記帳の左端の行に指示する元帳の丁数から判断するなら，日々の取引事象を分解することにはなる。実は「仕訳帳」という表現は見出されないが，「二重記録」するために分解する仕訳帳になるのではなかろうか。

もちろん，日記帳の左端の行に，商品勘定の丁数，債権勘定または債務勘定と現金勘定の丁数の順序で，かならず3つの丁数を記録することによっては，転記するのが「商品帳」であるか「金銭帳」であるかは判明するが，左側の面と右側の面のどちらに転記するかは指示されないことに疑問は残る。

しかし，このような疑問は，実は「借方」（Soll / Debit）と「貸方」（Haben / Kredit）という表現は見出されないが，Grammateusと同様に，「商品帳」と「金銭帳」の帳簿の見開きの左側の面と右側の面に，事前に，von Ellenbogenも独自の内容を指示しておくことによって解決する。日記帳から「商品帳」と「金銭帳」に転記するのに，この帳簿の見開きの左側の面と右側の面に最初から独自の内容を指示しておくのである。改訂本でも，初版本と同様に，Ｘ商品とＹ商品に区別する商品勘定については，左側の面に「仕入」，右側の面には「売上」の頭書きがある。したがって，「商品の仕入」は左側の面に，「商品の売上」は右側の面に，今日と同側の面に記録されるのである。しかし，債務者Ａ，債務者Ｂに区別する債権勘定と，債権者Ｃ，債権者Ｄに区別する債務勘定については，債権勘定または債務勘定に区分されることはないが，改訂本では，初版本と相違して，左側の面に「私は支払うべし」，右側の面には「私に支払うべし」の頭書きがある。したがって，「債権の発生」は右側の面に，これを

19）Vgl., von Ellenbogen, Erhart; *a. a. O.* (1538), Bl. 1ff (Teglich Buch).

反対側の面に記録するなら，自動的に「債権の消滅」は左側の面に，「債務の発生」は左側の面に，これを反対側の面に記録するなら，自動的に「債務の消滅」は右側の面に，今日とは反対側の面に記録されるのである。ところが，現金勘定については，左側の面に「収入」(Eingenomen)，右側の面には「支出」(Außgegeben) の頭書きがあるので，今日とは同側の面に記録される。

しかも，改訂本では，初版本と同様に，実は「摘要欄」という表現は見出されないが，「商品帳」と「金銭帳」に分類される元帳の摘要欄の片隅，この欄の文末には，日記帳の丁数，「日丁」を記録する。この転記された元帳と日記帳が符合しうるようにするためである。これまた，Grammateusと同様である。von Ellenbogenは表現する。「日記帳から，これ以外の帳簿（商品帳および金銭帳）に転記する場合に，この帳簿には，日記帳の丁数（日丁）を記録する。再び，これ以外の帳簿からは，日記帳に，その帳簿の丁数（元丁）を記録する。日記帳に丁数（元丁）が見出される，帳簿の片面，片側に記録するのである」[20]と。

ところが，これまた，初版本と同様に，改訂本でも，実は「金額欄」という表現は見出されないが，左側の面の1つの項目と右側の面の1つの項目が結合する「単純取引」であるなら，「商品帳」と「金銭帳」の，どの勘定に記録するかは指示されえて，いくらで記録するかも指示されうるはずである。しかし，左側の面または/および右側の面で2つ以上の項目が結合する「複合取引」であるなら，「商品帳」と「金銭帳」の，どの勘定に記録するかは指示されえても，いくらで記録するかは指示されえないことに疑問は残る。日記帳の摘要欄に叙述的に文章で記録する取引事象から判断するしかないのである。これまた，Grammateusと同様である。

なお，von Ellenbogenが改訂本に例示する「日記帳」の丁数1，「商品帳」の丁数4および丁数5，「金銭帳」の丁数7，丁数8および丁数9を原文と共に表示することにする[21]。図9，図10および図11を参照。

20）von Ellenbogen, Erhart; *a. a. O.* (1538), Bl.1R. 括弧内は筆者。
なお，表紙の裏側から打たれた丁数を使用して，以下，左側の面はL.，右側の面はR.と表記する。

日記帳

丁数1

元丁	5月	
	同月1日。3人の組合員，Henrich von Staden, Balzer GermanとRey-nolt Oueramは，現金と商品，合計2770Marckを出資した。私からは，商品の取引について，聖ミカエル祭に，この3人に報告する。	
4 7 9	同月同日。私は，Henri-ch von Stadenから現金100Marckとイギリス産の敷布20枚，単価25Marckを受取った。Mar.	600
4 7 9	同月同日。私は，Balzer Germanからも現金190Marckとライ麦50ラスト，単価13Marckを受取った。Mar.	840
5 7 9	同月同日。私は，Rey-nolt Oueramからも現金130Marckと蜜蝋30シフポンド，単価40Marckを受取った。Mar.	1330

元丁	6月	
5 7 9	同月15日。私は，サフラン158ポンド，単価7Marckをミラノ市民のMisser Peter Purißlから仕入れた。代金の420 Marckは，3人の組合員が出資した現金で支払い，残りはドミニコ祭に送金しなければならない。Mar.	1106
4 0 9	同月21日。私は，ライ麦34ラスト,単価20MarckをWenzel Ritterに売上げた。代金は，Adrian Her-fart, Jacob Schwartz, Veit Holzlなど，本店の8人が用立てた現金で受取った。Mar.	680
4 8 9	同月30日。私は，ライ麦10ラスト，単価23MarckをMichel Sifertに売上げた。代金の半分は，現金を支払い，残金は，Valzer MelがHenrich Storchに照会，Hans Filzから取立てて，聖ヤコブ祭に支払わねばならない。Mar.	230

---

21) von Ellenbogen, Erhart; *a.a.O.* (1538), Bl. 1 (Teglich Buch) / 4f (Gutterbuch) / 7ff (Schultbuch).

1 **Meyen.**

Adi 1. ditto haben zusamen gelegt gelt vnd gut/ die ersammen 3 gesellen/ Henrich von Staden Baltzer German/ vnd Reynolt Ouerram. 2770 marck wert/ vnd mir vberantwort/ inen zu gut zu handlen/ bis auff sant Michel.

4 Adi ditto hab ich entpfangē von Henrich von Staden 100 mar. vnnd 20
7 Englische laken zu 25 marcken/ tut
9 mar. 600

4 Adi ditto hab ich auch entpfangen/
7 von Balzer German 190 mar. vnnd
9 50 last korn zu 13 mar. tut mar. 840

5 Adi ditto hab ich noch entpfangen/
7 von Reynolt Ouerram 130 mar. vnd
9 30 schiffpfund wachs zu 40. mar. tut auch in allen marck. 1330

Brach

Brachmont 1

Adi 15 ditto kaufft ich 158 pfunt Saffran zu 7 marck. von
5 Misser Peter Purißl/ B. zu
7 Meylant vnd gab jm daran alles be-
9 reit gelt/ von den 3. gesellen ent. 420 marck/ vnnd vor die rest sal ich jm auff den Domnick laken senden/ tut marck 1106 11

Adi 21 ditto vorkaufft ich wenzl Ritter 34 last korn/ dy last vor 20 mar vñ
4 bezalt mir s mit bereitem gelde/ do
0 bey sassen Adrian Herfart/ Jacob
9 schwartz/ Veit Holzl tut marck. 680. 6

Adi vltimo ditto vorkaufft ich Michel sifert 10 last roggē/ zu 23 mar vñ
4 bezalt mirs die helfft/ die rest sal auff
8 Jacobi gefallen/ do fragte Balzer
9 Mel/ den Henrich Storch/ wie do Hans Filz ging/ tut marck. 230. 2

図9

商品帳，商品勘定

丁数4

敷布を仕入

5月1日。Henrich von Stadenからイギリス産を20枚。日丁1。Mar. 500

商品売買益。Mar. 357

7月25日。Reynolt Kartörnerからジッテン産を28枚。一部は掛買い。日丁2。Mar. 168

ライ麦を仕入

5月1日。Balzer Germanから50ラスト。日丁1。Mar. 650

商品売買益。Mar. 338

敷布を売上

7月13日。Reynolt Kartörnerにイギリス産を5枚。日丁2。Mar. 170

8月5日。Misseer Peter Purißlにイギリス産を13枚。日丁2。Mar. 637

売残商品。イギリス産の2枚。Mar. 50

売残商品。ジッテン産の28枚。Mar. 168

ライ麦を売上

6月21日。Wenzl Ritterに34ラスト。日丁1。Mar. 680

6月30日。Michel Siuertに10ラスト。日丁1。Mar. 230

売残商品。6ラスト。Mar. 78

Laken kaufft: [4]

Adi 1 Meyen/ von Henrich von Staden 20 Englische a cart. 1. tut marck. 500

Fint ich gewin yn vorkauffen mack. 357

Adi 25 Heumont/ von Reynolt karkörner am stich 28 Sittische a car. 2 tut marck. 168

Korn gekaufft

Adi 1 Meyen/von Balzer German 50 last/a car. 1. tut marck. 650

Fint ich gewin in vorkauffen mar. 338

Laken vorkau. [4]

Adi 13 Heumont/ denn Reynolt Karkorner 5 Englische a cart. 2. tut marck. 170

Adi 5. Augstmont/dem Misseer Peter Purifil 15 Englische/ a car. 2 tut marck. 637

Fint ich vnuorkauffte gütter 2 Eng. marck. 50

Fint ich gütter vnuorkaufft 28 Sitti. mar. 168

Korn vorkau

Adi 21 Brachmont/ dem Wenzl Ritter 34 last a car. 1. tut mar. 680

Adi vltimo Brachmont/dem Michel Siuert 10 last/a car. 1. tut mar. 230

Fint ich vnuorkauffte gütter 6 last tut marck 78

wachs

丁数5

蜜蝋を仕入

5月1日。Reynolt Oueramから30シフポンド。日丁1。Mar. 1200

9月4日。私は蜜蝋の諸掛り経費を支払った。日丁3。Mar. 350

サフランを仕入

6月15日。Misser Peter Purißlから158ポンド。日丁1。Mar. 1106

商品売買益。Mar. 750

蜜蝋を売上

9月26日。Nickles Lumerに20シフポンド。日丁3。Mar. 384

売残商品。
10シフポンド。Mar. 400

商品売買損。Mar. 766

サフランを売上

7月30日。Fabian Hutfeltに146ポンド。日丁2。Mar. 1752

8月19日。Gert Spartbergに10ポンド。日丁2。Mar. 90

売残商品。
2ポンド。Mar. 14

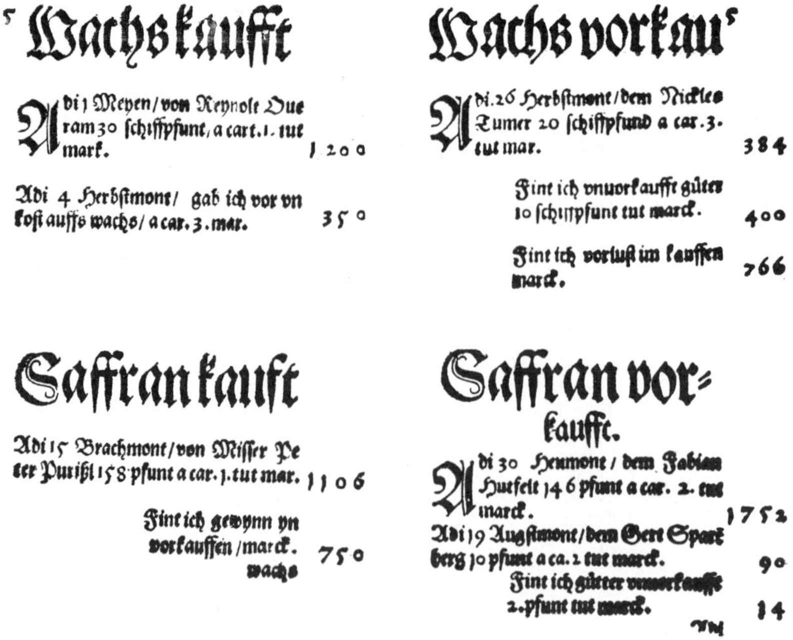

5 Wachs kaufft

Adi 1 Meyen/von Reynolt Oueram 30 schiffpfunt/a cart.1. tut mark. 1200

Adi 4 Herbstmont/ gab ich vor vn kost auffs wachs/a car.3.mar. 350

Saffran kauft

Adi 15 Brachmont/von Misser Peter Purißl 158 pfunt a car.1.tut mar. 1106

Fint ich gewynn yn vorkauffen/marck. 750

wachs

Wachs vorkau 5

Adi.26 Herbstmont/dem Nickles Lumer 20 schiffpfund a car.3. tut mar. 384

Fint ich vnuorkauffte güter 10 schiffpfunt tut marck. 400

Fint ich vorlust im kauffen marck. 766

Saffran vorkauffe.

Adi 30 Heumont/dem Fabian Hutfelt 146 pfunt a car. 2. tut marck. 1752

Adi 19 Augstmont/dem Gert Spartberg 10 pfunt a ca.1 tut marck. 90

Fint ich gütter vnuorkauffe 2.pfunt tut marck. 14

Vnd

図10

金銭帳，債務勘定，債権勘定および現金勘定

丁数7

私は支払うべし		私に支払うべし	
5月1日。Henrich von Stadenに，現金と商品の代金。日丁1。Mar.	600		
同月同日。Balzer Germanにも，現金と商品の代金。日丁1。Mar.	840	3人の組合員からの債務残高。Mar.	2770
同月同日。Reynolt Oueramにも，現金と商品の代金。日丁1。Mar.	1330		
6月15日。Misser Peter Purißlに，サフランの代金。支払期日はドメニコ祭。日丁1。Mar.	686	8月5日。私は，Peter Purißlに，サフランの代金の一部を支払う。日丁2。Mar.	637
		同月8日。私は，Peter Purißlに，サフランの残金の一部を支払う。日丁2。Mar.	30
		同月10日。私は，Peter Purißlに，サフランの残金の一部を支払う。日丁2。Mar.	14
		サフランの債務残高。Mar.	5

7 **Sal ich.**

Adi 1 Meyen/ dem Henrich von Staden für gelt vnd gut/ a car 1.mar. 600

Adi ditto/auch dem Balzer German fur gelt vnd gut/a car.1.marck. 840

Adi ditto/noch Rynolt Oueram fur gelt vnd gut a cart.1.mar. 1330

Adi 15 Brachmont/dem missеer Peter Purißel vor saffran/auff den Dominick a car.1.marck. 686

Sal

Sal mir 7

Sal ich vor rest den 3 gesellen/mar.
2770.

Adi 5 Augstmont zalt ich dem Peter Purißl Boreat am saffran a car.2.marck . . . . 637.

Adi 8 zalt ich Peter Purißl/ vor rest an saffran a car.2. mar. . . . . . 30.

Adi 10 zalt ich noch Peter purißl vor rest an saffran/a cart.2.mar. . . . 14.

Sal ich vor rest an saffran marc. 5.

B

丁数8

私は支払うべし		私に支払うべし	
7月25日。私に，Michel Sifertは代金の一部を支払う。日丁2。Mar.	100	6月30日。Michel Sifertに，ライ麦の代金。日丁1。Mar.	115
Michel Sifertに対する債権残高。Mar.	15		
同月同日。私に，Reynolt Kartörnerは代金を支払う。日丁2。Mar.	170	7月13日。Reynolt Kartörnerに，敷布の代金。日丁2。Mar.	170
Fabian Hutfeltに対する債権残高。Mar.	452	同月30日。Fabian Hutfeltに，サフランの代金。日丁2。Mar.	452
Gert Sparenbergに対する債権残高。Mar.	90	8月19日。Gert Sparenbergに，サフランの代金。日丁2。Mar.	90
Nickles Thumerに対する債権残高。Mar.	384	9月26日。Nickles Thumerに，蜜蝋の代金。日丁3。Mar.	384

8

Sal ich.

Adi 25 ditto Heumont zalt mir Michel Sifert fur rest a car. 2. marck. 100

Sal mir vor rest Michel Sifert ma. 15

Adi ditto zalt mir Reinolt Karkörner vor laken/a car. 2. marck 170

Solut.

Sal mir vor rest Fabian hutfelt marck. 452

rest mir gert Spatenberg mar. 90

Sal mir vor rest Nickles Tum. mar. 384

Sal mir.

8

Adi vltimo ditto Brachmōt. Michel Siuert fur roggen a car. 1. mar. 115

Adi 13 ditto Heumont/Reinolt Karkörner für laken/a car. 2. mar. 170

Adi 30 ditto/Fabian Hutfelt fur Saffran/a cartha. 2. mar. 452

Adi 19 ditto Augstmont/Gert Spatenberg/fur saffran/a car. 2. mar. 90

Adi 26 ditto Herbstmon/ Nicklas Thumer fur Wachs a car. 3. mar. 384

丁数9

現金勘定
収　入

5月1日。Henrich von Stadenから現金の出資。日丁1。Mar.　100
同月同日。Balzer Germanから現金の出資。日丁1。Mar.　190
同月同日。Reynolt Oueramから現金の出資。日丁1。Mar.　130
6月21日。Wenzl Ritterからライ麦の代金。日丁1。Mar.　680
同月30日。Michel Sifertからライ麦の代金。日丁1。Mar.　115
7月25日。Reynolt Kartörnerから残金。日丁2。Mar.　2
同月同日。Michel Siuertから残金。日丁2。Mar.　100
同月30日。Fabian Hutfelからサフランの代金。日丁2。Mar.　1300

合　計。Mar. 2617

現金勘定
支　出

6月15日。Misser Peter Purißlにサフランの代金。日丁1。Mar.　420
8月8日。Peter　Purißlに残金。日丁2。Mar.　30
同月10日。Peter Purißlに残金。日丁2。Mar.　14
9月4日。運送人に蜜蝋の諸掛り経費。日丁2。Mar.　350
同月29日。雑記小帳に記録する諸掛り経費と，私の給料を合算して支出。これは利益から控除。日丁3。Mar.　125

合　計。Mar.　939

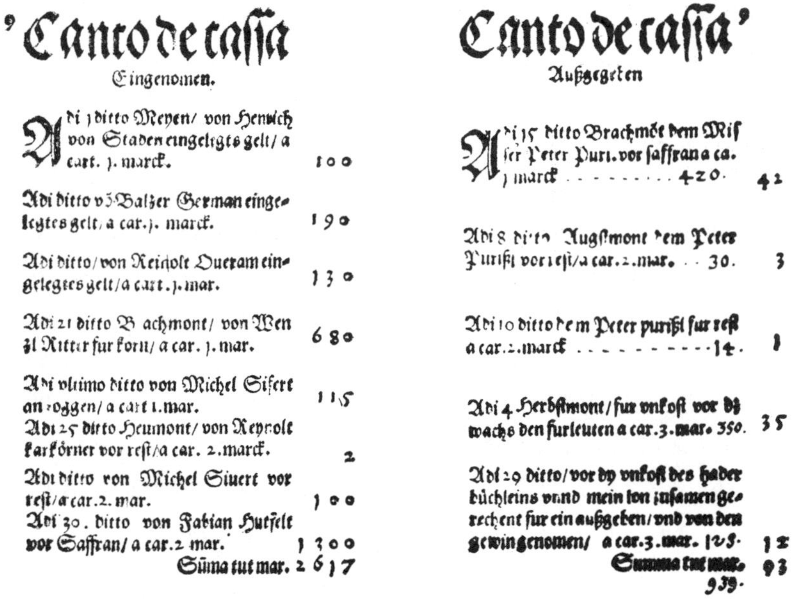
9 Canto de cassa
Eingenomen.
Adi 1 ditto Meyen/ von Henrich von Staden eingelegts gelt/ a cart. 1. marck. 100
Adi ditto von Balzer German eingelegtes gelt/ a car. 1. marck. 190
Adi ditto/ von Reinolt Oueram eingelegtes gelt/ a cart. 1. mar. 130
Adi 21 ditto Brachmont/ von Wenzl Ritter fur korn/ a car. 1. mar. 680
Adi vltimo ditto von Michel Sifert an roggen/ a cart 1. mar. 115
Adi 25 ditto Heumont/ von Reynolt Kartörner vor rest/ a car. 2. marck. 2
Adi ditto von Michel Siuert vor rest/ a car. 2. mar. 100
Adi 30. ditto von Fabian Hutfelt vor Saffran/ a car. 2 mar. 1300
Sũma tut mar. 2617

Canto de cassa 9
Außgegeben
Adi 15 ditto Brachmōt dem Misser Peter Puri. vor saffran a ca. 1 marck 420. 42
Adi 8 ditto Augstmont dem Peter Purißl vor rest/ a car. 2. mar. 30. 3
Adi 10 ditto dem Peter purißl fur rest a car. 2. marck 14. 1
Adi 4 Herbstmont/ fur vnkost vor dß wachs den furleuten a car. 3. mar. 350. 35
Adi 29 ditto/ vor dy vnkost des hader büchleins vnnd mein lon zusamen gerechent fur ein außgeben/ vnd von dem gewin genomen/ a car. 3. mar. 125. 12
Summa tut mar. 939. 93

図11

そこで，初版本と改訂本の間で大きく相違する3つの点のうちの，第1の点についてである。Grammateusから，そうであるように，初版本でも，現金が元入れされることはなく，したがって，「資本金」が記録されることはなく，最初の取引としては，不可解にも，商品を仕入れて，現金が支払われることから開始される。これを批評して，Penndorfは表現する。「『簿記の検証』（Probe des Buchhaltens），すなわち，貸借対照表（Bilanz）において配慮される」[22] のだが，「『そこに計算される』のは，（期間）利益ではない。期末資本である。（期間）利益になるのは，何も持たずに，営業が開始された場合においてでしかない」[22] と。

したがって，この貸借対照表に「期間損益」を計算するためには，まさに「何も持たずに，営業が開始された場合」が例示されると批評。現金が元入れされることはなく，したがって，「資本金」が記録されることはなく，最初の取引としては，不可解にも，商品を仕入れて，現金が支払われることから開始されると批評するのである。そうであるとしたら，現金が借入れられて，現金を受入れることからか，商品が掛買いされて，商品を仕入れることから，したがって，「借入金」か「買掛金」の債務が記録されることから開始されることにしても，その貸借対照表に計算されるのは，期末資本であると同時に，「期間利益」でもあるはずである。

そのようなわけで，筆者が注目したのは，「ドイツ固有の簿記」を新たに展開して，1546年に Gottlieb, Johannによって出版される印刷本『簿記，二様の精巧かつ明解な簿記』（„*Buchhalten, Zwey künstliche vnnd verstendige Buchhalten*･･･“, Nürnberg.）。この『簿記，二様の……簿記』の標題に付記しては，「最初の簿記（erstes Buchhalten）は自分自身（Selbst）または組合員（Gesellschafter）が，どのように取引しなければならないかであるが，これ以外の簿記（anderes Buchhalten）は，『在外商館の支配人』（Factor）についてである」[23] と表現することから想像しようとしたのである。在外商館の本部（資本主）から元入れされた現金，したがって，この「現金」と「資本金」については，

22）Penndorf, Balduin; *a. a. O.*, S.112. 括弧内は筆者。

意識的に記録しないか，隔離しておいて，「在外商館の支配人自身の商業取引」だけを記録することにしたのでは，とでも想像するしかなかったのである[24)]。かなりの無理は自覚しながらも，そうすることによって，最初の取引としては，不可解にも，商品を仕入れて，現金が支払われることから開始されることに納得しようとしたものである。

ところが，改訂本では，そうではない。日記帳には，「同月1日。3人の組合員，Henrich von Staden，Balzer GermanとReynolt Oueramは，現金と商品，合計2770Marckを出資した。私からは，商品の取引について，聖ミカエル祭に，この3人に報告する」[25)]と表現する。最初の取引としては，3人の組合人が共同出資して，現金と商品が元入れされることから開始される。出資者である「資本主」が記録されるのである。この「現金」を金銭帳に転記しては，「現金勘定」の左側の面に「収入」として記録，さらに，この「商品」を商品帳に転記しては，「敷布勘定」，「ライ麦勘定」，「蜜蝋勘定」の左側の面に「敷布を仕入」，「ライ麦を仕入」，「蜜蝋を仕入」として記録する。これに対して，「資本主」を

23）Gottlieb, Johann; *Buchhalten, Zwey künstliche vnnd verstendige Buchhalten*･･･, Nürnberg 1546, 標題の付記。二重括弧は筆者。
参照，拙稿；「ドイツ固有の簿記の発展」，『商学論集』（西南学院大学），49巻1号，2002年6月，3頁。
参照，拙著；前掲書，73頁。

24）参照，拙稿；「ドイツ固有の簿記の成立」，『商学論集』（西南学院大学），48巻2号，2001年10月，24頁。
参照，拙著；前掲書，33頁。
しかし，このようには，筆者自身が想像したにすぎない。Gottliebは，このように表現しているわけではない。在外商館の支配人としては，「私の主人」（meiner Herr）である在外商館の本部（資本主）に対して，「決算報告書」（Auszug dieser Rechnung）が作成されねばならないことを強調しているだけである。
Vgl., Gottlieb, Johann; *a. a. O.*, Bl.24 (anderes Buchhalten) / 25 (anderes Buchhalten). 二重括弧は筆者。
なお，「これ以外の簿記」の「仕訳帳」から打たれた丁数を使用して，以下，左側の面はL (anderes Buchhalten).，左側の面はR (anderes Buchhalten).と表記する。
参照，拙稿；「ドイツ固有の簿記の発展」，『商学論集』（西南学院大学），49巻2号，2002年9月，17 / 19頁以降。
参照，拙著；前掲書，124/126頁以降。

25）von Ellenbogen, Erhart; *a. a. O.* (1538), Bl.1L (Teglich Buch).

金銭帳に転記しては，今日とは反対側の面であるが，「債務勘定」の左側の面に「私は支払うべし」として記録する。したがって，出資者である資本主は「債権者」として記録，「債務」と同視されるのである。

したがって，「債務」と同視されるにしても，出資者である資本主として記録されるとしたら，X商品，Y商品に区別する商品勘定に計算される商品売買益が計算されると，これは資本主が享受する権利，したがって，「債務の発生」ということに，これに対して，商品売買損が計算されると，これは資本主が負担する義務，したがって，「債務の消滅」ということになるのではなかろうか。しかし，これが事業の解散時までに補塡されえないとなると，資本主には払戻しえないこともある。まして，債務超過ということにでもなると，無限責任を負うことになる資本主は追加出資して自弁するしかないということである。したがって，「債権者」として記録，「債務」と同視されることに疑問は残る。

さらに，第2の点についてである。Grammateusとは相違して，初版本では，商品帳にも金銭帳にも，今日と同側の面に記録される。商品帳に転記される商品勘定には，左側の面に「商品の仕入」，右側の面に「商品の売上」，これに対して，金銭帳に転記される債権勘定，債務勘定には，左側の面に「債権の発生」と「債務の消滅」，右側の面に「債務の発生」と「債権の消滅」，現金勘定には，左側の面に「収入」，右側の面に「支出」が記録される。今日と同側の面に記録されるとなると，取引事象を帳簿の見開きの左側か右側，いずれかの面に「二重記録」することしか意図されていないだけではないのかもしれない。左側の面と右側の面に「反対記録」されるのと同様になるからである。そうであるとしたら，帳簿の見開きの両面の左右対照に，日々の取引事象の金額，同額が記録して転記されるので，常時，帳簿の見開きの左側の面に記録される合計と右側の面に記録される合計が一致する「貸借平均原理」が保証されることになろうというものである。左側の面に記録される合計と右側の面に記録される合計が一致するとしたら，「計算に間違いはない」，したがって，「帳簿記録」だけではなく，「帳簿締切」にも，計算に間違いはないことが検証されるはずではある。

ところが，改訂本では，そうではない。金銭帳に転記される債権勘定，債務勘定には，不可解にも，今日とは反対側の面に記録される。「債権の発生」と「債務の消滅」は右側の面に，「債務の発生」と「債権の消滅」は左側の面に記録されるのである。しかし，そのように改訂，記録されるのが，なぜかについては，von Ellenbogen自身，何も解説してはいない。想像するに，取引事象を帳簿の見開きの左側か右側，いずれかの面に「二重記録」することだけしか意図されていないからではなかろうか。商品帳に転記される商品の仕入と売上にしても，金銭帳に転記される債権の発生と消滅，債務の発生と消滅，さらに，現金の収入と支出にしても，「商品勘定」，「債権勘定」，「債務勘定」，さらに，「現金勘定」には，左側の面と右側の面に相対するように転記して，二重記録することが意図されているなら，商品勘定からは，「商品売買益」または「商品売買損」が計算されるのである。これに対して，債権勘定からは，「債権残高」，債務勘定からは，「債務残高」が計算されるのである。したがって，債権勘定，債務勘定には，左側の面と右側の面に相対するように転記して，二重記録することが意図されさえするなら，今日とは反対側の面に記録されても，支障はなかろうというもので，不可解でもない。そうであるとしたら，「貸借平均原理」が保証されることは全く意図されていないにしても，「二重記録」することしか意図されてはいないだけで，帳簿の見開きの両面に左右対照の勘定様式，「T字型勘定」の原型が採用されるのではなかろうか。しかし，現金勘定からは，現金残高が計算されるのではなく，収入の「合計」と支出の「合計」が計算されることに疑問は残る。

第3節　帳　簿　締　切

さて，帳簿締切についてであるが，「商品帳」と「金銭帳」に分類される元帳は，実際に締切られることはない。しかし，Grammateusから，そうであるように，改訂本でも，初版本と同様に，商品帳には，帳簿棚卸ではあるが，「期末棚卸」が採用されるので[26]，「口別損益計算」（Erfolgsrechnung an die Partien）の域に留まるはずはない。しかも，Grammateusから，そうであるように，X商品とY商品に区別する商品勘定に計算される「商品売買益」または「商品売買損」を配列，記録することで，「損益集合表」としての損益計算書を作成して，「期間損益」が計算されるので14)，「期間損益計算」(Periodenerfolgsrechnung) の片鱗が読取られうる。

すでに，「日記帳」には，「出資した」「3人の組合員」に「私からは，商品の取引について，聖ミカエル祭に，この3人に報告する」25) と表現するように，「聖ミカエル祭」は9月29日，事業の決算日である。von Ellenbogenは表現する。「売上げて得られる利益（gewin in vorkauffen)（商品売買益）は『仕入』の側に，仕入れて被る損失（vorlust in kauffen)（商品売買損）と売残商品（vnuorkauffte gütter）は『売上』の側に記録する。商品に必要とされる諸掛り経費（vnkost / die zu einer war gehört）は『商品』(『仕入』の側）に記録する」27) と。

したがって，「商品の仕入」と「商品の売上」だけしか記録されないGrammateusとは相違する。改訂本でも，初版本と同様に，商品帳には，商品が完売されるなら，X商品，Y商品に区別する商品勘定からは，商品売買益か商品売買損の「口別損益」が計算される。商品が完売されないなら，「売残商品」である繰越商品が追加，記録されて，商品売買益か商品売買損の「期間の口別損益」が計算される。

ところが，初版本では，丁数3の「麻布勘定」に「期間の口別損失」が計算される場合に，商品勘定の右側の面には，「商品の売上」，「商品売買損」，「売残商品」である繰越商品の順序で記録される。したがって，「商品の売上」からは，これに対応する商品の仕入，したがって，「売上原価」が控除されることによって，商品勘定には，「期間の口別損失」が計算されて，「売残商品」である繰越商品が商品勘定の右側の面に追加，記録されるのでは，と想像したのである28)。

しかし，改訂本では，そうではない。丁数5の蜜蝋勘定に「期間の口別損失」

26）Vgl., Grammateus, Henricus; *a. a. O.*, Bl.98L.
参照，拙稿；「ドイツ固有の簿記の成立」，『商学論集』（西南学院大学），48巻2号，2001年10月，14頁以降。
参照，拙著；前掲書，23頁。

27）von Ellenbogen, Erhart; *a. a. O.* (1538), Bl. 3R (Teglich Buch). 二重括弧および括弧内は筆者。

が計算される場合に，商品勘定の右側の面には，「商品の売上」，「売残商品」である繰越商品，「商品売買損」の順序で記録される[29]。図10を参照。「売残商品」である繰越商品と「商品売買損」の順序が入替わっている。したがって，「売残商品」である繰越商品が商品勘定の右側の面に追加，記録されることで，「商品の仕入」に「売上原価」を計算，これを「商品の売上」から控除して，商品勘定には，「期間の口別損失」が計算されるのでは，と想像するのである。

ところで，商品売買益または商品売買損については，商品帳が締切られることはない。「損益勘定」に振替えられることはない。X商品とY商品に区別する商品勘定に計算される「商品売買益」または「商品売買損」を配列，記録することで，「損益集合表」としての損益計算書を作成して，「期間損益」が計算される。しかし，仕訳帳の末丁に「期間損益」を計算するGrammateusとは相違する。改訂版でも，初版本と同様に，商品帳の末丁，左側の面には，「私が商品帳で得ている利益」と表現して，商品売買益を集合すると同時に，「私が商品帳で被っている損失」と表現して，商品売買損を集合して，商品売買益の合計から商品売買損の合計を控除するのだか，改訂版では，「期間利益」が計算されるにしても，さらに，「補助小帳の丁数3に記録する諸掛り経費と，私の給料。125Mar.を利益から控除（Abnim ich ··· mein lon / mit der vnkost des haderbüchleins a car.3 beschreiben 125.Mar. von den gewin）」[30]と表現して，そのような損失（費用）も控除，「純利益」（lautter Gewyn）が計算される。

なお，von Ellenbogenが改訂本に例示する「商品帳」の末丁，「損益集合表」としての損益計算書を原文と共に表示することにする[30]。図12を参照。

28）Vgl., von Ellenbogen, Erhart; *a. a. O.* (1537), Bl.3R (Güterbuch). 写本に打たれた頁数は，S.23.
参照，拙稿；「ドイツ固有の簿記の展開」，『商学論集』（西南学院大学），49巻1号，2002年6月，117頁以降。

29）Vgl., von Ellenbogen, Erhart; *a. a. O.* (1538), Bl. 5R (Gutterbuch).

30）von Ellenbogen, Erhart; *a. a. O.* (1538), Bl. 6L (Gutterbuch).
しかし，「丁数3」とは表現するが，von Ellenbogenが「雑記小帳」を例示することはない。

商品帳の末丁に作成する損益計算書

丁数6（左側の面）

同月29日。私が商品帳で得ている利益

敷　布。Mar.		357
ライ麦。Mar.		338
サフラン。Mar.		750
	合　計。Mar.	1445

同月同日。私が商品帳で被っている損失

蜜　蝋。Mar.		766
	合　計。Mar.	766

私が上記の利益から上記の損失と，雑記小帳の丁数3に記録する諸掛り経費と，私の給料。Mar.　125

を控除して，3人の社員に残る純利益。Mar.　554

＊純利益Mar.554は，商品売買益の合計Mar.1445から商品売買損の合計Mar.766，諸掛り経費と給料125Mar.を控除して計算。

図12

そこで，初版本と改訂本の間で大きく相違する3つの点のうちの，第3の点についてである。改訂本では，初版本と相違して，「損益集合表」としての損益計算書に配列，記録されるのは，商品売買益の合計と商品売買損の合計だけではない。補助簿である「雑記小帳」に記録しておいた諸掛り経費と，給料も配列，記録される。しかも，「金銭帳」の現金勘定の右側の面に，「補助小帳に記録する諸掛り経費と，私の給料を合算して支出。これは利益から控除（vor by vnkost des haderbüchleins vnnd mein lon zusamen gerechent fur ein außgeben / vnd von den gewin genomen）」[21] と表現して，そのような「支出」は記録されるのだが，不可解にも，この相手勘定になるはずの「諸掛り経費勘定」も「給料勘定」も，直接には「損益勘定」すら開設されることはなく，「損益集合表」としての損益計算書に配列，記録されるのである。日記帳の左端の行には，商品帳の商品勘定，金銭帳の債務勘定または債権勘定と現金勘定に打たれた丁数の順序で，かならず3つの丁数を記録するはずであるのだが，補助簿である「雑記小帳」から移記されことになる日記帳には，現金勘定，元丁9に転記することしか指示されないのである[31)]。図13を参照。

日記帳

丁数3（左側の面）

元丁	9月	
0 0 9	同月29日。私は帳簿を締切った。特定の商品に必要とされない諸掛り経費を雑記小帳に見出すので，私の給料も合算して支出。Mar.	125

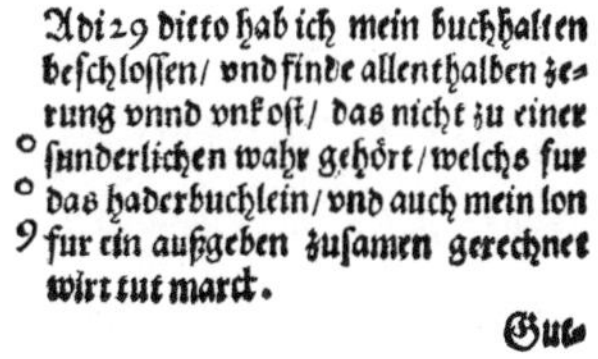
Adi 29 ditto hab ich mein buchhalten beschlossen/ vnd finde allenthalben ze=rung vnnd vnkost/ das nicht zu einer
0 sunderlichen wahr gehört/ welchs fur
0 das haderbuchlein/ vnd auch mein lon
9 fur ein außgeben zusamen gerechnet wirt tut marck. 125
Gut

図13

もちろん，諸掛り経費を記録するとしたら，すでに，「商品に必要とされる諸掛り経費は『商品』（『仕入』の側）に記録する」[27)]と表現するので，商品に加算して，場合によっては，商品に按分して，X商品，Y商品に区別する商品勘定に記録されるはずである。したがって，その相手勘定は「商品勘定」になるはずである。商品勘定に転記することが指示されるはずである。しかし，日記帳には，「特定の商品に必要とされない諸掛り経費を雑記小帳に見出すので，私の給料も合算して支出（ich · · · finde · · · vnkost / das nicht zu einer sunderlichen wahr gehört / welchs fur das haderbuchlein / vnd auch mein lon fur ein außgeben zusamen gerechnet）」[31)]と表現することから，諸掛り経費は，「特定の商品に必要とされない」としたら，商品には加算しえない。場合によっても，按分しえ

31）von Ellenbogen, Erhart; *a. a. O.* (1538), Bl. 3L (Teglich Buch).

ない。X商品，Y商品に区別する商品勘定には記録されえないのである。本来，「商品帳」と「金銭帳」に分類される元帳であるので，商品勘定に転記されえないからといって，その相手勘定になるはずの「諸掛り経費勘定」も「給料勘定」も，直接には「損益勘定」すら開設されようがないのである。したがって，補助簿である「雑記小帳」に記録しておくしかないのではなかろうか。給料も同様。X商品，Y商品に区別する商品勘定には記録されえないのである。そのような損失（費用）が記録されるとしたら，「金銭帳」には記録されるにしても，「商品帳」には記録されようがないのである。商品売買とは関係しない損失（費用）も利益（収益）も記録されるとなると，なおさらである。

したがって，そのような損失（費用）として現金を支払うか，そのような利益（収益）として現金を受取るか，このような取引事象を記録するとしたら，現金勘定には転記されるにしても，その相手勘定に転記されることはないので，損益計算書である「損益集合表」には，「日記帳」から直接に記録されるしかないのではなかろうか。そうであるとしたら，商品勘定，債権勘定または債務勘定と現金勘定には，左側の面と右側の面に相対するように転記して，「二重記録」することが意図されているにしても，元帳が「商品帳」と「金銭帳」に分類して記録されるかぎりでは，どこまで「二重記録」することが徹底されるかに疑問は残る。

さらに，商品帳だけではなく，金銭帳も締切られることはない。「残高勘定」に振替えられることはない。Grammateusから，そうであるように，改訂本でも，初版本と同様に，実は「貸借対照表」という表現は見出されないが，「残高検証表」としての貸借対照表が作成される。現金勘定に記録される「収入」の合計には，債権勘定に計算される「債権残高」の合計と商品勘定に記録される「売残商品」である繰越商品の合計を加算すると同時に，現金勘定に計算される「支出」の合計には，債務勘定に計算される「債務残高」の合計を加算して，「収入の合計＋債権残高の合計＋売残商品である繰越商品の合計」から「支出の合計＋債務残高の合計」を控除して，「財産余剰」または「財産不足」が計算される。これが「損益集合表」としての損益計算書に計算される「期間利益」または「期間損失」に一致することを検証しようとするのである。「期間損益」を「財産余剰」または「財産不足」で検証しようとする，まさに「簿記の検証」である。Grammateusは表現する。「収入（合計）と債権（残高）と共に売残商品を合計しなさい。この合計から支出（合計）と債務（残高）を控除しなさい。そこに計算されるのが（期間）利益の金額であるなら，計算に間違いはない」[32] と。

なお，von Ellenbogenが改訂本に例示する「金銭帳」の末丁，「残高検証表」としての貸借対照表を原文と共に表示することにする[33]。図14を参照。

32）Grammateus, Henricus; *a. a. O.,* Bl. 105L．括弧内は筆者。
参照，拙稿；「ドイツ固有の簿記の成立」,『商学論集』（西南学院大学），48巻2号，2001年10月，20頁。
参照，拙著；前掲書，28頁。
しかし，Grammateus自身，「簿記の検証」について表現するだけで，「残高検証表」としての貸借対照表は，例示することはない。
33）von Ellenbogen, Erhart; *a. a. O.* (1538), Bl. 10L (Schultbuch).

金銭帳の末丁の上段に作成する貸借対照表，下段は売残商品の合計

丁数10（左側の面）

簿記の検証

現金勘定の収入，債権残高と売残商品の合計。Mar.	4268
この合計から，現金勘定の支出と債務残高の合計を控除。Mar.	3714
そうすることによって，3人の組合員に残る純利益。Mar.	554

売残商品

ルンド産の敷布，2枚。Mar.	50
ジッテン産の敷布，28枚。Mar.	168
ライ麦。6ラスト，Mar.	78
蜜　蝋。10シフポンド，Mar.	400
サフラン。2ポンド，Mar.	14
合　計。Mar.	710

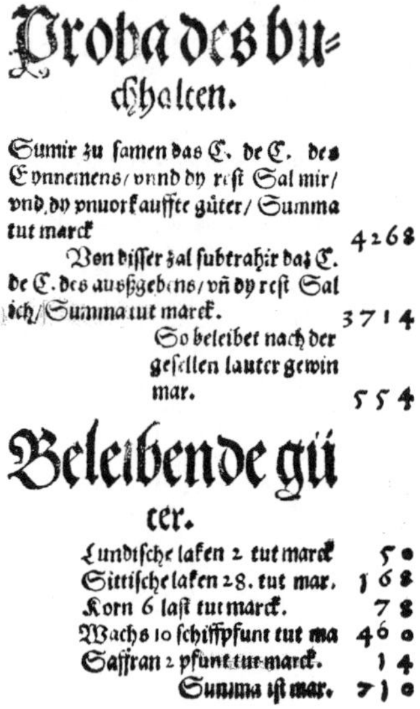
Proba des bu=
chhalten.
Sumir zu samen das C. de C. des
Eynnemens/ vnnd dy rest Sal mir/
vnd dy vnuorkauffte güter/ Summa
tut marck 4268
Von disser sal subtrahir das C.
de C. des außgebens/ vñ dy rest Sal
ich/ Summa tut marck. 3714
So beleibet nach der
gesellen lauter gewin
mar. 554
Beleibende gü
ter.
Lundische laken 2 tut marck 50
Sittische laken 28. tut mar. 168
Korn 6 last tut marck. 78
Wachs 10 schiffpfunt tut ma 460
Saffran 2 pfunt tut marck. 14
Summa ist mar. 710

＊ルンド産の敷布は，「イギリス産の敷布」の誤植。

＊現金勘定の収入，債権残高と売残商品の合計Mar.4268は，Mar.2617+Mar.941（=Mar.15+Mar.452+Mar.90+Mar.384）+Mar.710。

＊現金勘定の支出と債務残高の合計Mar.3714は，Mar.939+Mar.2775（=Mar.2770+Mar.5）。

図14

そこで，X商品とY商品に区別する商品勘定に追加，記録される「売残商品」である繰越商品は，商品帳の末丁に集合するGrammateusとは相違して，改訂本でも，初版本と同様に，金銭帳の末丁の下段に集合して，「売残商品」である繰越商品の合計が計算されるので，債務者A，債務者Bに区別する債権勘定に計算される「債権残高」も，債権者C，債権者Dに区別する債務勘定に計算される「債務残高」も，金銭帳の末丁のどこかに集合して，債権残高の合計も，債務残高の合計も計算しておかねばならないのではなかろうか。しかし，改訂本でも，初版本と同様に，不可解にも，集合されることはない。von Ellenbogen

は表現する。「私が誰かに支払うと，『私に支払うべし』の側に，誰かが私に支払うと，『私は支払うべし』の側に記録する。計算（債権勘定または債務勘定）から計算（翌期の新しい債権勘定または債務勘定）へ転写するには（Rechnung vber Rechnung zufuren），私は支払うべしの残高（Sal ich vor rest）（債務残高）は『私に支払うべし』の側に，私に支払うべしの残高（Sal mir vor rest）（債権残高）は『私は支払うべし』の側に記録する」[34] と表現するだけである。

もちろん，現金勘定からは，現金残高が計算されるのではなく，収入の「合計」と支出の「合計」が計算されることには疑問が残るが，本来，商品帳と「金銭帳」に分類される元帳ではなく，最も簡単に理解するとして，商品帳と「現金帳」に分類される元帳であるのでは，と想像するなら，どうであろうか。「残高検証表」としての貸借対照表に計算される財産余剰または財産不足，これは「現金余剰」または「現金不足」に擬制して計算されるのではなかろうか。そうであるとしたら，「債権残高の合計」と「売残商品である繰越商品の合計」は現金の「収入」に擬制して加算されると同時に，「債務残高の合計」は現金の「支出」に擬制して加算されることで，収入の合計から支出の合計を控除して計算されるのは，このように擬制して計算される「現金余剰」または「現金不足」である。「損益集合表」としての損益計算書に計算される「期間損益」が「残高検証表」としての貸借対照表で，そのように擬制して計算される「現金余剰」または「現金不足」に一致することを検証しようとするのでは，と想像するなら，筆者なりには納得しえようというものである。

そこで，「簿記の検証」をすることが完了すると，「3人の組合員に利益の554Marckを配当するために」[35] と表現して，出資比率で按分，出資者である資本主の Henrich von Stadenには，120Marck（＝Mar.554×Mar.600÷Mar.2770），Balzer Germanには，168Marck（＝Mar.554×Mar.840÷Mar.2770），Reynolt Oueramには，266Marck（＝Mar.554×Mar.1330÷Mar.2770）を計算する。その

34）von Ellenbogen, Erhart; *a. a. O.* (1538), Bl.6R (Gutterbuch). 二重括弧および括弧内は筆者。

35）von Ellenbogen, Erhart; *a. a. O.* (1538), Bl.10R (Schultbuch).

かぎりでは,「期間損益計算」に移行しているのかもしれない。

しかし,1期目には,「期間損益」が計算されるが,2期目からも,期間損益は計算されるであろうか。1期目の現金勘定に計算される「現金残高」は1678Marck（=Mar.2617−Mar.939）であるので,1期目の期間利益,554Marckの全額がこの現金残高で配当されてしまうなら,2期目からも,期間損益は計算されうる。しかし,配当されるだけの現金残高が,1期目の現金勘定に計算されえないとしたら,期間利益の全額は配当されようはずもない。したがって,2期目からは,「期間損益」が計算されるとはかぎらないのではなかろうか。そうであるとしたら,「期間損益計算」の片鱗が読取られるにすぎない。

したがって,あえて「期間損益計算」を追求するとしたら,期間損益は,「債権者」として記録,「債務」と同視される資本主,その資本主勘定に振替えられねばなるまい。期間利益が計算されると,これは資本主が享受する権利,したがって,「債務の発生」ということに,期間損失が計算されると,これは資本主が負担する義務,したがって,「債務の消滅」ということになるであろうからである。しかし,そのように振替えられるには,商品売買益または商品売買損が振替えられる「損益勘定」,さらに,損益勘定に計算される期間損益が振替えられる「資本金勘定」こそが開設されておかねばならないはずである。もちろん,X商品,Y商品に区別する,2期目の商品勘定には,1期目の商品勘定に追加,記録される「売残商品」である繰越商品が振替えられねばなるまい。これに対して,債務者A,債務者Bに区別して,債権者C,債権者Dに区別する,2期目の債権勘定または債務勘定には,1期目の債権勘定または債務勘定に計算される債権残高または債務残高,2期目の現金勘定には,1期目の現金勘定に計算される収入の合計と支出の合計も振替えられねばなるまい。さらに,2期目の資本金勘定には,損益勘定に計算される1期目の「期間損益」が振替えられて,1期目の資本金勘定に計算される「資本残高」も振替えられねばなるまい。

しかし,実際,そのように振替えられることもないので,事実,商品帳と金銭帳に分類される元帳が実際に締切られることはないので,X商品,Y商品に区別する,2期目の商品勘定には,1期目の商品勘定に記録される「売残商品」

である繰越商品はもちろん，1期目の商品勘定に計算される商品売買益または商品売買損もそのまま繰越されるしかないのではなかろうか。これに対して，債務者A，債務者Bに区別して，債権者C，債権者Dに区別する，2期目の債権勘定または債務勘定には，1期目の債権勘定または債務勘定に計算される債権残高または債務残高，2期目の現金勘定には，1期目の現金勘定に計算される収入の合計と支出の合計もそのまま繰越されるしかないのではなかろうか。したがって，2期目からは，「期間損益」が計算されるとはかぎらないのである。事業の決算日は，その「ミカエル祭に，この3人に報告する」[25] だけの，あくまで「事業の暫定的な決算日」にすぎないのでは，と想像するのである。そうであるとしたら，「期間損益計算」に移行しているのではなく，その片鱗が読取られるだけの「暫定的な期間損益計算」にすぎないのではなかろうか。

第4節　む　す　び

このように，初版本と改訂本の間に大きく相違する3つの点に注目しながら，1538年に von Ellenbogenによって出版される印刷本『プロシアの貨幣単位と重量単位に拠る簿記』の改訂本を再考して，筆者なりの卑見を披瀝したところで，複式簿記としては，どこがドイツ固有の簿記であるかについても解明される。

まずは，帳簿記録については，元帳が「商品帳」と「金銭帳」に分類されることにある。商品帳には，商品が完売されると，X商品，Y商品に区別する商品勘定からは，商品売買益または商品売買損の「口別損益」が計算されるはずである。そのかぎりでは，「口別損益計算」の域に留まるのかもしれない。しかも，事業の解散時に，「損益集合表」としての損益計算書が作成されるとしたら，口別利益の合計から口別損失の合計を控除して，「全体損益」が計算されるはずである。これに対して，金銭帳には，債務者A，債務者Bに区別する債権勘定，債権者C，債権者Dに区別する債務勘定，さらに，現金勘定に記録されるが，事業の解散時までには，債権は完済，債務と同視される資本主は除く債務も完済されてしまい，債権勘定からは，現金勘定に振替えられるか，資本主勘定は除く債務勘定には，現金勘定から振替えられるはずである。したがって，事業の解散時に，「残高検証表」としての貸借対照表が作成されるまでもない。現金勘定に計算される「現金残高」は資本主に払戻すことになるので，資本主勘定に振替えられるはずである。したがって，「全体利益」が計算されるなら，資本主勘定に「払戻余剰」である「回収余剰」が計算されるはずである。「全体損失」が計算されるなら，資本主勘定に「払戻不足」である「回収不足」が計算されるはずである。全額を資本主には，払戻しえないからである。まして，債務超過ということにでもなると，無限責任を負うことになる資本主は追加出資して自弁するしかないので，債務超過を記録する「債務勘定」から資本主勘定に振替えられるしかない。「払戻不足」である「回収不足」はそれだけ増加して，資本主勘定に計算されるはずである。したがって，全体利益が検証されるのは，「資本主勘定」に計算される払戻余剰である回収余剰。全体損失が検証されるのは，「資本主勘定」に計算される払戻不足である回収不足ということになる。したがって，「全体損益計算」を想像するに，商品帳と金銭帳は，まさに「対蹠的な元帳」として分類されることにある。

しかし，帳簿棚卸ではあるが，「期末棚卸」が採用されるので，商品帳には，商品が完売されないなら，「売残商品」である繰越商品が商品勘定に追加，記録されるので，X商品，Y商品に区別する商品勘定からは，商品売買益または商品売買損の「期間の口別損益」が計算されることになる。しかも，事業の決算時に，「損益集合表」としての損益計算書が作成されることでは，期間の口別利益の合計から期間の口別損失の合計を控除して，「期間損益」が計算されることになる。これに対して，金銭帳には，事業の決算時に，債務者A，債務者Bに区別する債権勘定からは，「債権残高」，債権者C，債権者Dに区別する債務勘定からは，「債務残高」，現金勘定からは，収入の「合計」と支出の「合計」が計算されることになる。したがって，事業の決算時に，「残高検証表」としての貸借対照表が作成されることでは，「収入の合計＋債権残高の合計＋売残商品である繰越商品の合計」から「支出の合計＋債務の合計」を控除して，「財産余剰」または「財産不足」が計算される。したがって，期間利益が検証されるのは財産余剰，期間損失が検証されるのは財産不足ということになる。

したがって,「期間損益計算」を想像しても,商品帳と金銭帳は,これまた,まさに「対蹠的な元帳」として分類されることにある。

さらに,帳簿締切については,商品帳と金銭帳が実際に締切られることはないが,「簿記の検証」をするために,「損益集合表」としての損益計算書と「残高検証表」としての貸借対照表が作成されることにある。商品帳に転記される商品の仕入と売上にしても,金銭帳に転記される債権の発生と消滅,債務の発生と消滅,さらに,現金の収入と支出にしても,「商品勘定」,「債権勘定」,「債務勘定」,さらに,「現金勘定」には,左側の面と右側の面に相対するように転記して,「二重記録」することが意図されさえするなら,「貸借平均原理」を保証することなど全く意図されていなくても,「計算に間違いはない」ことが検証されるはずである。したがって,「損益集合表」としての損益計算書に計算される「期間損益」が「残高検証表」としての貸借対照表に計算される「財産余剰」または「財産不足」に一致することによって,「計算に間違いはない」ことが,したがって,「期間損益」には,計算に間違いはないことが,翻って,「帳簿記録」にも,計算に間違いはないことが検証されることにある。

しかし,「期間損益計算」に移行したわけではない。1期目の期間利益の全額が配当されてしまうなら,2期目からも,期間損益は計算されうるはずである。もちろん,1期目の現金勘定に,配当されるだけの現金残高が計算されえてのことであるが,1期目の現金勘定に計算されえないとしたら,期間利益の全額は配当されようはずもない。したがって,2期目からは,「期間損益」が計算されるとはかぎらない。2期目からも,期間損益が計算されるには,期間損益は,「債権者」として記録,「債務」と同視される資本主,その資本主勘定に振替えられねばなるまい。期間利益が計算されると,これは資本主が享受する権利,したがって,「債務の発生」ということに,期間損失が計算されると,これは資本主が負担する義務,したがって,「債務の消滅」ということになるであろうからである。しかし,そのように振替えられるには,商品売買益または商品売買損が振替えられる「損益勘定」,さらに,損益勘定に計算される期間損益が振替えられる「資本金勘定」こそが開設されておかねばならないはずである。ところが,実際,そのように振替えられることもないので,事実,商品帳と金銭帳に分類される元帳が実際に締切られることはないので，2期目からは，「期間損益」は計算されえないのである。事業の決算日は，出資者である資本主に報告するだけの，あくまで「事業の暫定的な決算日」にすぎないのでは，と想像するのである。そうであるとしたら，期間損益計算の片鱗が読取られるだけの「暫定的な期間損益計算」にすぎないのではなかろうか。

最後に，初版本と改訂本の間に大きく相違する3つの点に注目しながら，改訂本を再考してきただけに，この3つの点について，筆者なりの卑見も整理することにしたい。

第1の点からは，出資者である資本主が，「債権者」として記録，「債務」と同視されることに疑問が残る。しかし，「損益集合表」としての損益計算書に計算される「期間損益」を検証しようとして，「財産余剰」または「財産不足」が「残高検証表」としての貸借対照表に計算されるかぎりでは，支障もなかろうというものである。しかし，von Ellenbogen自身，「残高検証表」としての貸借対照表に計算されるのは「3人の組合員に残る利益」[33]と表現するように，あえて，「期間損益」を計算するとしたら，投下資本の回収余剰または回収不足，したがって，「資本余剰」または「資本不足」として計算されねばならないのではなかろうか。そうであるとしたら，債権者に埋没する「資本主」として記録されるのではなく，利益を生み出す「元本」として，「資本金」自体は事業にとって固有の意味を持つことから，まずは，「資本金勘定」こそが開設されねばならないはずである[36]。そのかぎりでの疑問は依然として残るにちがいない[37]。

第2の点からは，金銭帳に転記される債権勘定，債務勘定には，不可解にも，今日とは反対側の面に記録されるが，「商品勘定」，「債権勘定」，「債務勘定」，

36）参照，拙稿；「ドイツにおけるイタリア簿記の再生」，『商学論集』（西南学院大学），54巻2号，2007年9月，101頁。
参照，拙稿；「複式簿記会計への進化」，『商学論集』（西南学院大学），54巻3号，2007年12月，22頁以降。
参照、拙著；『複式簿記会計の歴史と論理』，森山書店 2008年，169 / 397頁以降。

さらに，「現金勘定」には，左側の面と右側の面に相対するように転記して，「二重記録」することが意図されているなら，債権勘定からは，「債権残高」，債務勘定からは，「債務残高」が計算されるばかりか，「計算に間違いはない」ことも検証されるので，これまた，支障はなかろうというものである。それよりも，現金勘定からは，現金残高が計算されるのではなく，収入の「合計」と支出の「合計」が計算されることに疑問が残る。しかし，最も簡単に理解するとして，「債権残高の合計」と「売残商品である繰越商品の合計」は現金の「収入」に擬制して加算されると同時に，「債務残高の合計」は現金の「支出」に擬制して加算されるなら，現金の収入の合計から現金の支出の合計を控除して計算されるのは，このように擬制して計算される「現金余剰」または「現金不足」である。これが「損益集合表」としての損益計算書に計算される「期間利益」または「期間損失」に一致することを検証しようとするのでは，と想像するなら，筆者なりには納得しえようというものである。

第3の点からは，支障がなかろうはずもない。諸掛り経費を記録するとして，商品に必要とされるとしたら，商品に加算して，場合によっては，商品に按分して，X商品，Y商品に区別する商品勘定に記録するのだが，商品に必要とされないとしたら，商品に加算しようもない。場合によっても，商品に按分しようもない。X商品，Y商品に区別する商品勘定に記録しえないのである。給料も同様。本来，「商品帳」と「金銭帳」に分類される元帳であるので，商品勘定に転記されないからといって，その相手勘定になるはずの「諸掛り経費勘定」も「給料勘定」も，直接には「損益勘定」すら開設されようがないのである。これを現金で支払うと，現金勘定に転記することはあっても，そのような損失

---

37) たとえば，「ドイツ固有の簿記」を新たに展開するGottliebは，「資本主」とは表現するが，金銭帳に「資本金勘定」を開設している。
Vgl., Gottlieb, Johann; *a. a. O.*, Bl. 2 (erstes Buchhalten) / 13 (anderes Buchhalten).
なお，「最初の簿記」の「金銭帳」から打たれた丁数を使用して，以下，左側の面はL (erstes Buchhalten).，右側の面はR (erstes Buchhalten). と表記する。
参照，拙稿；「ドイツ固有の簿記の発展」，『商学論集』（西南学院大学），49巻1号，2002年6月，13頁。49巻2号，2002年9月，5頁。
参照，拙著；『複式簿記の歴史と論理』，森山書店 2005年，83 / 112頁。

(費用) は「日記帳」に記録するだけにしておいて，事業の決算日に，「損益集合表」としての損益計算書に配列，記録されるしかない。「商品帳」には記録されようがないのである。商品売買とは関係しない損失 (費用) も利益 (収益) も記録するとなると，なおさらである。そうであるとしたら，商品勘定，債権勘定，債務勘定，さらに，現金勘定には，左側の面と右側の面に相対するように転記して，「二重記録」することが意図されているにしても，元帳が「商品帳」と「金銭帳」に分類して記録されるかぎりでは，どこまで「二重記録」することが徹底されるかは疑問である。商品売買益または商品売買損ばかりか，諸掛り経費と給料，そのような損失 (費用) はもちろん，商品売買とは関係しない損失 (費用) も利益 (収益) も記録するには，まずは，「損益勘定」こそが開設されねばならないはずである。そのかぎりでの疑問は依然として残るにちがいない[38)]。

なお，ドイツ固有の簿記を解明しようとして，ヨリ馴染み易いものにするために，1538年にvon Ellenbogenによって出版される印刷本，この改訂本の標題を紹介することにする。

---

38) たとえば，Gottliebは商品帳の末丁の末尾に「損益勘定」を開設している。
Vgl., Gottlieb, Johann; *a. a. O.*, Bl. 8 (erstes Buchhalten) / 22 (anderes Buchhalten).
参照、拙稿；「ドイツ固有の簿記の発展」,『商学論集』(西南学院大学), 49巻1号, 2002年6月, 21頁。49巻2号, 2002年9月, 7頁。
参照，拙著；前掲書，91 / 114頁。

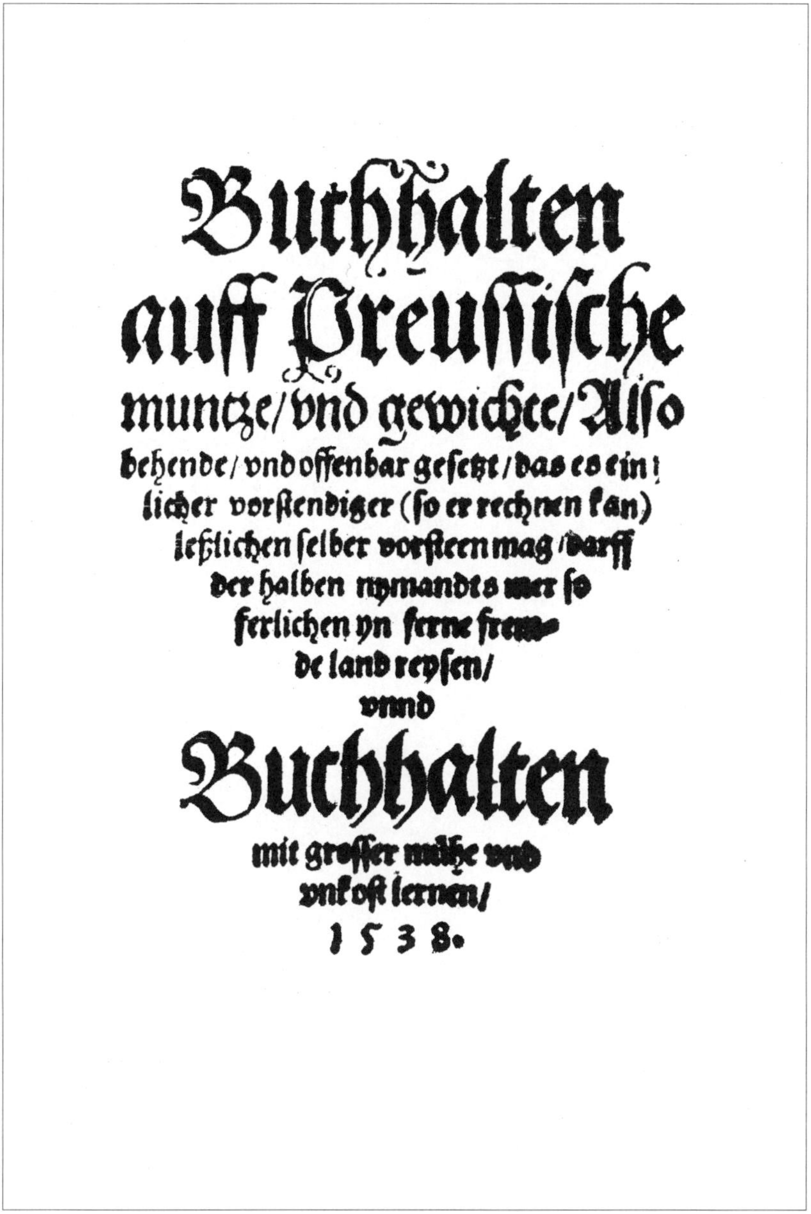
Buchhalten
auff Preussische
muntze/vnd gewichte/Also
behende/vnd offenbar gesetzt/das es ein=
licher vorstendiger (so er rechnen kan)
leßlichen selber vorsteen mag/darff
der halben nymandts mer so
ferlichen yn ferne frem=
de land reysen/
vnnd
Buchhalten
mit grosser muhe vnd
vnkost lernen/
1538.

1538年，von Ellenbogen, Erhartの改訂本の標題。縦は19.5cm，横は13cm。

第3章　ドイツ固有の簿記の融合

——ヴィルヘルムの印刷本『新しい算術書』，1596年——

第1節　はじめに

「複式簿記」については，世界に現存する最初の印刷本『算術，幾何，比および比例全書』[1)]が，1494年にPacioli, Lucaによって出版されてから，これに遅れること約半世紀，ドイツでは，1549年にSchweicker, Wolffgangによって，Pacioloによって出版される印刷本を原型とする「イタリア簿記」が移入される。まさに標題自体が正鵠を得る印刷本『複式簿記』(„*Zwifach Buchhalten*･･･“, Nürnberg.)[2)]によってである。

しかし，Paciolo[3)]によって出版される印刷本に遅れること約4半世紀，ドイツでは最初の印刷本『新しい技術書』が，1518年にGrammateus, Henricusによって出版される。この印刷本の1編「商人の仕訳帳，商品帳および金銭帳に拠る簿記」には，「ドイツ固有の簿記」が解説される[4)]。さらに，これから約4半世紀には，1531年，1546年にGottlieb, Johannによって出版される印刷本『ドイツの明解な簿記』，『簿記，二様の精巧かつ明解な簿記』にも，さらに，この印刷本の間に，1537年にvon Ellenbogen, Erhartによって出版される印刷本『プロシアの貨幣単位と重量単位に拠る簿記』にも，ドイツ固有の簿記が

1）参照，拙稿；「イタリア簿記の原型」，『商学論集』（西南学院大学），51巻2号，2004年9月，1頁以降。51巻3･4号，2004年2月，1頁以降。
参照，拙著；『複式簿記の歴史と論理』，森山書店2005年，141頁以降。

2）参照，拙稿；「ドイツ簿記とイタリア簿記の交渉」，『商学論集』（西南学院大学），50巻3号，2003年12月，1頁以降。50巻4号，2004年2月，1頁以降。51巻1号，2004年7月，1頁以降。
参照，拙著；前掲書，219頁以降。

3）Pacioli, Lucaについては，姓と名を表記する場合に，「パチョーリ家のルカ」というように，複数形のPacioliを使用して，姓のみを表記する場合には，単数形のPacioloを使用する。

4）Vgl., Grammateus, Henricus; *Ayn new kunstlich Buech*･･･, Erfurt 1518, Bl. 90Rff.
なお，丁数（Blatt）が打たれるので，以下，左側の面はL.，右側の面はR.と表記する。

解説されるのである。

したがって,「イタリア簿記」がドイツに移入されるまでの約半世紀に,「ドイツ固有の簿記」が展開されたことになる。そうであるからこそ,複式簿記としては,どこがドイツ固有の簿記であるか,それでは,Pacioloによって出版される印刷本を原型とするイタリア簿記とは,どのように交渉したか,さらに,どのように融合したかについては,大いに解明しておかねばならないはずである。

そのようなわけで,筆者は,すでに,1518年にGrammateusによって出版される,ドイツでは最初の印刷本『新しい技術書』を「ドイツ固有の簿記の成立」[5)] として解明。1531年にGottliebによって出版される印刷本『ドイツの明解な簿記』を「ドイツ固有の簿記の展開」[6)] として解明。さらに,1546年にGottliebによって出版される印刷本『簿記,二様の精巧かつ明解な簿記』を「ドイツ固有の簿記の発展」[7)] として解明したところである。これに加えて,1537年にvon Ellenbogenによって出版される印刷本『プロシアの貨幣単位と重量単位に拠る簿記』も「ドイツ固有の簿記の展開」[8)] として解明したところでもある。

しかし,「イタリア簿記」がドイツに移入されるまでの約半世紀,したがって,16世紀前半だけに,「ドイツ固有の簿記」が展開されたのではなさそうである。1565年にはKaltenbrunner, Jacobによって,印刷本『新訂になる算術

---

5) 参照,拙稿;「ドイツ固有の簿記の成立」,『商学論集』(西南学院大学),48巻2号,2001年10月,1頁以降。
参照,拙著;前掲書,9頁以降。

6) 参照,拙稿;「ドイツ固有の簿記の展開」,『商学論集』(西南学院大学),48巻3·4号,2002年2月,23頁以降。
参照,拙著;前掲書,41頁以降。

7) 参照,拙稿;「ドイツ固有の簿記の発展」,『商学論集』(西南学院大学),49巻1号,2002年6月,1頁以降。49巻2号,2002年9月,1頁以降。
参照,拙著;前掲書,71頁以降。

8) 参照,拙稿;「ドイツ固有の簿記の展開」,『商学論集』(西南学院大学),49巻1号,2002年6月,91頁以降。49巻2号,2002年9月,51頁以降。
なお,改訂本については,参照,拙稿;「ドイツ固有の簿記の再考」,『商学論集』(西南学院大学),57巻3号,2010年12月,1頁以降。

書』(„*Eine newgestellt künstlich Rechenbüchlein*… “, Nürnberg.)[9]，1567年には Hübner, Symonによって，印刷本『新しい算術書』(„ *Ein New Rechenbüchlein* “, Danzig.）が出版されて，16世紀後半までも，「ドイツ固有の簿記」は展開されるからである。しかし，いずれの印刷本も，Grammateusによって出版される印刷本とは，具体的に解説する事例は相違するのだが，印刷本の組版がわずかに食違うくらい，場合によっては，印刷本の組版が全く同様，解説する文章もほとんど同様なのである。したがって，Grammateusによって出版される印刷本を模倣するばかりか，この印刷本を剽窃したとの疑惑ないし批判すら甘受しなければならないほどであるので，16世紀後半に出版される印刷本は，16世紀前半に展開された「ドイツ固有の簿記」の域を超えるものではなさそうですらある。しかし，このような印刷本であっても，依然として出版されたということは，想像するに，「イタリア簿記」が移入されてからの16世紀後半にも，「ドイツ固有の簿記」が支持されていたからではなかろうか。

ところが，筆者が見落としていたのは，Pacioloによって出版される印刷本に遅れること約1世紀，1596年にWilhelm, Matthiamによって出版される印刷本『新しい算術書』(„*Ein Newes Rechenbüchlein*… “, Augsburg.)。この印刷本は後半の1編「簿記の簡単な様式」(ein kürtz Formular eines Buchhaltens)にも，「ドイツ固有の簿記」が解説されるのである。かつて，筆者は，「幻の書」[10]，von Ellenbogenによって出版される印刷本を探し求めていた頃に，「イギリス勅許会計士協会図書館」に所蔵している旨，聞知したのだが，その所蔵目録には，「ドイツ固有の簿記」を解明する，あのPenndorf, Balduinによっても解明されてはいない印刷本があることに気付いて[11]，ただの好奇心から，複写を依頼しただけの印刷本である。

しかも，この印刷本は後半の1編「簿記の簡単な様式」を通覧するかぎりで

9）参照，拙稿；「ドイツ固有の簿記の残影」,『商学論集』(西南学院大学)，50巻1･2号，2003年9月，1頁以降。

10）参照，拙稿；「ドイツ固有の簿記の展開」,『商学論集』(西南学院大学)，49巻1号，2002年6月，92頁以降。

11）Cf., Institute of Chartered Accountants in England and Wales; *Historical Accounting Literature*, London 1975, p.16.

は，文章らしい文章はこの1編の冒頭に見出されるだけである。Wilhelmは表現する。「3人の組合員が相互に等しい利益を得るか損失を被ることで商業するために会合，協定する形態である。いくらか簡単にするために，わずか2カ月の期間だけで，均衡にして（bilanzieren）締切る（beschlißen）ことにしている。それまでに，簿記としては，どのように記録すべきか，どのように残高（差引残額）を計算して（saldieren），どのように締切るべきかを説明している。したがって，この様式について正確に理解したならば，いかなる形態にも容易に対応しうる。そのようなものとして，希望するときに，商業する機会があれば，簿記を使用してほしい」[12）]と。

しかし，文章らしい文章が見出されるのはこれだけで，具体的な事例となると，全く解説されることはないのである。したがって，Wilhelmによって出版される印刷本を解明するとしたら，この全く解説されることのない具体的な事例の1つ1つを照合することで解明しなければならないだけに，実に厄介な作業。いや，それよりも，筆者は，「イタリア簿記」がドイツに移入されるまでの約半世紀，したがって，16世紀前半だけに，「ドイツ固有の簿記」が展開されたものと思い込んでしまったからか，この冒頭の文章だけから見落としてしまい，「ドイツ簿記の16世紀」を解明するのに急ぐがあまり，この印刷本は解明することもなく忘れてしまっていたようである。いま，改めて読み返してみると，16世紀後半までも，「ドイツ固有の簿記」が新たに展開されることに気付くのである。

そこで，複式簿記としては，どこがドイツ固有の簿記であるかだけではなく，それでは，Pacioloによって出版される印刷本を原型とするイタリア簿記とは，どのように交渉したか，さらに，どのように融合したかについても，1596年にWilhelmによって出版される印刷本『新しい算術書』を解明して，筆者なりの卑見を披瀝することにしたい。

12）Wilhelm, Matthiam; *Ein Newes Rechenbüchlein*, Augsburg 1596, Bl.40R. 括弧内は筆者。なお，丁数（Blatt）が打たれるので，以下，左側の面はL.，右側の面はR.と表記する。

第2節　帳　簿　記　録

まずは，帳簿記録についてである。「仕訳帳」(Giornal) に記録すると，実は「元帳」という表現は見出されないが，元帳である「商品帳および金銭帳」(Capus vnd Schuldbuch) に転記する。仕訳帳には，日々の取引事象のメモ書きとして，暦順的，特に叙述的に文章で記録するだけではなく，どの勘定に記録するか，いくらで記録するか，「二重記録」するのに，日々の取引事象を分解するのである。しかし，Grammateusからは，「仕訳帳」の左端の行には，実は「元丁欄」という表現は見出されないが，元丁欄には，商品帳に転記するのであれば，商品の仕入と売上について，「商」(K) の文字と元帳の丁数，「元丁」，金銭帳に転記するのであれば，債権または債務の発生と消滅については，「債」(S) の文字と元帳の丁数，「元丁」，現金の収入と支出については，「現」(C) の文字と元帳の丁数，「元丁」を記録するのに対して，そのように記録することはない[13)]。さらに，von Ellenbogenでは，「日記帳」の左端の行には，実は「元丁欄」という表現は見出されないが，元丁欄には，商品帳に転記するのであれば，商品の仕入と売上について，X商品，Y商品に区別する商品勘定に打たれる丁数，「元丁」，金銭帳に転記するのであれば，債権または債務の発生と消滅については，債務者A，債務者Bに区別する債権勘定と，債権者C，債権者Dに区別する債務勘定に打たれる丁数，「元丁」，現金の収入と支出については，現金勘定に打たれる丁数，「元丁」を記録するのに対して，そのように記録することもない[14)]。

これに対して，Gottliebでは，「二重記録」するのに，「仕訳帳ないし日記帳」には，これまた，実は「摘要欄」という表現は見出されないが，摘要欄には，

---

13) Vgl., Grammateus, Henricus; *a. a. O.*, Bl.1f(Giornal).
なお，「仕訳帳」に打たれた丁数を使用して，以下，左側の面はL(Giornal).，右側の面はR(Giornal).と表記する。
参照，拙稿；「ドイツ固有の簿記の成立」，『商学論集』(西南学院大学)，48巻2号，2001年10月，5頁以降。
参照，拙著；前掲書，13頁以降。

「金銭帳」および「商品帳」の左側の面に転記する科目と右側の面に転記する科目を「縦複線」(‖)によって区分するのに対して，そのように区分することはない。Gottliebによると，「借方」(Soll / Debit)と「貸方」(Haben / Kredit)という表現が見出されるのは「債権の発生」と「債務の発生」だけに限定される。金銭帳に転記するのであれば，1531年の印刷本では，「仕訳帳ないし日記帳」には，債務者A，債務者Bに区別する債権勘定にも同様に記録するのだが，債権の発生は「誰それは私に支払うべし＝私に借りている」(··· sol mir)したがって，「誰それは」借主＝「借方」と記録するのに対して，債権者C，債権者Dに区別する債務勘定にも同様に記録するのだが，債務の発生は，資本主に対しては，「誰それは持つべし＝私に貸している」(··· sol haben)，したがって，「誰それは」貸主＝「貸方」と記録して，債権者に対しては，「誰それに私は支払うべし＝私は借りている」(··· sol ich)と記録する[15)]。

ところが，1546年の印刷本では，金銭帳に転記するのであれば，「仕訳帳ないし日記帳」には，債務者A，債務者Bに区別する債権勘定にも同様に記録するのだが，債権の発生は「誰それは支払うべし＝私に借りている」(··· sol)，

---

14) Vgl., von Ellenbogen, Erhart; *Buchhalten auff Preussische müntze vnd gewichte* ···, Wittenberg 1537, Bl. 1f (teglich Buch). 写本に打たれた頁数は，S.5f.
なお，「日記帳」に打たれた丁数を使用して，以下，左側の面はL (teglich Buch).，右側の面はR (teglich Buch).と表記する。
参照，拙稿；「ドイツ固有の簿記の展開」，『商学論集』(西南学院大学)，49巻1号，2002年6月，94頁以降。

15) Vgl., Gottlieb, Johann; *Ein Teutsch verstendig Buchhalten* ···, Nürnberg 1531, Bl. 5Lff / 1ff(Jornal oder teglich Buch) / 1ff(Schuldbuch) / 6ff(Güterbuch).
なお，「仕訳帳ないし日記帳」について，丁数が打たれない場合には，以下，筆者が便宜的に，表紙の裏側から打った丁数(Blatt)，左側の面はL.，右側の面はR.，丁数が打たれる場合には，これに打たれた丁数を使用して，以下，左側の面はL(Jornal oder teglich Buch).，右側の面はR(Jornal oder teglich Buch).，さらに，「金銭帳」に打たれた丁数を使用しては，以下，左側の面はL(Schuldbuch).，右側の面はR(Schuldbuch).，「商品帳」に打たれた丁数を使用しては，以下，左側の面はL(Güterbuch).，右側の面はR(Güterbuch).と表記する。
参照，拙稿；「ドイツ固有の簿記の展開」，『商学論集』(西南学院大学)，48巻3·4号，2002年2月，33頁以降。
参照，拙著；前掲書，51頁以降。

したがって，「誰それは」借主＝「借方」と記録するのに対して，債権者Ｃ，債権者Ｄに区別する債務勘定にも同様に記録するのだが，債務の発生は，資本主に対しても，債権者に対しても，「誰それは持つべし＝私に貸している」(…sol haben)，したがって，「誰それは」貸主＝「貸方」と記録する[16)]。

しかし，「仕訳帳ないし日記帳」には，債権勘定にも債務勘定にも同様に記録するのだが，債権の消滅と債務の消滅は「支払済」(hat zahlt) とだけ記録するにすぎない。

これに対して，「仕訳帳ないし日記帳」には，現金勘定にも同様に記録するのだが，現金の収入は「私は受取った」(hab ich empfangen) と記録するのに対して，現金の支出は「私は支出した」(hab ich außgeben) と記録する[15) 16)]。

さらに，商品帳に転記するのであれば，「仕訳帳ないし日記帳」には，Ｘ商品，Ｙ商品に区別する商品勘定にも同様に記録するのだが，商品の仕入は「私は仕入れた」(hab ich kaufft) または「私は受取った」と記録するのに対して，商品の売上は「私は売上げた」(hab ich verkaufft) と記録する[15) 16)]。

したがって，Gottliebによると，「縦複線」によって区分して，「二重記録」するにしても，「借方」と「貸方」という表現が見出されるのは「債権の発生」と「債務の発生」だけに限定されるので，「借方」を意味する「助動詞」と「貸方」を意味する「助動詞＋動詞」，この２つの符合を付して，「仕訳帳ないし日記帳」に記録して徹底することはない。「金銭帳」および「商品帳」に記

---

16) Vgl., Gottlieb, Johann; *Buchhalten, Zwey künstliche vnnd verstendige Buchhalten*…, Nürnberg 1546, Bl. 2Lff / 1ff(Jornal oder teglich Buch) / 1ff(Schuldbuch) / 6ff (Güterbuch).
なお，「仕訳帳ないし日記帳」について，丁数が打たれない場合には，以下，筆者が便宜的に，表紙の裏側から打った丁数（Blatt)，左側の面はL.，右側の面はR.，丁数が打たれる場合には，これに打たれた丁数を使用して，以下，左側の面はL(Jornal oder teglich Buch).，右側の面はR(Jornal oder teglich Buch).，さらに，「金銭帳」に打たれた丁数を使用しては，以下，左側の面はL(Schuldbuch).，右側の面はR(Schuldbuch).，「商品帳」に打たれた丁数を使用しては，以下，左側の面はL(Güterbuch).，右側の面はR(Güterbuch).と表記する。
参照，拙稿；「ドイツ固有の簿記の発展」，『商学論集』（西南学院大学)，49巻1号，2002年6月，8頁以降。
参照，拙著；前掲書，78頁以降。

録して徹底することもない。「二重記録」するのに，「金銭帳」および「商品帳」の左側の面に転記する科目と右側の面に転記する科目を「縦複線」によって区分するだけである。

ところが，Wilhelmによって出版される印刷本では，「仕訳帳」には，これまた，実は「摘要欄」という表現は見出されないが，摘要欄には，元帳である「商品帳および金銭帳」の左側の面に転記する科目と左側の面に転記する科目を縦複線によってではなく「金額」によって区分しては，「商品帳および金銭帳」の左側の面に転記する科目には，「誰それは支払うべし＝われわれに借りている」（･･･ soll）または「何かあるものは支払うべし＝われわれに借りている」（･･･ soll），したがって，「誰それは」借主＝「借方」または「何かあるものは」借主＝「借方」と記録する。「借方」を意味する「助動詞」を付しては，「商品帳および金銭帳」の右側の面に転記する科目には，「相手」を意味する「前置詞」（p. / per）を冠することで，日々の取引事象を「二重記録」するために分解する。しかも，これまた，仕訳帳の左端の行には，実は「元丁欄」という表現は見出されないが，元丁欄には，転記される元帳である「商品帳および金銭帳」の丁数，「元丁」を上下に仕切線で区切って「仕訳帳」に記録する[17]。

したがって，仕訳帳については，Grammateusからも，von Ellenbogenでも，さらに，Gottliebでも，これとは相違する。元帳である「商品帳および金銭帳」の右側の面に転記する科目に，「借方」を意味する「助動詞」を付しては，右側の面に転記する科目には，「相手」を意味する「前置詞」を冠することで，日々の取引事象は「二重記録」するために分解することでは，むしろ，ドイツ固有の簿記はイタリア簿記と交渉して融合したのでは，と想像するのである。

事実，Wilhelmによって出版される印刷本の，わずか2年前に，「イタリア簿記」を新たに展開して，1594年にGoessens, Passchierによって出版される印刷本『イタリア人に拠る簡明な簿記』（„ *Buchhalten sein kurtz zusammen gefasst vnd begriffen nach arth vnd weise der Italianer*･･･ “, Hamburg.）

17）Vgl., Wilhelm, Matthiam; *a. a. O*, Bl.1R(Giornal).
なお，「仕訳帳」に打たれた丁数を使用して，以下，左側の面はL(Giornal).，右側の面はR(Giornal).と表記する。

を彷彿とさせる。この印刷本では，「仕訳帳」には，これまた，実は「摘要欄」という表現は見出されないが，摘要欄には，縦複線によってではなく「金額」によって区分しては，「借方」を意味する助動詞（Sol）を付して，「相手」を意味する「前置詞」（Per）を冠することで，日々の取引事象を「二重記録」するために分解するからである。しかも，これまた，仕訳帳の左端の行には，「元丁欄」という表現は見出されないが，元丁欄には，転記される「元帳」の丁数，「元丁」を上下に仕切線で区切って「仕訳帳」に記録するからである[18)]。

なお，Wilhelmの例示する「仕訳帳」の丁数1を原文と共に表示することにする[19)]。図1を参照。

18） Vgl., Goessens, Passschier; *Buchhalten sein kurtz zusammen gefasst vnd begriffen nach arth vnd weise der Italianer*･･･, Hamburg 1594, Bl.1ff(Jornal).
なお，「仕訳帳」に打たれた丁数を使用して，以下，左側の面はL(Jornal).，右側の面はR(Jornal).と表記する。
参照，拙稿；「ドイツにおけるイタリア簿記の発展」，『商学論集』（西南学院大学），52巻1号，2005年6月，23頁以降。
参照，拙著；前掲書，283頁以降。

19） Wilhelm, Matthiam; *a. a. O.*, Bl.1R(Giornal).

仕訳帳

丁数1（右側の面）

元丁	神に感謝。1596年1月1日 アウクスブルク	fl	ß	h
1/1	現金は借方。fl16000.ß-.h-. 相手 資本金。‖本日，神の名において，相互で商業を開始。ここに，Hans 某，Christoff 某，Vlrich 某の3人は協同で有効に会合して，すべてが等しい利益を得るか等しい損失を被るかの普通の商業を約定する。この3人については，共通の秘密帳に，この誰それを記録する資本金勘定を備付けて，これを保持する。このわれわれの商業が格別に有利になるように，われわれの不利は直ぐにでも排除し去るように，全能を与え賜え。神の加護のあらんことを。アーメン。 現金の合計。	16000	—	—
1/2	現金は借方。fl1000.ß-.h-. 相手 当地のAndreß Porger。‖彼はこの普通の商業に預託する。年利は5パーセント。	1000	—	—
2/2	ヴェネツィアの為替業者，Wolff Niclaßは借方。fl900.ß-.h-. 相手 当地のGeorg Daniel。‖イタリア貨幣の720duc.に対する換算率はfl$\frac{125}{100}$。手形の振出しを彼に引受けてもらい，書簡によると，4週間以内に，彼，Danielに支払わねばならない。	900	—	—
2/2	綿花は借方。fl225.ß10.h-. 相手 。ヴェネツィアの為替業者，Wolff Niclaß。‖イタリア貨幣で180duc.16gr.。同月同日にHans 某を仲介に送付してもらい，オーストリア産の綿花，3袋を仕入。ヴェネツィアでは，1番，450ポンド。2番，390ポンド。3番，430ポンド。合計は1270ポンド。風袋は24ポンド。純量は1246ポンド。単価14$\frac{1}{2}$ pf.。180$\frac{2}{3}$ duc.に対する換算率fl$\frac{125}{100}$.でドイツ貨幣に換算。	225	10	—
11/1	損益は借方。fl30.ß-.h-. 相手 現金。‖綿花，3袋に対する検査料。当地のアウクスブルクでは，750ポンドに対する負担率fl$\frac{4}{100}$.で計算。	30	—	—

	Laus deo semper 1596 adj primo Jenner inn Augspurg.	fl	ß	h 1
1/1	Cassa soll fl 16000 ß — h — p Capital Conto ||: vm dato mit einander im Namen Gottes. Wir drey hiebenante Hans N. Christoff N. vnd Vlrich N. als Gesellschaffter/vns mit einander freündtlich vereinigt vnnd verglichen/ein allgemaine Handlung auff gleichen gewin vnd verlust/jedem pro suo Capital Conto laut gemeinen Secretbüchs acf. N. zuführen vñ zuhaben. Der Allmechtig verleyhe vns sein Götliche gnad vnnd beystand/solchē vnsern handel zu sonderm vnserm nutz/one nachteil vnsers nechstens/zuuerrichten vñ zu volenden/Amen. Thut in sum̄a der Cassa an mehrerlei sortē vberantwort fl	16000	—	—
1/2	Cassa soll fl 1000. ß — h — p Andreß Porger albie ||: vmb gab er vns in allgemaine handlung in Deposito à fl 5 p c°. del Anno zuuerzinsen. fl	1000	—	—
2/2	Wolff Nicklaß Conto Correnti zu Venedig soll fl 900 ß — h — p Georg Daniel allhie ||: p ducaten Correnti. 720 a fl 125 p c°. duc. vmb acceptierten wir jhme einen Wechselbrieff/so auff vns trassiert in 4 wochen a uista lettera deto Daniel zubezahlen thůt. fl	900	—	—
2/2	Bomwoll soll fl 225 ß 10 h — p Wolff Nicklaß zu Venedig Conto Correnti ||: p duc. 180 gr. 16 p —. Vm sant vns dato/so für vns einkaufft/mit Hans N. Fůrman 3 seck Zipprianische Wollen/die wegen in Venedig N°. 1/℔ 450. N°. 2. ℔ 390. N°. 3. ℔ 430. Sum̄a ℔ 1270 tara p seck 24 ℔. Rest netto ℔ 1246 Venedisch/ad℔ 14 ½ p c/thůt wie oben 180 duc. ⅔. a fl 125. p c°. duc thůt Teutsch gelt. fl	225	10	—
8 ?/1	Gewin vnd verlust soll fl 30 ß — h — per Cassa ||: p Conduta per die 3 säck Woll/so gewegen allhie Augspurger ℔ 750 p c 4 fl thůt fl	30	—	

g ij　　Barchat

図1

それでは，元帳である「商品帳および金銭帳」には，どのように転記するであろうか。Grammateusからも，von Ellenbogenでも，商品帳から金銭帳の順序で分類するのだが，そのように分類することはない。これに対して，Gottliebでは，金銭帳から商品帳の順序で分類するのだが，そのように分類することはない。Wilhelmによって出版される印刷本では，「商品帳および金銭帳」とは表現するが，実は「元帳」の名ばかりの表現。商品帳から金銭帳の順序で分類するのでもなく，その反対の順序で分類するのでもなく，取引の発生の都度，たとえば，「仕訳帳」の丁数1によると，(1)現金を元入れして事業を開始すると，「現金勘定」（丁数1）と「資本金勘定」（丁数1），(2)預託されると，既設の現金勘定（丁数1）と「債務勘定」（丁数2），(3)手形の振出しを引受けてもらい，貸借振替をすると，「債権勘定」（丁数2）と債務勘定（丁数2），(4)商品を仕入れて，貸借振替をすると，「商品勘定」（丁数2）と既設の債権勘定（丁数2），(5)損失（費用）である検査料を現金で支払うと，「商品帳および金銭帳」の末丁（丁数12）の前丁，「損益勘定」（丁数11）と既設の現金勘定（丁数1），したがって，取引の発生の順序で，既設の勘定に対して新設する勘定があれば，順次，これを開設して転記する。

しかも，それだけではない。本来，「商品帳」として開設される，X商品，Y商品に区別する商品勘定，さらに，「金銭帳」として開設される，債務者A，債務者Bに区別する債権勘定，債権者C，債権者Dに区別する債務勘定，現金勘定だけではなく，「資本金勘定」（Capital Conto）も「損益勘定」（Gewin vnd

---

20）参照，拙稿；「ドイツ固有の簿記の成立」，『商学論集』（西南学院大学），48巻2号，2001年10月，30頁。
参照，拙稿；「ドイツ固有の簿記の展開」，『商学論集』（西南学院大学），48巻3·4号，2002年2月，49頁。
参照，拙稿；「ドイツ固有の簿記の発展」，『商学論集』（西南学院大学），49巻2号，2002年9月，22頁。
参照，拙著；前掲書，39/66/129頁。
参照，拙稿；「ドイツ固有の簿記の再考」，『商学論集』（西南学院大学），57巻3号，2010年12月，40頁以降。
参照，拙稿；「ドイツ固有の簿記の再説」，『商学論集』（西南学院大学），57巻4号，2011年1月，35頁以降。

verlust Conto）も開設して転記する。

したがって，元帳については，「商品帳」と「金銭帳」が，ドイツ固有の簿記にとっては，本来，「対蹠的な元帳」[20]であったにもかかわらず，実は「元帳」の名ばかりの表現でしかなく，商品帳と金銭帳に分類することはないので，Grammateusからも，von Ellenbogenでも，さらに，Gottliebでも，これとは相違する。取引発生の順序で，既設の勘定に対して新設する勘定があれば，これを開設して転記することでは，むしろ，ドイツ固有の簿記はイタリア簿記と交渉して融合したのでは，と想像するのである。

しかし，「商品帳および金銭帳」の左側の面に転記するのであれば，実は「摘要欄」という表現は見出されないが，この元帳の摘要欄，左側の面の冒頭の欄には，「誰それはわれわれに支払うべし」（･･･ soll vns）または「何かあるものはわれわれに支払うべし」（･･･ soll vns）の頭書きをする。この欄の下からは，「日付」を記録して，右側の面に転記された科目，したがって，相手勘定，この相手勘定は「相手」を意味する「前置詞」（p. / per）を冠して記録する。さらに，仕訳帳で「仕訳帳による」（laut Giornals）と記録する場合に，実は「仕丁欄」という表現は見出されないが，仕丁欄には，仕訳帳の丁数（ac），「仕丁」を記録する。そのように記録しない場合には，元帳は相手勘定の丁数，「元丁」を記録するので，「元丁欄」ということにもなる。さらに，実は「金額欄」という表現も見出されないが，金額欄には，仕訳帳に記録されると同額の「金額」を記録する[21]。

これに対して，「商品帳および金銭帳」の右側の面に転記するのであれば，この元帳の摘要欄，右側の面の冒頭の欄には，「誰それにわれわれは支払うべ

21）Vgl., Wilhelm, Matthiam; *a. a. O.*, Bl.1ff(Capus vnd Schuldbuch).
なお，「商品帳および金銭帳」に打たれた丁数を使用して，以下，左側の面はL(Capus vnd Schuldbuch).，右側の面はR(Capus vnd Schuldbuch).と表記する。
想像するに，「仕丁」を記録するのは，「仕訳帳」から転記される場合。損失（費用）または利益（収益）も「損益勘定」に転記されるので，「仕訳帳」の丁数を記録。これに対して，「元丁」を記録するのは，「仕訳帳」に記録することなく，「元帳」に振替えられる場合。商品売買益または商品売買損は「損益勘定」に振替えられるので，商品勘定には，これが振替えられる損益勘定の丁数，損益勘定には，これが計算される商品勘定の丁数を記録。

し」(･･･ sollen wir) または「何かあるものにわれわれは支払うべし」(･･･ sollen wir)」の頭書きをする。この欄の下からは同様。「日付」を記録して，左側の面に転記された科目，したがって，相手勘定，この相手勘定は「相手」を意味する「前置詞」を冠して記録する。さらに，仕訳帳で「仕訳帳による」と記録する場合には，仕丁欄に，仕訳帳の丁数，「仕丁」を記録する。そのように記録しない場合には，元帳は相手勘定の丁数，「元丁」を記録するので，「元帳欄」ということにもなる。さらに，金額欄には，仕訳帳に記録されると同額の「金額」を記録する[21)]。

そこで，「債権の発生」と「債務の発生」だけに限定してのことであるが，Grammateusからも，von Ellenbogenでも，実は「摘要欄」という表現は見出されないが，債権の発生は，債権勘定の摘要欄，左側の面（Grammateusからは，今日とは反対側，右側の面）の冒頭の欄に，「私に」の目的語に「支払うべし＝私に借りている」を意味する「助動詞」を付して，頭書きをしては，その欄の下から，「日付」を記録して，主語の「誰それは」を記録したことを想起してもらいたい[22)]。これに対して，債務の発生は，債務勘定の摘要欄，右側の面の冒頭の欄に，「私は」の主語に「支払うべし＝私は借りている」を意味する助動詞を付して，頭書きをしては，その欄の下から，「日付」を記録して，目的語の「誰それに」を記録したことを想起してもらいたい[22)]。

さらに，Gottliebでは，これを1文にまとめて，1531年の印刷本に，これまた，実は「摘要欄」という表現は見出されないが，債権の発生は，債権勘定の摘要欄，左側の面に，都度，「誰それは」の主語に「支払うべし＝私に借りている」を意味する「助動詞」を付して，「私に」の目的語を記録したことを想

22）Vgl., Grammateus, Henricus; *a. a. O.,* Bl.102ff.
参照，拙稿；「ドイツ固有の簿記の成立」，『商学論集』（西南学院大学），48巻2号，2001年10月，11頁以降。
参照，拙著；前掲書，20頁以降。
Vgl., von Ellenbogen, Erhart; *a. a. O.,* Bl.1ff（Schultbuch）. 写本に打たれた頁数は，S.30ff. なお，「金銭帳」に打たれた丁数を使用して，以下，左側の面はL(Schultbuch).，右側の面はR(Schultbuch).と表記する。
参照，拙稿；「ドイツ固有の簿記の展開」，『商学論集』（西南学院大学），49巻1号，2002年6月，104頁以降。

起してもらいたい[23)]。これに対して，債務の発生は，債務勘定の摘要欄，右側の面に，都度，「誰それに」の目的語に「支払うべし＝私は借りている」を意味する「助動詞」を付して，「私は」の主語を記録したことを想起してもらいたい[23)]。

もちろん，債権勘定と債務勘定は，債務者Ａ，債務者Ｂに区別して，債権者Ｃ，債権者Ｄに区別する「人名勘定」(personal account)。Wilhelmによって出版される印刷本でも，これと同様である。摘要欄の冒頭の欄に，そのように頭書きをするか，摘要欄に，都度，そのように記録するかの相違はあるにしても，Wilhelmによって出版される印刷本では，債権の発生は，債権勘定の摘要欄，左側の面の冒頭の欄に，「誰それは」の主語に「支払うべし＝われわれに借りている」を意味する「助動詞」を付して，「われわれに」の目的語を記録することで，頭書きをする。これに対して，債務の発生は，債務勘定の摘要欄，右側の面の冒頭の欄に，「誰それに」の目的語に「支払うべし＝われわれは借りている」を意味する「助動詞」を付して，「われわれは」の主語を記録することで，頭書きをする。したがって，「誰それは」の主語が「誰それに」の目的語に，「われわれに」の目的語が「われわれは」の主語に，左側の面と右側の面で入替えられるだけである。

しかも，それだけではない。Wilhelmによって出版される印刷本では，人名勘定だけではなく，現金勘定，商品勘定，したがって，「物財勘定」(material account) にも，さらに，資本金勘定，損益勘定，したがって，「名目勘定」(nominal account) にも，このように頭書きをするまでに拡張して徹底するのである。

そこで，現金の収入，商品の仕入，さらに，資本金の減少（資本引出)，損失(費用) の発生は，現金勘定，Ｘ商品，Ｙ商品に区別する商品勘定の摘要欄，さらに，資本金勘定，損益勘定の摘要欄，左側の面の冒頭の欄に，「何かあるも

23) Vgl., Gottlieb, Johann; *Ein Teutsch verstendig Buchhalten*・・・, Nürnberg 1531, Bl.2ff (Schuldbuch).
参照，拙稿；「ドイツ固有の簿記の展開」,『商学論集』(西南学院大学)，48巻3･4号，2002年2月，38頁。
参照，拙著；前掲書，56頁。

のは」または「誰それは」の主語に「支払うべし＝われわれに借りている」を意味する「助動詞」を付して，「われわれに」の目的語を記録することで，頭書きをする。これに対して，現金の支出，商品の売上，さらに，資本金の増加(元入および追加出資)，利益（収益）の発生は，現金勘定，X商品，Y商品に区別する商品勘定の摘要欄，さらに，資本金勘定，損益勘定の摘要欄，右側の面の冒頭の欄には，「何かあるものに」または「誰それに」の目的語に「支払うべし＝われわれは借りている」を意味する「助動詞」を付して，「われわれは」の主語を記録することで，頭書きをする。したがって，これまた，「何かあるものは」または「誰それは」の主語が「何かあるものに」または「誰それに」の目的語に，「われわれに」の目的語が「われわれは」の主語に，左側の面と右側の面で入替えられるだけである。

もちろん，Gottliebでは，1546年の印刷本にも，「債権の発生」と「債務の発生」だけに限定してのことであるが，債権の発生は，債権勘定の摘要欄は左側の面に，「誰それは」の主語に「支払うべし＝私に借りている」を意味する「助動詞」を付して記録するので，「誰それは支払うべし＝私に借りている」，したがって，「誰それは」借主＝「借方」と記録することでは[23]，摘要欄の冒頭の欄に，そのように頭書きをするか，摘要欄に，都度，そのように記録するかの相違はあるにしても，Wilhelmによって出版される印刷本では，これと同様である。

しかし，Gottliebでは，債務の発生は，債務勘定の摘要欄，右側の面には，「誰それは」の主語に「持つべし＝私に貸している」を意味する「助動詞＋動詞」を付して記録することで，資本主に対しても，債権者に対しても，「誰それは持つべし＝私に貸している」，したがって，「誰それは」貸主＝「貸方」と記録するとなると[24]，Wilhelmによって出版される印刷本では，摘要欄の冒頭の欄に，そのように頭書きをするか，摘要欄に，都度，そのように記録するか

24）Vgl., Gottlieb, Johann; *Buchhalten, Zwey künstliche vnnd verstendige Buchhalten*･･･, Nürnberg 1546, Bl.2ff(Schuldbuch).
参照，拙稿；「ドイツ固有の簿記の発展」，『商学論集』（西南学院大学），49巻1号，2002年6月，13頁。
参照，拙著；前掲書，83頁。

の相違があるだけではなく，これとは相違する。Wilhelmによって出版される印刷本では，債務の発生は，債務勘定の摘要欄，右側の面の冒頭の欄に，「誰それに」の目的語に「支払うべし＝われわれは借りている」を意味する「助動詞」を付して，「われわれは」の主語を記録することで，頭書きをするからである。したがって，「誰それは」貸主＝「貸方」と表現することには，無理があろうというものである。左側の面の冒頭の欄に，「主語＋助動詞＋目的語」を付して記録することで，頭書きをするのに対して，右側の面の冒頭の欄には，「助動詞＋動詞」を付すのではなく，「目的語＋助動詞＋主語」を付して記録することで，したがって，「主語」と「目的語」，「目的語」と「主語」が左側の面と右側の面で入替えられるだけで，頭書きをするので，ヨリ忠実に表現するとしたら，「誰それに」借主＝「借方」と表現するしかない。

そうであるとしたら，Wilhelmによって出版される印刷本では，「人名勘定」の摘要欄だけではなく，「物財勘定」の摘要欄にも，「名目勘定」の摘要欄にも，左側の面の冒頭の欄に，「誰それは支払うべし＝われわれに借りている」または「何かあるものは支払うべし＝われわれに借りている」，したがって，「誰それは」借主＝「借方」または「何かあるものは」借主＝「借方」と頭書きをするのに対して，右側の面の冒頭の欄には，「誰それに支払うべし＝われわれは借りている」または「何かあるものに支払うべし＝われわれは借りている」，したがって，「誰それに」借主＝「借方」または「何かあるものに」借主＝「借方」と頭書きをすることになる。

したがって，元帳については，「商品帳および金銭帳」が，ドイツ固有の簿記にとっては，本来，「対蹠的な元帳」[20] であったにもかかわらず，「商品帳」と「金銭帳」に分類することもないので，むしろ，ドイツ固有の簿記はイタリア簿記と交渉して融合したのでは，と想像したのだが，イタリア簿記と完全に融合したのでは，とまでは想像しえない。「商品帳および金銭帳」の左側の面に転記するのであれば，「誰それは」借主＝「借方」または「何かあるものは」借主＝「借方」と記録するのに対して，右側の面に転記するのであれば，「誰それは」貸主＝「貸方」または「何かあるものは」貸主＝「貸方」と記録することはないからである。「誰それに」借主＝「借方」または「何かあるものに」

借主＝「借方」と記録することでは，ドイツ固有の簿記はイタリア簿記と交渉したにしても，完全に融合したのでは，とまでは想像しえないのである。

実際，摘要欄の冒頭の欄に，そのように頭書きをするか，摘要欄に，都度，そのように記録するかの相違はあるにしても，Grammateusからも，von Ellenbogenでも，「債権の発生」と「債務の発生」だけに限定されてのことであるが，「誰それは」の主語が「誰それに」の目的語に，「私に」の目的語が「私は」の主語に，左側の面と右側の面で入替えられるだけで，Wilhelmによって出版される印刷本でも，これと同様に，「誰それは」の主語が「誰それに」の目的語に，「われわれに」の目的語が「われわれは」の主語に，左側の面と右側の面が入替えられるだけであるからである。

そこで，このように表現するともなると，もはや，Goessensによって出版される印刷本を彷彿とさせることはない。この印刷本では，「元帳」の左側の面に転記したのであれば，実は「摘要欄」という表現は見出されないが，この元帳の摘要欄，左側の面の冒頭の欄には，「誰それは支払うべし」（··· Sol / ··· Sollen）または「何かあるものは支払うべし」（··· Sol / ··· Sollen），したがって，「誰それは」または「何かあるものは」借主＝「借方」の頭書きをして，この欄の下からは，「日付欄」（Adi）に日付を記録して，右側の面に転記する科目，したがって，相手勘定，この相手勘定は「相手」を意味する「前置詞」（Per）を冠して記録する。さらに，「元丁欄」（Ch）には，相手勘定である元帳の丁数，「元丁」を記録する。さらに，実は「金額欄」という表現も見出されないが，金額欄には，仕訳帳に記録されると同額の「金額」を記録する[25]。

これに対して，「元帳」の右側の面に転記したのであれば，この元帳の摘要欄，右側の面の冒頭の欄には，「誰それは持つべし」（··· Sol haben / ··· Sollen haben）または「何かあるものは持つべし」（··· Sol haben / ··· Sollen haben)」，

25）Vgl., Goessens, Passier; *a. a. O.*, Bl.1ff(Haubtbuch).
なお，「元帳」に打たれた丁数を使用して，以下，左側の面はL(Haubtbuch).，右側の面はR(Haubtbuch).と表記する。
参照，拙稿；「ドイツにおけるイタリア簿記の発展」，『商学論集』（西南学院大学），52巻2号，2005年9月，7頁以降。
参照，拙著；前掲書，291頁以降。

したがって,「誰それは」または「何かあるものは」貸主＝「貸方」の頭書きをして，この欄の下からは同様。日付欄に日付を記録して，左側の面に転記する科目，したがって，相手勘定，この相手勘定は「相手」を意味する「前置詞」を冠して記録する。さらに，元丁欄には，相手勘定である元帳の丁数,「元丁」を記録する。さらに，金額欄には，仕訳帳に記録されると同額の「金額」を記録する[25)]。

したがって，Wilhelmによって出版される印刷本では，相手勘定，この相手勘定は「相手」を意味する「前置詞」を冠して記録することでは，Goessensによって出版される印刷本を彷彿とさせるかもしれないが，すでに，Gottliebでは,「縦複線」によって区分するだけで,「相手勘定」は記録する[26)]。さらに，実は「元丁欄」という表現は見出されないが，元丁欄には，相手勘定である元帳の丁数,「元丁」も記録する[26)]。そのかぎりでは，Gottliebから，ドイツ固有の簿記はイタリア簿記と交渉して融合したのでは，とも想像しうる。

ところが，元帳については，Grammateusからも，von Ellenbogenでも，実は「仕丁欄」ないし「日丁欄」という表現は見出されないが，仕丁欄ないし日丁欄には，仕訳帳ないし日記帳の丁数,「仕丁」ないし「日丁」を記録する[27)]。これと同様に，Wilhelmによって出版される印刷本でも，仕訳帳から転記する場合には，仕訳帳の丁数,「仕丁」を記録する。さらに，仕訳帳に記録することなく，元帳である「商品帳および金銭帳」に振替えられる場合，商品売買益または商品売買損が「損益勘定」に振替えられる場合には，これが計算される商品勘定の丁数,「元丁」を記録する。したがって，仕訳帳の左端の行の「元

26）Vgl., Gottlieb, Johann; *Ein Teutsch verstendig Buchhalten*･･･, Nürnberg 1531, Bl.1ff (Schuldbuch) / 6ff(Güterbuch).
参照，拙稿；「ドイツ固有の簿記の展開」,『商学論集』(西南学院大学), 48巻3･4号, 2002年2月, 36頁以降。
参照，拙著；前掲書，54頁以降。
Vgl., Gottlieb, Johann; *Buchhalten, Zwey künstliche vnnd verstendige Buchhalten*･･･, Nürnberg 1546, Bl.1(Schuldbuch) / 6ff(Güterbuch).
参照，拙稿；「ドイツ固有の簿記の発展」,『商学論集』(西南学院大学), 49巻1号, 2002年6月, 15頁以降。
参照，拙著；前掲書，81頁以降。

丁欄」には，転記される元帳である「商品帳および金銭帳」の丁数，「元丁」を上下に仕切線で区切って「仕訳帳」に記録することでは，「仕訳帳」から，二重記録することで転記された「元帳」は照合しうるにしても，転記された元帳である「商品帳および金銭帳」の左側の面に記録する科目と右側の面に記録する科目を照合しうるには，商品勘定と損益勘定を照合する以外は，「仕訳帳」によってするしかない。

しかし，Grammateusからは，「商品の仕入」は右側の面，「商品の売上」は左側の面に，「債権の発生」は右側の面，「債権の消滅」は左側の面に，したがって，商品勘定にも，債権勘定にも，今日とは反対側の面に記録することから想像するに[27)]，「二重記録」することしか意図されてはいないようである。二重記録するにしても，左側（借方）の面に記録したら，右側（貸方）の面に「反対記録」，右側（貸方）の面に記録したら，左側（借方）の面に「反対記録」，今日と同側の面に記録することで，しかも，左側（借方）の面に記録すると同額を右側（貸方）の面に記録することで，常時，左側（借方）の面に合計される金額と右側（貸方）の面に合計される金額が一致する「貸借平均原理」を保証することなど意図されるはずもない。von Ellenbogenでも，初版本では，今日

---

27) Vgl., Grammateus, Henricus; *a. a. O.*, Bl.99ff.
参照，拙稿；「ドイツ固有の簿記の成立」，『商学論集』（西南学院大学），48巻2号，2001年10月，10頁以降。
参照，拙著；前掲書，19頁以降。
Vgl., von Ellenbogen, Erhart; *a. a. O.*, Bl. ff (Schultbuch) / 1ff (Güterbuch). 写本に打たれた頁数は，S.18ff / 30ff.
なお，「商品帳」に打たれた丁数を使用して，以下，左側の面はL(Güterbuch).，右側の面はR(Güterbuch).と表記する。
参照，拙稿；「ドイツ固有の簿記の展開」，『商学論集』（西南学院大学），49巻1号，2002年6月，100頁以降。

28) von Ellenbogen, Erhart; *Buchhalten auff Preussische muntze vnd gewichte*…, Danzig 1538, Bl.4ff(Gutterbuch) / 7ff(Schultbuch).
なお，「商品帳」に打たれた丁数を使用して，以下，左側の面はL (Gutterbuch).，右側の面はR (Gutterbuch).，「金銭帳」に打たれた丁数を使用しては，以下，左側の面はL (Schultbuch).，右側の面はR (Schultbuch).と表記する。
参照，拙稿；「ドイツ固有の簿記の再考」，『商学論集』（西南学院大学），57巻3号，2010年12月，18頁以降。

と同側の面に記録するのだが[27)]，改訂本では，「債務の発生」と「債権の消滅」は左側の面に，「債権の発生」と「債務の消滅」は右側の面に，したがって，債権勘定と債務勘定には，今日とは反対側の面に記録することから想像しても[28)]，これと同様。「二重記録」することしか意図されてはいないようである。Grammateusからも，von Ellenbogenでも，商品帳に転記される商品の仕入と売上にしても，金銭帳に転記される債権の発生と消滅，債務の発生と消滅，さらに，現金の収入と支出にしても，「商品勘定」，「債権勘定」，「債務勘定」，さらに，「現金勘定」には，左側の面と右側の面に相対するように転記して，二重記録することさえ意図されているなら，商品勘定からは，「売残商品」である繰越商品を追加，記録することによって，「商品売買益」または「商品売買損」，債権勘定からは，「債権残高」，債務勘定からは，「債務残高」が計算されるはずである[29)]。さらに，現金勘定からは，Grammateusからも，von Ellenbogenでも，収入の「合計」と支出の「合計」しか計算されないのだが，「現金残高」も計算されるはずである。「貸借平均原理」を保証することなど全く意図されていないにしても，「二重記録」することだけが意図されているからこそ，転記された「商品帳」および「金銭帳」には，仕訳帳ないし日記帳の丁数，「仕丁」ないし「日丁」を記録しておかねばならないのである。「仕訳帳」ないし「日記帳」から，二重記録することで転記された「商品帳」および「金銭帳」は照合しうるはずである。

ところが，Pacioloによって出版される印刷本を原型とするイタリア簿記では，二重記録するにしても，左側（借方）の面に記録したら，右側（貸方）の面に「反対記録」，右側（貸方）の面に記録したら，左側（借方）の面に「反対記録」，今日と同側の面に記録することで，しかも，左側（借方）の面に記録すると同額を右側（貸方）の面にも記録することで，常時，左側の（借方）面に合計される金額と右側（貸方）の面に合計される金額が一致する「貸借平均原理」を保証することこそが意図される。したがって，Pacioloによると，「仕訳帳」に記録するのであれば，これまた，実は「摘要欄」という表現は見出され

29）参照，拙稿；前掲誌，28頁以降。
参照，拙稿；「ドイツ固有の簿記の再説」，『商学論集』（西南学院大学），57巻4号，2011年3月，26頁以降。

ないが，摘要欄の左端の行に，元帳の左側（借方）の面に転記したところで，転記された元帳の丁数，「元丁」は上に，元帳の右側（貸方）の面に転記したところで，転記された元帳の丁数，「元丁」は下に，仕切線で区切ることもなく記録する。「仕訳帳」から，転記された「元帳」を照合することで，元帳に「転記済」であるかどうかを照合しようというわけである[30]。

さらに，「元帳」に転記したのであれば，左側（借方）の面と右側（貸方）の面に，「相手」を意味する前置詞（per）を冠して記録する「相手勘定」，この相手勘定の丁数，「元丁」を記録する。仕訳帳の丁数，「仕丁」を記録するのではない。したがって，今日の様式とは相違する。元帳には，「相手勘定」は記録するが，「仕訳帳」の丁数，「仕丁」を記録する今日の様式からすると，疑問が残るかもしれない[31]。「仕訳帳」には，元帳の左側（借方）に転記する科目と右側（貸方）に転記する科目を「反対記録」して，転記される元帳の丁数，「元丁」を記録すると同時に，「元帳」には，左側（借方）に転記する科目と右側（貸方）に転記する科目を「反対記録」した仕訳帳の丁数，「仕丁」を記録するので，「仕訳帳」から，転記された「元帳」を照合することでも，元帳に「反対記録」したかどうかは照合しうるからである。

しかし，「仕訳帳」に記録したら，即日，直ちに「元帳」に転記するとはかぎらない。仕訳帳に1回だけ後戻りすることで，元帳に転記するとはかぎらないのである。後日に転記することもあるので，場合によっては，2回も3回も仕訳帳に後戻りして転記することもある。したがって，元帳に転記すること自体，煩雑であるばかりか，「転記ミス」さえ犯しかねない。したがって，Pacioloによると，「貸借平均原理」を保証することこそが意図されるからには，仕訳帳から，元帳を照合して，「転記済」であるかどうかを照合したところで，元帳には，この相手勘定の丁数，「元丁」を記録する。元帳の左側（借方）の面に記録する科目と右側（貸方）の面に記録する科目を照合することで，常時，貸借平均原理は保証しうるように，元帳に「反対記録」したかどうかを照合しようというわけである[30]。

したがって，Gottlieb自身，「貸借平均原理」について表現することはないが，元帳には，「相手勘定」を記録して，さらに，元丁欄には，この相手勘定の丁数，「元丁」を記録したことでは，元帳に「反対記録」することが意識されたのかもしれない。Wilhelmによって出版される印刷本でも，これと同様。元帳

30）Cf., Pacioli, Luca; *Summa de Arithmetica Geometria Proportioni et Proportionalita,* Venezia 1494, Cap.14(fol.202R) / 15(fol.202R-203R) / 16(fol.203R).
参照，片岡義雄著；『パチョーリ「簿記論」の研究』，森山書店 1956年，92 / 101 / 122頁以降。
参照，拙稿；「イタリア簿記の原型」，『商学論集』（西南学院大学），51巻2号，2004年9月，13/16頁以降。
参照，拙著；前掲書，154/157頁以降。
まずは，元帳に「転記済」であるかどうかを照合することについては，Pacioloが以下のように表現することから，その裏付けを得る。「仕訳帳の初めの欄外（左端の行）には，二つの数字を上下に記録しなければならない。上の数字は，借方に関係する科目が元帳のどの丁数に転記されたか，下の数字は，貸方がどこに見出されるか，転記された元帳の丁数を明示する。現金（勘定の丁数は1，資本金勘定の丁数は2）という関係する科目から明白になるように，$\frac{1}{2}$ と記録して，上下の中間に仕切線はない。慣習によると，$\frac{1}{2}$ と記録して，上下の中間に仕切線があることもある」。しかし，「単位の端数とか，分子と分母の関係のように思わせないためには，仕切線がないほうがヨリ好ましい」。そこで，「元帳に転記したところで」，「（仕訳帳の初めの）欄外（左端の行）には，丁数3は上に，丁数2は下に重ねて記録する。元帳の丁数3には，債務者（借主）を（メッカ産の生姜勘定に），丁数2には，債権者（貸主）を資本金勘定に転記したからである」と。
Pacioli, Luca; *op. cit.,* Cap.14(fol.202R) / 16(fol.203R). 括弧内は筆者。
Vgl., Penndorf, Balduin; *LUCA PACIOLI Abhandlung über die Buchhaltung 1494,* Stuttgart 1933, S.109 / 115.
参照，片岡義雄著；前掲書，94 / 125頁。
さらに，元帳に「反対記録」されたかどうかを照合することについては，Pacioloが以下のように表現することから，その裏付けを得る。「債務者（借主）の科目には，これに対応する債権者（貸主）が見出される元帳の丁数が付される。また同様に，債権者（貸主）の科目には，これに対応する債務者（借主）が見出される元帳の丁数が付される。このように，元帳のすべての科目は，常時，相互に鎖交する。貸方の面にない科目を借方の面に記録してはならない。また同様に，借方の面にない科目を貸方の面に記録してはならない。双方の面に記録することによって，締切時には，『元帳から作成される均衡表』（bilancio che del libro）が発生する。借方の面と貸方の面は等しくあらねばならない。借方の面のすべての科目は，どれくらいあろうとも，1枚の紙片に合計して，また同様に，貸方の面のすべての科目も合計すると，双方の面の合計は均衡しなければならない。均衡しないなら，元帳には間違いがあることになる」と。
Pacioli, Luca; *op. cit.,* Cap.14(fol.202R). 二重括弧および括弧内は筆者。
Vgl., Penndorf, Balduin; *a. a. O.,* S.108.
参照，片岡義雄著；前掲書，93頁以降。

31）参照，小島男佐夫著；『会計史入門』，森山書店 1987年，60頁。

に「反対記録」することは意識されたにちがいない。しかし，仕訳帳の左端の行の「元丁欄」には，転記される元帳である「商品帳および金銭帳」の丁数，「元丁」を上下に仕切線で区切って「仕訳帳」に記録することでは，「仕訳帳」から，二重記録することで転記された「商品帳および金銭帳」は照合しうるにしても，転記された「商品帳および金銭帳」の左側の面に記録する科目と右側の面に記録する科目を照合しうるには，商品勘定と損益勘定を照合する以外は，「仕訳帳」によってするしかない。

しかし，「商品帳および金銭帳」に「転記済」であるかどうかは照合しうるにしても，元帳に「反対記録」したかどうかを照合しようとしたら，本来は，転記された「商品帳および金銭帳」の左側の面に記録する科目と右側の面に記録する科目を照合しなければならないはずである。したがって，元帳の相手勘定の丁数，「元丁」を記録することはなく，依然として，転記される元帳である「商品帳および金銭帳」に，仕訳帳の丁数，「仕丁」を記録することでは，これまた，ドイツ固有の簿記はイタリア簿記と交渉したにしても，完全に融合したのでは，とまでは想像しえないのである。

実際，Grammateusからも，von Ellenbogenでも，「仕訳帳」ないし「日記帳」には，転記された元帳である商品帳および金銭帳の丁数，「元丁」を記録して，「商品帳」および「金銭帳」には，仕訳帳ないし日記帳の丁数，「仕丁」ないし「日丁」を記録して，「仕訳帳」から，元帳である「商品帳」および「金銭帳」を照合するのは，商品帳および金銭帳に「転記済」であるかどうかを照合するためでしかないからである。

なお，Wilhelmの例示する「商品帳および金銭帳」，丁数1の「現金勘定」と「資本金勘定」，丁数2，丁数3の「債権勘定」，「債務勘定」と「商品勘定」を原文と共に表示することにする[32)]。図2を参照。

---

32) Wilhelm, Matthiam; *a. a. O.*, Bl.1 / 3 (Capus vnd Schuldbuch).

商品帳および金銭帳，現金勘定と資本金勘定

1596年	fl	ß	h	丁数1	fl	ß	h
現金は借方				現金に借方			
1月1日。相手 われわれ3人の組合員にして資本金。仕訳帳による。 仕丁1	16000	—	—	1月1日。相手 綿花の検査料。仕訳帳による。 仕丁1	30	—	—
同月同日。相手 Andreas Porger。仕訳帳による。 仕丁1	1000	—	—	同月5日。相手 ファスチアン織。仕訳帳による。 仕丁1	107	7	4
同月18日。相手 サフラン。仕訳帳による。 仕丁2	792	—	—	同月同日。相手 ファスチアン織の諸掛り経費。仕訳帳による。 仕丁1	6	12	—
同月21日。相手 Thomas Quadagni。仕訳帳による。 仕丁2	250	13	4	同月同日。相手 銅。仕訳帳による。 仕丁1	818	4	6
同月26日。相手 胡椒。仕訳帳による。 仕丁3	181	2	6	同月同日。相手 ファスチアン織。仕訳帳による。 仕丁1	463	6	—
同月同日。相手 Matthias Neumair。仕訳帳による。 仕丁6	168	19	—	同月12日。相手 諸掛り経費。仕訳帳による。 仕丁1	26	5	—
同月同日。相手 Michael Ambsterdam。仕訳帳による。 仕丁6	156	18	9	同月同日。相手 諸掛り経費。仕訳帳による。 仕丁2	—	12	—
同月同日。相手 Hans Strauß。仕訳帳による。 仕丁6	108	19	2	同月15日。相手 サフラン。仕訳帳による。 仕丁2	12	10	—
同月23日。相手 損益。仕訳帳による。 仕丁6	4	10	4	同月18日。相手 胡椒。仕訳帳による。 仕丁2	456	15	—
同月26日。相手 損益。仕訳帳による。 仕丁6	15	6	8	同月21日。相手 サフラン。残金は後払い。仕訳帳による。 仕丁2	405	5	—
合計 fl1867.ß9.h9.				同月同日。相手 ファスチアン織。仕訳帳による。 仕丁2	696	—	—
				同月23日。相手 毛織物。仕訳帳による。 仕丁3	163	17	6
				2月1日。相手 Georg Daniel。仕訳帳による。 仕丁3	900	—	—

				同月同日。相手 Arlaß。仕訳帳による。仕丁3	1225	—	—
				同月3日。相手 検査料。仕訳帳による。 仕丁4	12	3	—
				同月同日。相手 Daffat。掛金の返済。仕訳帳による。 仕丁4	958	16	—
				同月10日。相手 毛織物。残金は後払い。仕訳帳による。 仕丁5	236	15	5
				同月20日。相手 手形。仕訳帳による。 仕丁6	3349	9	8
				同月20日。相手 Hans Schwaben。仕訳帳による。 仕丁6	226	1	—
				同月25日。相手 手形。仕訳帳による。 仕丁6	2300	—	—
				同月28日。相手 損益。少額の諸掛り経費。仕訳帳による。 仕丁6	16	13	—
				同月同日。相手 通常の家事費。仕訳帳による。 仕丁6	159	17	—
				同月同日。相手 残高。 仕丁6	6107	—	4
				合計 fl1867.ß9.h9.			
資本金は借方				資本金に借方			
2月28日。相手 残高。新しい計算である帳簿Bに見出す。相手は資本金。帳簿Aの計算の締切による。 元丁12	17082	18	5	1月1日。相手 3人の組合員。普通の商業。仕訳帳による。 仕丁1	16000	—	—
合計 fl17082.ß18.h5.				2月28日。相手 損益。元丁11，12に見受けられうるように，帳簿Aの計算の締切によって，すべての諸掛り経費を超過して見出される。神を賛美。	1082	18	5
				合計 fl17082.ß18.h5.			

＊現金勘定の左側の面,「同月同日。相手 Matthias･･･」は,「同(2)月16日」の誤植。
＊同勘定の右側の面, 1月1日, 同月同(5)日, 同月12日, 同月15日, 同(2)月3日, 同月同(28)日の「相手」には,「損益」の欠落。
＊同勘定の右側の面, 同月同(12)日の「相手 諸掛り経費」は,「相手 アントワープの Thomaso Quadagin。諸掛り経費」の誤植。
＊同勘定の右側の面, 同月20日の「相手　手形」は,「相手　ヴェネツィアの為替業者, Wolff Niclaß。手形」の誤植。
＊同勘定の右側の面,「同月同 (28) 日。相手 残高」の「仕丁6」は,「仕訳帳」には記録されないので, 削除。
＊資本金勘定の左側の面, 2月28日の「元丁12」は,「貸借対照表および主要帳簿である帳簿Aの締切」であるが, これに振替えられることも, これから振替えられることもないので, 削除。
＊事業の決算時に, 現金勘定の右側の面に,「相手 残高」, 資本金勘定の左側の面にも,「相手 残高」とは記録されるが, この残高は,「差引残額」と表現して, 相手勘定になるはずの, 丁数12の「貸借対照表および主要計算である帳簿 Aの締切」, この「貸借対照表」を意味する「残高」とは表現しないので,「貸借対照表および主要計算である帳簿Aの締切」に振替えられるのではなく,「差引残額」と記録しておいて,「貸借対照表および主要計算である帳簿A」に収録すると同時に, 現金勘定にも, 資本金勘定にも, 翌期の開始時に直接に繰越されるのでは, と想像する。これについては, 後述。

1 1596.

Cassa soll vns.

				fl	ß	₰
Adi	Primo Jenner per vns drey Geseilschaffter Haubtgut laut Giornals.	ac	1	16000	—	-
Adi	deto p Andreas Porger laut Giornals	ac	1	1000	—	-
Adi	18 deto per Saffra laut Giornals.	ac	2	792	—	-
Adi	21 deto per Thomas Quadagni laut Gior.	ac	2	250	13	4
Adi	26 deto p Pipper laut Giornals	ac	3	181	2	6
Adi	deto per Matthias Neumair laut Gior.	ac	6	168	19	-
Adi	deto per Michael Ambsterdam laut Gior.	ac	6	156	18	9
Adi	deto per Hans Strauß laut Giornals	ac	6	108	19	2
Adi	23 deto per gewin vnd verlust laut Gior.	ac	6	4	10	4
Adi	25 deto per gewin vnd verlust laut Gior.	ac	6	15	6	8

Suma p Saldo fl 18678. ß 9 ₰ 9.

Capital Conto soll vns.

				fl	ß	₰
Adi	ultimo Febrer per Saldo befindt sich auff Neu Rechnung N°. B. per Capital laut beschluß Rechnung N°. A.	ac	12	17082	18	5

Suma fl 17082. 18 5.

Cassa

1596. 　　　　　　　　　　　　　　　　　　　　　　　1

Cassa sollen wir.

				fl	ß	h
Adi	primo Jenner ꝑ fürlon ꝑ Woll laut Gior.	ac	1	30	—	
Adi	5 deto per barchat laut Giornals	ac	1	107	7	4
Adi	deto per barchat vnkosten laut Gior.	ac	1	6	12	–
Adi	deto per Kupffer laut Giornals.	ac	1	818	4	6
Adi	deto per barchat laut Giornals.	ac	1	463	6	–
Adi	12 deto per vnkosten laut Giornals.	ac	1	26	5	–
Adi	deto per vnkosten laut Giornals.	ac	2	—	12	–
Adi	15 deto ꝑ fürlon Saffra laut Gior.	ac	2	12	10	–
Adi	18 deto ꝑ Pipper laut Giornals.	ac	2	456	15	–
Adi	21 deto ꝑ saffra am stich hinauß zalt l. Gior.	ac	2	405	5	–
Adi	deto per Barchat laut Giornals.	ac	2	696	—	–
Adi	23 deto per tůch laut Giornals.	ac	3	163	17	6
Adi	primo Febrer per Georg Daniel laut Gior.	ac	3	900	—	–
Adi	deto per Arlaß laut Giornals.	ac	3	1225	—	–
Adi	3 deto per fürlon laut Giornals.	ac	4	12	3	–
Adi	deto per Daffat laut Giornals.	ac	4	958	16	–
Adi	10 Febrer per samat am stich laut Gior.	ac	5	236	15	5
Adi	20 deto per ein Wechsel laut Giornals.	ac	6	3349	9	8
Adi	23 deto per Hans Schwaben laut Gior.	ac	6	226	1	–
Adi	25 deto per ein Wechsel laut Giornals.	ac	6	2300	—	–
Adi	ultimo Febrer per klainen vnkosten laut Gior.	ac	6	16	13	–
Adi	deto per Haußhaltung laut Giornals.	ac	6	159	17	–
Adi	Summa per far saldo	ac	6	6107	—	4

Sum̃a ꝑ saldo fl 15678. 9. 9.

Capital Conto sollen wir.

				fl	ß	h
Adi	Primo Jenner per vnser drey Gesellschaffter allgemaine Handlung laut Giornals	ac	1	16000	—	–
Adi	ultimo Febrer per Gewin vñ verlust befindt sich vber allen vnkosten laut beschluß rechnung N°. A. wie ac. 11. 12. zusehen/Gott hab lob.			1082	18	5

Sum̃a fl 17082. 18. 5.

h　ij　　An=

商品帳および金銭帳，債務勘定，債権勘定と商品勘定

1596年	fl	ß	h	丁数2	fl	ß	h
Andreas Porgerは借方				Andreas Porgerに借方			
2月28日。相手 残高。仕丁2	1000	—	—	1月1日。相手 資本金。預託する。仕訳帳による。仕丁1	1000	—	—
合計 fl1000.ß-.h-.				合計 fl1000.ß-.h-.			
ヴェネツィアの為替業者，Wolff Niclaßは借方				ヴェネツィアの為替業者，Wolff Niclaßに借方			
1月1日。相手 手形。イタリア貨幣で720duc.。仕訳帳による。仕丁1	900	—	—	1月1日。相手 綿花。仕入。イタリア貨幣で180duc. 16gr.。仕訳帳による。仕丁1	225	10	—
同月26日。相手 ファスチアン織。イタリア貨幣で240duc.。仕訳帳による。仕丁3	300	—	—	同月15日。相手 サフラン。イタリア貨幣で1435duc. 12gr.。仕訳帳による。仕丁2	1749	7	6
2月20日。相手 手形。イタリア貨幣で2701duc. 4gr.22p.。仕訳帳による。仕丁6	3349	9	8	2月23日。相手 アントワープ，手形。イタリア貨幣で2626duc. 9gr. 17p.。仕訳帳による。仕丁6	3349	9	8
同月25日。相手 手形。イタリア貨幣で2766duc. 12p.。仕訳帳による。仕丁6	3540	10	—	同月27日。相手 手形。イタリア貨幣で1835 duc.21gr.3p.。仕訳帳による。仕丁6	2294	17	1
				2月28日。相手 残高。イタリア貨幣で348duc. 18gr.14p.。	425	15	5
合計 6427duc.5gr.2p. 合計 fl8089.ß19.h8.				合計 6427duc.5gr.2p. 合計 fl8089.ß19.h8.			
注意。この勘定は残高を計算しはするが，これで利益を計算することはない。							

Georg Dantelは借方				Georg Dantelに借方			
2月1日。相手　現金。彼に支払う。仕訳帳による。　仕丁3	900	—	—	1月1日。相手　手形。同月の4週間以内に彼に支払うことで，彼は引受ける。仕訳帳による。　仕丁1	900	—	—
綿花は借方				綿花に借方			
747$\frac{1}{2}$ポンド。1月1日。ベェネツィアでは現金を支払い，仕入。仕訳帳による。　仕丁1	225	10	—	227ポンド。1月26日。売上。単価fl48.。仕訳帳による。　仕丁3	108	19	2
2月28日。相手　損益。　元丁11	57	16	4	520$\frac{1}{2}$ポンド。2月28日。売残商品の残高を計算。単価fl33$\frac{1}{2}$.。	174	7	2
合計 747$\frac{1}{2}$ポンド。合計 fl283.ß6.h6.				合計 747$\frac{1}{2}$ポンド。合計 fl283.ß6.h6.			

*Andreas Porger 勘定の右側の面，1月1日の「相手 資本金」は，「相手 現金」の誤植。
*同勘定の左側の面，「2月28日。相手　残高」の「仕丁2」は，仕訳帳には記録されないので，削除。
*ヴェネツィアの為替業者，Wolff Niclaß 勘定の左側の面，同（1）月26日の「相手 ファスチアン織」の仕丁3は，「仕丁4」の誤植。
*同勘定の左側の面，2月20日の「相手 手形」は，「相手 現金」の誤植。
*同勘定の右側の面，2月23日は，「2月24日」の誤植。
*綿花勘定の左側の面，1月1日には，「相手 ヴェネツィアの為替業者，Wolff Niclaß」の欠落。
*同勘定の右側の面，1月26日には，「相手 Sans Strauß」の欠落。仕丁3は「仕丁6」の誤植。
*同勘定の右側の面，売残商品の計算日は記録されないが，資本金勘定には，損益勘定からの振替日が2月28日と記録されるので，「2月28日」を追記。
*同勘定の左側の面，損益勘定への振替日は記録されないが，資本金勘定には，損益勘定からの振替日が2月28日と記録されるので，「2月28日」，これが振替えられる損益勘定には，同勘定の丁数の「元丁2」が記録されるので，損益勘定の丁数の「元丁11」を追記。

2 1596.

	Andreas Porger soll vns.			fl	ß	h
Adi	ultimo Febrer per Saldo diß	ac	2	1000	—	—

Summa fl 1000 ß — h —.

	Wolff Niclaß zu Venedig Cõto Correnti soll vns.		duc.	gr.	p	fl	ß	h
Adi	primo Jeñer p ein wechsel l. gior.	ac 1	720	—	–	900	—	—
Adi	26 Jeñer p barchat laut giornal.	ac 3	240	—	–	300	—	—
Adi	20 Febrer p ein wechsel laut gior.	ac 6	2701	4	22	3349	9	8
Adi	25 deto p ein wechsel laut giornal	ac 6	2766	—	12	3540	10	—

duc. 6427. gr. 5. p 2.
Sum̃a fl 8089. 19. 8.

Nota. Weil diser Conto nit saldo worden/ist auff wechsels vortel oder nachteil kein gewise rechnung zumachen.

	Georg Daniel soll vns.			fl	ß	h
Adi	Primo Febrer p Cassa jhm bar zalt l. Gior.	ac	3	900	—	—

	Bomwoll soll vns.			fl	ß	h
lb Aug. 747 ½	Adi primo Jenner von Venedig empfangen lauter thůt teutsch gelt laut Giornals	ac	1	225	10	—
	Per Gewin vnd verlust			57	16	4

lb 747 ½.
Summa fl 283. 6. 4.

An-

1596. 2

Andreasen Porger sollen wir.

				fl	ß	h
Adi	Primo Jenner per Haubtgůt so vns in deposito geben laut Giornals	ac	1	1000	—	—

Summa fl 1000. ß — h —.

Wolff Niclasen zu Venedig Conto Correnti sollen wir.

			duc.	gr.	p	fl	ß	h
Adi	Primo Jenner p Woll empfangen laut Giornals	ac 1	180	16	—	225	10	—
Adi	15 deto p Saffra laut Gior.	ac 2	1435	12	—	1749	7	6
Ad	23 Febrer per Antorff ein Wechsel laut Giornals	ac 6	2626	9	17	3349	9	8
Adi	27 deto p ein wechsel laut gior.	ac 6	1835	21	3	2294	17	1
Adi	ultimo Febrer per Saldo		348	18	14	425	15	5

duc. 6427. 5. 2.
Suma fl 8089. 19. 8.

Georgen Daniel sollen wir.

				fl	ß	h
Adi	Primo Jenner per ein wichsel jhm acceptiert von dato in vier wochen zuzalen laut gior.	ac	1	900	—	—

Bomwoll sollen wir.

				fl	ß	h
8 Augs. 227	Adi 26 Jenner verkaufft den ct per fl 48 laut Giornals	ac	3	108	19	2
520½	Rest noch vnuerkaufft den ct p 33½ fl angeschlagen thůt			174	7	2

8 747½.
Suma fl 283. 6. 4.

H 3　Bare

1596年	fl	ß	h	丁数3	fl	ß	h
ファスチアン織は借方				ファスチアン織に借方			
25梱。単価fl2.kr34.。 合計fl64.kr10. 18梱。単価fl2.kr24.。 合計fl63.kr12. 1月5日。相手 現金。 仕入。仕訳帳による。 仕丁1	107	7	4	76梱。単価fl2.kr40.。 合計fl202.kr40. 18梱。単価fl2.kr38.。 合計fl47.kr24. 合計 94梱。 1月15日。相手 アントワープの商人。売上。 仕訳帳よる。 仕丁2	250	1	4
71梱。単価fl2.kr34.。 合計fl182.kr14. 76梱。単価fl2.kr23.。 合計fl182.kr24. 37梱。単価fl2.kr40.。 合計fl98.kr40. 合計174梱。 1月5日。相手 現金。仕入。 仕訳帳による。 仕丁1	463	6	—	96梱。単価fl2.kr34. 1月21日。相手 ヴェネツィアの商人。売上。 仕訳帳による。 仕丁2	246	8	—
270梱6ファルラ。 1月21日。相手 現金。 仕入。単価fl116.。仕訳帳による。 仕丁3	696	—	—	135梱3ファルラ。 1月21日。相手 ニュルンベルクの商人。売上。単価fl120.。仕訳帳による。 仕丁2	360	—	—
2月28日。相手 損益。 元丁11	36	9	4	135梱3ファルラ。 2月5日。相手 フランクフルトとの取引。 売上。仕訳帳による。 仕丁4	348	—	—
				37梱。単価fl2.kr34. 同月28日。売残商品の残高を計算。	98	13	4
合計 497梱。 合計 fl1303.ß2.h8.				合計 497梱。 合計 fl1303.ß2.h8.			
銅は借方				銅に借方			
14230ポンドは9樽。 1月5日。相手 現金。 仕入。単価fl5$\frac{3}{4}$.。仕訳帳による。 仕丁1	818	4	6	14230ポンドは9樽。 2月28日。売残商品の残高を計算。単価fl5$\frac{3}{4}$.	818	4	6
合計 14230ポンド。 合計 fl818.ß4.h6.				合計 14230ポンド。 合計 fl818.ß4.h6.			

サフランは借方				サフランに借方			
$197\frac{3}{4}$ポンド。1月15日。相手 商人との貸借振替。ヴェネツィアから仕入。仕訳帳による。　仕丁2	1794	7	6	66ポンド。1月18日。相手 現金。売上。単価fl12.。仕訳帳による。　仕丁2	792	—	—
86ポンド。同月21日。相手 胡椒。商品交換。単価fl6.。仕訳帳による。仕丁2	559	—	—	$131\frac{3}{4}$ポンド。単価fl8.ß・・・.。取得原価。合計fl1227.ß9. 86ポンド。単価fl6$\frac{1}{2}$.。取得原価。合計fl559. 2月28日。売残商品の残高を計算。	1786	9	—
2月28日。相手 損益。元丁11	225	1	6				
合計 $283\frac{3}{4}$ポンド。合計 fl2578.ß8.h9.				合計 $283\frac{3}{4}$ポンド。合計 fl2578.ß8.h9.			
アントワープのThomaso Quadaginは借方。				アントワープのThomaso Quadaginに借方。			
1月15日。相手 ファスチアン織。仕訳帳による。　仕丁2	250	1	4	1月21日。相手 現金。仕訳帳による。仕丁2	250	13	4
1月15日。相手 現金。諸掛り経費。仕訳帳による。　仕丁2	—	12	—				
合計 fl250.ß13.h4.				合計 fl250.ß13.h4.			

＊ファスチアン織勘定の右側の面，売残商品の計算日は記録されないが，資本金勘定には，損益勘定からの振替日が2月28日と記録されるので，「同月28日」を追記。

＊同勘定の左側の面，損益勘定への振替日は記録されないが，資本金勘定には，損益勘定からの振替日は2月28日と記録されるので，「2月28日」，これが振替えられる損益勘定には，同勘定の丁数の「元丁3」が記録されるので，損益勘定の丁数の「元丁11」を追記。

＊銅勘定もサフラン勘定も，これと同様に，「2月28日」，損益勘定の丁数の「元丁11」を追記。

＊サフラン勘定の右側の面，$131\frac{3}{4}$ポンド。単価fl8.ß・・・.は，「単価fl9.ß・・・.」の誤植。

＊事業の決算時，商品勘定の左側の面には，「相手 残高」と記録されずに，「売残商品の残高を計算」とだけ表現するので，「貸借対照表および主要計算である帳簿A」に振替えられるのではなく，「売残商品」である繰越商品を計算しておいて，「貸借対照表および主要計算である帳簿A」に収録すると同時に，商品勘定には，翌期の開始時に直接に繰越されるのでは，と想像する。これについては，後述。

F 1596.

Barchat soll vns.

				fl	ß	h
25	stuck zu fl 2. kr. 34. thůt fl 64. kr 10					
18	stuck grätisch deto zu fl 2 kr. 24 t. fl 63. 12					
Adi	5 Jenner per Cassa kaufft laut Giornals	ac	1	107	7	4
71	stuck zu fl 2. kr. 34. thůt fl 182. 14					
76	stuck zu fl 2. kr. 23. thůt fl 182. 24					
37	stuck zu fl 2. kr. 40. thůt fl 98. 40					
	Suma 184 stuck Adi 5 Jenner p Cassa kaufft laut Giornals	ac	1	463	6	–
270	stuck 6 fartel adi 21 Jenner p Cassa kaufft / das fartel per 116 fl laut Giornals	ac	3	696	–	–
	Per gewin vnd verlust		–	36	9	4
	stuck 497					
	Suma fl 1303. 2. 8.					

Kupffer soll vns.

℔ Augs 14230	faß 9. adi 5 Jener p Cassa kaufft p 5¾ fl l. gio.	ac	1	818	4	6
	℔ 14230.					
	Suma fl 818. 4. 6.					

Saffra soll vns.

℔ Augs 197¾	Adi 15 Jenner von Venedig empfangen kost Teutsch gelt laut Giornals	ac	2	1794	7	6
86	Adi 21 deto p Pipper am stich angenummen das ℔ p fl 6½ thůt laut Giornals	ac	2	559	–	–
	Per gwin vnd verlust		–	225	1	6
	℔ 283¾.					
	Suma fl 2578. 9.					

Thomaso Quadagin zu Anttorff soll vns.

Adi	15 Jenner p barchat laut Giornals	ac	2	250	1	4
	Per Cassa vnkosten	ac	2	–	12	–
	Suma fl 250. 13. 4.					

Barchat

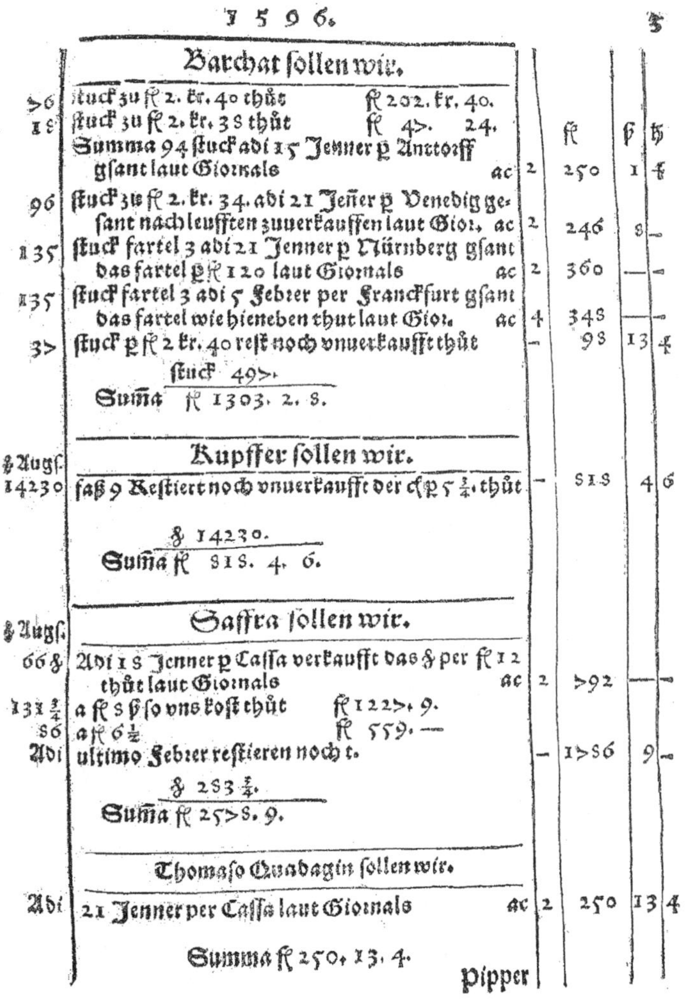

1596. 3

			fl	ß	h
	Barchat sollen wir.				
76	stuck zu fl 2. kr. 40 thůt fl 202. kr. 40.				
18	stuck zu fl 2. kr. 38 thůt fl 47. 24.				
	Summa 94 stuck adi 15 Jenner p Antorff gsant laut Giornals ac	2	250	1	4
96	stuck zu fl 2. kr. 34. adi 21 Jeñer p Venedig gesant nach leufften zuuerkauffen laut Gior. ac	2	246	8	—
135	stuck fartel 3 adi 21 Jenner p Nürnberg gsant das fartel p fl 120 laut Giornals ac	2	360	—	—
135	stuck fartel 3 adi 5 Febrer per Franckfurt gsant das fartel wie hieneben thut laut Gior. ac	4	348	—	—
37	stuck p fl 2 kr. 40 rest noch vnuerkaufft thůt	—	98	13	4
	stuck 497.				
	Suma fl 1303. 2. 8.				
	Kupffer sollen wir.				
℔ Augs. 14230	faß 9 Restiert noch vnuerkaufft der c℔ p 5 3/4. thůt	—	818	4	6
	℔ 14230.				
	Suma fl 818. 4. 6.				
	Saffra sollen wir.				
℔ Augs. 668	Adi 18 Jenner p Cassa verkaufft das ℔ per fl 12 thůt laut Giornals ac	2	792	—	—
131 3/4	a fl 8 ß so vns kost thůt fl 1227. 9.				
86	a fl 6 1/2 fl 559. —				
Adi	ultimo Febrer restieren noch t.	—	1786	9	—
	℔ 283 3/4.				
	Suma fl 2578. 9.				
	Thomaso Quadagin sollen wir.				
Adi	21 Jenner per Cassa laut Giornals ac	2	250	13	4
	Summa fl 250. 13. 4.				

Pipper

図2

第3節　帳　簿　締　切

さて，帳簿締切についてである。Grammateusからも，von Ellenbogenでも，「商品帳」と「金銭帳」は，実際に締切られることはないが[33]，Wilhelmによって出版される印刷本では，Gottliebと同様[34]。事業の決算時には，元帳である「商品帳および金銭帳」は締切られる。

まずは，X商品，Y商品に区別する商品勘定には，商品が完売されると，商品売買益か商品売買損の「口別損益」が計算される。商品が完売されないとしたら，帳簿棚卸ではあるが，「期末棚卸」が採用されるので，商品勘定の右側の面には，「売残商品の残高を計算」(Restiert noch vnuerkaufft）とだけ表現することで，「売残商品」である繰越商品を追加，記録して，商品売買益か商品売買損の「期間の口別損益」が計算される。事業の決算日に，商品売買益または商品売買損は，Grammateusからも，von Ellenbogenでも，実は「損益計算書」という表現は見出されないが，「損益集合表」としての損益計算書に配列，記録して，「期間損益」が計算されるのに対して[35]，Wilhelmによって出版され

33）Vgl., Grammateus, Henricus; *a. a. O.*, Bl.98L.
参照，拙稿；「ドイツ固有の簿記の成立」，『商学論集』（西南学院大学），48巻2号，2001年10月，14頁以降。
参照，拙著；前掲書，22頁以降。
Vgl., von Ellenbogen, Erhart; *Buchhalten auff Preussische münze vnd gewichte*･･･, Wittenberg 1537, Bl. 1ff(Güterbuch) / 1ff(Schultbuch). 写本に打たれた頁数は，S.18ff. / 30ff.
参照，拙稿；「ドイツ固有の簿記の展開」，『商学論集』（西南学院大学），49巻1号，2002年6月，106頁以降。『商学論集』（西南学院大学），49巻2号，2002年9月，51頁以降。

34）Vgl., Gottlieb, Johann; *a. a. O.*, Bl.1ff(Schuldbuch) / 6ff(Güterbuch).
参照，拙稿；「ドイツ固有の簿記の発展」，『商学論集』（西南学院大学），49巻1号，2002年6月，17頁以降。
参照，拙著；前掲書，87頁以降。

35）Vgl., Grammateus, Henricus; *a. a. O.*, Bl.97R.
参照，拙稿；「ドイツ固有の簿記の成立」，『商学論集』（西南学院大学），48巻2号，2001年10月，19頁。
参照，拙著；前掲書，27頁。
Vgl., von Ellenbogen, Erhart; *a. a. O.*, Bl.6L(Güterbuch). 写本に打たれた頁数は，S.28.
参照，拙稿；「ドイツ固有の簿記の展開」，『商学論集』（西南学院大学），49巻1号，2002年6月，120頁。

る印刷本では，Gottliebと同様[36)]。「損益集合表」としての損益計算書が作成されることはない。Gottliebでは，実は「損益勘定」という表現は見出されないが，「商品帳」の末丁（丁数8）の末尾に[36)]，Wilhelmによって出版される印刷本では，「商品帳および金銭帳」の末丁（丁数12）の前丁に[37)]，商品売買益または商品売買損は「損益勘定」（丁数11）を開設して振替えられる。

しかも，Wilhelmによって出版される印刷本では，事業の決算時に，X商品，Y商品に区別する商品勘定に計算される商品売買益または商品売買損が振替えられると，相手勘定である「損益勘定」，この損益勘定の丁数，「元丁」を記録する。これに対して，商品売買益または商品売買損が損益勘定に振替えられたら，相手勘定である「商品勘定」の丁数，「元丁」を記録する。

しかし，それだけではない。von Ellenbogenでは，商品に必要とされる諸掛り経費（Vnkost）は商品に加算するか，場合によっては，商品に按分して，X商品，Y商品に区別する商品勘定に記録されるのだが，改訂版では，商品に必要とされない諸掛り経費，さらに，給料については，「日記帳」には記録しても，本来，元帳は「商品帳」と「金銭帳」にしか分類されないので，商品勘定には転記しようもなく，したがって，元帳である「商品帳」および「金銭帳」を経由することもなく，「損益集合表」としての損益計算書に配列，記録されたことを想起してもらいたい[38)]。現金が支払われるにしても，この相手勘定であるはずの「諸掛り経費勘定」も「給料勘定」も，直接には「損益勘定」すらも開設しようがなかったからである。しかし，直接には「損益勘定」を開設するとなると，商品に必要とされない諸掛り経費も給料も，さらに，商品売買とは関係しない損失（費用）も利益（収益）も「損益勘定」に転記される。

36）Vgl., Gottlieb, Johann; *a. a. O.*, Bl.8 (Güterbuch).
参照，拙稿；「ドイツ固有の簿記の発展」，『商学論集』（西南学院大学），49巻1号，2002年6月，21頁。
参照，拙著；前掲書，91頁。

37）Vgl., Wilhelm, Matthiam; *a. a. O.*, Bl.11 (Capus vnd Schuldbuch).

38）Vgl., von Ellenbogen, Erhart; *Buchhalten auff Preussische munze vnd gewichte*･･･, Danzig 1538, Bl. 3L(Teglich Buch) / 6L(Gutterbuch).
参照，拙稿；「ドイツ固有の簿記の再考」，『商学論集』（西南学院大学），57巻3号，2010年12月，33頁以降。

しかも，Wilhelmによって出版される印刷本では，損失（費用）について，特定の諸掛り経費，共通の諸掛り経費，検査料，通常の家事費が現金で支払われると，さらに，商品（砂糖）に減耗が発生すると，都度，仕訳帳から転記された「損益勘定」の左側の面には，相手勘定である「現金勘定」，さらに，相手勘定である「商品勘定」を記録して，「仕訳帳による」と記録，これを記録する「仕訳帳」の丁数，「仕丁」を記録する。これに対して，仕訳帳から転記された「現金勘定」の右側の面，さらに，「商品勘定」の右側の面には，相手勘定である「損益勘定」を記録して，「仕訳帳による」と記録，これまた，これを記録する「仕訳帳」の丁数，「仕丁」を記録する。これに対して，利益（収益）についても，これと同様。利息が現金で受取られると，都度，仕訳帳から転記された「現金勘定」の左側の面には，相手勘定である「損益勘定」を記録して，「仕訳帳による」と記録，これを記録する「仕訳帳」の丁数，「仕丁」を記録する。これに対して，仕訳帳から転記された「損益勘定」の右側の面には，相手勘定である「現金勘定」を記録して，「仕訳帳による」と記録，これまた，これが記録される「仕訳帳」の丁数，「仕丁」を記録する。

したがって，損益勘定には，「期間損益」が計算される。Wilhelmによって出版される印刷本では，「相手，資本金。元丁１，すべての諸掛り経費を超過して見出される残高（差引残額）として，利益を得る。神を賛美」(Per Capital diß ac. 1 per Saldo befindt sich vber allen vnkosten gewunnen Gott hab lob.）と表現して，「期間利益」が計算されるのである。

しかも，「相手，資本金。元丁１」と表現することから，期間利益は「資本金勘定」に振替えられる。「資本金勘定」に振替えられるのは，想像するに，出資者である資本主は，最初は「債権者」として記録。債務勘定としての「資本主勘定」が開設されるかぎりでは，利益（収益）は資本主が享受する権利，したがって，資本主に対しては，最終的に「債務の発生」として，これに対して，損失（費用）は資本主が負担する義務，したがって，最終的に「債務の消滅」として，資本主勘定に振替えられることになる。しかし，「資本金」自体は，利息を生み出す「元金」，利益を生み出す「元本」として，事業にとって固有の意味を持つので，「資本金勘定」が開設されるかぎりでは，「損益勘定」

が資本金勘定からは独立して開設される[39)]。「資本金」自体が事業にとって固有の意味を持つからこそ，商品売買益または商品売買損も，商品に必要とされない諸掛り経費も給料も，場合によっては，商品に必要とされる諸掛り経費も，さらに，商品売買とは関係しない利益（収益）も損失（費用）も，元本に対する「資本の増加」または「資本の減少」として，まずは，資本金勘定からは独立して開設される「損益勘定」に振替えられるか，転記されるにちがいない。したがって，損益勘定に計算される「期間損益」は，元本に対する「資本の増加」または「資本の減少」として，事業の決算時には，資本金勘定に振替えられることになる。

なお，Wilhelmの例示する「商品帳および金銭帳」，丁数11の「損益勘定」を原文と共に表示することにする[40)]。図3を参照。

39）Cf.,Pacioli, Luca; *op. cit.,* Cap.12 (fol.201R).
Vgl., Penndorf, Balduin; *a. a. O.,* S.104.
参照，本田耕一訳；『パチョリ簿記論』，現代書館 1975年，84/87頁。
参照，拙稿；「イタリア簿記の原型」，『商学論集』（西南学院大学），51巻2号，2004年9月，13/43頁以降。
参照，拙著；前掲書，154/185頁以降。

40）Wilhelm, Matthiam; *a. a. O.,* Bl.11 (Capus vnd Schuldbuch).

商品帳および金銭帳，損益勘定

1596年	fl	ß	h
損益は借方			
1月1日。相手 現金。綿花の検査料，仕訳帳による。 仕丁1	30	—	—
同月同日。相手 現金。諸掛り経費。仕訳帳による。 仕丁1	6	12	—
同月12日。相手 ファスチアン織の諸掛り経費。仕訳帳による。 仕丁1	26	5	—
同月15日。相手 サフランの諸掛り経費。仕訳帳による。仕丁2	12	10	—
同月23日。相手 共通の諸掛り経費。仕訳帳による。 仕丁3	37	11	—
2月3日。相手 天鵞絨の検査料。仕訳帳による。 仕丁4	12	3	—
同月5日。相手 ハンブルクの商人の諸掛り経費。仕訳帳による。 仕丁5	110	—	—
同月27日。相手 砂糖。商品減耗。仕訳帳による。 仕丁6	4	4	—
同月28日。相手 共通の諸掛り経費。仕訳帳による。 仕丁6	16	13	—
同月同日。相手 通常の家事費。仕訳帳による。 仕丁6	159	17	—
同月同日。相手 資本金。元丁1。すべての諸掛り経費を超過して見出される残高として，利益を得る。神を賛美。	1082	18	5
合計 fl1498.ß13.h5.			

丁数11	fl	ß	h
損益に借方			
2月23日。相手 現金。利息。仕訳帳による。 仕丁6	4	10	4
同月25日。相手 手形交換。仕訳帳による。 仕丁6	15	6	8
同月28日。相手 綿花。 元丁2	57	16	4
同月同日。相手 ファスチアン織。 元丁3	36	9	4
同月同日。相手 サフラン。 元丁3	225	1	6
同月同日。相手 胡椒。 元丁4	47	1	6
同月同日。相手 Wolff Niclaß。商品交換。 元丁3	53	12	—
同月同日。相手 蜜蝋。 元丁5	20	13	9
同月同日。相手 フランクフルトの取引。 元丁8	1038	2	—
合計 fl1498.ß13.h5.			

*損益勘定の左側の面，同(1)月12日，同月15日，同月23日，2月3日，同月5日，同月28日，同月同日の「相手」には，「現金」の欠落。
*同勘定の右側の面，同(2)月25日の「相手」には，「現金」の欠落。
*同勘定の右側の面，「相手 Wolff Niclaß」の元丁3は，「元丁4」の誤植。
*同勘定の右側の面，「相手 綿花」，「相手 ファスチアン織」，「相手 サフラン」，「相手 胡椒」，「相手 Wolff Niclaß」，「相手 蜜蝋」，「相手 フランクフルトの取引」に，振替日は記録されないが，資本金勘定には，損益勘定からの振替日が2月28日と記録されるので，「同月28日」ないし「同月同日」を追記。
*損益勘定の左側の面，資本金勘定への振替日は記録されないが，資本金勘定には，損益勘定からの振替日が2月28日と記録されるので，「同月同日」を追記。

11 1596.

Gewin vnd verlust soll vns.			fl	ß	hl
Adi 5 Jenner per Cassa fürlon per Woll Gior.	ac	1	30	—	—
deto per barchat vnkosten Giornals	ac	1	6	12	—
12 deto per barchat vnkosten Giornals	ac	1	26	5	—
15 deto per Saffra vnkosten Giornals	ac	2	12	10	—
23 deto per gemainen vnkosten Giornals	ac	3	37	11	—
3 Febrer per Samat fürlon Giornals	ac	4	12	3	—
5 deto per Hamburger vnkosten Giornals	ac	5	110	—	—
27 Febrer per Zucker verehrt Giornals	ac	6	4	4	—
ultimo deto per allerley gemainen vnkosten	ac	6	16	13	—
deto per allgemaine Haußhaltung Giornals	ac	6	159	17	—
Per Capital diß ac. 1 per Saldo befindt sich vber allen vnkosten gewunnen Gott hab lob.			1082	18	5

Summa fl 1498. 13. 5.

Gewin

1596. 11

	Gewin vnd verlust sollen wir.			fl	ß	h
Adi	23 Febrer per Cassa laut Giornals	ac	6	4	10	4
Adi	25 deto per wechsels vortel laut Giornals	ac	6	15	6	8
	Per Woll	ac	2	57	16	4
	Per Barchat	ac	3	36	9	4
	Per Saffra	ac	3	225	1	6
	Per Piper	ac	4	47	1	6
	Per Wolff Niclaß Conto di tempi	ac	3	53	12	—
	Per Wax	ac	5	20	13	9
	Per Franckfurter Handels Conto	ac	8	1038	2	—
	Summa fl 1498. 13. 5.					
	Bilanzo					

図3

ところが，損益勘定から振替えられると，「資本金勘定」には，「相手 損益。元丁11，12に見受けられるように，帳簿Aの計算の締切によって，すべての諸掛り経費を超過して見出される。神を賛美」(per Gewin vñ verlust befindt sich vber allen vnkosten laut beschluß rechnung N:A. wie ac. 11, 12 zusehen / Gott hab lob.）と表現することから，「損益勘定」（丁数11）から振替えられるだけではないようでもある。それでは，「商品帳および金銭帳」の末丁，「貸借対照表および主要計算である帳簿Aの締切」(Bilanzo vnd Beschluß der Haubtrechnung N:A)（丁数12）からも振替えられるのであろうか。

なお，Wilhelmの例示する「商品帳および金銭帳」，丁数12の「貸借対照表および主要計算である帳簿Aの締切」を原文と共に表示することにする[41)]。図4を参照。

商品帳および金銭帳の末丁に作成する貸借対照表

1596年　　　　　　　　　　　　　　　丁数12

貸借対照表および主要計算である帳簿Aの締切

	fl	ß	h		fl	ß	h
それから，債務者（借主）科目は18，この18科目は以下のとおり。2月28日。帳簿Aのための締切。債権者（貸主）科目に対して記録される。新しく開始される計算である帳簿Bには，債務者（借主）科目を相手に記録されるべきである。そうすることで，科目ごとに繰越計算が保持される。				それから，債権者（貸主）科目は8，この8科目は以下のとおり。2月28日。帳簿Aのための締切。債務者（借主）科目に対して記録される。新しく開始される計算である帳簿Bには，債権者（貸主）科目を相手に記録されるべきである。そうすることで，科目ごとに繰越計算が保持される。			

41）Wilhelm, Matthiam; *a. a. O.*, Bl.12 (Capus vnd Schuldbuch). 括弧内は筆者。

債務者（借主）科目			
現金。残高。　元丁1	6107	—	4
ヴェネツイアの為替業者，Wolff Niclaß。元丁2	425	15	5
綿花　元丁2	174	7	2
ファスチアン織。元丁3	98	13	4
銅。　元丁3	818	4	6
サフラン。　元丁3	1786	9	—
胡椒。　元丁4	219	—	—
ニュルンベルクのNiclas Schwab。元丁4	360	—	—
蜜蝋。　元丁5	89	16	—
毛織物。　元丁5	655	10	—
繻子織。　元丁6	2510	—	8
天鵞絨。　元丁7	1528	8	9
フローレンス織。元丁8	1318	16	—
砂糖。　元丁9	429	4	9
Lang Canel。　元丁9	1500	15	—
Hans von Mönchen。元丁10	1487	10	—
Johann Morte。元丁10	800	—	—
ウルムのTobias Mang。元丁10	260	—	—
合計	20569	10	11
合計 fl20569.ß10.h11.			

債権者（貸主）科目			
資本金。残高。元丁1	16000	—	—
Andreas Porger。元丁2	1000	—	—
Bernhart Vlmer。元丁5	491	12	6
Joan di Ruffon。元丁7	1225	—	—
Francisco Mangelman。元丁9	360	—	—
Hans Arnolt。　元丁9	300	—	—
Hans Güterman。元丁10	110	—	—
損益。　元丁11	1082	18	5
合計	20569	10	11
合計 fl20569.ß10.h11.			

そこで，これと同様か別様にして，1年または多年に亘る年度計算についての，あなたの貸借対照表ないし締切を保持してほしい。

Bilanzo vnd Beschluß der

Hernach folgende 18. debitores/ so auff ultimo Febrer vmb willen Rechnung N°. A zůbeschliessen/ für Creditores geschriben worden/ die sollen auff Newe angehende Rechnung N°. B widerumb per debitores eingetragen/ vñ jedem pro suo Conto Correnti Rechnung gehalten werden.

Debitores.

				fl	ß	h
Cassa	Per resto	ac	1	6107	—	4
	Wolff Niclaß zu Venedig.	ac	2	425	15	5
	Bomwoll.	ac	2	174	7	2
	Barchat.	ac	3	98	13	4
	Kupffer.	ac	3	818	4	6
	Saffra	ac	3	1786	9	-
	Piper.	ac	4	219	—	-
	Niclas Schwab zu Nürnberg.	ac	4	360	—	-
	Wachs.	ac	5	89	16	-
	Tůch.	ac	5	655	10	-
	Attlaß.	ac	6	2510	—	8
	Samat.	ac	7	1528	8	9
	Daffat.	ac	8	1318	16	-
	Zucker.	ac	9	429	4	9
	Lang Canel.	ac	9	1500	15	-
	Hans von Mönchen.	ac	10	1487	10	-
	Johann Morte.	ac	10	800	—	-
	Tobias Mang von Vlm.	ac	10	260	—	-
	Summa fl		—	20569	10	11

Suma fl 20569. 10. 11.

1596. 12

Haubtrechnung N°. A.

Hernach folgende 8. creditores/ so vmb willen Rechnung N°. A. zubeschliessen/ für Debitores geschriben worden/ die sollen auff Newe angehende Rechnung N°. B widerumben per Creditores eingetragen/ vñ jedem pro suo Conto Correnti Rechnung gehalten werden.

Creditores.			fl	ß	h
Capital Conto per se.	ac	1	16000	—	—
Andreas Porger	ac	2	1000	—	—
Bernhart Vlmer	ac	5	491	12	6
Joan di Ruffon	ac	7	1225	—	—
Francisco Mangelman	ac	9	360	—	—
Hanß Arnolt	ac	9	300	—	—
Hanß Güterman	ac	10	110	—	—
Gewin vnd verlust.	ac	11	1082	18	5
Summa fl		—	20569	10	11

Suma fl 20569. 10. 11.

Auff dergleichen vnd andern weg magst also dein Bilanz oder Beschluß auff ein oder mehr Jarrechnungen halten vnd stellen.

L　Ad

図4

そこで,「貸借対照表および主要計算である帳簿Aの締切」についてである。左側の面には,「それから,債務者（借主）科目は18，この18科目は以下のとおり。2月28日。帳簿 Aのための締切 。債権者（貸主）科目に対して記録される。新しく開始される計算である帳簿Bには ,債務者（借主）科目を相手に記録されるべきである。そうすることで，科目ごとに繰越計算が保持される」(Hernach folgende 18. debitores / so auff ultimo Febrer vmb willen Rechnung N:A zubeschliessen / für Creditores geschriben worden / die sollen auff Newe angehende Rechnung N:B widerumb per debitores eingetragen / vñ jedem pro suo Conto Correnti Rechnung gehalten werden.）と表現して，取引の発生の順序で開設して転記された勘定の右側の面に計算される残高が記録される。「帳簿 Aのための締切」には,「債務者（借主）科目18，この18科目」が，残高として右側の面に計算される「債権者（貸主）科目に対して記録される」のである。したがって，現金勘定に計算される「現金残高」，X商品，Y商品に区別する商品勘定に計算される「売残商品」である繰越商品，さらに，債務者A，債務者Bに区別する債権勘定に計算される「債権残高」が記録される。現金勘定，X商品，Y商品に区別する商品勘定，さらに，債務者A，債務者Bに区別する債権勘定の丁数,「元丁」も記録される。

しかし，現金勘定には，右側の面に記録される「現金残高」は「差引残額」(Saldo / resto）と表現，商品勘定には，右側の面に記録される「売残商品」である繰越商品は「売残商品の残高を計算」とだけ表現，さらに，債権勘定には，右側の面に記録される「債権残高」は「差引残額」(Saldo）と表現。相手勘定になるはずの，丁数12の「貸借対照表および主要計算である帳簿Aの締切」，この「貸借対照表」を意味する「残高」(Bilanzo）と表現することはない。しかも,「相手」を意味する前置詞は付されるが，この相手勘定の丁数,「元丁12」が記録されることはない。

したがって，事業の決算時に,「現金残高」は，現金勘定から振替えられるわけではない。「売残商品」である繰越商品も，X商品，Y商品に区別する商品勘定から振替えられるわけではない。さらに,「債権残高」も，これと同様。債務者A，債務者Bに区別する債権勘定から振替えられるわけではない。「貸借対照表および主要計算である帳簿Ａの締切」に配列，記録されるだけである。

さらに，翌期の開始時に，「新しく開始される計算である帳簿Ｂには，債務者（借主）科目を相手に記録されるべきである」ので，Wilhelm自身，例示してはいないが，現金勘定には，右側の面に「差引残額」と表現した「現金残高」は，新しい現金勘定の左側の面に，「相手」を意味する前置詞を付して，「繰越現金」として記録，直接に繰越されることになる。Ｘ商品，Ｙ商品に区別する商品勘定にも，右側の面に「売残商品の残高を計算」とだけ表現した「売残商品」である繰越商品は，新しい商品勘定の左側の面に，「相手」を意味する前置詞を付して，「繰越商品」として記録，直接に繰越されることになる。さらに，債務者Ａ，債務者Ｂに区別する債権勘定も，これと同様。右側の面に「差引残額」と表現した「債権残高」は，新しい債権勘定の左側の面に，「相手」を意味する前置詞を付して，「繰越債権」として記録，直接に繰越されることになる。

したがって，「貸借対照表および主要計算である帳簿Ａの締切」に配列，記録されるだけで，翌期の開始時に繰越されても，「現金残高」は，新しい現金勘定に振替えられるわけではない。「売残商品」である繰越商品も，Ｘ商品，Ｙ商品に区別する，新しい商品勘定に振替えられるわけではない。さらに，「債権残高」も，これと同様。債務者Ａ，債務者Ｂに区別する，新しい債権勘定に振替えられるわけではない。

これに対して，右側の面には，「それから，債権者（貸主）科目は８，この８科目は以下のとおり。2月28日。帳簿Aのための締切 。債務者（借主）科目に対して記録される。新しく開始される計算である帳簿Ｂには ，債権者（貸主）科目を相手に記録されるべきである。そうすることで，科目ごとに繰越計算が保持される」(Hernach folgende 8. creditores / so vmb willen Rechnung N:A zubeschliessen / für Debitores geschriben worden / die sollen auff Newe angehende Rechnung N:B widerumben per Creditores eingetragen / vñ jedem pro suo Conto Correnti Rechnung gehalten werden.) と表現して，これまた，取引の発生の順序で開設して転記された勘定の左側の面に計算される残高が記録される。「帳簿Aのための締切」には，「債権者（貸主）科目８，この８科目」が，残高として左側の面に計算される「債務者（借主）科目に対して記録される」のである。しかし，資本金勘定に計算される「期末資本」が記録されるのではない。「期首資本」（追加出資および資本引出があれば，これを加減）が記録される。債権者C，債権者Dに区別する債務勘定に計算される「債務残高」が記録される。さらに，損益勘定に計算される期間利益は，すでに，資本金勘定に振替えられたにもかかわらず，「期間損益」が記録される。資本金勘定，債権者C，債権者Dに区別する債務勘定，さらに，損益勘定の丁数，「元丁」も記録される。

しかし，資本金勘定には，右側の面に記録される「期首資本」（追加出資および資本引出があれば，これを加減）は「われわれ3人の組合員にして資本金」（vns drey Gesellschafter Haubtgut）と表現，債務勘定には，左側の面に記録される「債務残高」は「差引残額」と表現。損益勘定には，左側の面に記録される「期間利益」も「差引残額」と表現。これまた，相手勘定になるはずの，丁数12の「貸借対照表および主要計算である帳簿Aの締切」，この「貸借対照表」を意味する「残高」と表現することはない。しかも，「相手」を意味する前置詞は付されるが，この相手勘定の丁数，「元丁12」が記録されることはない。

したがって，事業の決算時に，「期首資本」（追加出資および資本引出があれば，これを加減）は，資本金勘定から振替えられるわけではない。「債務残高」も，債権者C，債権者Dに区別する債務勘定から振替えられるわけではない。さらに，「期間利益」も，これと同様。損益勘定から振替えられるわけではない。これまた，「貸借対照表および主要計算である帳簿Aの締切」に配列，記録されるだけである。

さらに，翌期の開始時に，「新しく開始される計算である帳簿Bには，債権者（貸主）科目を相手に記録されるべきである」ので，これまた，Wilhelm自身，例示してはいないが，資本金勘定には，右側の面に「われわれ3人の組合員にして資本金」と表現した「期首資本」（追加出資および資本引出があれば，これを加減）と，損益勘定から「差引残額」と表現する「期間利益」が振替えられることで，左側の面に計算して記録される期末資本は，「相手 残高。新しい計算である帳簿Bに見出す。相手は資本金。帳簿Aの計算の締切による」（per Saldo befindt sich auff New Rechnung N:B. per Capital laut beschluß Rechnung

N:A.）と表現することから，新しい資本金勘定の右側の面に，「相手」を意味する前置詞を付して，「繰越資本」として記録，直接に繰越されることになる。さらに，「差引残額」と表現した債務残高も，これと同様。債権者C，債権者Dに区別する債務勘定の左側の面に「差引残額」と表現した「債務残高」は，新しい債務勘定の右側の面に，「相手」を意味する前置詞を付して，「繰越債務」を記録，直接に繰越されることになる。

したがって，これまた，「貸借対照表および主要計算である帳簿Aの締切」に配列，記録されるだけで，翌期の開始時に繰越されても，「期首資本」（追加出資および資本引出があれば，これを加減）は，新しい資本金勘定に振替えられるわけではない。「期間利益」も，新しい損益勘定に振替えられるわけではない。さらに，「債務残高」も，これと同様。債権者C，債権者Dに区別する，新しい債務勘定に振替えられるわけではない。

そこで，「貸借対照表および主要計算である帳簿Aの締切」は，まさに1枚の紙片でしかない。「債務者（借主）科目」の「18科目」の合計と「債権者（貸主）科目」の「8科目」の合計を計算することだけから，事業の決算時，帳簿締切後に作成されるということであれば，「残高勘定」を開設することは省略して，「帳簿締切」にも，はては「帳簿繰越」にも，計算に間違いはないことを検証しようとして作成される1枚の紙片，「繰越試算表」（closing trial balance）であるのかもしれない。

事実，事業の決算時に，現金勘定には，「現金残高」，X商品，Y商品に区別する商品勘定には，「売残商品」である繰越商品，債務者A，債務者Bに区別する債権勘定には，「債権残高」，さらに，債権者C，債権者Dに区別する債務勘定には，「債務残高」が計算されることで，「帳簿締切」になる。翌期の開始時には，「繰越現金」，「繰越商品」，「繰越債権」，さらに，「繰越債務」として記録，直接に繰越されることで，「帳簿繰越」になる。そのかぎりでは，「貸借対照表および主要計算である帳簿Aの締切」に配列，記録されるだけであるのが，事業の決算時，帳簿締切後に作成されるのであれば，「繰越試算表」のようでもある。

しかし，事業の決算時に，資本金勘定には，損益勘定から「期間利益」が振替えられて，「資本残高」，「期末資本」が計算されることで，「帳簿締切」になるはずである。翌期の開始時には，資本金勘定には，「繰越資本」として記録，直接に繰越されることで，「帳簿繰越」になるはずである。したがって，「帳簿締切」にも，はては「帳簿繰越」にも，計算に間違いはないことを検証しようとして作成される「繰越試算表」であるとしたら，資本金勘定に計算される「資本残高」，「期末資本」が記録されるはずであるが，そのように記録されることはない。「貸借対照表および主要計算である帳簿Aの締切」には，事業の開始時，帳簿締切前に資本金勘定に記録された「期首資本」(資本追加および資本引出があれば，これを加減）と，帳簿締切時に損益勘定に計算される「期間利益」が区分して記録されるのである。したがって，事業の決算時，帳簿締切後ではなく帳簿締切時に「貸借対照表および主要計算である帳簿Aの締切」は作成されることになるので，「債務者（借主）科目」の「18科目」の合計と「債権者（貸主）科目」の「8科目」の合計を計算することだけでは，「繰越試算表」ではありえない。

そこで，Grammateusからも，von Ellenbogenでも，事業の決算時に，商品売買益または商品売買損は「損益集合表」としての損益計算書に配列，記録して，「期間損益」が計算されるのに対して，「簿記の検証」(Proba des Buchhaltens)[42] をするのに，実は「貸借対照表」という表現は見出されないが，「残高検証表」としての貸借対照表が作成されたことを想起してもらいたい[43]。現金勘定に記録される「収入」の合計には，債権勘定に計算される「債権残高」の合計と商品勘定に記録される「売残商品」である繰越商品の合計を加算する

---

42) Vgl., Grammateus, Henricus; *a. a. O.*, Bl.104L.
参照，拙稿；「ドイツ固有の簿記の成立」，『商学論集』(西南学院大学)，48巻2号，2001年10月，20頁。
参照，拙著；前掲書，28頁。

43) Vgl., Grammateus, Henricus; *a. a. O.*, Bl.97R.
参照，拙稿；前掲稿，19頁以降。
参照，拙著；前掲書，27頁以降。
Vgl., von Ellenbogen, Erhart; *a. a. O.*, Bl. 9ff(Schultbuch). 写本に打たれた頁数は，S.46.
参照，拙稿；「ドイツ固有の簿記の展開」，『商学論集』(西南学院大学)，49巻1号，2002年6月，120頁。

と同時に，現金勘定に記録される「支出」の合計には，「債務残高」の合計を加算して，「収入の合計＋債権残高の合計＋売残商品である繰越商品の合計」から「支出の合計＋債務残高の合計」を控除することで，「財産余剰」または「財産不足」が計算される。しかも，現金勘定から計算されるのは，「現金残高」ではなく収入の「合計」と支出の「合計」。筆者なりに納得しうるところでは，財産余剰または財産不足は，現金の「収入」と現金の「支出」に擬制して計算される「現金余剰」または「現金不足」[44]。これが「期間利益」または「期間損失」に一致することから，「計算に間違いはない」[45]ことを検証しようとしたものである。

さらに，Gottliebでも，実は「貸借対照表」という表現は見出されないが，事業の決算時に，2枚の貸借対照表が作成されたことを想起してもらいたい[46]。実はそのような表現は見出されないが，1枚目の貸借対照表（丁数10）は，「残高勘定」，2枚目の貸借対照表（丁数11）は，「残高検証表」としての貸借対照表である。これに対して，商品売買益または商品売買損は「損益集合表」としての損益計算書に配列，記録して，「期間損益」が計算されるのではない。実はそのような表現は見出されないが，「損益勘定」を開設することで，X商品，Y商品に区別する商品勘定に計算される商品売買益または商品売買損が損益勘定に振替えられて，「期間損益」が計算されるのに対して，1枚の紙片でしかない「残高検証表」としての貸借対照表には，「財産余剰」または「財産不足」が計算されることで，これが「期間利益」または「期間損失」に一致することから，これまた，計算に間違いはないことを検証しようとしたものである[47]。

44）参照，拙稿；「ドイツ固有の簿記の再考」，『商学論集』（西南学院大学），57巻3号，2010年12月，37頁。

45）Grammateus, Henricus; *a. a. O.*, Bl.105L.
参照，拙稿；「ドイツ固有の簿記の成立」，『商学論集』（西南学院大学），48巻2号，2001年10月，20頁。
参照，拙著；前掲書，28頁。

46）Vgl., Gottlieb, Johann; *a. a. O.*, Bl.10/11(Güterbuch).
参照，拙稿；「ドイツ固有の簿記の発展」，『商学論集』（西南学院大学），49巻1号，2002年6月，29/31頁。
参照，拙著；前掲書，99/100頁。

しかも，それだけではない。Gottliebでは，「簿記の検証」をしたところで，「期間損益」は損益勘定から振替えられる。しかし，資本金勘定に振替えられるのではない。「簿記の検証」をするまでに，すでに，「残高勘定」を開設することで，左側の面に，現金勘定に計算される「現金残高」，債務者A，債務者Bに区別する債権勘定に計算される「債権残高」，さらに，X商品，Y商品に区別する商品勘定に計算される「売残商品」である繰越商品，これに対して，右側の面には，債権者C，債権者Dに区別する債務勘定に計算される「債務残高」が残高勘定に振替えられてしまっている。さらに，資本金勘定に記録される「期首資本」（追加出資および資本引出があれば，これを加減）までもが残高勘定に振替えられてしまっている。したがって，最後に振替えられるのは，損益勘定に計算される「期間損益」。「簿記の検証」をしたところで，「期間損益」は残高勘定に振替えられることになる[48]。そうすることによって，「残高勘定」には，「現金残高＋債権残高の合計＋売残商品である繰越商品の合計」が「期首資本（追加出資および資本引出があれば，これを加減）＋債務残高の合計＋期間利益」に一致することから，「帳簿締切」にも，はては「帳簿繰越」にも，計算に間違いはないことを検証しようとしたものである。図5を参照。

Gottliebの場合の帳簿締切

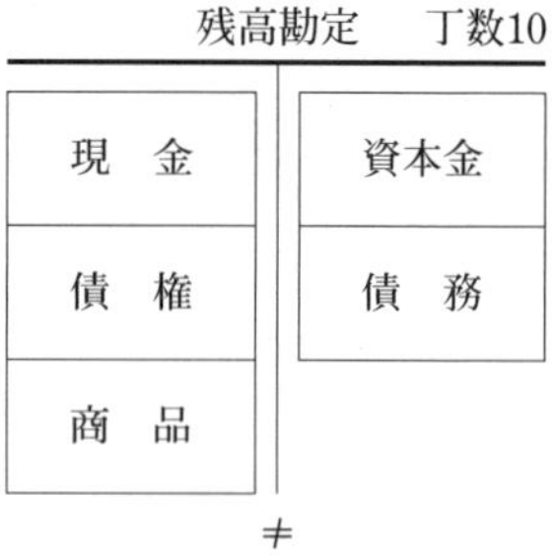

47）Vgl., Gottlieb, Johann; *a. a. O.*, Bl.11(Güterbuch).
参照，拙稿；前掲誌，25頁以降。
参照，拙著；前掲書，94頁以降。

48）Vgl., Gottlieb, Johann; *a. a. O.*, Bl.8/10(Güterbuch).
参照，拙稿；前掲誌，20/23/27頁以降。
参照，拙著；前掲書，90/93/96頁以降。

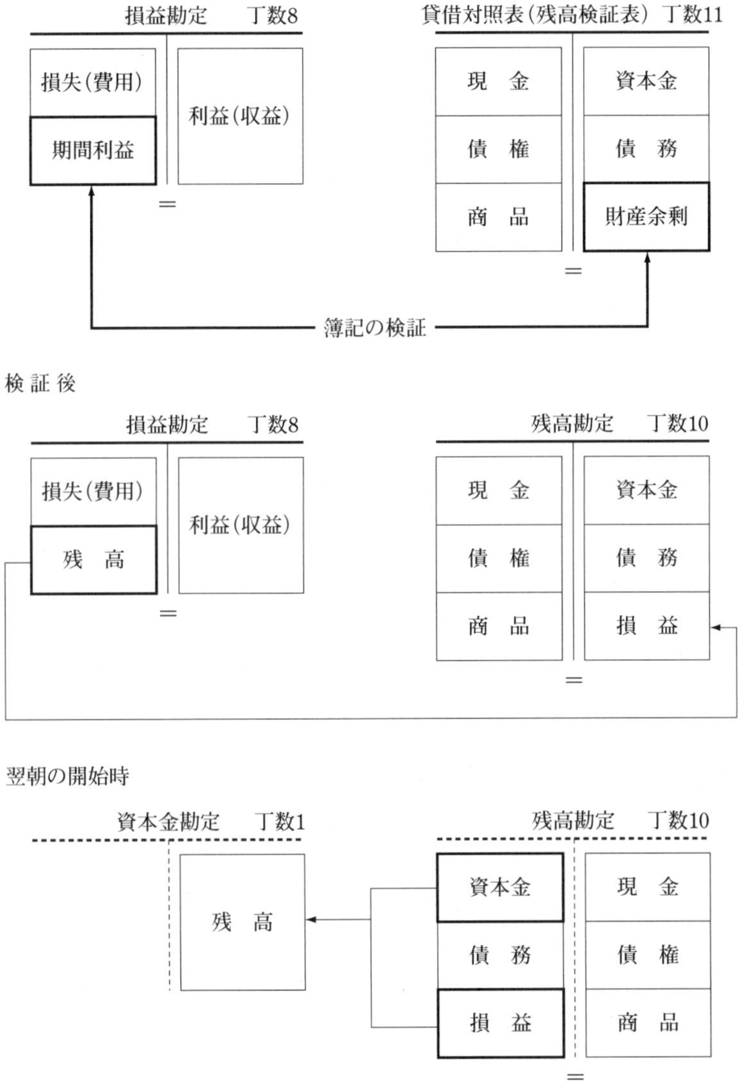

＊翌期の開始時は，筆者が想像して作成。

図5

したがって，Wilhelmによって出版される印刷本では，損益勘定から振替えられると，「資本金勘定」に，「相手 損益。元丁11，12に見受けられるように，帳簿Aの計算の締切によって，すべての諸掛り経費を超過して見出される」と表現するのは，「貸借対照表および主要計算である帳簿Aの締切」（丁数12）からも振替えられるというのではあるまい。損益勘定（丁数11）から振替えられるのに，「相手 資本金。元丁１」と表現するように，資本金勘定（丁数１）に振替えられるのは，「損益勘定」に計算される「期間損益」だけであるからである。

ところが，ドイツ固有の簿記にとっては，本来，「簿記の検証」をしておかねばならなかったはずである。そうであるとしたら，Wilhelmによって出版される印刷本でも，損益勘定に計算される「期間損益」は，「貸借対照表および主要計算である帳簿Aの締切」の左側の面に配列，記録されるだけの「現金残高」，「売残商品」である繰越商品の合計と「債権残高」の合計を加算すると同時に，右側の面に配列，記録されるだけの「期首資本」（追加出資および資本引出があれば，これを加減）」と「債務残高」の合計を加算して，「現金残高＋売残商品である繰越商品の合計＋債権残高の合計」から「期首資本（追加出資および資本引出があれば，これを加減）＋債務残高の合計」を控除することで計算される「財産余剰」または「財産不足」に一致することから，計算に間違いはないことを検証しえたとしたら，「簿記の検証」。「簿記の検証」をしたところで，「資本金勘定」に振替えられるはずである。そうであるとしたら，「貸借対照表および主要計算である帳簿Aの締切」は，ドイツ固有の簿記にとって，本来，「簿記の検証」をするために作成される「残高検証表」としての貸借対照表。「相手 損益。元丁11，12に見受けられるように」と表現することにも，筆者なりには納得しえようというものである。図６を参照。

Wilhelmの場合の帳簿締切

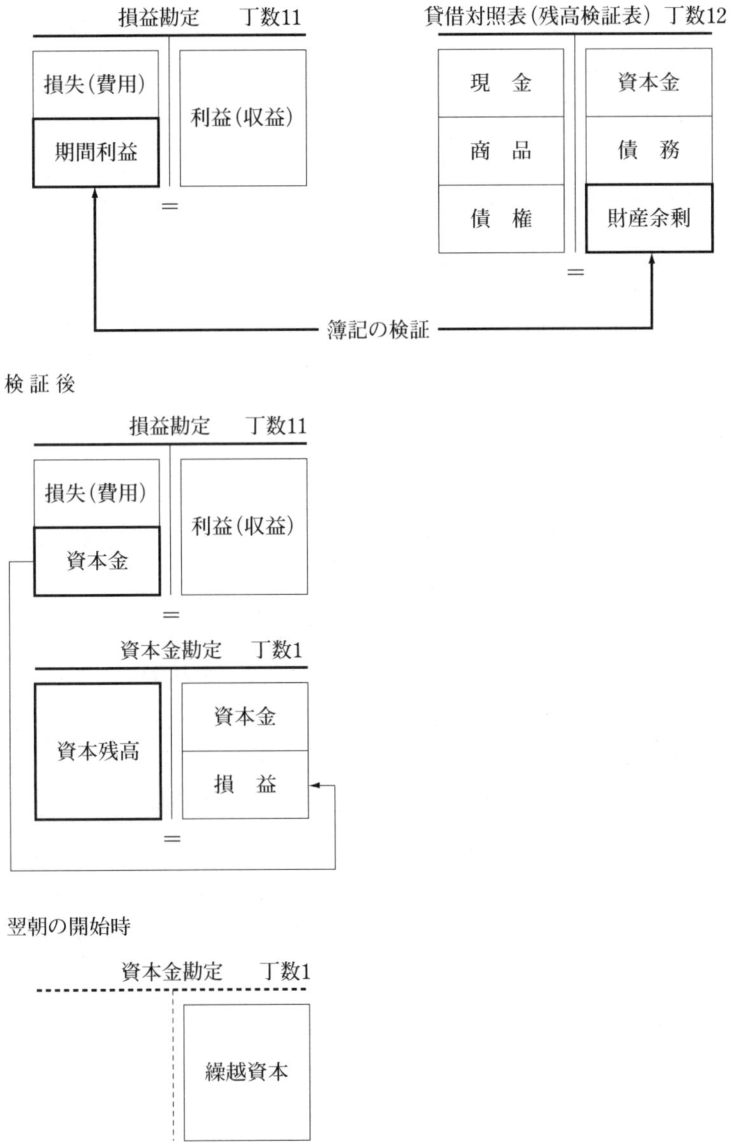

＊翌期の開始時は，筆者が想像して作成。

図6

したがって，ドイツ固有の簿記にとっては，本来，「残高検証表」である貸借対照表が作成されて，「簿記の検証」をしておかねばならないことでは，イタリア簿記と交渉したにしても，完全に融合したのでは，とまでは想像しえない。しかし，「損益勘定」も「資本金勘定」も開設しては，損益勘定に計算される「期間損益」が資本金勘定に振替えられることでは，むしろ，ドイツ固有の簿記はイタリア簿記と交渉して融合したのでは，と想像するのである。

実際，直接には「損益勘定」を開設するとなると，商品売買益または商品売買損が振替えられるだけではなく，商品に必要とされない諸掛り経費も給料も，さらに，商品売買とは関係しない利益（収益）も損失（費用）も「損益勘定」に転記されうるからである。しかも，損益勘定に計算される「期間損益」が「資本金勘定」に振替えられることによっては，まさに「期間損益計算」(Periodenerfolgsrechnung)，定期的な期間損益計算に移行するからである。翌期からも，期間損益計算が可能になるのである。

もちろん，Gottliebでも，「損益勘定」も「資本金勘定」も開設しはする。そのかぎりでは，すでに，Gottliebから，ドイツ固有の簿記はイタリア簿記と交渉して融合したのでは，とも想像しうる。しかし，損益勘定には，X商品，Y商品に区別する商品勘定に計算される「商品売買益」または「商品売買損」が振替えられるだけである。これ以外に，商品に必要とされない諸掛り経費も給料も，さらに，商品売買とは関係しない利益（収益）も損失（費用）も「損益勘定」に転記されることはない。

しかも，Gottliebでは，損益勘定に計算される「期間損益」が振替えられるとしたら，「資本金勘定」に振替えられるのではない。「残高勘定」を開設することでは，最後に振替えられるのは，損益勘定に計算される「期間損益」。「簿記の検証」をしたところで，「期間損益」が振替えられるのは残高勘定なのである。したがって，翌期からも，期間損益計算が可能になるには，「期間利益」が計算されたとしたら，全額が配当されえてのことである。しかし，それだけの現金残高が現金勘定に計算されえないとしたら，翌期からは，期間損益計算が可能になるはずもない。これに対して，「期間損失」が計算されたとしたら，全額が債権者によって債務免除されるか，資本主によって補塡，資本補充されるしかない。したがって，翌期からも，期間損益計算が可能になるには，残高勘定に振替えられたにしても，損益勘定に計算される「期間損益」は，翌期の開始時までに「資本金勘定」に振替えられておかねばならないはずである。

しかし，Wilhelmによって出版される印刷本では，「残高勘定」を開設することはない。翌期の開始時には，「現金残高」は，新しい現金勘定の左側の面に「繰越現金」として記録，「売残商品」である繰越商品は，X商品，Y商品に区別する，新しい商品勘定の左側の面に「繰越商品」として記録，さらに，「債権残高」は，債務者A，債務者Bに区別する，新しい債権勘定の左側の面に「繰越債権」として記録，直接に繰越されることになる。これに対して，「資本残高」は，新しい資本金勘定の右側の面に「繰越資本」として記録，「債務残高」は，債権者C，債権者Dに区別する，新しい債務勘定の右側の面に「繰越債務」として記録，直接に繰越されることになる。

もちろん，「残高検証表」としての貸借対照表が作成されることでは，「簿記の検証」をしたところで，損益勘定に計算される「期間損益」には，計算に間違いはないことを，翻って，「帳簿記録」にも，計算に間違いはないことを検証しうるはずではある。しかし，「帳簿締切」にも，はては「帳簿繰越」にも，計算に間違いはないことを事前に検証しうるようではあるが，実際には，計算に間違いはないことまでも検証しえたことにはならないのではなかろうか。

事実，「簿記の検証」をするには，残高勘定を開設することは省略して，事業の決算時，帳簿締切後に「繰越試算表」が作成されるとでもしたら，「帳簿締切」にも，はては「帳簿繰越」にも，計算に間違いはないことは検証しうるはずである。しかし，「繰越試算表」が作成されることはない。そうであるとしたら，事業の決算時，帳簿締切時に「残高勘定」を開設することで，「帳簿締切」にも，はては「帳簿繰越」にも，計算に間違いはないことを検証しなければなるまい。そうすることによって，勘定全体に「1つの閉された有機的関連をもった体系的組織」[49]として，「帳簿記録」から「帳簿締切」，はては「帳簿繰越」までも完結するはずである。まさに「複式簿記」が完成するのである。

したがって，「損益勘定」も「資本金勘定」も開設しては，損益勘定に計算される「期間損益」が資本金勘定に振替えられることでは，むしろ，ドイツ固有の簿記はイタリア簿記と交渉して融合したのでは，と想像したのだが，繰越試算表が作成されないばかりか，「残高勘定」を開設することもないことでは，これまた，イタリア簿記と完全に融合したのでは，とまでは想像しえないのである。

ところで，「簿記の検証」をするのに，Grammateusからは，「収入（合計）と債権（残高）と共に売残商品を合計しなさい。この合計から支出（合計）と債務（残高）を控除しなさい。そこに計算されるのが（期間）利益（gewyn）の金額であるなら，計算に間違いはない」[45] と表現してのことである。したがって，「(期間）利益の金額」は，「損益集合表」としての損益計算書に配列，記録して計算される「期間損益」であるのに対して，期間損益を検証するために，「そこに計算されるの」は，「残高検証表」としての貸借対照表に計算される「財産余剰」または「財産不足」ということになる。そのようなわけで，筆者は，これまでに，「財産余剰」または「財産不足」と表現したのだが，「損益集合表」としての損益計算書に計算される「期間損益」，さらに，損益勘定に計算される「期間損益」，これを検証することでは，「財産余剰」または「財産不足」も「期間損益」として計算されるはずである。

事実，「残高検証表」としての貸借対照表に計算されるのは，von Ellenbogenでも，さらに，Gottliebでも，財産余剰は「純利益」(lauter Gewin)と表現する[50]。Wilhelmによって出版される印刷本でも，これと同様。「貸借対照表および主要計算である帳簿Aの締切」に計算される財産余剰も，損益勘定に計算される「期間利益」を検証することでは，損益勘定を意味する「損益」

49）小島男佐夫著；『複式簿記発生史の研究』，森山書店 1961年，30頁。

50）Vgl., von Ellenbogen, Erhart; *a. a. O.*, Bl.8R(Schultbuch). 写本に打たれた頁数は，S.46.
参照，拙稿；「ドイツ固有の簿記の展開」，『商学論集』（西南学院大学），49巻2号，2002年9月，53頁。
Vgl., Gottlieb, Johann; *a. a. O.*, Bl.11L / 23L(Güerbuch).
参照，拙稿；「ドイツ固有の簿記の発展」，『商学論集』（西南学院大学），49巻1号，2002年6月，31頁。49巻2号，2002年9月，11頁。
参照，拙著；前掲書，101/118頁。

(Gewin vnd verlust) と表現する[51)]。それでは,「財産余剰」または「財産不足」は,どのように計算されることで,「期間損益」と表現しうるのであろうか。

本来,期間利益は「投下資本の回収余剰」,期間損失は「投下資本の回収不足」として計算されるはずである。そうであるとしたら,まずは,「残高検証表」としての貸借対照表の左側の面に記録される「現金残高＋売残商品である繰越商品の合計＋債権残高の合計」である資産から,右側の面に記録される「債務残高の合計」である負債を控除して,「正味財産」(reines Vermögen) が計算される[52)]。正味財産は,左側の面の差引残額ではあるのだが,「残高検証表」としての貸借対照表には,右側の面に計算して記録されるしかない。資本変動の結果としての期末資本,「回収資本」を意味する。回収資本から投下資本である資本金を控除して,「投下資本の回収余剰」を計算するには,「残高検証表」としての貸借対照表の左側の面の差引残額である正味財産に「資本金」を投射することによって計算されるしかない。正味財産に「資本金」を投射することによって,正味財産に余剰があるとしたら,投下資本は維持されて,維持「余剰」については,「残高検証表」としての貸借対照表の右側の面に,資本変動の結果としての「資本余剰」が計算される。「期間利益」が計算されるのである。

これに対して,正味財産に「資本金」を投射することによって,正味財産に不足があるとしたら,投下資本が維持されることはないので,「投下資本の回収不足」を計算することになる。維持「不足」については,「残高検証表」としての貸借対照表の左側の面に,資本変動の結果としての「資本不足」が計算される。「期間損失」が計算されるのである。

もちろん,損益勘定に計算される「期間利益」は,投下資本の回収余剰ではあるが,資本変動の原因としての「費用に対する収益余剰」である[53)]。これに対して,損益勘定に計算される「期間損失」は,投下資本の回収不足ではある

---

51) Vgl., Wilhelm, Matthiam; *a. a. O.*, Bl.12 (Capus vnd Schuldbuch) .

52) Vgl., Schiebe, August; *Die Lehre der Buchhaltung, theoretisch und practisch dargestellt,* Grimma 1836, S.77
参照，拙稿；「複式簿記会計への進化」,『商学論集』(西南学院大学), 第55巻1号，2008年6月，11頁。
参照，拙著；『複式簿記会計の歴史と論理』, 森山書店 2008年，469頁。

が，資本変動の原因としての「費用に対する収益不足」である[53)]。

したがって，ドイツ固有の簿記では，「期間利益」が計算されるなら，「損益集合表」としての損益計算書には，さらに，「損益勘定」には，資本変動の原因としての「費用に対する収益余剰」として計算されるのに対して，「残高検証表」としての貸借対照表には，資本変動の結果としての「資本余剰」として計算されて，双方が一致することで，「簿記の検証」をすることになる。図7を参照。

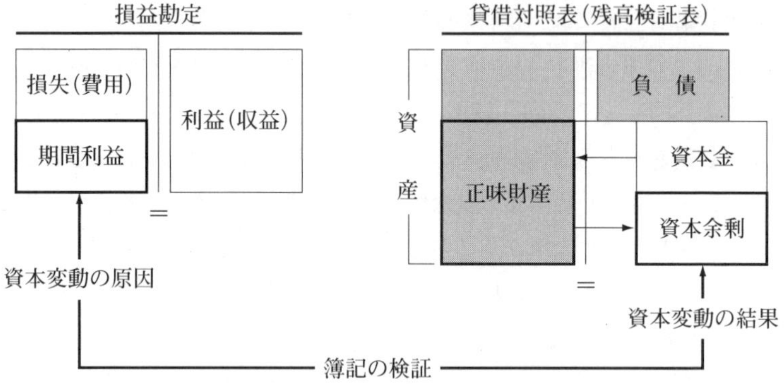

図7

これに対して，「期間損失」が計算されるなら，「損益集合表」としての損益計算書には，さらに，「損益勘定」には，資本変動の原因としての「費用に対する収益不足」として計算されるのに対して，「残高検証表」としての貸借対照表には，資本変動の結果としての「資本不足」として計算されて，双方が一致することで，「簿記の検証」をすることになる。図8を参照。

53）参照，拙稿；「簿記の構造・覚え書」，『商学論集』（西南学院大学），47巻2号，2000年10月，3/9頁以降。
参照，拙著；『複式簿記の歴史と論理』，森山書店 2005年，347/353頁以降。

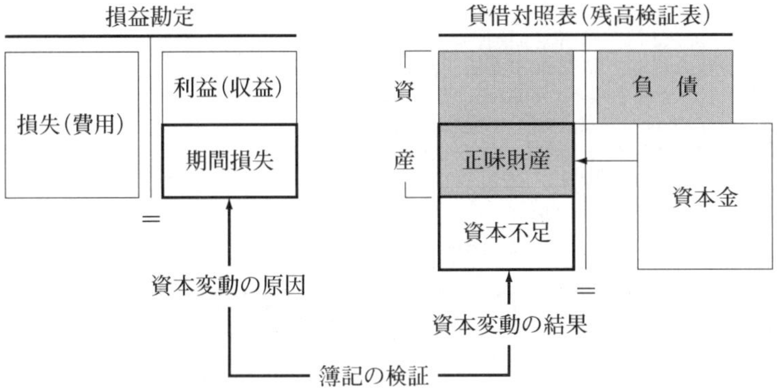

図8

そこで，帳簿締切については，あえて憶測するとして，簡単に例示するなら，「商品帳および金銭帳」，さらに，「貸借対照表および主要計算である帳簿Aの締切」，したがって，「残高検証表」としての貸借対照表は，以下のように締切られるのではなかろうか。図9および図10を参照。

事例：1期
(1)現金200を元入れて，事業を開始。
(2) X商品を仕入れて，現金200を支払う。
(3) Y商品を仕入れて，支払い80は掛けとする。
(4) X商品（原価200）を売上げて，現金230を受取る。
(5) Y商品（原価30）を売上げて，受取り40は掛けとする。
(6)本日，事業を決算（期間損益を計算）。

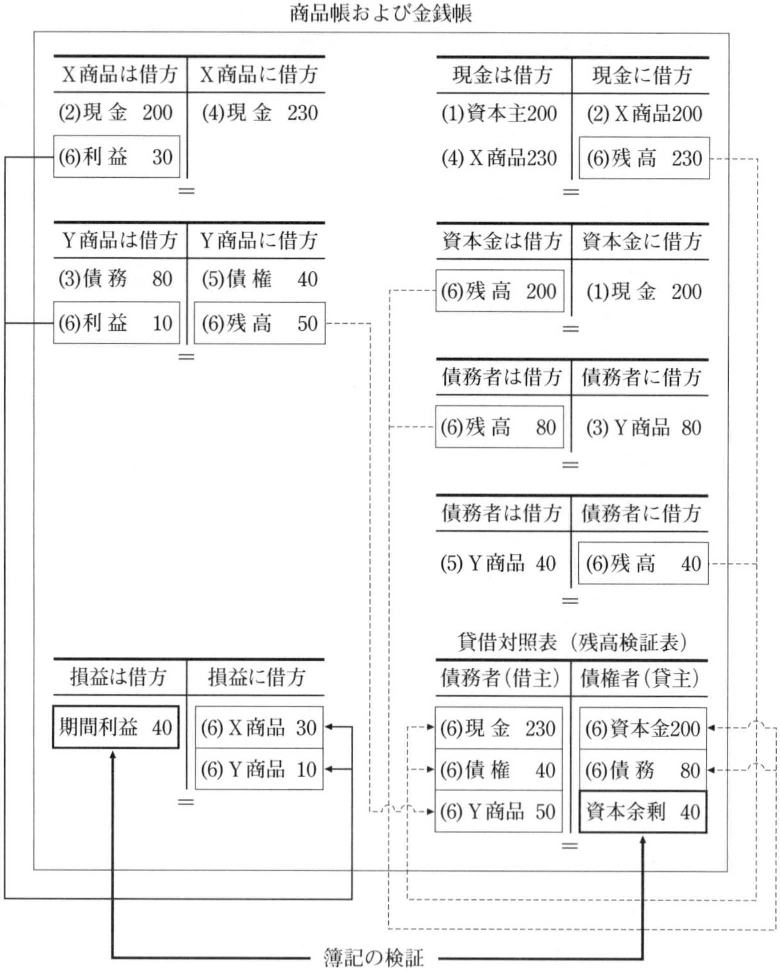

検 証 後

商品帳および金銭帳

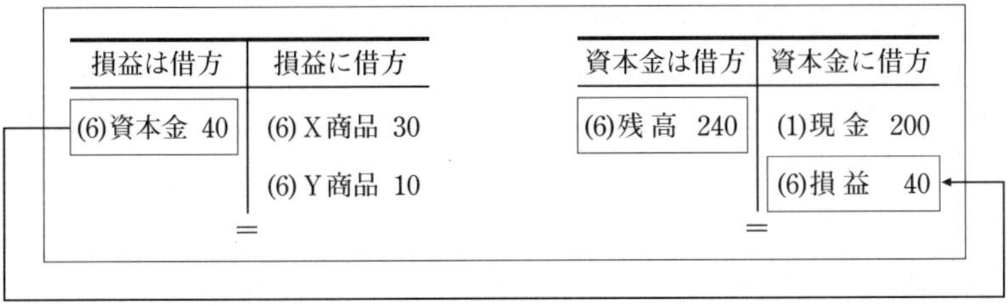
損益は借方
損益に借方
(6)資本金 40
(6)X商品 30
(6)Y商品 10
資本金は借方
資本金に借方
(6)残 高 240
(1)現 金 200
(6)損 益 40

図9

事例：2期
(7)現金230，債務80と債権40，Ｙ商品50を繰越して，帳簿を更新。
(8)Ｙ商品（原価50）を売上げて、受取り30は掛けとする。
(9)債権の返済として，現金70を受取る。
(10)債務の返済として，現金80を支払う。
(11)本日，事業を解散（期間損益を計算）。

商品帳および金銭帳

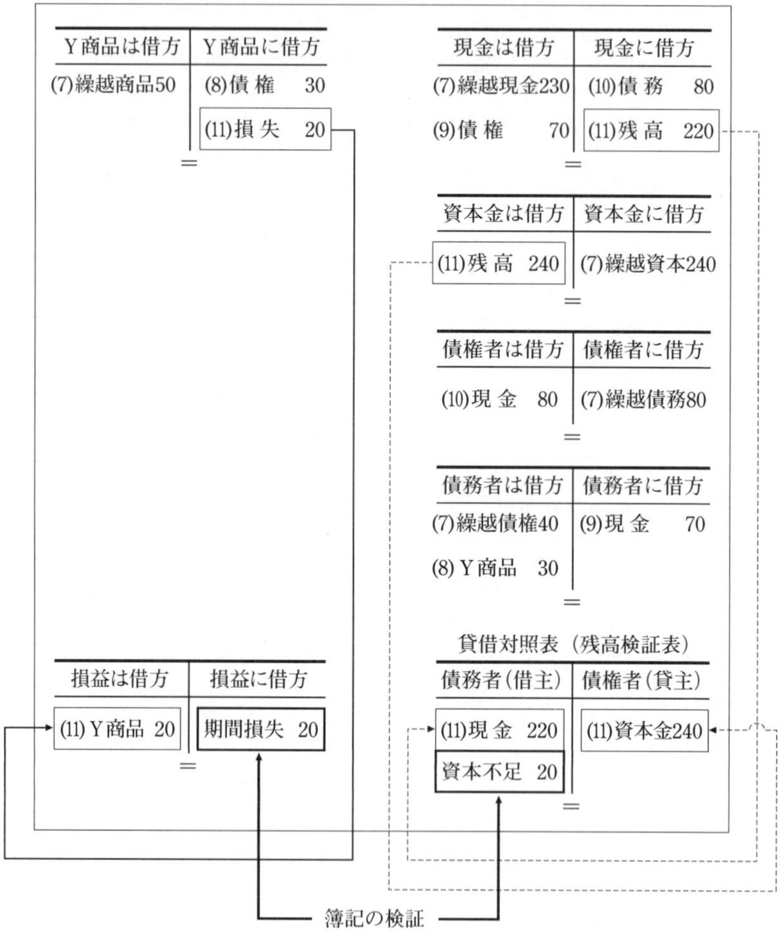
Ｙ商品は借方
Ｙ商品に借方
(7)繰越商品50
(8)債権 30
(11)損失 20
現金は借方
現金に借方
(7)繰越現金230
(9)債権 70
(10)債務 80
(11)残高 220
資本金は借方
資本金に借方
(11)残高 240
(7)繰越資本240
債権者は借方
債権者に借方
(10)現金 80
(7)繰越債務80
債務者は借方
債務者に借方
(7)繰越債権40
(8)Ｙ商品 30
(9)現金 70
損益は借方
損益に借方
(11)Ｙ商品 20
期間損失 20
貸借対照表（残高検証表）
債務者(借主)
債権者(貸主)
(11)現金 220
資本不足 20
(11)資本金240
簿記の検証

検 証 後

商品帳および金銭帳

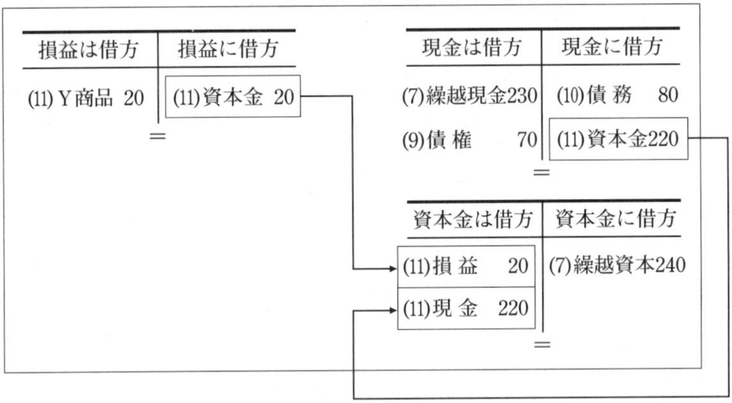
損益は借方
損益に借方
(11) Y商品 20
(11)資本金 20
=
現金は借方
現金に借方
(7)繰越現金230
(10)債 務 80
(9)債 権 70
(11)資本金220
=
資本金は借方
資本金に借方
(11)損 益 20
(7)繰越資本240
(11)現 金 220
=

図10

ところが，Wilhelmによって出版される印刷本では，イタリア簿記と交渉して融合したからか，翌期からも，期間損益計算が可能になるには，事業の決算時に，損益勘定に計算される「期間損益」は，期首資本（追加出資および資本引出があれば，これを加減）を記録する「資本金勘定」に振替えられる。資本金勘定に記録されるのは「資本取引」に起因する資本変動，損益勘定に記録されるのは「損益取引」に起因する資本変動である。いずれも資本変動の原因であるので，「資本金勘定」に計算されるのは，資本変動の原因としての資本残高である。「期首資本（追加出資および資本引出があれば，これを加減）±期間損益」である。「正味資本」(reines Kapital) が計算される[54)]。正味資本は，右側の面の差引残額ではあるのだが，「資本金勘定」には，左側の面に計算して記録されるしかない。資本変動の原因としての期末資本，「回収資本」を意味する。

しかし，Wilhelmによって出版される印刷本では，資本残高は，翌期の開始

---

54) Vgl., Schiebe, August; *a. a. O.*, S.189.
　参照，拙稿；「複式簿記会計への進化」，『商学論集』（西南学院大学），55巻1号，2008年6月，34頁。
　参照，拙著；『複式簿記会計の歴史と論理』，森山書店 2008年，492頁。

時には，新しい資本金勘定に直接に繰越されることになる。残高勘定を開設することは省略しても，「帳簿締切」にも，はては「帳簿繰越」にも，計算に間違いはないことを検証するには，「繰越試算表」が作成されるしかないが，そのように作成されることはない。したがって，作成されないとなると，「残高勘定」こそを開設しなければならないのである。

本来，Pacioloによって出版される印刷本を原型とするイタリア簿記では，二重記録するにしても，左側（借方）の面に記録したら，右側（貸方）の面に「反対記録」，右側（貸方）の面に記録したら，左側（借方）の面に「反対記録」，今日と同側の面に記録することで，しかも，左側（借方）の面に記録すると同額を右側（貸方）の面にも記録することで，常時，左側の（借方）面に合計される金額と右側（貸方）の面に合計される金額が一致する「貸借平均原理」を保証することこそが意図される。したがって，事業の決算時に，現金勘定からは，「現金残高」，X商品，Y商品に区別する商品勘定からは，「売残商品」である繰越商品，さらに，債務者A，債務者Bに区別する債権勘定からは，「債権残高」，これに対して，債権者C，債権者Dに区別する債務勘定からは，「債務残高」，さらに，資本金勘定からは，「資本残高」が残高勘定に振替えられると，「締切残高勘定」で検証するのは，「借方合計＝貸方合計」[55]。翌期の開始時に，残高勘定から，新しい現金勘定に，「繰越現金」，X商品，Y商品に区別する，新しい商品勘定には，「繰越商品」，債務者A，債務者Bに区別する，新しい債権勘定には，「繰越債権」，これに対して，債権者C，債権者Dに区別する，新しい債務勘定には，「繰越債務」，さらに，新しい資本金勘定には，「繰越資本」が振替えられると，「開始残高勘定」で検証するのも，「借方合計＝貸方合計」[56]。双方

55）Vgl., Gossens, Passchier; *a. a. O.,* S.46(Jornal) / Bl.36(Haubtbuch).
参照，拙稿；「ドイツにおけるイタリア簿記の発展」，『商学論集』（西南学院大学），52巻3号，2005年12月，11/17/28頁以降。
参照，拙著；前掲書，335 / 342 / 352頁以降。

が一致することで，「帳簿締切」にも，はては「帳簿繰越」にも，翻って，「帳簿記録」にも，計算に間違いはないことを検証することになる。

しかし，それだけではない。残高勘定を開設することでは，「残高検証表」としての貸借対照表に計算される「正味財産」と同様。残高勘定の左側の面に記録される「現金残高＋売残商品である繰越商品の合計＋債権残高の合計」である資産から，右側の面に記録される「債務残高の合計」である負債を控除して，「正味財産」が計算される。正味財産は，左側の面の差引残額ではあるのだが，「残高勘定」には，右側の面に計算して記録されるしかない。資本変動の結果としての期末資本，「回収資本」を意味する。したがって，資本金勘定に計算されるのは正味資本，資本変動の原因としての「回収資本」が計算されるのに併行して，残高勘定に計算されるのは正味財産，資本変動の結果としての「回収資本」が残高勘定に計算される。双方が一致することで，「簿記の検証」をすることになる。しかし，「正味資本」は，右側の面の差引残高ではあるのだが，資本金勘定の左側の面に記録して計算されるしかないにしても，これに対して，「正味財産」は，左側の面の差引残高ではあるのだが，残高勘定の右側の面に記録して計算されるしかないにしても，これでは，資本金勘定と残高勘定は開放されたままで，締切られることはない。図11を参照。

56）Vgl., Gossens, Passchier; *a. a. O.*, Bl.37(Haubtbuch) / Bl.1(Haubtbuch･B).
なお，Bの標識を付される帳簿，「元帳」に打たれた丁数を使用して，以下，右側の面はR(Haubtbuch･B).，左側の面はL(Haubtbuch･B).と表記する。
参照，拙稿；前掲誌，12/18/35頁以降。
参照，拙著；前掲書，336/343/359頁以降。

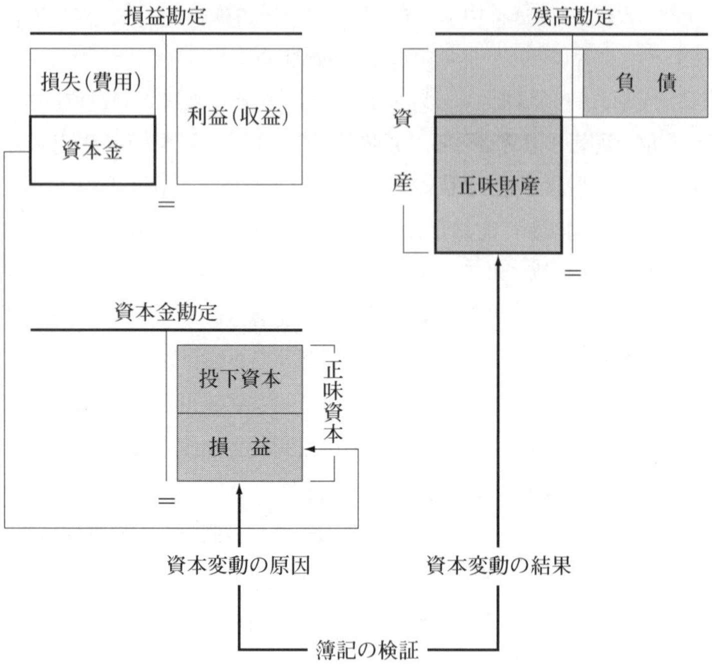

図11

そこで，事業の解散時であるなら，残高勘定が開設されるまでもなく，資本金勘定に振替えられるはずではあるが，「定期的な期間損益計算」に移行して，事業の決算時となると，資本金勘定の，まさに「擬制勘定」として，残高勘定に振替えられるしかない。したがって，資本金勘定が締切られると，資本残高も残高勘定に振替えられねばならないのである。さらに，「残高勘定」が締切られると，勘定全体に「1つの閉された有機的関連をもった体系的組織」[49]として，帳簿記録から帳簿締切，はては帳簿繰越までも完結するはずである。期間利益が計算される場合に，投下資本＜回収資本，したがって，残高勘定によって検証するのは，投下資本＋期間利益（資本余剰）＝ 回収資本（正味財産）である。期間損失が計算される場合には，投下資本＞回収資本，したがって，残高勘定によって検証するのは，投下資本−期間損失（資本不足）＝ 回収資本（正味財産），極端には，期間損失（資本不足）ー投下資本＝回収資本（マイナス正味財産）（債務超過）である。左側の面と右側の面が均等になることによって，残高勘定によって検証するのは，「正味資本＝正味財産」である[57]。図12を参照。

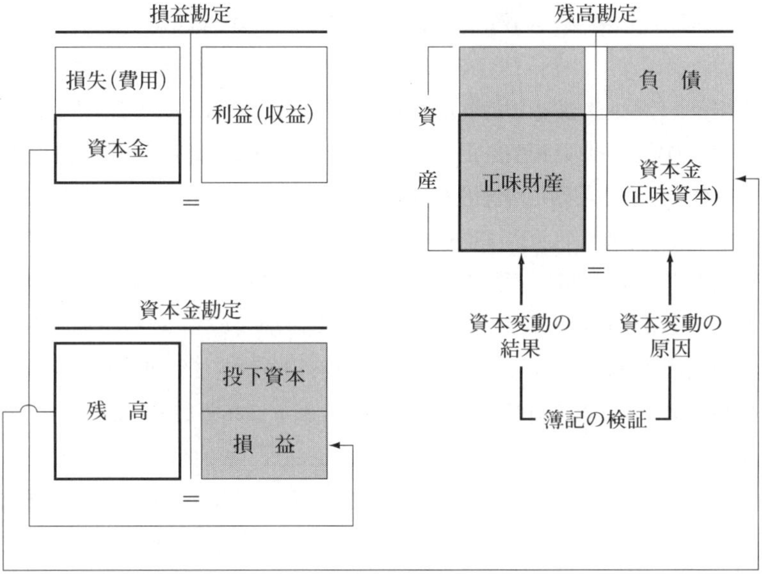

図12

したがって，資本金勘定に計算される「正味資本」が意味するのは，「資本変動の原因」として計算される，事業の決算時の回収資本，これに対して，残高勘定に計算される「正味財産」が意味するのは，「資本変動の結果」として計算される，事業の決算時の回収資本，双方が一致しなければならないということである。そうであるとしたら，残高勘定によって検証するのは，「借方合計＝貸方合計」であるのはもちろんであるが，「正味資本＝正味財産」であってこそ，事業の決算時に保有する資本は保全しえて[57]，帳簿記録から帳簿締切，

57）参照，拙稿；前掲誌，46頁以降。
　　参照，拙著；前掲書，370頁以降。

はては帳簿繰越までも完結するはずである。まさに「複式簿記」が完成するのである。

そこで，複式簿記が完成するとなると，勘定全体に「1つの閉された有機的関連をもった体系的組織」[49]としてである。著書『複式簿記発生史の研究』によると，「取引の諸勘定への複記によって，簿記の各勘定は相互に有機的関連を持つのみではなく，全体としてもまた，1つの閉された有機的な体系的組織を構成する。決算時における諸勘定締切の結果はこれを示している。損益に関する諸勘定の残高を集合損益勘定に振替えると，それらの諸勘定は貸借平均して締切られ，集合損益勘定の貸借差額は純損益を示す。これを資本金勘定に振替えると集合損益勘定は貸借平均して締切られる。資産，負債，資本金の諸勘定の残高を決算残高勘定に振替えると，これらの諸勘定と決算残高勘定は共に貸借平均して締切られ，かくして総ゆる勘定は締切られ，1つの閉された有機的組織を構成するのである。このことは，集合損益勘定で算出された損益が，決算残高勘定による財産計算により確証づけられることを意味している」[58]と表現する。

ところが，「決算残高勘定による財産計算により」計算されるのは「正味財産」である。資本金勘定からは，「資本残高」が残高勘定に振替えられるので，正味財産に「資本金」を投射して計算される「資本余剰」または「資本不足」ではないのである。しかも，「決算残高勘定による財産計算により確証づけられる」のは，損益勘定に計算される「期間損益」が資本金勘定に振替えられて計算される「正味資本」である。したがって，「集合損益勘定で算出された損益が，決算残高勘定による財産計算により確証づけられる」には，資本金勘定に計算される「正味資本」に，残高勘定に計算される「正味財産」が一致することで，計算に間違いはないことを検証しえたところで，事業の決算時に保有する資本は保全しえたことになるので，資本金勘定に振替えられた「期間損益」も併せ考慮して，計算には間違いないことを検証しうるということではなかろうか。

58）小島男佐夫著；前掲書，66頁。

第4節　む　す　び

このように，1596年にWilhelmによって出版される印刷本『新しい算術書』を解明して，筆者なりの卑見を披瀝したところで，複式簿記としては，どこがドイツ固有の簿記であるかだけではなく，それでは，Pacioloによって出版される印刷本を原型とするイタリア簿記とは，どのように交渉したか，さらに，どのように融合したかについても解明される。

まずは，帳簿記録について。ドイツ固有の簿記にとっては，本来，「商品帳」と「金銭帳」は「対蹠的な元帳」[20]。この「対蹠的な元帳」に記録するのに，Grammateusからは，「商品の仕入」は右側の面，「商品の売上」は左側の面に，「債権の発生」は右側の面，「債権の消滅」は左側の面に，したがって，商品勘定にも，債権勘定にも，今日とは反対側の面に記録することから想像するに，「二重記録」することしか意図されてはいないようである。したがって，商品帳に転記される商品の仕入と売上にしても，金銭帳に転記される債権の発生と消滅，債務の発生と消滅，さらに，現金の収入と支出にしても，「商品勘定」，「債権勘定」，「債務勘定」，さらに，「現金勘定」には，左側の面と右側の面に相対するように転記して，二重記録することさえ意図されているなら，商品勘定からは，「売残商品」である繰越商品を追加，記録することによって，「商品売買益」または「商品売買損」，債権勘定からは，「債権残高」，債務勘定からは，「債務残高」が計算されるはずである。さらに，現金勘定からは，Grammateusからも，von Ellenbogenでも，収入の「合計」と支出の「合計」しか計算されないのだが，「現金残高」も計算されるはずである。「貸借平均原理」を保証することなど全く意図されていないにしても，「二重記録」することだけが意図されたものである。

これに対して，Gottliebでも，Wilhelmによって出版される印刷本でも，二重記録するにしても，「反対記録」することになる。したがって，商品帳にも，金銭帳にも，今日と同側の面に記録される。商品帳に転記される商品勘定には，左側の面に「商品の仕入」，右側の面に「商品の売上」，これに対して，金銭帳に転記される債権勘定，債務勘定には，左側の面に「債権の発生」と「債務の消滅」，右側の面に「債務の発生」と「債権の消滅」，現金勘定には，左側の面に「現金の収入」，右側の面に「現金の支出」が記録される。「二重記録」するにしても，「商品勘定」，「債権勘定」，「債務勘定」，さらに，「現金勘定」には，左側の面と右側の面に相対するように転記するのではなく，左側の面と右側の面に「反対記録」して，日々の取引事象の金額，同額が記録して転記されることになる。反対記録することで，転記されるようになると，左側（借方）の面に記録したら，右側（貸方）の面に「反対記録」，右側（貸方）の面に記録したら，左側（借方）の面に「反対記録」，今日と同側の面に記録することで，しかも，左側（借方）の面に記録すると同額を右側（貸方）の面に記録することで，常時，左側（借方）の面に合計される金額と右側（貸方）の面に合計される金額が一致する「貸借平均原理」を保証することは意識されようというものである。

したがって，仕訳帳については，元帳である「商品帳および金銭帳」の左側の面に転記する科目に，「借方」を意味する「助動詞」を付しては，右側の面に転記する科目には，「相手」を意味する「前置詞」を冠することで，日々の取引事象は「二重記録」して分解，「貸借平均原理」を保証しうるように反対記録することでは，むしろ，ドイツ固有の簿記はイタリア簿記と交渉して融合したのでは，と想像するのである。

さらに，元帳については，「商品帳」と「金銭帳」が，ドイツ固有の簿記にとっては，本来，「対蹠的な元帳」であったにもかかわらず，実は「元帳」の名ばかりの表現でしかなく，商品帳と金銭帳に分類することはなく，取引発生の順序で，既設の勘定に対して新設する勘定があれば，これを開設して転記，「貸借平均原理」を保証しうるように反対記録することでは，これまた，ドイツ固有の簿記はイタリア簿記と交渉して融合したのでは，と想像するのである。

しかし，「商品帳および金銭帳」の左側の面に転記したのであれば，「誰それは」借主＝「借方」または「何かあるものは」借主＝「借方」と記録するのに対して，右側の面に転記したのであれば，「誰それは」貸主＝「貸方」または「何かあるものは」貸主＝「貸方」と記録することはない。左側の面の冒頭の欄には,「誰それは」または「何かあるものは」の主語に「借方」を意味する「助動詞」を付して,「われわれに」の目的語を記録することで,頭書きをするのに対して,左側の面の冒頭の欄には,「誰それは」または「何かあるものは」の主語に「貸方」を意味する「助動詞+動詞」を付すのではなく,「誰それに」または「何かあるものに」の目的語に「借方」を意味する「助動詞」を付して,「われわれは」の主語を記録することで,頭書きをするので,「主語」と「目的語」,「目的語」と「主語」が左側の面と右側の面で入替えられるだけである。したがって,右側の面に転記したのであれば,「誰それは」貸主=「貸方」または「何かあるものは」貸主=「貸方」と記録することはなく,「誰それに」借主=「借方」または「何かあるものに」借主=「借方」と記録することでは,ドイツ固有の簿記はイタリア簿記と交渉したにしても,完全に融合したのでは,とまでは想像しえないのである。

しかも,Grammateusからも,von Ellenbogenでも,「仕訳帳」ないし「日記帳」には,転記された元帳である商品帳および金銭帳の丁数,「元丁」を記録して,「商品帳」および「金銭帳」には,仕訳帳ないし日記帳の丁数,「仕丁」ないし「日丁」を記録して,「仕訳帳」から,「商品帳」および「金銭帳」を照合するのは,商品帳および金銭帳に「転記済」であるかどうかを照合するためでしかない。しかし,「貸借平均原理」を保証しうるように「反対記録」したかどうかを照合しようとしたら,本来は,転記された「商品帳および金銭帳」の左側の面に記録する科目と右側の面に記録する科目を照合しなければならないはずである。したがって,元帳の相手勘定の丁数,「元丁」を記録するのではなく,依然として,転記される元帳である「商品帳および金銭帳」に,仕訳帳の丁数,「仕丁」を記録することでは,これまた,ドイツ固有の簿記はイタリア簿記と交渉したにしても,完全に融合したのでは,とまでは想像しえないのである。

さらに,帳簿締切について。ドイツ固有の簿記にとっては,本来,「期間損益」が計算されるのは「損益集合表」としての損益計算書であるのに対して,「残高検証表」である貸借対照表が作成されるのは「簿記の検証」[42]。この「簿記の検証」をするのに,Grammateusからは,「損益集合表」としての損益計算書に，商品勘定に計算される「商品売買益」または「商品売買損」を配列，記録して，「期間損益」が計算されるのに対して，「残高検証表」である貸借対照表には，現金勘定に記録される「収入」の合計に，債権勘定に計算される「債権残高」の合計と商品勘定に記録される「売残商品」である繰越商品の合計を加算すると同時に，現金勘定に記録される「支出」の合計には，「債務残高」の合計を加算して，「収入の合計＋債権残高の合計＋売残商品である繰越商品の合計」から「支出の合計＋債務残高の合計」を控除することで，「財産余剰」または「財産不足」が計算される。しかも，現金勘定から計算されるのは，「現金残高」ではなく収入の「合計」と支出の「合計」。筆者なりに納得しうるところでは，財産余剰または財産不足は，現金の「収入」と現金の「支出」に擬制して計算される「現金余剰」または「現金不足」。これが「期間利益」または「期間損失」に一致することから，計算に間違いはないことを検証しようとしたものである。

もちろん，これが「期間損益」，したがって，「投下資本の回収余剰」または「投下資本の回収不足」として計算されるからには，「資本余剰」または「資本不足」として計算しておかれねばなるまい。

しかし，「損益集合表」としての損益計算書に配列，記録されるのは，商品売買益または商品売買損だけではない。von Ellenbogenでは，商品に必要とされる諸掛り経費は商品に加算するか，場合によっては，商品に按分して，X商品，Y商品に区別する商品勘定に記録されるのだが，改訂版では，商品に必要とされない諸掛り経費，さらに，給料については，「日記帳」には記録しても，本来，元帳は「商品帳」と「金銭帳」にしか分類されないので，商品勘定には転記しようもなく，したがって，元帳である「商品帳」および「金銭帳」を経由することもなく，「損益集合表」としての損益計算書に配列，記録されるしかない。現金が支払われるにしても，この相手勘定であるはずの「諸掛り経費勘定」も「給料勘定」も，直接には「損益勘定」すらも開設しようがないからである。したがって，商品に必要とされない諸掛り経費も給料も，さらに，商品売買とは関係しない損失（費用）も利益（収益）も記録するとなると，元帳が「商品帳」と「金銭帳」に分類して記録されるかぎりでは，どこまで「二重記録」することが徹底されるかは疑問ですらある。

これに対して，Gottliebでも，Wilhelmによって出版される印刷本でも，「損益集合表」としての損益計算書が作成されることはなく，商品売買益または商品売買損は「損益勘定」を開設して振替えられる。したがって，直接には「損益勘定」を開設するとなると，商品に必要とされない諸掛り経費も給料も，さらに，商品売買とは関係しない損失（費用）も利益（収益）も「損益勘定」に転記される。損益勘定には，「期間損益」が計算されるのである。

しかし，Gottliebでは，「残高検証表」としての貸借対照表が作成されて，「簿記の検証」をしたところで，「期間損益」は損益勘定から振替えられるが，資本金勘定に振替えられるのではない。「簿記の検証」をするまでに，すでに，「残高勘定」は開設するが，最後に振替えられるのは，損益勘定に計算される「期間損益」。「簿記の検証」をしたところで，損益勘定に計算される「期間損益」は残高勘定に振替えられるのである。したがって，翌期からも，期間損益計算が可能になるには，残高勘定に振替えられたにしても，損益勘定に計算される「期間損益」は，翌期の開始時までに残高勘定から「資本金勘定」に振替えられておかねばならないはずである。これに対して，Wilhelmによって出版される印刷本では，そうではない。損益勘定に計算される「期間損益」は，「貸借対照表および主要計算である帳簿Aの締切」，したがって，「残高検証表」としての貸借対照表が作成されて，「簿記の検証」をしたところで，損益勘定から「資本金勘定」に振替えられるので，翌期からも，期間損益計算は可能になるにちがいない。

したがって，「損益勘定」を開設するとなると，商品売買益または商品売買損が振替えられるだけではなく，商品に必要とされない諸掛り経費も給料も，さらに，商品売買とは関係しない損失（費用）と利益（収益）も「損益勘定」に転記されて，損益勘定に計算される「期間損益」が「資本金勘定」に振替えられることでは，むしろ，ドイツ固有の簿記はイタリア簿記と交渉して融合したのでは，と想像するのである。

もちろん，Gottliebでは，損益勘定に計算される「期間損益」が最後に振替えられたにしても，「残高勘定」を開設することによって，「帳簿締切」にも，はては「帳簿繰越」にも，計算に間違いはないことを検証しうるはずである。しかし，Wilhelmによって出版される印刷本では，残高勘定を開設することはない。残高勘定を開設することは省略したとしても，「繰越試算表」が作成されることもない。「貸借対照表および主要計算である帳簿Aの締切」，したがって，「残高検証表」としての貸借対照表が作成されるだけでは，「簿記の検証」をしたところで，損益勘定に計算される「期間損益」には，計算に間違いはないことを，翻って，「帳簿記録」にも，計算に間違いはないことを検証しうるにすぎない。「帳簿締切」にも，はては「帳簿繰越」にも，計算に間違いはないことを事前に検証しうるようではあるが，実際には，計算に間違いはないことまでも検証しえたことにはならないのである。「残高勘定」を開設してこそ，「帳簿締切」にも，はては「帳簿繰越」にも，計算に間違いはないことを検証しなければなるまい。そうすることによって，勘定の相互に「1つの閉された有機的関連をもった体系的組織」[49]として，「帳簿記録」から「帳簿締切」，はては「帳簿繰越」までも完結するはずである。まさに「複式簿記」が完成するのである。したがって，繰越試算表すら作成されないばかりか，「残高勘定」を開設することもないことでは，これまた，イタリア簿記と完全に融合したのでは，とまでは想像しえないのである。

そこで，複式簿記が完成するとなると，資本金勘定に計算される「正味資本」が意味するのは，「資本変動の原因」として計算される，事業の決算時の回収資本，これに対して，残高勘定に計算される「正味財産」が意味するのは，「資本変動の結果」として計算される，事業の決算時の回収資本，双方が一致しなければならないということである。そうであるとしたら，残高勘定によって検証するのは，「借方合計＝貸方合計」であるのはもちろんであるが，「正味資本＝正味財産」であってこそ，事業の決算時に保有する資本は保全しえて，「帳簿記録」から「帳簿締切」，はては「帳簿繰越」までも完結するはずである。まさに「複式簿記」が完成するのである。

したがって，「ドイツ固有の簿記」はイタリア簿記と交渉したにしても，完全に融合するとなると，帳簿記録について，本来，「商品帳」と「金銭帳」は「対蹠的な元帳」であること自体が堅持されえなくなるにちがいない。さらに，帳簿締切について，本来，「残高検証表」である貸借対照表が作成されるのは「簿記の検証」であること自体も堅持されえなくなるにちがいない。いずれも堅持されえなくなるとしたら，「ドイツ固有の簿記」は完全に自壊してしまい，この完成された「複式簿記」に完全に融合したのではなかろうか。

なお，ドイツ固有の簿記を解明しようとして，ヨリ馴染み易いものにするために，1596年に Wilhelm, Matthiamによって出版される印刷本の標題と，この印刷本の1編「簿記の簡単な様式」の標題を紹介することにする。

Ein Newes Rechenbüchlein

Ein Newes Re-
chenbüchlein / mit vilen schönen Gesell-
schafften / Wächsel / vnd ander dergleichen Kauff-
mans Rechnungen / so zuuor in truck nie außgan-
gen / durch die Wälsch Practick / mit mancherley
Müntz sortten soluiert vnd auffgelößt. Beneben ei-
nem kurtzen Formular Büchhaltens / den
Jungen angehenden Handtierungs
vnd Kauffleuten sonder-
bar nutzlich.

Durch

Matthiam Wilhelm von Vlm bürtig /
an jetzo aber mitburgern / auch Teutschen Schül
vnd Rechenmaistern zu Augspurg / in
Truck verfertiget.

Getruckt zu Augspurg / bey Michael
Manger / in verlegung des Authors.

M. D. XCVI.

Wilhelm, M., Ein newes Rechenbüchlein, mit vilen schönen Gesellschafften, Wächsel, u. ander dergl. Kauffmans Rechn., durch d. Wälsch Praktik etc. soluirt u. auffgelösst. Augsp. 1596. 4. 342

1596年，Wilhelm, Matthiamの印刷本の標題。縦は19.5cm，横は15cm。

40
wirt/kombt die zahl der Landts-
knecht.

6) 12150 / 2025 — ×45 knecht 270 fl gebi- / 12150 fl (re 1.

Facit 45 knecht gewesen.

Item ein Herr bawet ein Newes
Hauß inn die vierung / das muß ein
gleich vierecket Tach haben / vñ hat
5476 Ziegelhacken darzu. Wieuil
muß er an ein glid legen.
Facit 234 ziegelhacken soll er an
ein gleg nemen.

1 5 9 6.

Hernach folget ein kurtz Formular eines Bůchhaltens / das ist pro forma, samb sich drey Gesellschaffter mit einander auff gleichen gewin vñ verlust zuhandlen verainigt vñ verglichen hetten / Solches geliebter kürtze halben nur auff 2. Monat lang gestelt / Bilanziert vnd beschlossen. Hierüber einen Bericht zuschreiben / wie man sollich Bůchhalten eintragen / saldieren vnd beschliessen soll / groß weitleufftigkait halben zuuerhůten / vnderlassen. Welcher sich also auff diß Formular recht versteet / der kan in ein andere Form sich leichtlich verrichten / das er alsdañ ein Bůchhalten seines gefallens vnd Handels gelegenhait nach / haben vnnd gebrauchen mag. Den fl p ß 20. den ß p 12 h.
in gold gerechnet.

Wilhelm, Matthiamの印刷本の1編「簿記の簡単な様式」の標題。

問 題 の 総 括

本書は,「ドイツ簿記の16世紀」について, 複式簿記の歴史の裏付けを得ながら, その論理を解明しようと, 筆者が7年前に世に問うた前々書『複式簿記の歴史と論理』の補完の書である。筆者は,「ドイツ簿記の16世紀」, 特に「16世紀におけるドイツ固有の簿記とイタリア簿記の交渉と融合」について,

第1章では,「ドイツ固有の簿記の確立」として, 1537年に von Ellenbogen によって出版される印刷本『プロシアの貨幣単位と重量単位に拠る簿記』の初版本を解明して, 複式簿記としては, どこがドイツ固有の簿記であるかについて,

第2章では,「ドイツ固有の簿記の展開」として, 1538年に von Ellenbogen によって出版される, この印刷本の改訂本を解明して, 複式簿記としては, どこがドイツ固有の簿記であるか, これに併せて, そのように解説されたのはなぜかについて, 筆者なりの卑見を披瀝したところである。

第3章では,「ドイツ固有の簿記の融合」として, 1596年に Wilhelmによって出版される印刷本『新しい算術書』を解明して, Pacioloによって出版される印刷本を原型とするイタリア簿記とは, どのように交渉したか, さらに, どのように融合したか, これに併せて, 融合したにしても, どこまで融合しえたか, どうしたら完全に融合しうるかについて, 筆者なりの卑見を披瀝したところである。

したがって, 改めて, 筆者なりの卑見を披瀝するまでもあるまいが, 複式簿記としては, どこがドイツ固有の簿記であるか, それでは, Pacioloによって出版される印刷本を原型とするイタリア簿記とは, どのように交渉したか, さらに, どのように融合したかについては, 大いに解明したところを俯瞰するために,「帳簿記録」および「帳簿締切」について整理しておくと, 以下のようである。表1および表2を参照。

帳簿記録

仕訳帳	元　帳	借方と貸方
1518(印刷は1523)年　Grammateusの印刷本		
＊二重記録。 ＊摘要欄の左端の行には， 商品帳に転記するのであれば，商品勘定の「商」(K)の文字と丁数（元丁）， 金銭帳に転記するのであれば，債務勘定または債権勘定の「債」(S)の文字と丁数（元丁），現金勘定は「現」(C)の文字と丁数（元丁）を記録。 ＊摘要欄には，叙述的に文章で記録。 ＊不可解にも，開始時に， 現金を元入れすることはなく， 資本金を記録することはなく， 最初の商業取引としては， 現金を支払い，商品を仕入。 そこで，「在外商館の支配人」が記録することで，出資者である在外商館の本部（資本主）が元入れした現金， したがって，この現金と資本金については，意識的に記録しないか，隔離しておいて,「在外商館の支配人自身の商業取引」だけを記録するものと想像。 ＊記録は1521年１月１日から11月６日。決算日は12月18日。	＊「商品帳」と「金銭帳」に分類。 ＊二重記録。 ＊商品帳の商品勘定の左側の面には， **商品の売上**, 右側の面には， **商品の仕入**を転記。 ＊金銭帳の債務勘定，債権勘定および現金勘定の左側の面には， 債務の消滅， **債権の消滅**, 現金の収入を転記。 右側の面には， 債務の発生， **債権の発生**, 現金の支出を転記。 ＊摘要欄の右隅には，丁数（仕丁）を記録。	＊金銭帳の債権勘定に限定して，債権の発生は，右側の面，冒頭の欄に,「私に支払うべし」（Sal mir)，債権の消滅は，左側の面，冒頭の欄に,「支払済」(Hadt zalt)と表現。その下の欄に日付を記録して，主語である債務者の「誰それは」と記録。したがって，債権勘定の右側の面には,「誰それは借方」と記録するものと想像。 ＊金銭帳の債務勘定に限定して，債務の発生は，右側の面，冒頭の欄に,「私は支払うべし」(Ich　Sal)，債務の消滅は，左側の面，冒頭の欄に,「支払済」(Hab zalt)と表現。その下の欄に日付を記録して，目的語である債権者の「誰それに」と記録。したがって，債務勘定の右側の面には,「誰それに借方」と記録するものと想像。
1531年　Gottliebの印刷本		
＊二重記録。 ＊摘要欄の左端の行には， 丁数（元丁）を記録。 ＊摘要欄の前半には， 現金の収入， 債権の発生， 債務の消滅， 商品の仕入を記録。 後半には，縦複線によって区分して，	＊「金銭帳」と「商品帳」に分類。 ＊二重記録。複式簿記と同様に，反対記録。したがって，貸借平均原理を保証。 ＊金銭帳の現金勘定，債権勘定および債務勘定の左側の面の前半には， 現金の収入， 債権の発生，	＊金銭帳の債権勘定に限定して，債権の発生は，左側の面，摘要欄に，「誰それは私に支払うべし」(･･･sol mir)と表現。したがって，債権勘定の左側の面には，「誰それは借方」と記録するものと想像。 ＊金銭帳の債務勘定に限定して，債務の発生は，右側

資本の元入， 現金の支出， 債務の発生， 債権の消滅， 商品の売上を記録。 ＊摘要欄には，叙述的に文章で記録。 ＊現金を元入れして，出資者である資本主の資本金は，資本金勘定を開設することはなく，債務の発生としてか，金銭帳の債務勘定に記録。 ＊記録は1531年6月17日から8月20日。	債務の消滅を転記。 右側の面の前半には， 現金の支出， 債権の消滅， 資本の元入， 債務の発生を転記。 両側の面の後半には，縦複線で区分して， 相手勘定を記録。 ＊商品帳の商品勘定の 左側の面の前半には， 商品の仕入， 右側の面の前半には， 商品の売上を転記。 両側の面の後半には，縦複線で区分して， 相手勘定を記録。 ＊摘要欄の左側の行には，丁数（仕丁）を記録。 ＊摘要欄の右側の行には，相手勘定の丁数（元丁）を記録。	の面，摘要欄に，「誰それに私は支払うべし」（･･･sol ich）と表現。したがって，債務勘定の右側の面に，「誰それに借方」と記録するものと想像。 ＊債権の消滅は，摘要欄に，「誰それは私に支払うべし」と表現する債権勘定の右側の面に「支払済」と記録。債務の消滅は，摘要欄に，「誰それに私は支払うべし」と表現する債務勘定の左側の面に「支払済」と記録。 ＊資本の元入は，資本主に対する債務の発生としてか，右側の面，摘要欄に，「私，資本主の誰それは持つべし」（Ich ･･･ sol haben）と表現。したがって，「資本主は貸方」と記録するものと想像。
1537年　von Ellenbogenの印刷本，初版本		
＊「日記帳」と表現するが，「仕訳帳」の名ばかりの表現。 ＊二重記録。 ＊摘要欄の左端の行に，商品帳に転記するのであれば，商品勘定の丁数（元丁），金銭帳に転記するのであれば，債務勘定または債権勘定の丁数（元丁），現金勘定の丁数（元丁），この順序で3つの丁数を記録。 ＊摘要欄には，叙述的に文章で記録。 ＊不可解にも，開始時に，現金を元入れすることはなく，したがって，資本金を記録することがないのは，Grammateusと同様。したがって，この現金と資本金については，意識的に記録しないか，隔離しておいて，「在外商館の支配人自身の商業取引」だけを記録するものと想像。	＊「商品帳」と「金銭帳」に分類。 ＊二重記録。複式簿記と同様に，反対記録。したがって，貸借平均原理を保証。しかし，複式簿記を意識したかは疑問。 ＊商品帳の商品勘定の左側の面には， 商品の仕入， 右側の面には， 商品の売上を転記。 ＊金銭帳の債務勘定，債権勘定および現金勘定の左側の面には， 債務の消滅， 債権の発生， 現金の収入を転記。 右側の面には， 債務の発生， 債権の消滅， 現金の支出を転記。 ＊摘要欄の右隅には，丁数（仕丁）を記録。	＊金銭帳の債権勘定に限定して，債権の発生は，左側の面，冒頭の欄に，「私に支払うべし」（Sal mir）と表現。その下の欄に日付を記録して，主語である債務者の「誰それは」と記録。したがって，債権勘定の左側の面には，「誰それは借方」と記録するものと想像。 ＊金銭帳の債務勘定に限定して，債務の発生は，右側の面，冒頭の欄に，「私は支払うべし」（Sal ich）と表現。その下の欄に日付を記録して，目的語である債権者の「誰それに」と記録。したがって，債務勘定の右側の面には，「誰それに借方」と記録するものと想像。 ＊債権の消滅は，冒頭の欄に，「私に支払うべし」と表現する債権勘定の右側の面に「支払済」を記録。債務の消滅は，冒頭の欄に，「私

＊記録は1537年３月３日から1538年２月15日。決算日は不明。		は支払うべし」と表現する債務勘定の左側の面に「支払済」を記録。
1538年　von Ellenbogenの印刷本，改訂本		
＊1537年の印刷本，初版本と同様。 ＊現金を元入れして，出資者である資本主の資本金は、資本金勘定を開設することはなく，債務の発生としてか，金銭帳の債務勘定に記録。 ＊特定の商品に必要としない諸掛り経費と給料は補助簿から記録。これに支払った現金を転記するのに，金銭帳の現金勘定の丁数（元丁）は記録しうるが，特定の商品に必要としない諸掛り経費と給料を転記するには，商品帳の商品勘定の丁数（元丁）は記録しえないので，二重記録を徹底しうるかは疑問。 ＊記録は1538年５月１日から1538年９月29日。決算日は1538年９月29日。	＊「商品帳」と「金銭帳」に分類。 ＊二重記録。 ＊商品帳の商品勘定の左側の面には， 　商品の仕入， 右側の面には， 　商品の売上を転記。 ＊金銭帳の債務勘定，債権勘定および現金勘定の左側の面には， 　**債務の発生**， 　**債権の消滅**， 　現金の収入を転記。 右側の面には， 　**債務の消滅**， 　**債権の発生**， 　現金の支出を転記。 ＊摘要欄の右隅には，丁数（仕丁）を記録。	＊金銭帳の債権勘定と債務勘定に限定して，1537年の印刷本，初版本とは反対に，債務の発生は，左側の面，冒頭の欄に，「私は支払うべし」（Sal ich），債権の発生は，右側の面，冒頭の欄に，「私に支払うべし」（Sal mir）と表現。したがって，債務勘定の左側の面には，「誰それに借方」，債権勘定の右側の面には，「誰それは借方」と記録するものと想像。 ＊債権の消滅は，冒頭の欄に，「私に支払うべし」と表現する債権勘定の左側の面に「支払済」を記録。債務の消滅は，冒頭の欄に，「私は支払うべし」と表現する債務勘定の右側の面に「支払済」を記録。
1546年　Gottliebの印刷本		
＊1531年の印刷本と同様。 ＊Gottliebの解説する「最初の簿記」の記録は1545年３月７日から７月15日。決算日は７月16日。 ＊Gottliebの解説する「これ以外の簿記」の記録は1545年８月３日から９月17日。決算日は９月20日。	＊1531年の印刷本と同様。	＊金銭帳の債権勘定に限定して，債権の発生は，左側の面，摘要欄に，「誰それは支払うべし」（･･･　sol）と表現。したがって，債権勘定の左側の面には，「誰それは借方」と記録するものと想像。 ＊金銭帳の債務勘定に限定して，債務の発生は，右側の面，摘要欄に，「誰それは持つべし」（･･･ sol haben）と表現。したがって，債務勘定の右側の面には，「誰それは貸方」と記録するものと想像。 ＊債権の消滅は，摘要欄に，

		「誰それは支払うべし」と表現する債権勘定の右側の面に「支払済」と記録。債務の消滅は，摘要欄に，「私は持つべし」と表現する債務勘定の左側の面に「支払済」と記録。 ＊資本の元入も追加出資も，資本主に対する債務の発生としてか，右側の面，摘要欄に，「私，資本主の誰それは持つべし」（Ich ··· sol haben）と表現。したがって，「資本主の誰それは貸方」と記録するものと想像。 ＊資本引出は，資本主に対する債権の発生としてか，「私，資本主の誰それは支払うべし」（Ich ··· sol）と表現。したがって，「資本主の誰それは借方」と記録するものと想像。
1565年　Kaltenbrunnerの印刷本		
＊具体的に解説する事例は相違するが，組版がわずかに食違うくらいで，Grammateus の印刷本と同様。しかも，摘要欄と金額欄が交雑するだけではなく，貨幣の種類を多用，混用して，金額欄では，貨幣の単位ごとに罫線で区切られずに交雑するので，加算するのが困難。これが誤謬，誤植の原因。	＊具体的に解説する事例は相違するが，組版がわずかに食違うくらいで，Grammateus の印刷本と同様。しかし，貨幣の種類を多用，混用して，金額欄では，貨幣の単位ごとに罫線で区切らずに交雑するので，加減するのが困難。これが誤謬，誤植の原因。	＊Grammateus の印刷本と同様。
1567年　Hübnerの印刷本		
＊Grammateusの印刷本とは，具体的に解説する事例が相違するが，組版が全く同様で，ほぼ同様。	＊Grammateusの印刷本とは，具体的に解説する事例が相違するが，組版が全く同様で，ほぼ同様。	＊Grammateusの印刷本と同様。
1596年　Wilhelmの印刷本		
＊二重記録。 ＊摘要欄の左端の行には，	＊「商品帳および金銭帳」と表現するが，「元帳」の名	＊商品帳および金銭帳の左側の面，冒頭の欄に，「誰そ

元丁に転記される丁数（元丁）を記録。 ＊摘要欄の前半には，「借方」を意味する助動詞（soll）を付して，債務者（借主）を記録。 後半には，金額を記録，区分して,「相手」を意味する前置詞（per）を冠して，債権者（貸主）を記録。 ＊特定の商品に必要としない諸掛り経費と給料，さらに，商品売買に関係しない損失（費用）および利益（収益）は，損益勘定を開設して記録。 ＊開始時に，現金を元入れすると，出資者である資本主の資本金は，資本金勘定を開設して記録。 ＊記録は1596年１月１日から２月28日。決算日は２月28日。	ばかりの表現。 ＊二重記録。複式簿記と同様に，反対記録。したがって，貸借平均原理を保証。 ＊商品帳および金銭帳の左側の面，冒頭の欄には， 「誰それは借方」または「何かあるものは借方」と記録。 ＊債務者（借主）としては， 債権の発生， 債務の消滅， 現金の収入， 商品の仕入， 損失（費用）の発生を転記。 その欄の下に，日付を記録。 「相手」を意味する前置詞（per）を冠して， 相手勘定を記録。 ＊商品帳および金銭帳の右側の面，冒頭の欄には， 「誰それに借方」または「何かあるものに借方」と記録。 ＊債権者（貸主）としては， 資本の元入， 債務の発生， 債権の消滅， 現金の支出， 商品の売上， 利益（収益）の発生を転記。 その欄の下に，日付を記録。 「相手」を意味する前置詞を冠して， 相手勘定を記録。 ＊摘要欄の右端には，相手勘定の丁数（元丁）ではなく，仕訳帳に「仕訳帳による」と記録する場合に，仕訳帳の丁数（仕丁）を記録。しかし，商品売買益または商品売買損が商品勘定から損益勘定に振替える場合には，相手勘定の丁数（元丁）を記録。	れは」または「何かあるものは」「われわれに支払うべし」（··· soll vns），左側の面，冒頭の欄に，「誰それに」または「何かあるものに」「われわれは支払うべし」（··· soll wir）と表現。したがって，左側の面には，「誰それは借方」または「何かあるものは借方」，右側の面には，「誰それに借方」または「何かあるものに借方」と記録するものと想像。

＊太字の字句は，今日とは反対側の面に記録。

＊太線の部分は，本書で解明している印刷本。細線の部分は，拙稿；「ドイツ 固有の簿記の

発展」,『商学論集』(西南学院大学), 49巻2号, 2002年9月, 30頁以降, 拙著;『複式簿記の歴史と論理』, 森山書店 2005年, 368頁以降を参照。

＊1565年に Kaltenbrunnerによって出版される印刷本『新訂になる算術書』については, 拙稿;「ドイツ固有の簿記の残影」,『商学論集』(西南学院大学), 50巻1·2号, 2003年9月, 1頁以降を参照。

表1

帳簿締切

期間損益の計算	簿記の検証	残高の繰越
1518(印刷は1523)年　Grammateusの印刷本		
＊期末棚卸を採用して, 決算時に, 商品帳の商品勘定に計算する商品売買益または商品売買損を仕訳帳の末丁に1枚の紙片,「損益集合表」としての損益計算書に配列, 記録して, 期間損益を計算。 ＊不可解にも, 開始時に, 現金を元入れすることはなく, したがって, 資本金を記録することはなく, この現金と資本金については, 意識的に記録しないか, 隔離しておいて,「在外商館の支配人自身の商業取引」だけを記録するものと想像するので, 決算時に, 期間利益を計算するなら, これを配当するだけの現金残高があって, 全額を配当してしまうか, 期間損失を計算するなら, 出資者である在外商館の本部(資本主)に補塡してもらうか, 債務免除してもらわないかぎりでは, 翌期からは, 期間損益を計算することは不可能。したがって, 開始時から期末の暫定的な決算日までの期間損益しか計算しえないので,「暫定的な期間損益計算」。	＊文章でのみ表現。 ＊収入合計に債権残高および商品残高を加算, これから支出合計および債務残高を控除して, 財産余剰(資本余剰)または財産不足(資本不足)を計算する1枚の紙片,「残高検証表」としての貸借対照表を作成して,「損益集合表」としての損益計算書に商品売買益または商品売買損を配列, 記録して計算する期間損益が一致するのを確認することによって検証。したがって, 期間損益も, 翻って, 帳簿記録も, 計算に間違いはないことは検証。 ＊実際に, 商品帳と金銭帳が締切られることはないが, 帳簿記録から帳簿締切, はては帳簿繰越までも検証しうるかは疑問。	＊商品残高については, 商品帳の末丁の1枚の紙片に配列, 記録するが, 商品勘定には, 商品残高も商品売買益または商品売買損も記録しないので, 帳簿を更新するとしたら, 新しい商品勘定には, 商品の仕入と売上を直接に繰越すものと想像。 ＊収入合計と支出合計については, 金銭帳の現金勘定に記録するので, 帳簿を更新するとしたら, 新しい現金勘定には, 収入合計と支出合計を直接に繰越すものと想像。さらに, 金銭帳の債務勘定には, 債務残高, 金銭帳の債権勘定には, 債権残高を記録するので, 帳簿を更新するとしたら, 新しい債務勘定には, 繰越債務として, 新しい債権勘定には, 繰越債権として直接に繰越すものと想像。

1531年　Gottliebの印刷本		
＊期間損益の計算については，解説なし。	＊簿記の検証については，解説なし。	＊残高の繰越については，解説なし。
1537年　von Ellenbogenの印刷本，初版本		
＊期末棚卸を採用して，決算時に，商品帳の商品勘定に計算する商品売買益または商品売買損を仕訳帳の末丁ではなく，商品帳の末丁に1枚の紙片，「損益集合表」としての損益計算書に配列，記録して，期間損益を計算。 ＊Grammateusの印刷本と同様に，不可解にも，開始時に，現金を元入れすることはなく，したがって，資本金が記録されることはなく，この現金と資本金については，意識的に記録しないか，隔離しておいて，「在外商館の支配人自身の商業取引」だけを記録するものと想像するので，決算時に，期間利益を計算するなら，これを配当するだけの現金残高があって，全額を配当してしまうか，決算時に，期間損失を計算するなら，出資者である在外商館の本部（資本主）に補塡してもらうか，債務免除してもらわないかぎりでは，翌期からは，期間損益を計算することは不可能。したがって，開始時から暫定的な決算日までの期間損益しか計算しえないので，「暫定的な期間損益計算」。	＊具体的に，金銭帳の末丁に1枚の紙片，「残高検証表」としての貸借対照表を作成。 ＊収入合計に債権残高および商品残高を加算，これから支出合計および債務残高を控除して，財産余剰（資本余剰）または財産不足（資本不足）を計算する1枚の紙片，「残高検証表」としての貸借対照表を作成して，「損益集合表」としての損益計算書に商品売買益または商品売買損を配列，記録して計算する期間損益が一致するのを確認することによって検証。したがって，期間損益も，翻って，帳簿記録も，計算に間違いはないことは検証。 ＊実際に，商品帳と金銭帳が締切られることはないが，帳簿記録から帳簿締切，はては帳簿繰越までも検証しうるかは疑問。	＊商品残高については，商品帳の末丁ではなく，金銭帳の末丁の1枚の紙片に配列，記録するが，商品帳の商品勘定には，売残商品を記録するので，帳簿を更新するとしたら，新しい商品勘定には，繰越商品として直接に繰越すものと想像。 ＊収入合計と支出合計については，金銭帳の現金勘定に記録するので，帳簿を更新するとしたら，新しい現金勘定には，収入合計と支出合計を直接に繰越すものと想像。さらに，金銭帳の債務勘定には，債務残高，金銭帳の債権勘定には，債権残高を記録するので，帳簿を更新するとしたら，新しい債務勘定には，繰越債務として，新しい債権勘定には，繰越債権として直接に繰越すものと想像。
1538年　von Ellenbogenの印刷本，改訂本		
＊von Ellenbogenの印刷本，初版本と同様に，期末棚卸を採用して，決算時に，商品帳の商品勘定に計算する商品売買益または商品売買	＊von Ellenbogenの印刷本，初版本と同様。	＊von Ellenbogenの印刷本，初版本と同様。

損だけではなく，補助簿から記録する特定の商品に必要としない諸掛り経費も商品帳の末丁に1枚の紙片，「損益集合表」としての損益計算書に配列，記録して期間損益を計算。 ＊von Ellenbogenの印刷本，初版本とは相違して，現金を元入れして，出資者である資本主の資本金は，資本金勘定を開設することはなく，債務の発生としてか，金銭帳の債務勘定に記録するが，この資本主勘定に期間損益を振替えることはないので，von Ellenbogenの印刷本，初版本と同様に，決算時に，期間利益を計算するなら，これを配当するだけの現金残高があって，全額を配当してしまうか，決算時に，期間損失を計算するなら，出資者である資本主に補塡してもらうか，債務免除してもらわないかぎりでは，翌期からは，期間損益を計算することは不可能。したがって，開始時から暫定的な決算日までの期間損益しか計算しえないので，「暫定的な期間損益計算」。		
1546年　Gottliebの印刷本		
＊期末棚卸を採用して，決算時に，商品帳の商品勘定に計算する商品売買益または商品売買損を商品帳の末丁に「損益勘定」を開設，この損益勘定に振替えて，期間損益を計算。 ＊von Ellenbogenの印刷本，改訂版と同様に，現金を元入れして，出資者である資本主の資本金は，資本金勘定を開設することはなく，債務の発生としてか，金銭帳の債務勘定に記録するが，	＊実際に，金銭帳と商品帳を締切ったところで，商品帳の末尾に2枚の貸借対照表を作成。1枚は「残高勘定」を開設。いま1枚は，1枚の紙片に，「残高検証表」としての貸借対照表を作成。 ＊収入合計と支出合計を計算するのではなく，現金残高に債権残高および商品残高を加算，これから資本金および債務残高を控除して，財産余剰（資本余剰）または財産不足（資本不足）を	＊金銭帳の現金勘定には，現金残高を記録するので，帳簿を更新するとしたら，繰越現金として，残高勘定に振替えて，新しい現金勘定には，この残高勘定から振替えるものと想像。さらに，金銭帳の債権勘定には，債権残高，金銭帳の資本主勘定には，出資者である資本主の資本金，金銭帳の債務勘定には，債務残高を記録するので，帳簿を更新するとしたら，繰越債権，資本

この資本主勘定に期間損益を振替えるので，したがって，期間損益は，「元本」である資本金の増減として，資本主勘定に振替えることになるので，翌期からも，期間損益を計算することは可能。したがって，期首から期末の定期的な決算日までの期間損益を計算しうるので，「定期的な期間損益計算」。	計算する1枚の紙片，「残高検証表」としての貸借対照表を作成して，「損益勘定」に計算する期間損益が一致するのを確認することによって検証。したがって，期間損益も，翻って，帳簿記録も，計算に間違いはないことを検証。 ＊期間損益については，計算に間違いはないことを検証したところで，現金残高，債権残高，商品残高，資本金および債務残高は，「残高勘定」に振替えて，最後に，損益勘定に計算する期間損益をこの残高勘定に振替えるので，その残高勘定の借方の合計と貸方の合計が一致するのを確認することによって検証。したがって，帳簿記録から帳簿締切，はては帳簿繰越までも，計算に間違いはないことを検証。	金および繰越債務は，残高勘定に振替えて，新しい債権勘定，新しい資本金勘定および新しい債務勘定には，この残高勘定から振替えるものと想像。 ＊商品帳の商品勘定には，商品残高を記録するので，帳簿を更新するとしたら，繰越商品として，残高勘定に振替えて，新しい商品勘定には，この残高勘定から振替えるものと想像。 ＊翌期からも，期間損益を計算することを可能にするには，残高勘定に，資本主勘定から振替えた資本金と，最後に，損益勘定から振替えた期間損益は合算して，新しい資本金勘定に振替えるものと想像。
1565年　Kaltenbrunnerの印刷本		
＊Grammateusの印刷本と同様。しかし，期末棚卸を採用して，決算時に，商品帳の商品勘定に計算する商品売買益または商品売買損を仕訳帳の末丁ではなく，商品帳の末丁に1枚の紙片，「損益集合表」としての損益計算書に配列，記録するだけで，期間損益まで計算しないことでは相違。しかも，摘要欄と金額欄が交雑するだけではなく，貨幣の種類を多用，混用して，金額欄では，貨幣の単位ごとに罫線で区切られずに交雑するので，加算するのが困難。これが誤謬，誤植の原因。	＊Grammateusの印刷本と同様。	＊Grammateusの印刷本と同様。
1567年　Hübnerの印刷本		
＊Grammateusの印刷本と同	＊Grammateusの印刷本と同	＊Grammateusの印刷本と同

様。	様。	様。
1596年　Wilhelmの印刷本		
＊資本金自体は，利益を生み出す「元本」であることから，「損益勘定」は，「資本金勘定」からは独立して開設。 ＊特定の商品に必要とされない諸掛り経費と給料，さらに，商品売買とは関係しない損失（費用）と利益（収益）は損益勘定に転記。 ＊期末棚卸を採用して，決算時には，商品勘定に計算される商品売買益または商品売買損は損益勘定に振替。 ＊決算時に，損益勘定には，期間損益を計算。期間損益は資本金勘定に振替えるので，翌期にも，期間損益を計算することは可能。したがって，期首から期末の定期的な決算日までの期間損益を計算するので，「定期的な期間損益計算」。	＊「貸借対照表および主要計算である帳簿Aの締切」と表現しては，収入合計と収入合計に計算するのではなく，現金残高に債権残高および商品残高を加算，これから資本金および債務残高を控除して，財産余剰（資本余剰）または財産不足（資本不足）を計算する１枚の紙片，「残高検証表」としての貸借対照表を作成して，「損益勘定」に計算する期間損益が一致するのを確認することによって検証。したがって，期間損益も，翻って，帳簿記録も，計算に間違いはないことを検証。 ＊残高勘定が開設されることもなく，繰越試算表すら作成されることもないので，帳簿記録から帳簿締切，はては帳簿繰越までも，計算に間違いはないことを検証しうるかは疑問。	＊「新しく開始される計算である帳簿Bには，債務者(借主）科目を相手に記録」と表現するので，帳簿を更新するとしたら，現金勘定に計算する現金残高は，繰越現金として，新しい現金勘定に直接に繰越すものと想像。商品勘定に記録する商品残高は，繰越商品として，新しい商品勘定に直接に繰越すものと想像。さらに，債権勘定に計算する債権残高は，繰越債権として，新しい債権勘定に直接に繰越すものと想像。 ＊「新しく開始される計算である帳簿Bには，債権者(貸主）科目を相手に記録」と表現するので，帳簿を更新するとしたら，債務勘定に記録する債務残高は，繰越債務として，新しい債務勘定に直接に繰越すものと想像。さらに，資本金勘定に記録する（期間損益を振替えての）資本残高は，繰越資本として，新しい資本金勘定に直接に繰越すものと想像。

＊「損益集合表」としての損益計算書および「残高検証表」としての貸借対照表という表現は見出されないが，便宜的に，そのように表現する。

＊Gottliebによって出版される印刷本には，「損益勘定」，「残高勘定」および「貸借対照表」という表現は見出されないが，便宜的に，そのように表現する。

＊太線の部分は，本書で解明している印刷本。細線の部分は，拙稿；「ドイツ固有の簿記の発展」，『商学論集』（西南学院大学），49巻2号，2002年9月，32頁以降，拙著；前掲書，370頁以降を参照。

＊1565年に Kaltenbrunnerによって出版される印刷本については，拙稿；「ドイツ固有の簿記の残影」，『商学論集』（西南学院大学），50巻1·2号，2003年9月，18頁以降を参照。

表2

最後に，「ドイツ固有の簿記」が成立したのは Grammateus, Henricus (Schreiber, Heinrich) によって出版される印刷本であるが，この印刷本に対する批評，Yamey, Basil Seligがまとめた４人の学者の批評を披露しておくことにしたい。「ドイツ簿記の16世紀」，特に「16世紀におけるドイツ固有の簿記とイタリア簿記の交渉と融合」については，筆者が折に触れて想起させられる批評である。すでに，16世紀のドイツに出版される簿記の印刷本の目録を作成して，その複写を依頼して入手しえたすべての印刷本は，とにかく読了しえた自負の念からか，筆者なりに確信するところでは，４人の学者のいずれの批評にも納得しうるのである。

「歴史学者はSchreiberの学説を多様に評価，多様に解釈している。Kheilは，SchreiberがPacioloの『全書』を認識していたが，複式記録 (double-entry) の原理を説明することもなく，この学説を例証することもないと信じている[1)]。Penndorfによると，Schreiberの簿記学説は単式記録 (single-entry) でも複式記録でもない。Pacioloの業績を認識してはいたが，これを理解してはいなかったということである[2)]。de Waalは，Schreiberが借主 (＝『借方』) と貸主 (＝『貸方』) で記録する単式記録ほどに説明することがないとの結論である[3)]。Stevelinckは，Schreiberの起点としている学説が，単式記録よりも以前に，したがって，複式記録が発達していたよりも以前に使用された非常に旧態依然とした学説であるとの見解である[4)]。しかしながら，Schreiberの学説には，複式記録の特徴があることを強調しておかねばならない。『Schreiber』の簿記学説は，いくらか通例の様式であることに注目するなら，実際には，複式簿記 (bookkeeping by double-entry) であるとのDupontの判断[5)]は賞賛に値する」(括弧内は筆者)。

＊Baywater, Michael. F. & Yamey, Basil Selig; *Historic Accounting Literature: a companion guide,* London 1982, p.33.

1)Vgl., Kheil, Carl Peter; *Ueber einige ältere Bearbeitungen des BUCHHALTUNGS-TRACTATES von LUCA PACIOLI,* Prag 1896, S.74.

2)Vgl., Penndorf, Balduin; *Geschichte der Buchhaltung in Deutschland,* Leipzig 1913, S.113.

3)Cf., de Waal, Pieter Gerardus Adrianus; *De Leer van het Boekhouden in de*

Nederlanden tijden de Zestiende eeuw, Roermond 1927, p.78.
4）Cf., Stevelinck, E.; *Catalogue entries, La Comtabilité à travers les Ages,* Brussels 1970, pp.3-4.
5）Cf., Dupont. A.; quoted in:Vlaemminck, J-H.(; *Histoire et Doctorines de la Comptabilité*, Brussels) 1956, p.108.
＊名前としては，「Schreiber」と表記されるが，1517年にはギリシャ風の名前にして，彼の印刷本の原稿が完成される1518年，実際に出版される1523年には，「Grammateus」を使用していたことから，筆者は，そのように表記することにしている。

そこで，本来ならば，４人の学者の批評の１つ１つを確証することから開始しなければならないのだが，停年を目前の筆者には，そうするだけの時間は残されていない。しかし，この４人の学者の批評は，場合によっては，相反するようではあるが，筆者なりに確信するところでは，いずれの批評にも納得しうるのである。

まずは，Kheil, Carl Peterによると，「SchreiberがPacioloの『全書』を認識していた」かどうかは，Penndorf, Balduinによっても，「Pacioloの業績を認識してはいた」かどうかは，いまさら，確認しようもないが，Grammateus（Schreiber）が，Pacioloによって出版される印刷本を原型とするイタリア簿記を見聞することで，場合によっては，イタリア商人からも，ドイツ商人からも，これを聞知することで，これを独自に創作して，「ドイツ固有の簿記」を解説したのかもしれない。そうであるからこそ，Kheilによると，「複式記録の原理を説明することもなく，この学説を例証することもない」のかもしれない。Penndorfによっても，「Pacioloの業績を認識してはいたが，これを理解してはいなかった」のかもしれない。しかも，「Schreiberの簿記学説は単式記録でも複式記録でもない」のは，二重記録するにしても，「複式簿記」であるとしたら，左側（借方）の面に記録したら，右側（貸方）の面に「反対記録」，右側（貸方）の面に記録したら，左側（借方）の面に「反対記録」することで，「貸借平均原理」が保証されることを意識してはいなかったからかもしれない。これに対して，「単式簿記」であるとしたら，利益（収益）と損失（費用），したがって，資本の増減までも記録する複式簿記ではないにしても，人名勘定と物財勘定が連携することによっては，せいぜい債権と債務の増減を記録するだけの「非組織的な単式簿記」から，財産目録に配列，記録するためにこそ，資産と負債の増減を記録する，しかも，「貸借平均原理」は保証されないまでも，左側（借方）の面に記録したら，右側（貸方）の面に「反対記録」，右側（貸方）の面に記録したら，左側（借方）の面に「反対記録」することで，「組織的な単式簿記」にまで改良されることを意識してはいなかったからかもしれない。

さらに，de Waal, Pieter Gerardus Adrianusによると，「Schreiberが借主（＝『借方』）と貸主（＝『貸方』）で記録する単式記録ほどに説明することがない」のは，複式簿記でも，そうであるのだが，「単式簿記」でも，債権の発生について，「誰それは支払うべし＝私に借りている」，したがって，「誰それは」借主＝「借方」，債務の発生については，「誰それは持つべし＝私に貸している」，したがって，「誰それは」貸主＝「貸方」と記録するのに対して，「ドイツ固有の簿記」では，債権の発生について，「私に支払うべし＝私に借りている」，したがって，「誰それは」借主＝「借方」，ところが，債務の発生については，「私は支払うべし＝私は借りている」，したがって，「誰それに」借主＝「借方」と記録するからかもしれない。

ところが，Stevelinck, E.によると，「Schreiberの起点としている学説が，単式記録よりも以前に，したがって，複式記録が発達していたよりも以前に使用された非常に旧態依然とした学説である」としたら，Grammateus (Schreiber) が，Pacioloによって出版される印刷本を原型とするイタリア簿記を見聞ないし聞知することで，これを独自に創作して，「ドイツ固有の簿記」を解説する以前にも，それらしいドイツ簿記の実務があったからかもしれない。

これに対して，Dupont. A.によると，「『Schreiber』の簿記学説は，いくらか通例の様式であることに注目するなら，実際に，複式簿記である」のは，二重記録するだけではなく，帳簿の見開きの両面に左右比較の勘定様式，「T字型勘定」の原型が採用されるからかもしれない。しかし，二重記録するにしても，「反対記録」しないかぎり，「貸借平均原理」が保証されることはない。Grammateus (Schreiber) によると，商品帳の商品勘定には，不可解にも，今日とは反対側の面に記録される。「商品の仕入」は右側の面に，「商品の売上」は左側の面に記録されるのである。さらに，金銭帳の債権勘定も同様。これまた，不可解にも，今日とは反対側の面に記録される。「債権の発生」は右側の面に，「債権の消滅」は左側の面に記録されるのである。しかし，そのように記録されるのが，なぜかについては，Grammateus（Schreiber）自身，何も解説してはいない。想像するに，取引事象を帳簿の見開きの左側か右側，いずれかの面に「二重記録」することだけしか意図されていないからではなかろうか。商品帳に転記される商品の仕入と売上にしても，金銭帳に転記される債務の発生と消滅，債権の発生と消滅，さらに，現金の収入と支出にしても，「商品勘定」，「債務勘定」，「債権勘定」，さらに，「現金勘定」には，左側の面と右側の面に相対するように転記して，二重記録することが意図されているなら，商品勘定からは，「商品売買益」または「商品売買損」が計算されるのである。これに対して，債務勘定からは，「債務残高」，債権勘定からは，「債権残高」，さらに，現金勘定からは，通常ならば，「現金残高」，Grammateus（Schreiber）によると，「収入合計」と「支出合計」が計算されるのである。したがって，商品勘定，債務勘定，債権勘定，さらに，現金勘定には，左側の面と右側の面に相対するように転記して，二重記録することが意図されさえするなら，今日とは反対側の面に記録されても，支障はなかろうというもので，不可解でもない。そうであるとしたら，「貸借平均原理」が保証されることは全く意図されていないにしても，「二重記録」することしか意図されてはいないだけで，帳簿の見開きの両面に左右比較の勘定様式，「T字型勘定」の原型が採用されるのではなかろうか。

したがって，4人の学者の批評をまとめるYameyによっても，「Schreiberの学説には，複式記録の特徴があることを強調しておかねばならない」のは，「取引事象を帳簿の見開きの左側か右側，いずれかの面に『二重記録』することだけしか意図されていないから」，「左側の面と右側の面に相対するように転記して，二重記録することが意図されさえするなら，今日とは反対側の面に記録されても，支障はなかろうというもので」，このように意識してのことであるのかもしれない。

ところが，「ドイツ固有の簿記」では，「残高検証表」としての貸借対照表が作成されることで,「簿記の検証」をしたところで,「損益集合表」としての損益計算書に計算される「期間損益」には,計算に間違いはないことを,翻って,「帳簿記録」にも,計算に間違いはないことを検証しうるはずではある。そのようにしうるには,反対記録することによってではなく,「二重記録」することによってだけである。これに対して,「複式簿記」では,「損益勘定」に計算される「期間損益」が資本金勘定に振替えられることによって,「資本金勘定」に計算される「正味資本」に,「残高勘定」に計算される「正味財産」が一致することによって,事業の決算時に保有する資本を保全しえて,「帳簿記録」から「帳簿締切」,はては「帳簿繰越」までも,計算には間違いはないことを検証しうるはずである。そのようにしうるには,「反対記録」することによって,「貸借平均原理」は保証しておかねばならないばかりか,勘定全体に「1つの閉された有機的関連をもった体系的組織」として完結するには,「残高勘定」こそを開設しておかねばならないはずである。まさに「複式簿記」が完成するのである。

したがって,Pacioloによって出版される印刷本を原型とするイタリア簿記を見聞ないし聞知することで,これを独自に創作して,「ドイツ固有の簿記」を解説する Grammateusによって,「ドイツ固有の簿記」が成立したことから,von Ellenbogenによっては,これを確立,さらに,これを新たに展開したのに対して,Gottlieb,さらに,Wilhelmによっては,この完成した「複式簿記」に融合しようとしたものと確信するのである。筆者は,このように,「ドイツ固有の簿記」の謎の謎解きに挑戦したところで,複式簿記の歴史の裏付けを得ながら,その論理を解明しようと,筆者が7年前に世に問うた前々書『複式簿記の歴史と論理』をとにかくも補完しえたのではなかろうか。

ところで,これまでに書き漏らしたことを補うために,補遺としては,筆者がこれまでに抱き続けてきた疑問,「会計情報」自体が多様な変革を迫られる現状にあって,しかも,この変革を可能にする開示「技術」が急速に進歩する現状にもあって,「それでも,複式簿記に関わるのはなぜか」,したがって,「それでも,今日の複式簿記の枠内にある会計,『複式簿記会計』であるのはなぜか」，このような疑問を抱き続けてきた筆者は，「『複式簿記』であるなら間違いはない」と思い込んでしまう「複式簿記の神話」に無意識に頼っていることを自覚しておかねばならないとの想いから，「記録の起源と複式簿記の記録」を解明している。

まずは，「アルタミラの壁画」から想像しうるように，自身の記憶を確実にするための「備忘」手段として記録したのだが，極端には，「文字は『会計記録人』の発明になるものである」とまで表現されるように，証憑，したがって，後日の「備忘証明」手段として記録したのは「メソポタミア時代の粘土板」。しかし，自身では記録しえなかったがために，「商人」と「取引相手」の商人は，ごまかされることがないように，改竄されることがないように腐心しなければならなかったのである。これに対して，複式簿記が誕生する前夜の中世イタリアでは，商人「自身」が記録しえたがために，会計記録人は商人「自身」。したがって，商人「自身」が，ごまかすことがないように，改竄することがないように腐心しなければならなかったのである。これを併せ解明しうるなら，商人「自身」が腐心したことによってこそ，この「複式簿記の神話」が生み出される発端となったことを浮き彫りにしえようというわけである。

末尾に，付録としては，筆者が「ドイツ簿記の16世紀に」に取組んでから，実際に調査，可能なかぎり収集しながら整理してきた目録として，16世紀から18世紀までにドイツに出版される簿記の印刷本の目録は，すでに，筆者の姉妹の書に披露してきたのだが，紙幅の都合から，披露するのを躊躇していた目録，「19世紀にドイツに出版される簿記の印刷本の目録」を作成している。そうすることによって，筆者が取組んできた「ドイツ簿記の16世紀から複式簿記会計への進化」もヨリ馴染み易いものなるものと願っている。

これに併せて，本来，日本の会計制度と「会計理論」の関わりを解明しようとして，近代会計の父 Schmalenbach, Eugenの大著『動的貸借対照表論』に取組んできた筆者が，会計制度，会計理論と「複式簿記」の関わりまでも解明しなければならなかった理由，なぜ「ドイツ簿記の16世紀」から取組まねばならなかったか，なぜ「ドイツ簿記の16世紀から複式簿記会計への進化」にまで取組まねばならなかったかを読者諸賢に納得してもらいたい想いを吐露している。さらに，この大著こそは，筆者の学者人生にとって，研究の出発点であると同時に，研究の終着点であったことから，Schmalenbachの人となりについても紹介している。そうすることによって，筆者がこの大著に取組んでいるうちに，会計制度，会計理論と複式簿記の関わりまでも解明しなければならなかった理由を納得してもらえるものと願っている。

そのようなわけで，補遺としては，「記録の起源と複式簿記の記録」，さらに，付録としては，「19世紀のドイツに出版される簿記の印刷本の目録」まで書き添えることによって，本書は，「ドイツ簿記の16世紀から複式簿記会計への進化」について，複式簿記の歴史の裏付けを得ながら，その論理を解明しようと，筆者が4年前に世に問うた前著『複式簿記会計の歴史と論理』の補完の書でもある。

補　　遺

記録の起源と複式簿記の記録

第1節　は　じ　め　に

「記録の起源と複式簿記の記録」，このような課題に取組むことは，まさに趣味の域との謗りは免れないかもしれないが，筆者には，それなりの理由があってのことである。「会計情報」自体が多様な変革を迫られる現状にあって，しかも，この変革を可能にする開示「技術」が急速に進歩する現状にもあって，「それでも，複式簿記に関わるのはなぜか」，したがって，「それでも，今日の複式簿記の枠内にある会計，『複式簿記会計』であるのはなぜか」，このような疑問を抱き続けるのは，筆者だけではあるまい。しかし，「ドイツ簿記の16世紀から複式簿記会計への進化」[1]を解明しようとしただけの筆者には，この疑問を簡単に解明しうるはずもない。

もちろん，「人名勘定」から「物財勘定」，さらに，「名目勘定」を開設するようにして，完全な反対記録，完全な「二重記録」を完備する複式簿記[2]とは異質の構造に変容して，「複式」簿記に関わるのかもしれない。筆者がドイツ簿記の16世紀から取組んできた「複式簿記」とは変質しているのかもしれない。しかし，その変質している「複式」簿記について，万人が納得しうるだけの構造は，簿記教育の現場にも会計教育の現場にも，いまだ開発されてはいないようで，筆者は寡聞にして，これを知らない。

それだけに，浅学の筆者としては，複式簿記の歴史に培われてきた「複式簿記の神話」に無意識に頼りながら，「それでも，複式簿記に関わるのでは」，したがって，「それでも，今日の複式簿記の枠内にある会計，『複式簿記会計』であるのでは」，と想像してしまうのである。

筆者が，かつて，近代会計の父である Schmalenbach, Eugenの大著『動的貸

1）参照，拙著；『複式簿記会計の歴史と論理』，森山書店 2008年，375頁以降。
2）参照，拙著；『複式簿記の歴史と論理』，森山書店 2005年，331頁以降。

借対照表論』に取組むことによって，会計理論と会計制度の関わりを解明していた頃，会計制度，会計理論と「複式簿記」の関わりまで解明する契機の1つとなった言葉を想起してもらいたい。「複式簿記に関する教科書を読むときに，どこか片隅で，糸繰り車がカラカラと鳴るのを聞くような気持ちに決まってなってしまう。思いがけず何かある事業の複式簿記を覗き見るにしても，このいろんな製品が一つのギルド組織で何か呪文をかけて呼び出しうるような能力があるように思われる。この問題に長く携わっている人は誰も，囚人が地下牢の石壁に慣れてしまうように，これに慣れてしまう。複式簿記は，着替えようとする経営者のいろんな宿命によって無理矢理に着用していることの分かるような強靭なものである。複式簿記は古い上着のようなものである。なるほど，着用する人が大きくなって体に合わなくなったかもしれないが，それは長持ちしたのだから，その生地を心底から褒めてやらねばならない。したがって，これから，複式簿記の欠陥について，いくらか述べるにあたっては，『裁断』を考えるのであって，『生地』を考えるのではない」[3)] という，筆者には忘れられない言葉である。

複式簿記の真髄を見事に描写する，これほどすばらしい比喩があるだろうか。なるほど，「複式簿記は古い上着のようなものである」のも，「着替えようとする経営者のいろんな宿命によって無理矢理に着用していることの分かるような強靭なものである」からである。そうであるからこそ，「着用する人が大きくなって体に合わなくなったかもしれないが，それは長持ちしたのだから，その生地を心底から褒めてやらねばならない」のである。しかし，「強靭なものである」との想いこそは，「これに慣れてしまう」ことで，「複式簿記の神話」が生み出される発端になっているのではなかろうか。

もちろん，この「複式簿記の神話」を否定しようなどというのでは決してない。生地を選び直そうなどというのでは決してない。そうではなく，どのような生地であったか，長持ちしたのはなぜか，ここから裁断を考えねばならないのでは，ということである。「会計情報」自体が多様な変革を迫られる現状に

3) Schmalenbach, Eugen; *Buchführung und Kalkulation im Fabrikgeschäft,* Leipzig 1928, S.1. 二重括弧は筆者。

あって，しかも，この変革を可能にする開示「技術」が急速に進歩する現状にもあって，裁断を考えるにしても，「強靭なものである」との想い，「これに慣れてしまう」ことで，「『複式簿記』であるなら間違いはない」と思い込んでしまう「複式簿記の神話」に無意識に頼っていることを自覚しておかねばならないのでは，ということである。

そこで，この「複式簿記の神話」についであるが，本来ならば，史実に忠実に，複式簿記が誕生する13世紀，14世紀のイタリア簿記まで遡源しなければならないのかもしれない。しかし，「ドイツ簿記の16世紀」から取組んだだけの筆者には，これまた，簡単に解明しうるはずもない。それよりも，本来，「簿記」（Buchführung od. Buchhaltung）は，「帳簿を備付けること，保持すること」，したがって，まずは，「帳簿に記録すること」を意味する。それでは，いつから記録するようになったか，「何をどれくらい」，これをどのように記録するようになったか，「何のために」記録するようになったか，「記録すること」自体の起源は……。これに対して，帳簿に記録することを意味する「簿記」との関わり，特に「複式簿記」との関わりは……。「記録の起源と複式簿記の記録」，このような課題は，筆者が「ドイツ簿記の16世紀から複式簿記会計への進化」を解明しようとして以来，抱き続けてきた疑問である。このような疑問を解明することは，「複式簿記の神話」に無意識に頼っていることを自覚しうるにちがいない。

第2節　「記録」の起源

第1項　アルタミラの壁画と記録

まずは，唐突かもしれないが，「アルタミラの壁画」を想起してもらいたい。スペインの北海岸に面するサンタンデル（Santander）の近郊の西側に位置して，カンタブリア山脈の北斜面にあるアルタミラ（Altamira）に，先史時代，1万5千年以上も前の旧石器時代の人間が洞穴ないし洞窟に描写したという壁画である。これが発見される発端には，あまりにも有名なエピソードがある。発見されたのは19世紀の後半である。著書『世界の洞窟壁画 石器時代からの声』(“*VOICES FROM THE STONE AGE, A Search for Cave and Canyon Art*”, London .) によると,「ひとりの男が犬を連れて小高い丘の屋根を歩いていた時，突然犬が狐を追って走り出し，雑木林の中に消えた。狩人が後を追って行くと，犬は大きな丸石の間にはさまれていた。犬を助けだすために大石を動かすと，大きな洞穴の入口が現れた。スペインのこの地方では，地下洞穴は至るところにあるので，その時は関心を寄せる人も全くいなかった」[4)]。その後,「在野の考古学者が，何か歴史的に興味のあるものが見つかるかもしれないと思って，洞穴の中を調べてみることにした。発掘していくうちに，動物の骨やすりへった火打ち石が出土した」[4)]。後になって,「彼は以前より力を入れて調査をし，ある時，9歳になる娘」「を連れて行った。父親の発掘にあきて」,「洞穴の場所をひとりで探検しようと，ぶらぶら歩いていた。突然彼女は叫んだ。『見て，パパ，ほら，牛の絵があるわ』，これが先史時代美術の発見の最初だった」[4)] のである。図1を参照。

---

4) 田口實訳；『世界の洞窟壁画 石器時代からの声』(Mazonowicz, Douglas; *VOICES FROM THE STONE AGE, A Search for Cave and Canyon Art,* London 1975.)，佑学社 1979年，46頁。
なお，訳書では,「12歳」と表現されるが,「9歳」の誤謬であるので，そのように訂正して表現する。

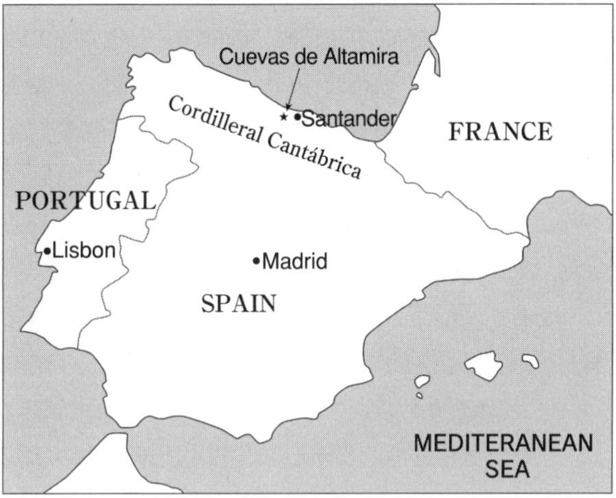

図1

事実，「大天井の部屋」[5]と呼ばれる広間の「低い天井には奇妙な隆起がたくさんあり，そのふくらんだり突き出たりしている自然な形の上に，太古の芸術家が数多くの野牛，馬，鹿，猪を描いている。そのふくらみの形が動物の輪郭線になっているので，それぞれが座っていたり，かがんだり，歩いていたり，立ったりという，さまざまな自然の姿に描かれている。自然のふくらみによる立体的な効果には目をみはるものがある。天井の写真を逆に見ると，野原で動物達が休んでいるような感じがして，さらに印象的となる。25頭ほどの動物が，1.2メートルから1.8メートルまでさまざまな大きさで，横壁から上の方へひろがって描かれている」[6]。

そこで，「天井を詳細に調べてみると，先史時代の画家は特別な形の岩の突出部を選んで磨き上げ，まず動物の輪郭と細部を彫り込む。次に体の部分に赤，

5）大高保二郎・小川勝共訳；参照『アルタミラ洞窟壁画』(Saura Ramos, Pedro A. / Múzquiz Pérez-Seoane, Matilde et.al. / Beltrán, Antinio; *ALTAMIRA*, Barcelona 1998.)，岩波書店2000年，21頁。

6）田口實訳；前掲書，43頁以降。
なお，野牛，馬，鹿，猪は，旧石器時代のそれであるので，現在とは全く相違する植生。
参照，大高保二郎・小川勝共訳；前掲書，20頁。

茶，黄土色などを塗り，最後に沈んだ黒い顔料ーたぶんマンガンか炭で，輪郭を描いている。こういう動物画の中で，同一の構図をとっているのがいくつかあり，牝の野牛のほとんどが群れの真中にいて，尾を上げてかがんでいる（子供を生もうとしている?）。その間牡の野牛は外側に向いて立ち，群れを守っているように見える。ある場合は絵と彫刻が重なり合っていて，時代的に少なくとも4つのスタイルがまじり合い，最古の指で描いた線や不可解な記号から，写実的な動物画までが一緒くたになっていると思われる」[7)]。

それでは，このように描写したのは「何のために」，となるのだが，著書『アルタミラ洞窟壁画』（“*ALTAMIRA*”, Barcelona.）によると，「制作動機はあまりにも複雑であり，洞窟とその絵画が厳密に何を意味するかは確信をもっては知りえない」[8)] とのことである。しかし，学界を支配したのは「呪術説」[7)]。この呪術説によれば，「狩猟，すなわち，獣を生け捕りにするためではなく，豊饒，つまり動物の種の繁栄を祈り絶滅の危機を避けるためにも，追い立てられ傷ついた獣の画像を介して呪術を行ったというのである」[9)]。

事実，この大天井の間に描写される野牛の1頭１頭の写真，たとえば，「卵形のふくらの上に描いてある野牛」[4)] と呼ばれる写真，「振り返っている野牛，頭部だけ岩のふくらみに描いてある」[10)] と呼ばれる写真の1枚1枚を眺めていると，呪術的に描写したようにも想像しうる。図２を参照。

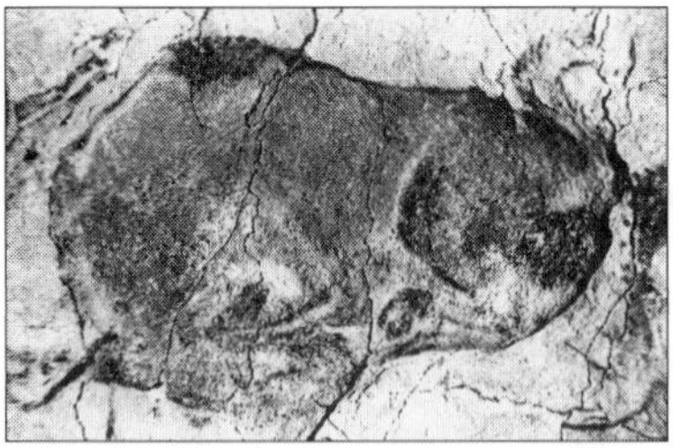

＊卵形のふくらみの上に描いてある野牛。

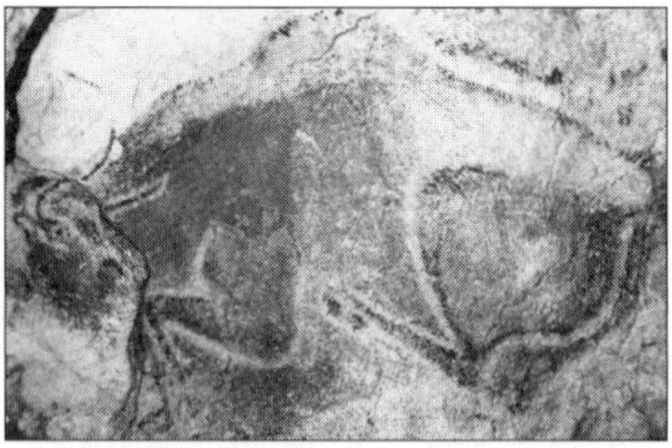

＊振り返っている野牛。頭部だけ岩のふくらみに描いてある。

図２

7）田口實訳；前掲書，45頁以降。
8）大高保二郎・小川勝共訳；前掲書，13頁。

しかし，前掲の著書の「あとがき」によると，「洞窟壁画の解釈としては『呪術説』が定説として信じられており，概説書などでは『呪術説』が事実のように扱われていることも少なくない。もちろん『呪術説』は洞窟壁画という造形現象を今なおもっともうまく説明する原理であり，そこに何がしかの真実が含まれているのも疑いのないところである。しかし，一線の研究者で現在『呪術説』を標榜している者はほとんどいないというのも，否定できない事実である」[11]。

もちろん，「現在『呪術説』を標榜している者はほとんどいない」にしても，想像するに，絵画がそうであるように，人間の心の内を描写したことは間違いないのではなかろうか。

そこで，簿記学者である筆者としては，この大天井の間に描写される野牛の1頭１頭を眺めるのではなく，この野牛の頭数の「全部」が線刻される「アルタミラの大天井の多色画作品群の描き起こし」[12]と呼ばれる壁画の全景を眺めていると，考古学者からの批判は覚悟して，あえて憶測するに，そのように心の内を描写したのは，むしろ，自身の記憶を確実なものにするために描写したのでは，と想像するのである。1万5千年以上も前の旧石器時代の人間ともなると，1個，2個，3個……とか，1頭，2頭，3頭……とか，「数えること」を知らない人間，まして，1，2，3……の「数」も知らない人間である。「数えることを知らない，数も知らない人間」は，原初的には，野牛を「これだけたくさん」狩猟したことを誇るために，改めて，野牛を「これだけたくさん」狩猟したいとの願いから，このように描写したのでは，と想像するのである。そのような自身の記憶を確実なものにするためにこそ，「数えることを知らない，数も知らない人間」は，野牛を1頭1頭，頭数だけ写実的に描写したのでは，と想像するのである。図3を参照。

9）大高保二郎・小川勝共訳；前掲書，11頁。
10）田口實訳；前掲書，47頁。
11）大高保二郎・小川勝共訳；前掲書，181頁。
12）大高保二郎・小川勝共訳；前掲書，12頁 /13頁。書込みは筆者。

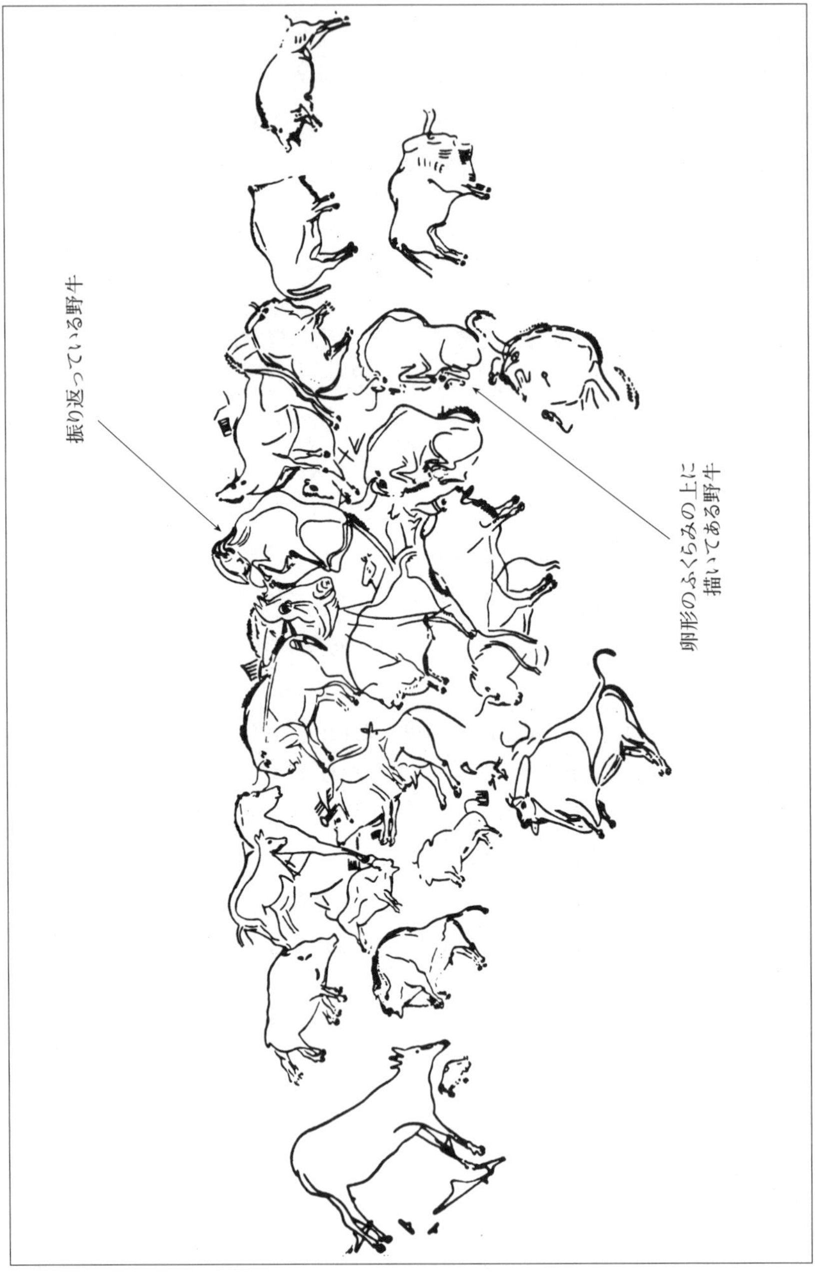
振り返っている野牛
卵形のふくらみの上に
描いてある野牛

図 3

したがって，いつから記録するようになったか，「何をどれくらい」，これをどのように記録するようになったか，「何のために」記録するようになったか，「記録すること」自体の起源は，となると，ここに起源があるなどとは断定しえないにしても，原初的には，野牛を1頭1頭，頭数だけ写実的に描写することによって，野牛を「これだけたくさん」狩猟した旨，改めて，野牛を「これだけたくさん」狩猟したい旨，この旨の自身の記憶を確実なものにするために，このように記録するようになったのでは，と想像するのである。そのかぎりでは，「備忘」手段として記録しただけではなかろうか。証憑，したがって，後日の「備忘証明」手段として記録するのではなさそうである。

そうであるとしたら，野牛を1頭1頭，頭数だけ写実的に描写するのではなく，たとえば，野牛の頭部の図柄を1頭1頭，頭数だけ抽象的に記録することも想像しうるはずである。「絵文字」が発明されるのである。たとえば，世界に最古の文字。メソポタミア時代の遺跡，ペルシア湾に面した地域，メソポタミア低地のシュメール（Schmer）の古代都市はウルク（Uruk）で発掘された粘土板に，前3200年から前3100年頃に使用されたという「シュメール文字」として，牝牛，牡牛の頭部の図柄が記録される[13)]。その後に，メソポタミアに隣接する地域，イラン高原の西側，シュメールの東側に位置するエラム（Elam）の古代都市はスーサ（Susa）で発掘された粘土板には，前3000年頃に使用されたという「原エラム文字」として，種馬，牝馬，仔馬の頭部の図柄が記録される[14)]。したがって，頭部の図柄の絵文字を頭数だけ記録することも想像しうるはずである。

しかし，このような粘土板には，頭部の図柄を1頭1頭，頭数だけ抽象的に記録するのではない。著書『数字の歴史 人類は数をどのようにかぞえてきたか』（“*HISTOIRE UNIVERSELLE DES Chiffres*”, Paris.）によると，「粘土板（tablette d'argile）の表面に，場合によっては，この裏面にも，時として，いくつかの刻

13）Cf., Ifrah, Georges; *HISTOIRE UNIVERSELLE DES Chiffres,* Paris 1981, p.160.
参照，松原秀一・彌永昌吉監訳；『数字の歴史 人類は数をどのようにかぞえてきたか』，平凡社 1988年，122頁。
「シュメール文字」については，後述。

14）Cf., Ifrah, Georges; *op. cit.,* p.163.
参照，松原秀一・彌永昌吉監訳；前掲書，123頁。
「原エラム文字」については，後述。

み込まれたくぼみ目の印と多様な紋章，特定の用具（円筒印章）を柔らかい粘土に押し付けた紋章であるのだが，このようなものが付されている。シュメール文字（écriture sumérienne）と原エラム文字（proto-élamite）の文書に，以後，多く現われる，このくぼみ目は，数の印と解釈されるようになった。有史以来，最古の『数字』なのである。この数字の傍らには，何かの切っ先で彫り込まれて，図式にしたような1つか複数の図柄が付されている。そこには，ありとあらゆるものが図柄にされているが，それぞれの文字の記号（絵文字）なのである。いくつかの粘土板には，数字と絵文字に併存して，象徴的な絵柄が浮き彫りにされるが，これは円筒印章。円筒印章を粘土板の表面に横に転がして浮かび出る刻印である」[15)]。

事実，前掲の著書によると，「シュメール文字の最古の文書は，ウルクで，正確には『ウルク遺跡第4a層』と呼ばれる考古学層で発掘された。この文書は『標準型』として作成されて，古来から『粘土板』と呼ばれる小さな粘土製の乾燥板である。これに対して，『原エラム文字』の最古の文書は，これも同様に粘土板であるのだが，イラン領のいくつかの地域で発掘された。特にスーサでは，『スーサ遺跡第16層』と呼ばれる考古学層で発掘されている」[16)]。図4および図5を参照。

15）Ifrah, Georges; *op. cit.*, pp.163-164. 括弧内は筆者。
　　参照，松原秀一・彌永昌吉監訳；前掲書，124頁。

16）Ifrah, Georges; *op. cit.*, p.162.
　　参照，松原秀一・彌永昌吉監訳；前掲書，123頁以降。

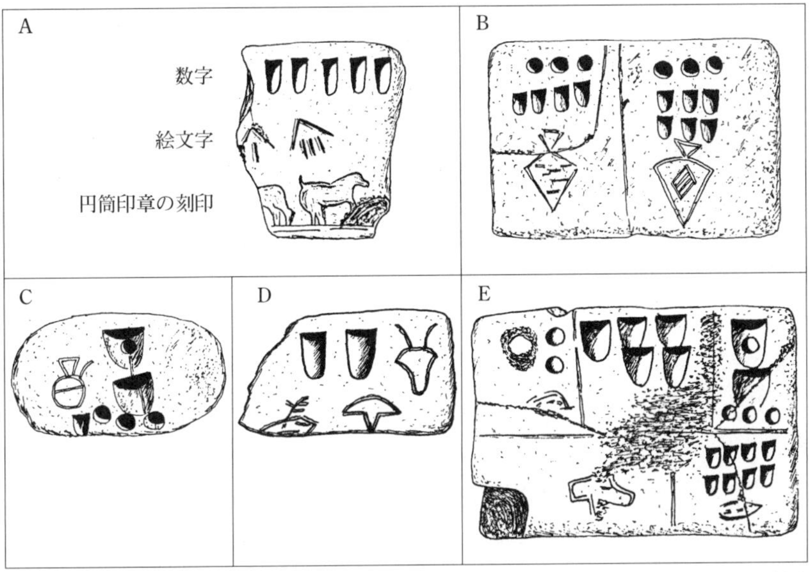

＊ウルクで発掘された粘土板。粘土板A，B，CおよびEの絵文字は判読されえないが，粘土板Dの右下の図柄は牝牛の絵文字。右端の図柄は，頭部に角の付かないのが牝牛と判読されるので，牡牛の絵文字と想像。頭数は，大きさも形状も相違するくぼみ目の数字をまとめて記録。

図 4

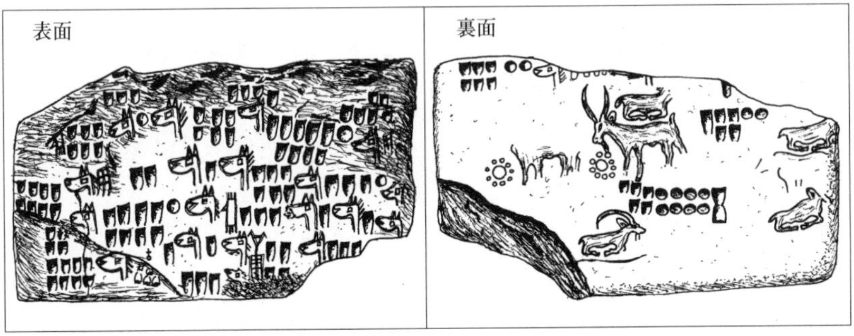

＊スーサで発掘された粘土板。粘土板の表面には，たてがみを逆立てた種馬，たてがみを垂れた牝馬，たてがみのない仔馬の絵文字で分類。頭数は，大きさも形状も相違するくぼみ目の数字をまとめて記録。裏面には，頭数のくぼみ目の数字と円筒印章の刻印。

図 5

したがって，もはや「数えることを知らない，数も知らない人間」が記録するのではない。すでに，「数字」が発明されるのである。メソポタミア時代には，「数えることを知った，数も知った人間」が記録するようになる。牝牛，牡牛の頭部の図柄，種馬，牝馬，仔馬の頭部の図柄を絵文字で記録して，頭数は「刻み込まれたくぼみ目の印」の数字で記録する。「何をどれくらい」，これをどのように記録するようになったか，となると，絵文字と数字の，まさに「文字を知った人間」が記録するようになるのである。

そうであるとしたら，「数えることを知った，数も知った人間」が記録するようになるまでに，まずは，「数は知らないが，少しでも数えることを知った人間」が記録するようになったのでは，と想像するのである。野牛を1頭1頭，頭数だけ写実的に描写するだけでも，さらに，野牛の頭部の図柄を1頭1頭，頭数だけ抽象的に記録するだけでも，たとえば，牝牛，牡牛の頭部の図柄，種馬，牝馬，仔馬の頭部の図柄を絵文字で記録するだけでも，野牛の頭数の「全部」，牝牛，牡牛の頭数の「全部」，種馬，牝馬，仔馬の頭数の「全部」は記録しうるはずである。1，2，3……の「数」は知らないまでも，1個，1個，1個……とか，1頭，1頭，1頭……とか，「少しでも数えること」を知った人間は，結果的に，頭数の「全部」，したがって，「これだけたくさん」狩猟した旨，「これだけたくさん」飼育している旨を確認しえたのでは，これを記録することで，その旨の自身の記憶を確実なものにしえたのでは，と想像するのである。そのかぎりでは，これまた，「備忘」手段として記録しただけではなかろうか。証憑，したがって，後日の「備忘証明」手段として記録するのではなさそうである。

もちろん，頭数の「全部」を確認するだけであるのなら，野牛を1頭1頭，頭数だけ写実的に描写するまでもない。野牛の頭部の図柄を1頭1頭，頭数だけ抽象的に記録するまでもない。したがって，頭部の図柄を絵文字で頭数だけ記録するまでもない。

たとえば，「数は知らないが，少しでも数えることを知った人間」は，想像するに，「1組の紐，刻み目を付ける骨があるとしたら，それだけではなく，小石であったり，細い棒であったりもするのだが，これによって，彼は少しでも数えられるようになる」[17]のではなかろうか。ヨリ原初的には，1組の紐であれば，結び目を付けることによって[18]，骨であれば，刻み目を付けることによって，小石であったり，細い棒であれば，積むとか並べるとかによって[18]，結果的に，野牛の頭数の「全部」，牝牛，牡牛の頭数の「全部」，種馬，牝馬，仔馬の頭数の「全部」，したがって，「これだけたくさん」狩猟した旨，「これだけたくさん」飼育している旨は確認しうるはずである。

もちろん，骨に刻み目を付けるのは，粘土板に彫り込むのと同様であるので，記録することにはなるかもしれないが，これ以外は，そうではない。しかし，記録することはないにしても，その旨の自身の記憶を確実なものにするためには，記録することと同様に，結び目を付けた1組の紐，積んだとか並べたとかの小石または細い棒は保持しておかねばならないはずである。「帳簿」では決してないにしても，まさに備付けておかねばならないはずである。

事実，前掲の著書によると，「55本の刻み目の付いた狼の橈骨（前椀の拇指の側にある軸状の長骨）が発見された」[19]。20世紀の前半に「チェコスロヴァキア(現チェコ）はヴェストニス（Horni Věstonice）で発見されたのである。これは2万年以上も昔のもので，最古の『計算器具』の1つである。この骨の棒を使用した祖先は，恐るべき狩人であったのである。動物の1頭1頭を殺すたびに，狩人は骨に刻み目を付けた。そして，この骨は，動物の種類によって，熊の骨，

17）Ifrah, Georges; *op. cit.*, p.16.
　参照，松原秀一・彌永昌吉監訳；前掲書，14頁以降。

18）たとえば，結び目を付けた1組の紐は，「結縄」，インカの言葉で「結び目」を意味する「キポス」（quiposu）としてインカ時代に，積んだとか並べたとかの小石または細い棒は，ラテン語で「小石」を意味する「カルクルス」（calculus），複数形は「カルクリ」（calculi）としてメソポタミア時代に使用される。
　「カルクリ」については，後述。
　なお，骨に刻み目を付ける習慣は「ローマ数字」に反映されるとのことである。
　Cf., Ifrah, Georges; *op. cit.*, pp.101-104/p.165/p.5.
　参照，松原秀一・彌永昌吉監訳；前掲書，77/ 135 / 3頁。

19）Ifrah, Georges; op. cit., pp.4-5. 括弧内は筆者。
　参照，松原秀一・彌永昌吉監訳；前掲書，2頁以降。

野牛の骨，また狼の骨というように，相違していたにちがいない。実際には，このように最も単純ではあるが，数の言語として数字の刻み目を付けたのだから，彼は数えることの第一歩を発明したことになる」[19)]。図6[20)]を参照。

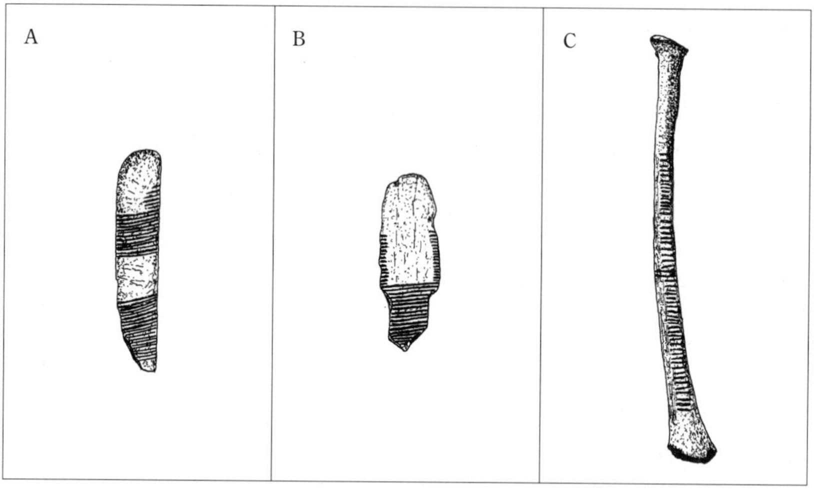

＊現チェコで発見されたことでは同様であるが，チェコの南東に位置するヴェストニスではなく，チェコの東に位置するモラヴィア（Moravie）地方のクルナ（Kulna）の洞穴で発見された刻み目を付けた骨はAおよびB，同地方のペカルナ（Pekarna）の洞穴で発見された刻み目を付けた骨はC。

図6

そこで，自身の記憶を確実なものにするためには，記録することと同様に，刻み目を付けた骨は保持しておかねばならないことである。想像するに，前掲の著書によると，「『数えることを知らない，数も知らない人間』（quelqu'un qui ne sait guère compter ni concevoir de nombre）の手元に，動物または物品を数える代わりに，たとえば，1組の紐，刻み目を付ける骨があるとしたら，それだけ

20）Cf., Ifrah, Georges; op. cit., p.92.
　参照，松原秀一・彌永昌吉監訳；前掲書，68頁。

ではなく，小石であったり，細い棒であったりもするのだが，これによって，彼は少しでも数えられるようになるであろうか。

これでは，確かに効率は悪い。場合によっては，ヨリ複雑なことも多い。しかし，たとえば，放牧に連れて行った羊が戻って来たときに，同数の頭数がいるかどうかを確認するためには，頼りにはなるのである。これには，数えるという術を考えるほど知性的である必要など全くない。『数えること』を知らない羊飼いが，毎晩，羊の群れを洞穴に収容していると想定しよう。羊の頭数は55であるのだが，彼には，『55という数』が何であるかは理解できない。彼が知っているのは，『たくさん』の羊を飼っていることだけである。これでは的確でないので，彼は，毎晩，すべての羊が戻って来たかどうかを確認したいと考える。そこで，彼は，ある日のこと，あることを思い付く。洞穴の前に座って，羊を1頭1頭，収容していくのである。彼の前を羊の1頭1頭が通過するごとに，用意しておいた狼の橈骨に刻み目を付ける。そうすることで，彼は算術的な意味など気付かずに，最後の羊が通過したときに，55本の刻み目を付けてしまっている。それからは，毎晩，羊を洞穴に収容するたびに，骨の端から端まで刻み目を1本1本，指でたどりながら，指が最後の刻み目に達すると，羊飼いは安堵するのである。これで自分の羊を洞穴に収容したことになるからである」[17)]。

したがって，記録することと同様に，刻み目を付けた骨を保持しておくことで，自身の記憶は確実なものにしうるはずである。しかし，これでは，結果的に，頭数の「全部」，したがって，「これだけたくさん」狩猟した旨，「これだけたくさん」飼育している旨を確認しうるだけで，それが「何であるか」，野牛であるのか，牝牛，牡牛であるか，種馬，牝馬，仔馬のいずれであるか，羊であるか，となると，動物の種類によって刻み目を付した骨が相違していたにしても，この「少しでも数えることを知った人間」自身の記憶に頼るしかないのである。

そこで，いつから記録するようになったか，「何をどれくらい」，これをどのように記録するようになったか，「何のために」記録するようになったか，「記録すること」自体の起源についてである。「数えることを知らない，数も知らない人間」が，まずは，「数は知らないが，少しでも数えることを知った人間」として，ヨリ原初的には，1組の紐であれば，結び目を付けることによって，骨であれば，刻み目を付けることによって，小石であったり，細い棒であれば，積むとか並べるとかによって，頭数の「全部」を確認したところに，その起源があるものと推断しうるかもしれない。しかし，刻み目を付けた骨，これ以外は，記録することはないのである。そのかぎりでは，「数えること」自体の起源でしかないのかもしれない。しかし，記録することと同様に，刻み目を付けた骨はもちろん，結び目を付けた1組の紐，積んだとか並べたとかの小石または細い棒は保持しておかねばならないということでは，「記録すること」自体が開始されたものとは推断しうるのではなかろうか。

もちろん，これでは，結果的に，頭数の「全部」，したがって，「これだけたくさん」狩猟した旨，「これだけたくさん」飼育している旨は確認しうるにしても，それが「何であるか」については，この「少しでも数えることを知った人間」自身の記憶に頼るしかないのである。したがって，それが「何であるか」を確認するには，「数えることを知らない，数も知らない人間」が，原初的に，そうしたように，野牛を1頭1頭，頭数だけ写実的に描写するしかない。さらに，野牛の頭部の図柄を1頭1頭，頭数だけ抽象的に記録するしかない。たとえば，野牛であるか，牝牛，牡牛であるか，種馬，牝馬，仔馬のいずれであるか，羊であるか，頭部の図柄を絵文字で頭数だけ記録するしかないのである。しかし，これでも，結果的に，頭数の「全部」，したがって，「これだけたくさん」狩猟した旨，「これだけたくさん」飼育している旨を確認しうるだけである。「少しでも数えることは知ったが，数を知らない人間」が記録することには，自ずから限界がある。

そこで，「何をどれだけ」，これをどのように記録したか，したがって，「何を」全部の個数は「何個」とか，「何を」全部の頭数は「何頭」とか，具体的に正確に記録するとなると，「数えることを知った，数も知った人間」が記録しなければならないはずである。そうであるからこそ，「記録すること」自体の起源は，メソポタミア時代に，頭部の図柄を絵文字で記録して，頭数は「刻み込まれたくぼみ目の印」の数字で記録する，絵文字と数字の，まさに「文字を知った人間」が記録するようになるまで待たねばならないのではなかろうか。

もちろん，「何のために」記録するようになったかとなると，自身の記憶を確実にするために記録するようになっただけで，証憑，したがって，後日の「備忘証明」手段として記録するのではなさそうである。あくまで「備忘」手段として記録しただけではなかろうか。

第２項　メソポタミア時代の粘土板と記録

メソポタミア地域は四大文明の発祥地の1つ，すべての発祥地がそうであるように，河川の氾濫によってもたらされる肥沃な大地に育まれた文明である。実際，テイグリス川とユーフラテス川の姉妹河川の流域に繁栄した地域であることから，「河川に挟まれた国」と呼ばれる「メソポタミア」(MESOPOTAMIA)，そのメソポタミア地域である。図７を参照。

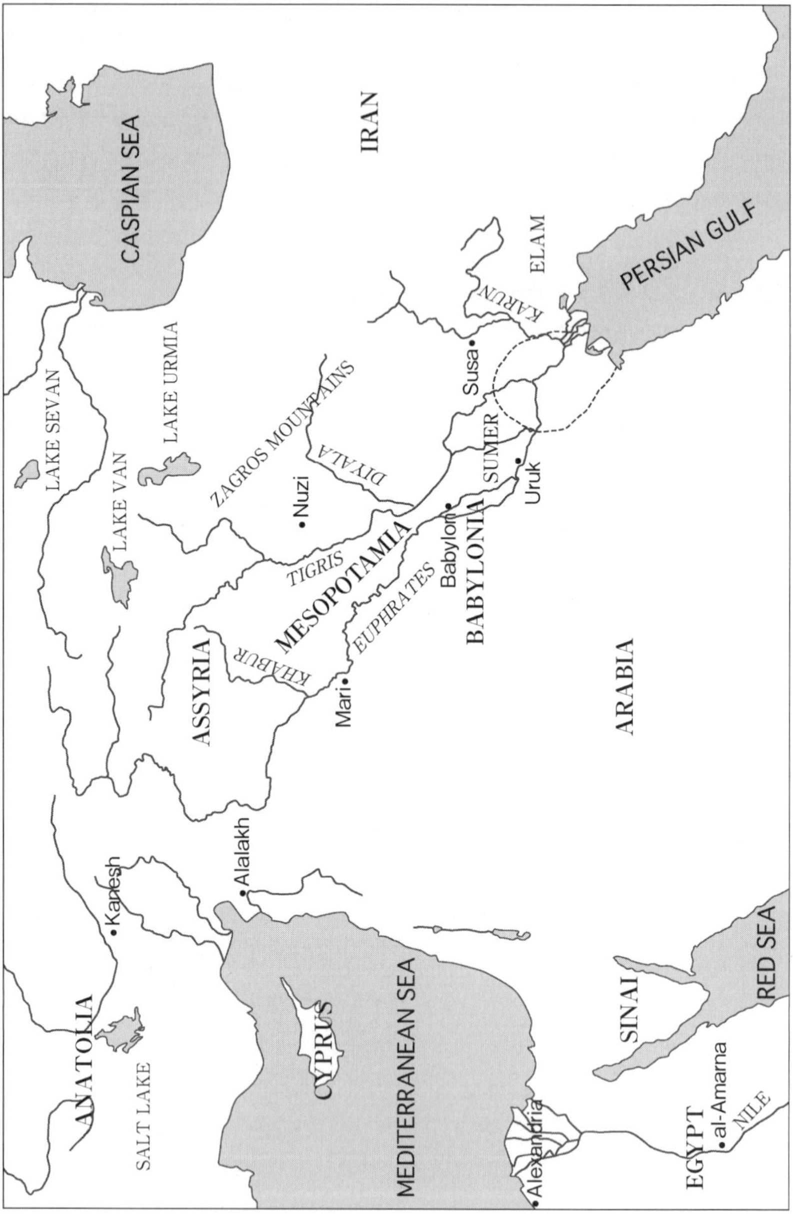

＊点線の部分は古代の海岸線。

図7

すでに，メソポタミア低地の「シュメール」の古代都市はウルクで発掘された粘土板には，前3200年から前3100年頃に使用されたという「シュメール文字」として，牡牛，牝牛は頭部の図柄の絵文字，頭数は「刻み込まれたくぼみ目の印」の数字で記録される。図４を参照。その後に，メソポタミアに隣接する地域，イラン高原の西側，シュメールの東側に位置するエラムの古代都市は「スーサ」で発掘された粘土板にも，前3000年頃に使用されたという「原エラム文字」，種馬，牝馬，仔馬は頭部の図柄の絵文字，頭数は「刻み込まれたくぼみ目の印」の数字で記録される。図５を参照。

したがって，メソポタミア時代には，「数えることを知った，数も知った人間」，しかも，絵文字と数字の，まさに「文字を知った人間」が記録するようになる。そうなることによってこそ，「何をどれだけ」，したがって，「何を」全部の個数は「何個」とか，「何を」全部の頭数は「何頭」とか，具体的に正確に記録しうるのである。したがって，「記録すること」自体の起源は，ここにあるのでは，と想像するのである。

事実，前掲の著書によると，「文字の最も古い形態は，前4000年紀の末葉より少し前に，ペルシア湾から遠くない『メソポタミア低地』(Basse-Mésopotamie) と『エラム地域』(pays d'Élam) に誕生した。この２様の文字のうち，ヨリ古いと思われるシュメール文字の誕生は，前3200年から前3100年頃であるが，いわゆる『原エラム文字』の誕生は，前3000年頃である。原エラム文字もシュメール人によって発明されたと考えてよい理由はある。しかし，いかなる理由であろうとも，想像するに，両者は現地で，それより以前に試行錯誤されながら出現したのであろう。したがって，表記する両者の様式は，隣接する両地方に誕生した２様の同質にある文明の中で，ほとんど同様の状況の中で，100年から200年の間隔をおきながら，順次，出現したのである。

ところで，メソポタミアでも，エラムでも，文字は，『まさに実利的な理由 (raison scrictement utilitaire) から発明されたもの』であった。前4000年紀の後半，両地域の住民は，この時代は専ら口承によっていたのだが，自らの文明には，しだいに『閉息』を意識するようになって，全く別の様式の必要性を自覚するようになったのは，経済的な必要性に迫られてのことであったらしい」[21)]。

そこで，極端には，「文字は『会計記録人の発明』(invention de comptables) になるものである」[22] とまで表現されるのだが，「会計記録人は飛躍的に発展するシュメールとエラムの社会の中で，実に多様な経済活動を記録しなければならず，記憶力だけに頼るわけにはいかなくなった」[23] のである。しかも，この会計記録人の記録する「文書 (document) が果たした役割は，多様な物品の数量を『会計文書』(comptabilisées) に記録することであった。エラムでも，メソポタミアでも，この粘土板は，想像するに，受取りまたは引渡し，実際の棚卸，交換に関係する『会計証書』(actes comptables) であったのであろう。したがって，シュメール人とエラム人は，口承文明に付きものの障害を軽減するために，そればかりか，牧畜業，農業，頻繁に繰り返される交換商業がそうであるのだが，この旺盛な経済活動が生み出す複雑な要求を満たすために，数えた結果や実際に棚卸した結果について，小さくて，ほぼ長方形の粘土板に記録する習慣を前3000年紀の初頭から持っていたのである」[24]。

それでは，粘土板に「シュメール文字」または「原エラム文字」で記録するようになるまでは，どのように記録したであろうか。前掲の著書によると，

21）Ifrah, Georges; *op. cit.*, pp.161-162.
参照，松原秀一・彌永昌吉監訳；前掲書，123頁以降。

22）Amiet, Pierre; *BAS-RELIEFS IMAGINAIRES DE L'ANCIEN ORIENT d'après les cachets et les sceaux-cylindres*, Paris 1973.から引用とのことであるが，頁数は不明。
Cf., Ifrah, Georges; *op. cit.*, p.162.
参照，松原秀一・彌永昌吉監訳；前掲書，123頁。
すでに，簿記と会計の接点にあるのは，「年度決算書」ということで，ドイツ簿記の16世紀から，今日の複式簿記の枠内にある会計，したがって，「複式簿記会計」への進化を解明した筆者としては，メソポタミア時代に，「会計……」と表現することに抵抗がないわけではない。
参照，拙著；『複式簿記会計の歴史と論理』，375頁以降。
原文では，「帳簿記録人」。そのように翻訳すべきかもしれない。しかし，取引事実，さらには，取引事象を記録して開示するのが「会計情報」であるとするなら，それを記録する人間は「会計記録人」と表現すべきではなかろうか。「会計文書」も「会計証書」も同様。

23）Ifrah, Georges; *op. cit.*, p.162.
参照，松原秀一・彌永昌吉監訳；前掲書，123頁。

「エラムとメソポタミアでは，何回かの発掘によって，この粘土板での会計記録システム（système comptable）よりも，さらに古い前3300年頃に，この地方の住民が使用していた会計記録システムが発掘された。特にウルクとスーサ，『ウルク遺跡第4b層』と『スーサ遺跡第18層』と呼ばれる考古学層で発掘されたものである。それは刻み目の付いた多様な小物体（petits objets de tailles et de formes variées）であって，現在では，『粘土球』(Bulle）と呼ばれる球体または卵形の容器に詰め込まれていた。数を小石で象徴する広く行き渡った慣習から派生する，この会計記録システムは，数えたことを具体化するために，その個数だけではなく形状の相違によっても，数を象徴する小物体を使用したのである。数を表記する様式はそれぞれの位に対応していた。たとえば，小棒または小円錐は『第1の位の1単位』，玉は『第2の位の1単位』，円盤または大円錐は『第3の位の1単位』を意味した。数を象徴する，この小物体が，しばしば（ラテン語では，『小石』を意味する）『カルクリ』と呼ばれる理由は，ここにある。

この会計記録システムによると，カルクリを粘土製で半乾きの容器に詰め込んで，これを球形または卵形の『粘土球』の形状に整えてから口を閉じる。表面には，1つか2つの円筒印章を横に転がして，原本であることと間違いのないことの保証とするのである」[25]。図8[26]を参照。

24）Ifrah, Georges; *op. cit.*, p.163. 二重括弧は筆者。
　参照，松原秀一・彌永昌吉監訳；前掲書，124頁。
　原文では，「会計帳簿」。そのように翻訳すべきかもしれない。本来，「綴込帳簿」（装丁帳簿）ばかりではなく，たとえば，伝票，はてはカードなどの「紙片帳簿」（非装丁帳簿）も備付けられるからである。いずれも，帳簿に記録するとしたら，反復する取引事実を記録する「継続記録」である。しかし，粘土板に記録するとしたら，1回かぎりの取引事実を記録するだけの「時点記録」,「断片記録」でしかないので,「会計文書」と表現すべきではなかろうか。
　なお,「綴込帳簿」と「紙片帳簿」については，参照，中野常男稿；「帳簿」,『第6版 会計学辞典』（神戸大学会計学研究室編），同文舘 2007年，855頁以降。

25）Ifrah, Georges; *op. cit.*, pp.164-165. 括弧内は筆者。
　参照，松原秀一・彌永昌吉監訳；前掲書，124頁以降。
　この「粘土板での会計記録システム」は「記録することのない記録」でしかない。しかし，これを保持しておくことで，記録することと同様になるので,「会計記録」と表現するのではなく，あえて会計記録「システム」と表現しているのではなかろうか。
　なお，粘土球は，イタリア語のBullaによると，古代ローマの子供が魔除けに首に掛け

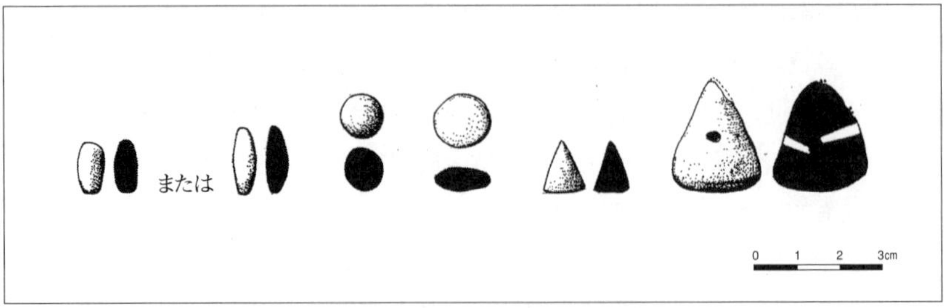

＊スーサ遺跡第18層で発掘された「刻み目の付いた多様な小物体」。

図8

しかし，現在では，このように解明されているのだが，「『粘土球』と呼ばれる球体または卵形の容器に詰め込まれていた」「刻み目の付いた多様な小物体」，これが発掘された当初は，いったい何なのか，無視されるか，憶測に憶測を呼んだようである。実際，前掲の著書によると，「『粘土球』が最初に専門家の注意を惹いたのは，その表面の全体を飾る円筒印章の刻印でしかなかった。粘土球の中の小物体は，将棋の駒であるとか，お守りであるとか，荷札であると考えられた。契約の対象となる商品とも考えられた」[27] のである。そればかりか，著書『文字はこうして生まれた』(“*HOW WRITING CAME ABOUT*”, Austin.）によると，むしろ，「通常無視されるか，『謎の遺物』あるいは『目的不明の遺物』などという見出しで分類されていることに気付いた」[28] と慨嘆されるほどであったのである。いったい，これが「何かを理解する鍵になった」のは，「イラ

ていた「円形の小箱」または国印である「印璽」を意味するので，そのように翻訳すべきかもしれない。しかし，その外形，形状から判断して，「粘土球」と表現している。
なお，「カルクリ」は英語の「印（しるし）」(token）を意味する「トークン」，粘土球は「封球」ないし「粘土製封球」と表現されることもある。
参照，小口好昭・中田一郎共訳；『文字はこうして生まれた』(Schwandt-Bessert, Denise; *HOW WRITING CAME ABOUT,* Austin 1996.)，岩波書店　2008年，17/44/54頁。

26）*CAHIERS de la DÉLÉGATION ARCHÉOLOGIQUE FRANÇAISE en IRAN, ASSOCIATION PALEORIENT,* Vol.1, Paris 1971, p.45.

27）Ifrah, Georges; *op. cit.,* p.164.
参照，松原秀一・彌永昌吉監訳；前掲書，123頁以降。

28）小口好昭・中田一郎共訳；前掲書，9頁

ク北部のヌジ（Nuzi）遺跡で」，20世紀の前半に「発見された，内部が空洞の奇妙な粘土板に関するものであった」[29]。「この中空の粘土板こそ，後に」，そのような粘土球に詰め込まれていた刻み目の付いた多様な小物体を「解明する，まさにロゼッタ・ストーンとなったのである」[30]。図9[30][31]を参照。

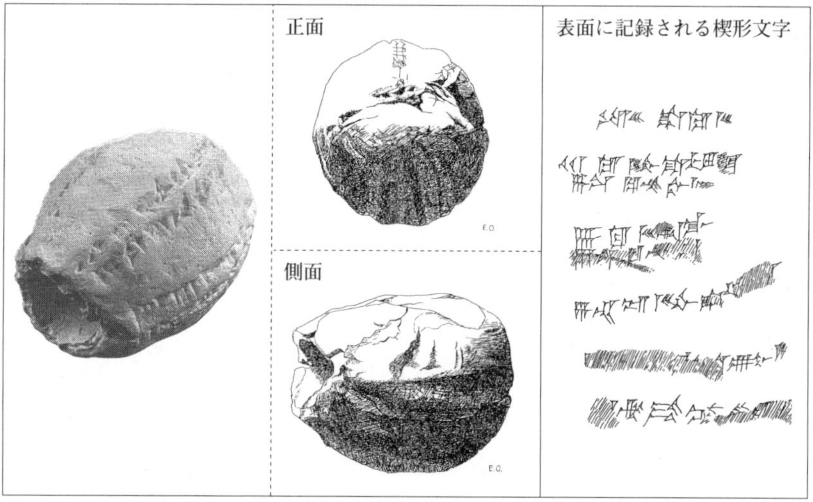

＊ヌジの宮殿遺跡から発掘された粘土球。粘土球の大きさは，4.6cm×6.2cm×5.0cm。

図9

そこで，「まさにロゼッタ・ストーンとなった」「この中空の粘土板」，古代都市はヌジで発掘された「粘土球」についてである。前掲の著書によると，20世紀の前半に「バグダット（Bagdad）に遠征したアメリカ・オリエント調査隊が発見した」[34]のだが，「現イラク領のモスール（Mossoul）の南西部，キルクーク（Kirkuk）地方のメソポタミアの古代都市はヌジの前1500年頃の宮殿遺跡

29）小口好昭・中田一郎共訳；前掲書，10頁。
30）小口好昭・中田一郎共訳；前掲書，11頁。
31）Oppenheim, A. Leo; ON AN OPERATIONAL DEVICE IN MESOPOTAMIAN BUREAUCRACY, in: *Journal of Near Eastern Studies*, Vol.XVIII, 1959, p.122.
小口好昭・中田一郎共訳；前掲書，10頁。

から，卵形（または球形）で中が空洞になった粘土製の容器が発掘された。表面には，『楔形文字』で記録されていた。この楔形文字を翻訳すると，

羊と山羊に関する小物体について，
21個は仔を産んだことのある牝の羊，
6個は牝の仔羊，
8個は大人の牡の羊，
4個は牡の仔羊，
6個は仔を産んだことのある牝の山羊，
1個は牡の山羊，
2個は牝の仔山羊[32)]。

と記録されていた。総数（頭数の『全部』）は48個。羊と山羊の48頭である。そこで，粘土製の容器を開けてみると，その中には，粘土製の球状の小物体が発見されたのだが，不注意にも紛失してしまった。

ある偶然によって，この小物体の本来の機能が啓示されなかったなら，専門家といえども，この発見の重要性には気付かなかったにちがいない。『考古調査隊の召使いが鶏を買いに市場に使いに出された。まずいことには，彼は使いから帰るとすぐに，鶏を数えもしないで，飼育場に放してしまった。ところが，この召使いは数えることを知らず，そのために，何羽の鶏を買ったかは言えないのであった。しかし，召使いが言うには，鶏の1羽1羽について，彼が小石を1個1個と貯めておいたということであった。彼がこの貯めておいた小石を呈示しなかったなら，代金を支払ってもらう術はなかったにちがいない』[33)]。この

32）牝の仔山羊の「2個」は判読不能のようで，類推であるとのことである。
Cf., Oppenheim, A. Leo; *op. cit.*, p.123.
ところが，判読不能のためか，「3個」と表現されることもある。
参照，小口好昭・中田一郎共訳；前掲書，11頁。

33）Guitel, G.; *Histoire comparée des numérations écrites, Flammarion,* Paris 1975.から引用とのことであるが，頁数は不明。

ように，完全に文盲の原住民は，そうとは気付かずに，彼よりも3500年も前に地球に住んでいた未開の羊飼いがやったのと同様のことを再現したのである。

この（球形または）卵形の容器は，実際，古代都市はヌジの会計記録人，自身は読み書きしうる能力のある彼の持ち物であった。羊飼いは，彼の主人（飼い主）から依託された羊（と山羊）の群れを放牧に連れて行く前に，この会計記録人のところに立ち寄ったのである。放牧に出発する前に，この会計記録人は，群れの羊（と山羊）の頭数と同数だけの粘土製の玉を作って，これを粘土製の容器に詰め込んだのである。それから，容器の穴を塞いで，これには，羊（と山羊）の群れの状態を入念に（楔形文字で）記録して，さらに，飼い主の（円筒）印章を（横に転がして）押印したのである。

羊飼いが戻って来たら，容器を割って，中に詰め込んだ小石と照合しながら，羊（と山羊）の頭数を数えればよいのである。したがって，何の異議申立ても起こりえなかった。文字と（円筒）印章は飼い主の権利を保全して，羊飼いにとっては，小石が証拠の品となったからである」[34]。

したがって，メソポタミア時代には，「数えることを知った，数も知った人間」，しかも，絵文字と数字の，まさに「文字も知った人間」が記録するようになるまでに，「数えることは知ったが，数を知らない人間」，まして「文字も知らない人間」が記録するようになったのでは，と想像するのである。もちろん，記録することと同様に保持しておかねばならないが，「記録することのない記録」ではある。

そうであるとしたら，1，2，3の「数」は知らないまでも，1個，1個，1個とか，1頭，1頭，1頭とか，「少しでも数えること」を知った人間は，「1組の紐，

34）Ifrah, Georges; *op. cit.*, pp.17-18. 二重括弧および括弧内は筆者。
参照，松原秀一・彌永昌吉監訳；前掲書，15頁。
なお，この「粘土球」には，羊，山羊の頭数が記録される末尾に，羊飼いである「牧夫」「の封印」があるとのことであるので，円筒印章を押印しているのは「羊飼い」になることに注意。これに対して，「この卵形をした粘土板は」，「羊の所有者」「の私家文書に属するものであった」とのことであるので，その「粘土球」を保持しておくのは，「飼い主」になることに注意。
参照，小口好昭・中田一郎共訳；前掲書，11/10頁。

刻み目を付ける骨があるとしたら，それだけではなく，小石であったり，細い棒であったりもするのだが，これによって，彼は少しでも数えられるようになる」[17)]，実際，少しでも数えられるようになったことを想起してもらいたい。ヨリ原初的には，1組の紐であれば，結び目を付けることによって，骨であれば，刻み目を付けることによって，小石であったり，細い棒であれば，積むとか並べるとかによって，結果的に，野牛の頭数の「全部」，牝牛，牡牛の頭数の「全部」，種馬，牝馬，仔馬の頭数の「全部」，羊の頭数の「全部」，したがって，「これだけたくさん」狩猟した旨，「これだけたくさん」飼育している旨は確認しえたはずである。

もちろん，骨に刻み目を付けるのは，粘土板に彫り込むのと同様であるので，記録することにはなるであろうが，これ以外は，そうではない。しかし，記録することはないにしても，その旨の自身の記憶を確実なものにするためには，記録することと同様に，結び目の付いた1組の紐，積んだとか並べたとかの小石または細い棒は保持しておかねばならなかったはずである。「帳簿」では決してないにしても，まさに備付けておかねばならなかったはずである。

したがって，「『粘土球』と呼ばれる球体または卵形の容器に詰め込まれていた」「刻み目の付いた多様な小物体」についても同様。記録することはないにしても，その旨の自身の記憶を確実なものにするためには，記録することと同様に，この小物体を詰め込まれた「粘土球」と呼ばれる球体または卵形の容器は保持しておかねばならないのである。

しかし，これでは，結果的に，頭数の「全部」，したがって，「これだけたくさん」狩猟した旨，「これだけたくさん」飼育している旨は確認しうるだけで，それが「何であるのか」，野牛であるか，牝牛，牡牛であるか，種馬，牝馬，仔馬のいずれであるか，羊であるか，となると，家畜の種類によって刻み目を付した骨が相違していたにしても，この「少しでも数えることを知った人間」自身の記憶に頼るしかなかったはずである。羊，山羊についても同様。結果的に，頭数の「全部」，したがって，「これだけたくさん」放牧している旨は確認しうるだけで，それが「何であるか」，羊，山羊であるか，となると，家畜の種類によって小物体を詰め込まれた「粘土球」と呼ばれる球体または卵形の容器が相違していたにしても，これまた，その「少しでも数えることを知った人間」自身の記憶に頼るしかなかったはずである。

ところが，メソポタミア時代には，そうではない。「数えることは知ったが，数を知らない人間」，まして「文字も知らない人間」は「円筒印章」を横に転がして押印することによって，それが「何であるのか」は確認しえたようである。古代都市はヌジで発掘された「粘土球」は，羊，山羊の頭数と同数の「小物体」を詰め込んでから，「表面には，『楔形文字』で記録されていた」[34]のだが，「羊（と山羊）の群れの状態を入念に（楔形文字で）記録して，さらに，飼い主の（円筒）印章を（横に転がして）押印したのである」[34]。前1500年頃に作成された粘土球である。これに対して，古代都市はウルクとスーサで発掘された「粘土球」は，前3300年頃に作成された粘土球。表面には，楔形文字で記録されることはない。「楔形文字」自体，まだ発明されてはいないのである。したがって，たとえば，羊，山羊の頭数と同数の小物体，これと同様の「刻み目の付いた多様な小物体」を詰め込んでから，「表面には，1つか2つの円筒印章を横に転がして，原本であることと間違いのないことの保証とするのである」[25]。

そこで，想像するに，会計記録人は，古代都市に任用された役所の責任者。「官吏」である。メソポタミア地域の古代都市は神殿支配であったことから，この役所の責任者は「神殿の管理人」として，「神官」であったかもしれない[35]。官吏にしても，神官にしても，「依託者」である飼い主と「受託者」である羊飼いの確認を得ながら，1頭1頭，羊，山羊の頭数を数えることで，この頭数と同数の小物体，これと同様の「刻み目の付いた多様な小物体」を粘土球と呼ばれる球体または卵形の容器に詰め込んでから，容器の口を閉じたはずである。そして，この球体または卵形の容器を保持しておいたはずである。

したがって，「円筒印章」を横に転がして押印するとしたら，本来は，「会計

35）参照，津田正晃・加藤順介共訳；『チャットフィールド 会計思想史』（Chatfield, Michael; *A HISTORY OF ACCOUNTING THOUGHT,* Illinois 1974.），文眞堂1978年，5頁。参照，戸叶勝也訳；『シュメール文明 古代メソポタミア文明の源流』（Helmut, Uhlig; *DIE SUMERER, Volk am Anfang der Geschichte,* München 1976.），佑学社 1979年，30頁以降。

記録人」，さらに，「依託者」である飼い主と「受託者」である羊飼いの双方が押印するのかもしれない。しかし，横に転がして押印するのは，3つの円筒印章ではない。「1つか2つの円筒印章」[25]を横に転がして押印したとのことである。

そうであるとしたら，考古学者からの批判を覚悟して，あえて憶測するに，「依託者」である飼い主は自身の権利を保全してもらうために会計記録人に嘱託したのだから，「1つ」「の円筒印章」は，まずは，「会計記録人」が押印するのでは，と想像するのである。さらに，いま1つの円筒印章を押印するとしたら，自身の権利を保全してもらうために会計記録人に嘱託したのだから，この「嘱託人」，「依託者」である飼い主は押印するまでもないのではなかろうか。押印した「粘土球」は，会計記録人が保持しておくことで，「依託者」である飼い主は自身の権利を保全してもらうのだから，と想像するのである。したがって，それよりも，「2つの円筒印章」は，この会計記録人に加えて，さらに，その「取引相手」，「受託者」である羊飼いが押印するのでは，と想像するのである。このような円筒印章の刻印によって，もはや「数えることは知った人間」である「会計記録人」も，これ以外の人間，したがって，「依託者」である飼い主にとっても，「受託者」である羊飼いにとっても，それが「何であるか」，したがって，羊，山羊であることは確認しえたようである。

そこで，「会計記録人」は「依託者」である飼い主と「受託者」である羊飼いにとって，羊，山羊の「依託受託関係」を保証する，今日の「公証人」に相当することになる。「依託者」である飼い主と「受託者」である羊飼いは，たとえ「数えることを知らない，数も知らない人間」であったとしても，「数は知らないが，少しでも数えることを知った人間」，いや，「数えることは知ったが，数を知らない人間」，まして「文字も知らない人間」であったとしても，会計記録人は，古代都市に任用された「官吏」。「神官」であったかもしれない。官吏にしても，神官にしても，羊，山羊の「依託受託関係」を保証するので，今日の「公証人」に相当することになる。「依託者」である飼い主と「受託者」である羊飼いの確認を得ながら，1頭1頭，羊，山羊の頭数を数えることで，この頭数と同数の小物体，これと同様の「刻み目の付いた多様な小物体」を「粘土球」と呼ばれる球体または卵形の容器に詰め込んだのだから，ごまかされるはずもなく，改竄されるはずもない。したがって，「依託者」である飼い主にとっても，「受託者」である羊飼いにとっても，信頼しうるものであったのではなかろうか。

そうであるとしたら，数を象徴する小物体，これと同様の「刻み目の付いた多様な小物体」を詰め込まれた「粘土球」と呼ばれる球体または卵形の容器こそは，記録することはないにしても，「取引事実」である依託受託関係を記録するのと同様の「会計文書」。「粘土球の会計文書」である。しかも，「依託者」である飼い主にとっては「依託証書」，「受託者」である羊飼いにとっては「受託証書」，したがって，「会計証書」であるにちがいない。

そこで，この「粘土球」と呼ばれる球体または卵形の容器に，羊，山羊の頭数と同数の小物体，これと同様の「刻み目の付いた多様な小物体」を詰め込むことは「記録すること」自体の起源の起源として，やがて「数えることを知った，数も知った人間」，しかも，絵文字と数字の，まさに「文字も知った人間」が粘土板に記録するようにもなると，極端には，「文字は『会計記録人の発明』になるものである」[22]とまで表現されることに納得しえようというものである。したがって，メソポタミア時代には，自身の記憶を確実なものにするために記録するにしても，もはや「備忘」手段として記録しただけではなさそうである。証憑，したがって，後日の「備忘証明」手段として記録するにちがいない。

それでは，「記録すること」自体の起源の起源から「記録すること」自体の起源に，したがって，「数えることは知ったが，数を知らない人間」，まして「文字も知らない人間」が保持しておく「粘土球の会計文書」から，絵文字と数字の，まさに「文字も知った人間」が記録する「粘土板の会計文書」に，どのように移行するのであろうか。

そこで，前掲の著書によると，20世紀の後半に「イラン遺跡・フランス考古学調査隊がスーサのアロポリス遺跡で発掘調査したのだが，粘土球から会計記録の粘土板への移行がよく理解されるようになったのは，その時の発見のおかげである。しかし，シュメールに出土する文書を見るかぎりでは，このような発達を確証しうるのはエラムだけのようである。

しかし，シュメール人も同じ発達をしたと断言しうるだけの，いくつかの有力な理由はある。実際，エラム文明は，独自の要素を持ってはいるのだが，シュメール文明とほぼ同様の要素を持っていたことが分かる。両文明は，全く同様の条件で前4000年紀の末葉の間に，類似して開花，かつ類似して発達したからである。いずれも，人間が考えたことを視覚的または象徴的に表現したり，発声された言語を転写するのに，粘土が最適であるとの認識を最初から持っていたのである。それに，前3200年から前3100年頃の，ウルク時代の粘土板と，前3000年から前2900年頃の原エラム文字が見られる最古の粘土板との間には，明白な類似性がある。図4および図5を参照。最後に，前3500年から前3300年頃には，粘土球での会計記録システムと『カルクリシステム』（système des calculi）は，エラムでも，シュメールでも，使用されていたのである」[36]。

そのようなわけで，前掲の著書によると，古代都市はスーサで発掘された「会計文書」を6つの段階に分類。「粘土球の会計文書」については，第1段階と第2段階，「粘土塊の会計文書」については，第3段階と第4段階，「粘土板の会計文書」については，第5段階と第6段階に整理することで，メソポタミア時代に，「記録すること」自体の起源の起源から「記録すること」自体の起源に，どのように移行するかを解明することになる。

（1）粘土球の会計文書

第1段階。「スーサ遺跡第18層」と呼ばれる考古学層で発掘。前3500年頃の「会計文書」についてである。スーサの「役所の責任者（responsable de l'administration）はかなり綿密な会計記録システムを持っていた。このシステムは，

36）Ifrah, Georges; *op. cit.*, p.165. 二重括弧は筆者。
参照，松原秀一・彌永昌吉監訳；前掲書，125頁。
なお，「カルクリシステム」は「粘土球での会計記録システム」と同様。しかし，想像するに，数を象徴する小物体，これと同様の「刻み目の付いた多様な小物体」を詰め込むまでもなく，小石さえあるなら，この小石を並べるだけでも，さらに，「小石」を意味する小物体を並べるだけでも，これを保持しておくことでは，記録することと同様になるので，あえて「カルクリ」システムとも表現しているのではなかろうか。

いくつかの『カルクリ』を記号に使用して，たとえば，商業取引の総数（頭数の『全部』）に合致するのだが，数を象徴するのに，それぞれの位を表現する，大きさも形状も相違する粘土製の小物体を使用する会計記録システムを持っていた。球形または卵形で真ん中のくぼんだ粘土球の中に，このような『カルクリ』を詰め込んで，表面には，1つか2つの円筒印章を横に転がして押印，この円筒印章の刻印によって，発行人と（会計記録システムの）完全であることを保証するのである。

粘土球は『文書保管所』（archives）に保持しておかれる。当事者の双方に確認の必要がある場合，異議申立てがある場合には，粘土球を壊して，その中のカルクリを数え上げるのである。

いま，前3300年頃のスーサにいると想定しよう。折しも，羊飼いが299頭の羊を数カ月に亘る放牧に連れて行くところである。雇い主（飼い主）は地元の富裕な牧畜業者である。双方は事前に，雇い主（飼い主）の財産管理にあたる会計記録人のところに連れ立って赴いて，羊の頭数を確認している。

会計記録人は羊の頭数を数え上げると，親指を押し込んで，真ん中のくぼんだ粘土球を製作する。直径が約7cm，ほぼテニスボール大の球体ができる。それから，親指を引き抜いてできた穴から，羊の100頭を象徴する粘土製の円盤が2個，10頭を象徴する粘土製の玉が9個，1頭に相当する粘土製の小棒が9本，この粘土製の容器に詰め込まれる。総数（頭数の『全部』）は299頭である」[37]。「それから，会計記録人は粘土球の口を閉じて，会計記録された物品を公証するために，粘土球の表面に円筒印章を横に転がして，発行人を保証する。今日の『公正証書』に相当する文書が，このようにして完成する。もはや改竄される余地はない。

粘土が乾燥するのを待って，会計記録人は粘土球を文書保管所に保持しておく。そうすることによって，粘土球とその中の『カルクリ』は，羊飼いにとっても，雇い主（飼い主）にとっても，いま眼前で確認した頭数を保証することになる。このシステムを使用するなら，いずれ羊飼いが戻って来たときに，放牧に連れて行った羊の全頭がいるかどうかを確認しうる。会計記録人は粘土球を

37）Ifrah, Georges; *op. cit.*, pp.166-167. 括弧内は筆者。
参照，松原秀一・彌永昌吉監訳；前掲書，125頁以降。

壊して，『カルクリ』を数え上げる。検証するのは簡単である」[37]。図10[38]を参照。

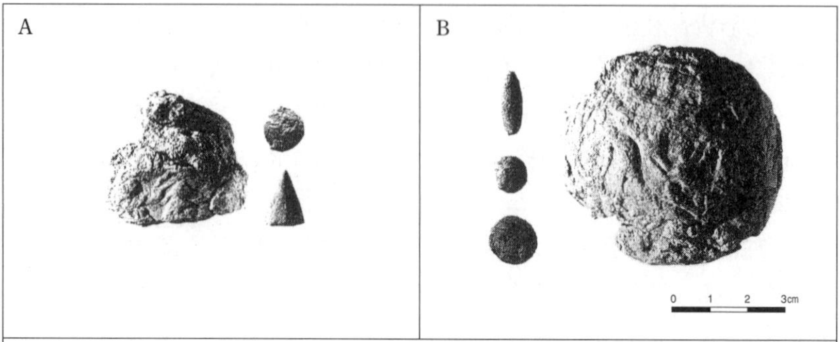

スーサ遺跡第18層で発掘

図10

第2段階。「スーサ遺跡第18層」と呼ばれる考古学層で発掘。前3300年頃の「会計文書」についてである。「第1段階の手法は，あまり便利ではない。記録された取引の総数（頭数の『全部』）を再確認するには，都度，粘土球を壊さねばならないからである。

この不都合をなくすために，スーサの会計記録人は，すでに古来から習慣とされた手法，刻み目を入れるのに類似した手法を思い付いた。粘土球に詰め込まれる多様な『カルクリ』を象徴するために，粘土球の表面には，円筒印章を横に転がすと同時に，多様な形状の刻み目（か刻印）を押し付けたのである。たとえば，

小棒は『細長い刻み目』。小さな筆蘆を斜めに押し付けて得られる。

玉は『小さい円形の刻印』。同じ筆蘆を垂直に押し付けて得られる。

円盤は『大きい円形の刻印』。大きな筆蘆を垂直に押し付けるか，指の先を押し付けて得られる。

円錐は『太い刻み目』。柔らかい粘土に大きな筆蘆を斜めに押し付けて得られる。

38) Cf., *op. cit.* (*CAHIERS de la DÉLÉGATION ARCHÉOLOGIQUE FRANÇAISE en IRAN*, Vol.1), p.54.

孔のあいた円錐は『小さい円形の刻印がある太い刻み目』。このような多様な形状の刻み目（か刻印）を押し付けたのである」[39]。図11[40]を参照。

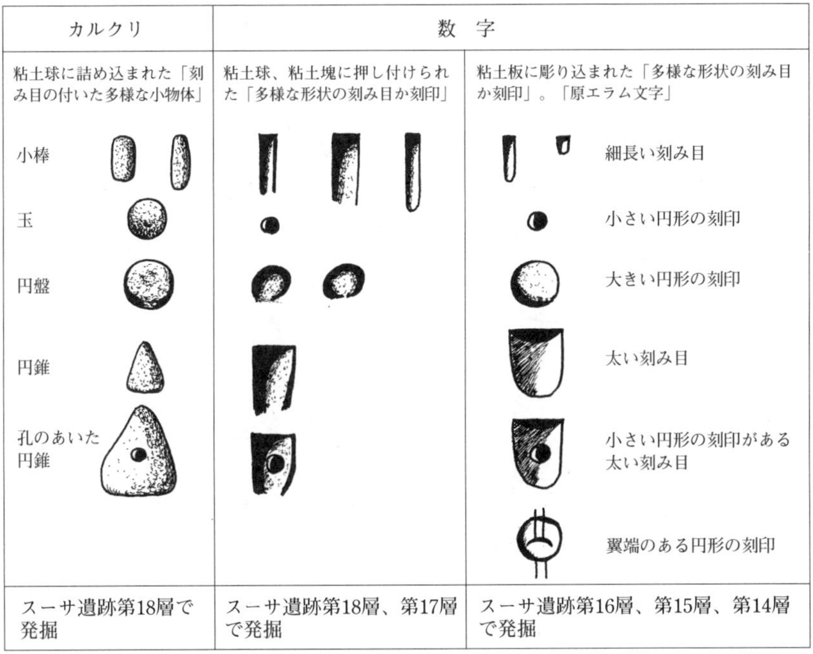
カルクリ
数　字
粘土球に詰め込まれた「刻み目の付いた多様な小物体」
粘土球、粘土塊に押し付けられた「多様な形状の刻み目か刻印」
粘土板に彫り込まれた「多様な形状の刻み目か刻印」。「原エラム文字」
小棒
玉
円盤
円錐
孔のあいた円錐
細長い刻み目
小さい円形の刻印
大きい円形の刻印
太い刻み目
小さい円形の刻印がある太い刻み目
翼端のある円形の刻印
スーサ遺跡第18層で発掘
スーサ遺跡第18層、第17層で発掘
スーサ遺跡第16層、第15層、第14層で発掘

図11

したがって，「いわゆる中身の要約といったところである。3個の円盤と4本の小棒を詰め込んだ会計記録の粘土球は，表面に3つの大きい円形の刻印と4本の細長い刻み目を持つ。図12の粘土球 Bとカルクリ。7本の小棒を詰め込んだ粘土球は，表面に7本の細長い刻み目を持つ。図12の粘土球Aとカルクリ。

そうすることによって，都度，粘土球を壊さねばならないこともなくなった。

39）Ifrah, Georges; *op. cit.*, p.168. 括弧内は筆者。
　参照，松原秀一・彌永昌吉監訳；前掲書，126頁以降。

40）Ifrah, Georges; *op. cit.*, p.171.
　参照，松原秀一・彌永昌吉監訳；前掲書，126頁。

41）Ifrah, Georges; *op. cit.*, p.169. 括弧内は筆者。
　参照，松原秀一・彌永昌吉監訳；前掲書，127頁。

粘土球の表面のくぼんだ印を『読み取れば』よいのである。円筒印章の刻印は，全体が間違いないことを保証すると同時に，粘土球の発行人を明示して，数の印である刻み目（か刻印）は取引の総数（頭数の『全部』）を表現するからである」[41]。図12[42] を参照。

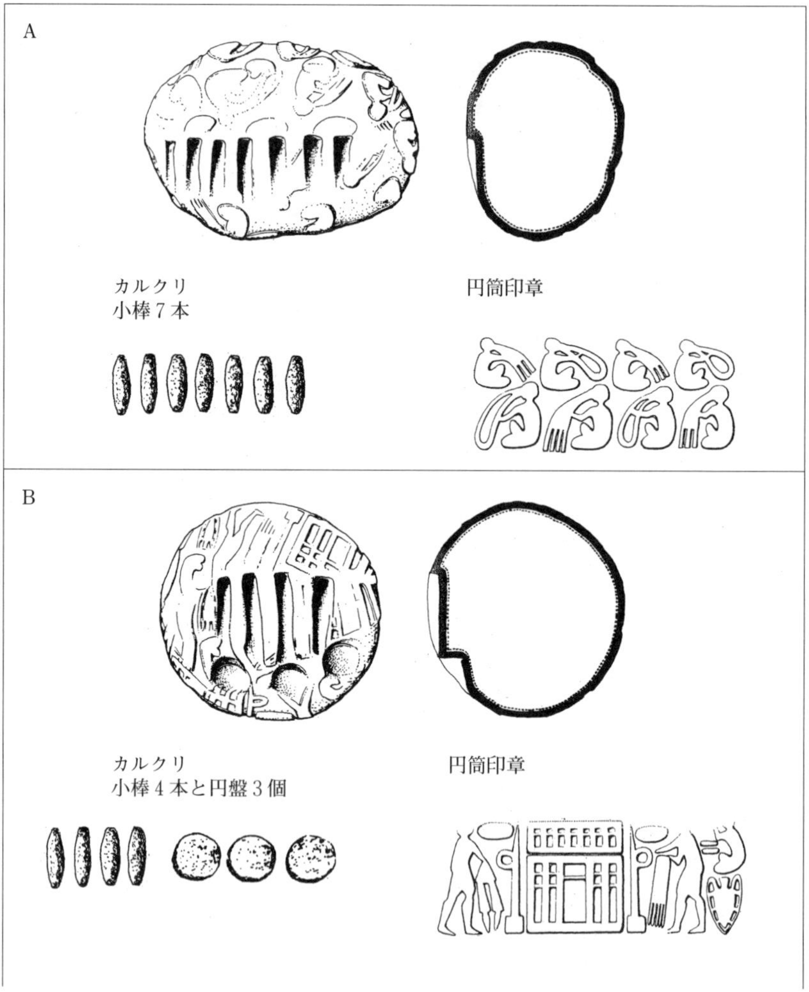

42）Cf., *op. cit.* (*CAHIERS de la DÉLÉGATION ARCHÉOLOGIQUE FRANÇAISE en IRAN*, Vol.1), p.45/51/53/54.
Cf., Ifrah, Georges; *op. cit.*, p.168.
参照，松原秀一・彌永昌吉監訳；前掲書，127頁。

C

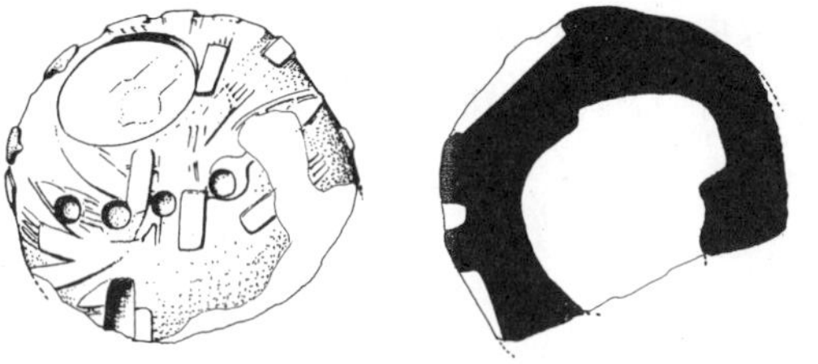

カルクリ
小棒１本、玉４個と
孔のあいた円錐１個

円筒印章

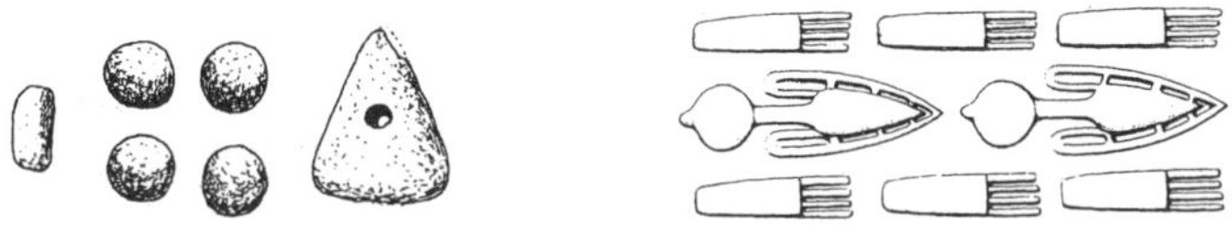

D

スーサ遺跡第18層で発掘

図12

(2) 粘土塊の会計文書

第3段階。「スーサ遺跡第18層」と呼ばれる考古学層で発掘。前3250年頃の「会計文書」についてである。「第2段階の手法のように，粘土球の中に数を象徴する小物体を詰め込んで，この粘土球の表面に，その数を『記号で表記』(notation) する手法は二重手間である。やがてカルクリを使用する慣行，ひいては粘土球を作成する慣行は無駄なものであることが理解された。

この慣行は第3段階に進歩すると，廃止される。球形または卵形の粘土球に代えて，円形または横長の形状の粘土製の塊，粘土塊 (pain d'argile) が使用されたのである。粘土球の表面に記録された情報は，いまや，粘土塊の『表面』だけに記録される。

最初のうちは粘土球の形状を模倣していたのだが，この会計記録の文書は相変わらず，円筒印章が刻印されることによって，今日の『頭書きを付された公用文書』と同様の価値を持っていた。取引の総数（頭数の『全部』）を記録する場合に，この公的文書は粘土塊の表面に，かつて粘土球の中に詰め込まれたカルクリと同等になる『記号で表記』されるのである。原エラム文字の『最初の会計記録の粘土板』は，この第3段階で作成されたものである。

これまでの3つの段階は比較的に短期間のうちに相前後して生起している。これを証明するのは，すべての文書が『スーサ遺跡第18層』と呼ばれる考古学層の土中から発掘されるからである。

さらに，円筒印章の同一の刻印が粘土球と粘土塊に発見されたことから，このような文書は同時代のものであることが確証された。図12の粘土球Cと図13の粘土塊B」[43)]。図13[44)] を参照。

43）Ifrah, Georges; *op. cit.*, pp.169-171. 括弧内は筆者。
参照，松原秀一・彌永昌吉監訳；前掲書，127頁以降。

44）Cf., *op. cit.* (*CAHIERS de la DÉLÉGATION ARCHÉOLOGIQUE FRANÇAISE en IRAN*, Vol.1), p.45 / 51 / 54.
Cf., Ifrah, Georges; *op. cit.*, p.169.
参照，松原秀一・彌永昌吉監訳；前掲書，128頁。

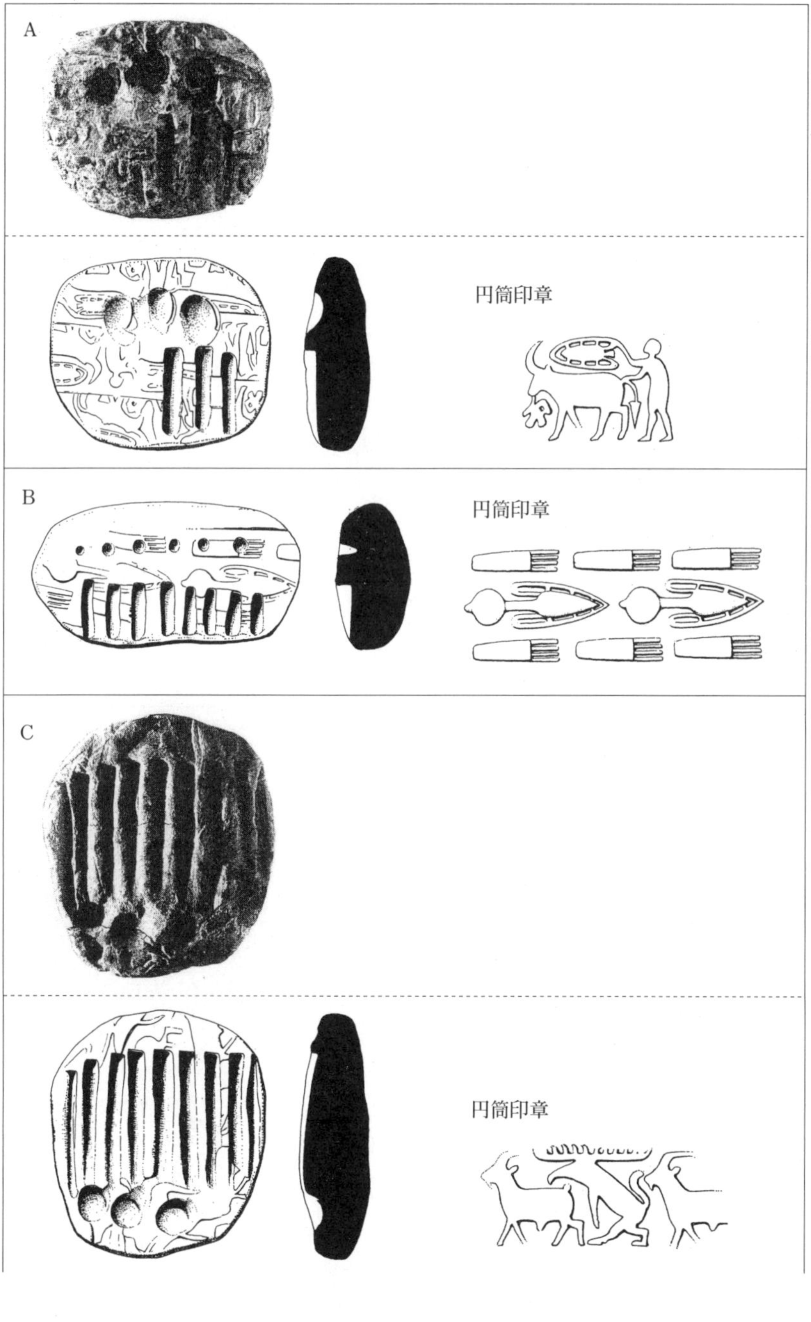
A
円筒印章
B
円筒印章
C
円筒印章

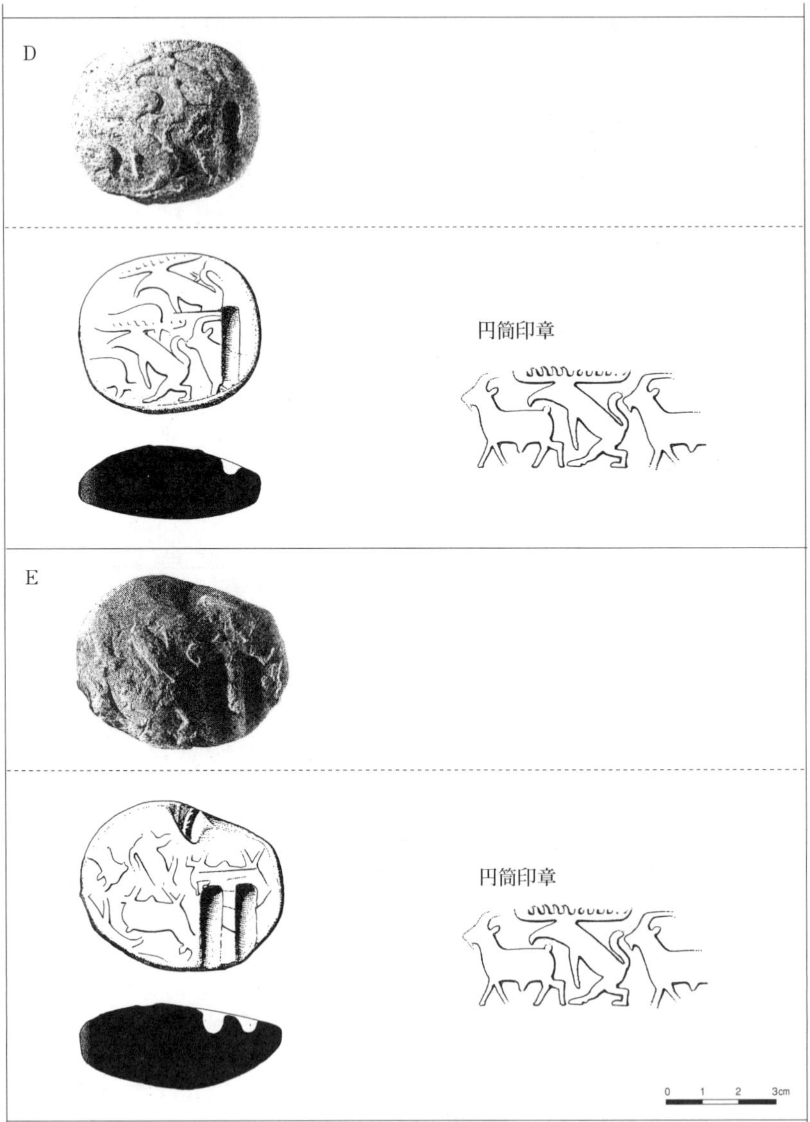

スーサ遺跡第18層で発掘

図13

第4段階。「スーサ遺跡第17層」と呼ばれる考古学層で発掘。前3200年から前3000年頃の「会計文書」についてである。「この第4段階の会計記録の情報は，第3段階のそれと同様に，専ら数を記号で表記する。粘土板（粘土塊）の表面には，円筒印章を横に転がして得られる刻印だけがあって，厳密には，文字の記号はない。

しかし，この粘土板（粘土塊）と遺跡第18層で発掘される粘土板（粘土塊）を比較すると，両者の間には，形状の変化があることに気付く。この変化とは，人間がこの会計記録の文書に次第に使い慣れてきたことである。実際，粘土板（粘土塊）は次第に洗練されて，丁寧に作成される。数の印も深く彫り込まれるのではない。浅く規則正しく彫り込まれる。粘土板（粘土塊）の側面にも，裏面にも，円筒印章が横に転がされる」[45]。図14[46]を参照。

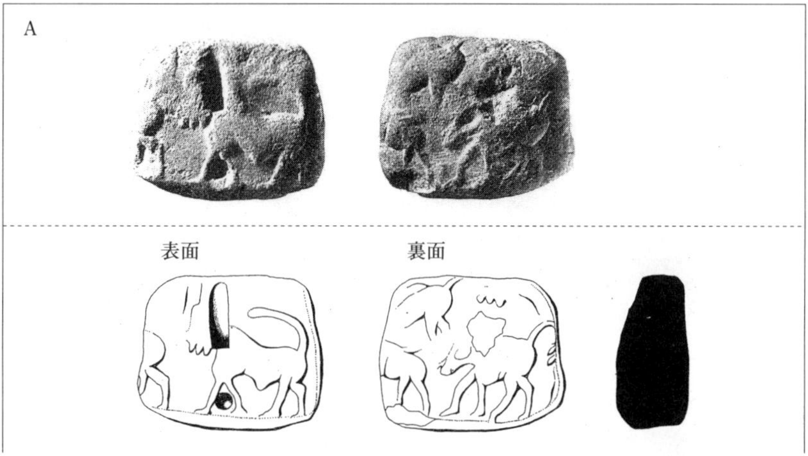

45）Ifrah, Georges; *op. cit.*, pp.170-171. 括弧内は筆者。
参照，松原秀一・彌永昌吉監訳；前掲書，128頁。

46）Cf., *op. cit.*（*CAHIERS de la DÉLÉGATION ARCHÉOLOGIQUE FRANÇAISE en IRAN*, Vol.1）, p.47 / 49 / 51 / 53 / 57.
Cf., Ifrah, Georges; *op. cit.*, p.170.
参照，松原秀一・彌永昌吉監訳；前掲書，128頁。

B

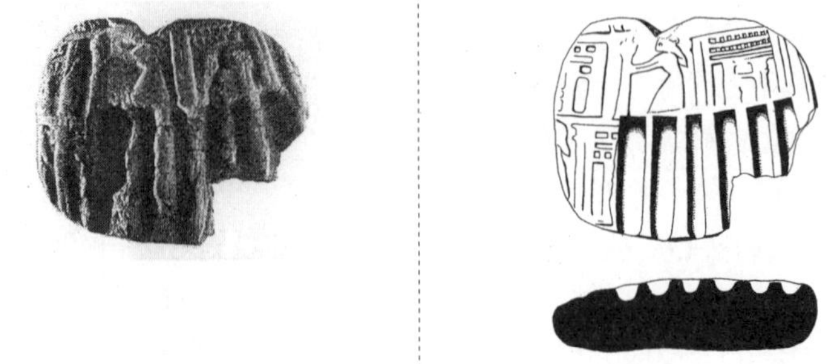

C

D

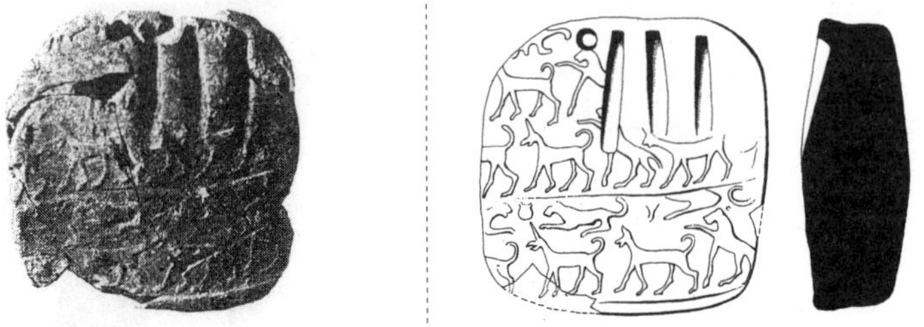

E

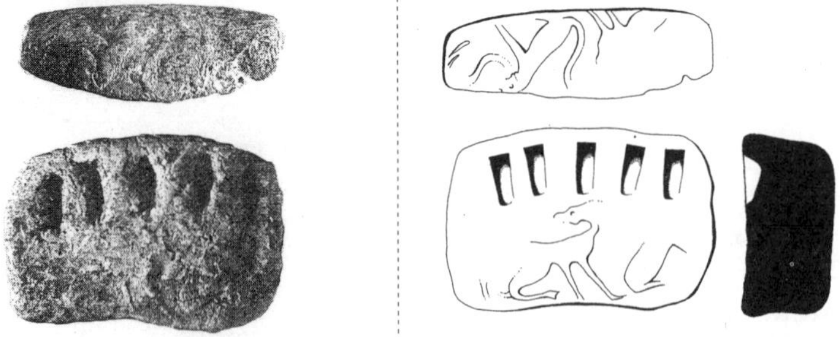

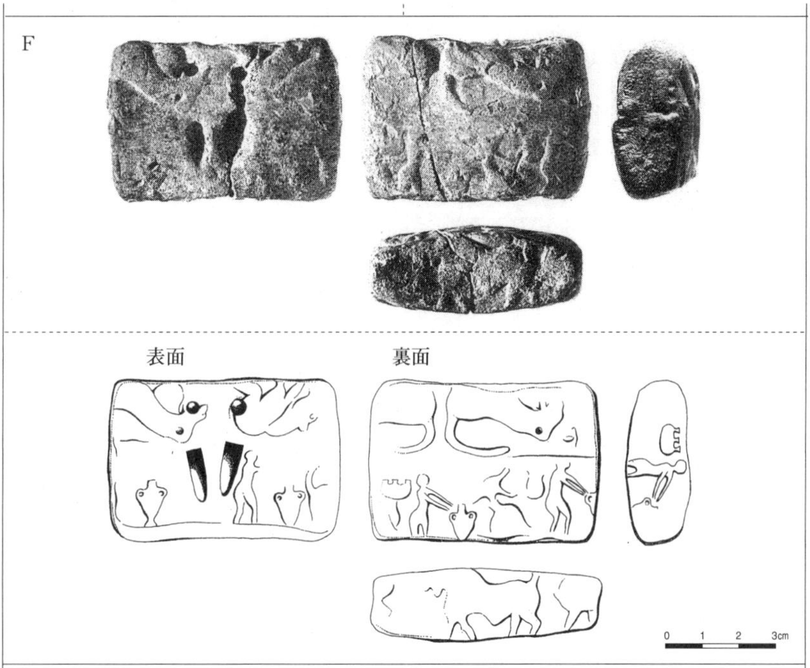

スーサ遺跡第17層で発掘

図14

したがって，第1段階こそは「記録すること」自体の起源の起源。「記録することのない記録」でしかないのだが，数を象徴する小物体，これと同様の「刻み目の付いた多様な小物体」の詰め込まれた「粘土球」を保持しておくことでは，記録することと同様になる。第2段階は，「刻み目の付いた多様な小物体」を粘土球に詰め込むと同時に，これと同様の「多様な形状の刻み目か刻印」を粘土球に押し付ける。

さらに，第3段階は，この二重手間を排除。粘土球から「粘土塊」に変形されて，「多様な形状の刻み目か刻印」を粘土塊に押し付けるだけである。第4段階は，粘土塊から「粘土板」に変形される前段階。「多様な形状の刻み目か刻印」が粘土板に彫り込まれる前段階である。したがって，「記録すること」自体の起源の，まさに前段階であるのでは，と想像するのである。

そこで，前掲の著書によると，「これまでの会計記録の粘土球と粘土板（粘土塊）に見られる『表記の手法』は，厳密な意味では，『文字で記録すること』ではない。むしろ，人間が考えることを象徴して，視覚的に表現する手法である。円筒印章の刻印の傍らには，数が記録されているとはいっても，この文書を見るだけでは，何が取引されたかは判読されないからである。取引の数量は判読されはする。しかし，取引の物品が何であるかを明示する記号はない。しかも，取引は引渡しなのか，受入れなのか，交換なのか，配給なのか，粘土球にも，粘土板（粘土塊）にも，これを明示する記号はないのである。これについては，永久に知る術はないであろう」[47)]。

しかし，「粘土球ないし粘土板（粘土塊）に押印された円筒印章の刻印を見れば，商業取引の物品も分かるようになっていたと考えうる。未熟な経済状況の取引では，当事者の双方が顔見知りであってもおかしくはない。その場合には，当事者は問題となる文書を見ることで，この取引の意味を理解したであろう。関係者は独自の円筒印章を持っているので，印形を見れば，取引相手が誰であるか，すぐに理解されたからである。

このように表記する手法は極めて簡明であるのに対して，極めて曖昧である理由は，ここにある。したがって，文字の記号が広く使用されるようになると，視覚的に象徴するだけの手法は消滅してしまう。しかし，注目すべきであるのは，くぼみ目を使用して数を表記する手法が間違いなく『数を記録する表現』であることである。事前の約束によって，それぞれの数の記録は，それぞれの位に関連している。文字によって数を表記する手法はこれと同様のものである」[48)]。

事実，第2段階の粘土球から，そうであるように，粘土塊にも，頭数は「刻み込まれたくぼみ目の印」の数字ではないにしても，「押し付けられたくぼみ

47）Ifrah, Georges; *op. cit.*, p.171. 括弧内は筆者。
　参照，松原秀一・彌永昌吉監訳；前掲書，128頁。

48）Ifrah, Georges; *op. cit.*, pp.171-172. 括弧内は筆者。
　参照，松原秀一・彌永昌吉監訳；前掲書，128頁以降。

目の印」の数字で記録される。したがって，もはや「数えることは知ったが，数を知らない人間」が記録しているのではない。「数えることを知った，数も知った人間」が記録していることになる。この「押し付けられたくぼみ目の印」の数字で記録することによっても，頭数の「全部」，したがって，「これだけたくさん」放牧している旨は確認しうるからである。しかし，それが「何であるか」，羊，山羊であるのか，となると，羊，山羊の頭部の図柄の絵文字で記録されることはないのである。したがって，「文字を知らない人間」が記録していることになる。しかし，第1段階の粘土球から，そうであるように，羊，山羊である旨は粘土塊に押印された円筒印章の刻印によって確認しえたようである。「粘土板（粘土塊）の側面にも，裏面にも，円筒印章が横に転がされる」のは，そのためであるのかもしれない。

ところが，「1つか2つの円筒印章」[25] を横に転がして押印したとのことであるので，まずは，「会計記録人」，さらに，筆者が憶測するところでは，その「取引相手」，「受託者」である羊飼いが押印するのでは，と想像するのである。場合によっては，この会計記録人への「嘱託人」，「依託者」である飼い主も押印するのかもしれない。したがって，円筒印章の刻印によって確認しえたにしても，この2人だけの記憶，場合によっては，この3人だけの記憶に頼るしかないことでは，依然として，自ずから限界がある。「取引相手が誰であるか」，「取引の物品が何であるか」，さらに，「取引は引渡しなのか，受入れなのか，交換なのか，配給なのか」は，相互には確認しうるかもしれないが，これ以外の人間には確認しうるはずもないからである。

そこで，「何をどれだけ」，「何を」全部の個数は「何個」とか，「何を」全部の頭数は「何頭」とか，具体的に正確に記録しうるには，「数えることは知った，数も知った人間」，しかも，絵文字と数字の，まさに「文字を知った人間」が，頭数は「刻み込まれたくぼみ目の印」の数字で記録するだけではなく，羊，山羊は頭部の図柄の絵文字で記録するようになるのを待たねばならない。

(3) 粘土板の会計文書

第5段階。「スーサ遺跡第16層，15層」と呼ばれる考古学層で発掘。前3000

年から前2900年頃の「会計文書」についてである。「第5段階になると，粘土板は薄くて長方形の形状，ほとんど『標準型』の形状である。この第5段階の粘土板の特徴となるのは，円筒印章の刻印が押されることもあるが，くぼみ目の印によって数字を記録する傍らに，『原エラム文字』が出現したことである。この文字の記号は，想像するに，取引の物品を明示するために使用されたのである。

スーサ遺跡第16層から出土する粘土板には，少なからず，円筒印章を横に転がした痕跡のないものもある。この事実は，考古学層のヨリ低い層から出土した文書である第17層，第18層から出土した粘土球と粘土板（粘土塊）の文書に，円筒印章による刻印が取引の物品を表現したという仮説を裏付けるものである」[49)]。図15[50)]を参照。

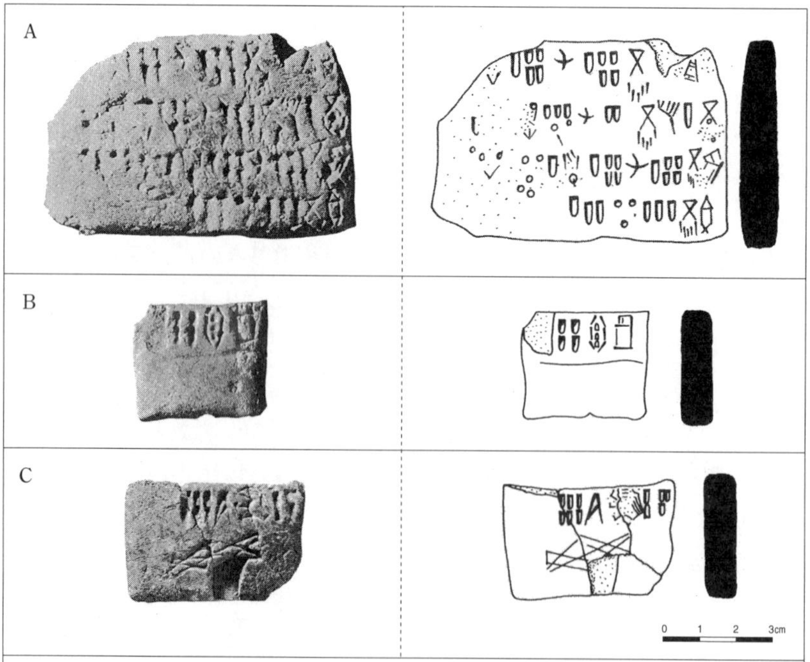

スーサ遺跡第16層で発掘

D

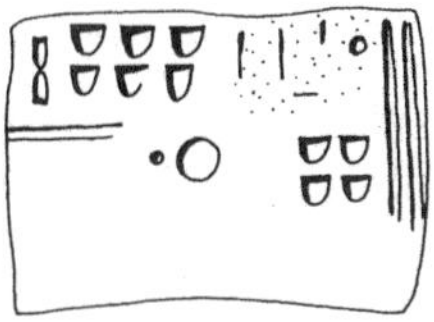

E

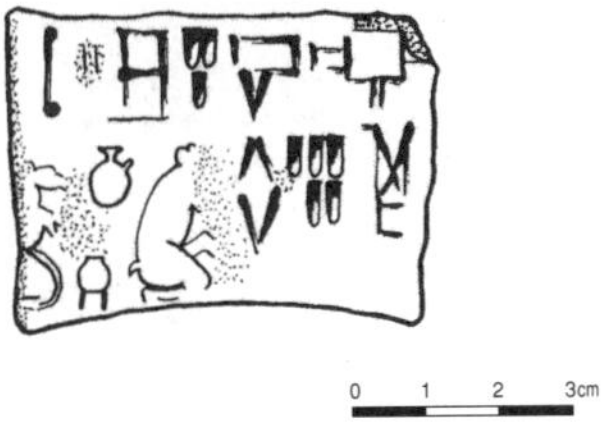

スーサ遺跡第15層で発掘

図15

第6段階。「スーサ遺跡第15層，14層」と呼ばれる考古学層。前2900年から前2800年頃の「会計文書」についてである。「第6段階，原エラム文字の粘土板では，文字を象徴する記号が数字よりも広い面積を占める。これは何を意味す

49）Ifrah, Georges; *op. cit.*, p.172. 括弧内は筆者。
参照，松原秀一・彌永昌吉監訳；前掲書，129頁。

50）Cf., *CAHIERS de la DÉLÉGATION ARCHÉOLOGIQUE FRANÇAISE en IRAN, ASSOCIATION PALEORIENT,* Vol.8, Paris 1978, ACROPOLE, Figure 58. Niveaux 16 à 14B: Tablettes / PLANCHE XXIV / PLANCHE XXIII.
Cf., Ifrah, Georges; *op. cit.*, p.173.
参照，松原秀一・彌永昌吉監訳；前掲書，130頁。

るのか。文字を象徴する記号が言語の文法的な仕組みも表現することになったのであろうか。したがって，原エラム文字は『音声表記』(phonétisme）の発見という大進歩をなしたのであろうか。想像するに，そのとおりであろうが，現在，これを確証する術はない。文字の意味が依然として不明であるからである。実際，様々の家畜や物品を表徴すると思われる記号は，例外を除いては，極めて単純な図柄であって，直接に視覚的な喚起を促すほどのものではない。この文字は全く解読されておらず，この文字の音声も全く聞き取られることはない」[51]。図16[52]を参照。

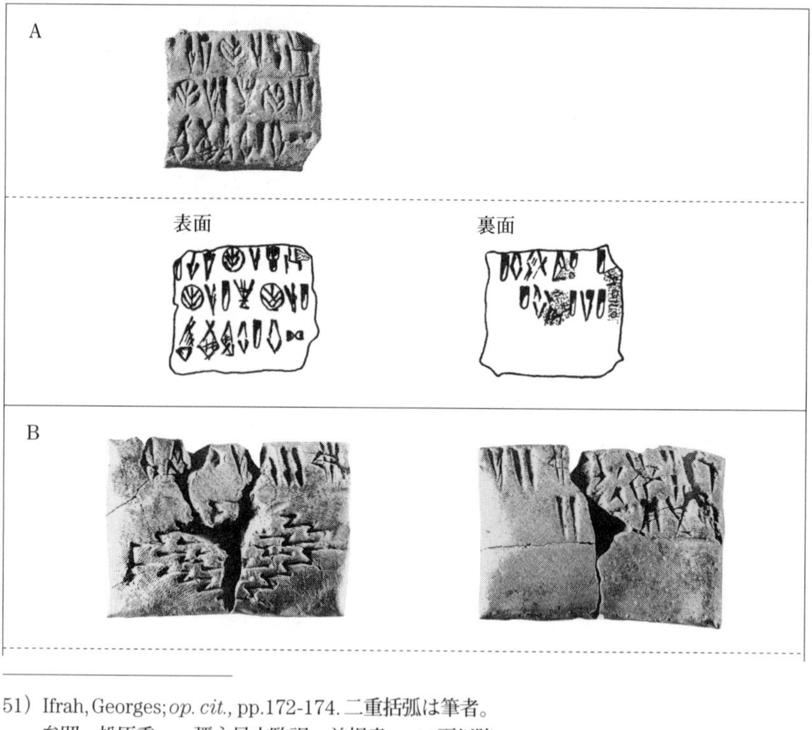

51）Ifrah, Georges; *op. cit.*, pp.172-174. 二重括弧は筆者。
参照，松原秀一・彌永昌吉監訳；前掲書，129頁以降。

52）Cf., *op. cit*（*CAHIERS de la DÉLÉGATION ARCHÉOLOGIQUE FRANÇAISE en IRAN,* Vol.8.）., ACROPOLE, Figure 58. Niveaux 16 à 14B: Tablettes / PLANCHE XXIV.
Cf., Ifrah, Georges; *op. cit.*, p.173.
参照，松原秀一・彌永昌吉監訳；前掲書，130頁。

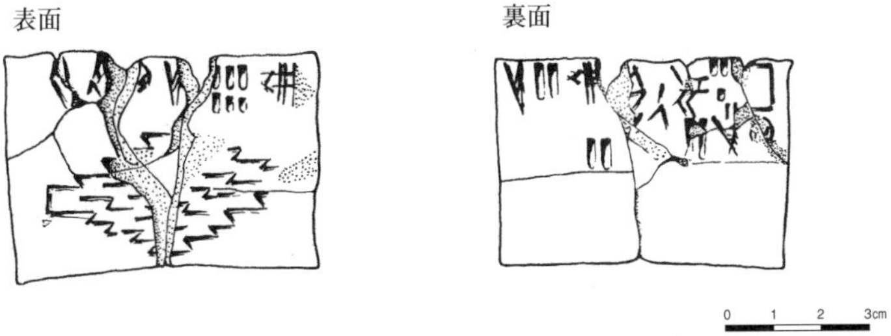

スーサ遺跡第14層で発掘

図16

したがって，第5段階は，第3段階と第4段階の粘土塊から「粘土板」の標準型に変形される。粘土板には，「多様な形状の刻み目か刻印」が彫り込まれる。しかも，それが「何であるか」を記録する図柄の絵文字は，「極めて単純な図柄であって，直接に視覚的に喚起を促すほどでもない」ほどに，ヨリ抽象的に記録される。「原エラム文字」で記録されるのである。したがって，想像するに，穀物であるなら，「枡数」，葡萄酒であるなら，「壷数」ないし「樽数」，羊，山羊であるなら，「頭数」，これを「刻み込まれたくぼみ目の印」の数字で記録するだけではない。穀物であるか，葡萄酒であるか，羊，山羊であるか，したがって，それが「何であるか」は，この「極めて単純な図柄」の絵文字で記録されるのである。第1段階の粘土球から第4段階の粘土塊までは，それが「何であるのか」は，横に転がして押印された円筒印章の刻印によって確認しえたようであるのだが，実際，第4段階の粘土塊では，「粘土板（粘土塊）の側面にも，裏面にも，円筒印章が横に転がされる」[45] ほどであったのだが，第5段階の粘土板では，そうではない。それが「何であるか」は，この「極めて単純な図柄」の絵文字，「原エラム文字」で記録されるためか，「粘土板には，少なからず，円筒印章を横に転がした痕跡のないものもある」[49] のである。

さらに，第6段階は，「極めて単純な図柄」の絵文字，「原エラム文字」を記録する面積が数字を記録する面積よりも広くなっている。「現在，これを確証する術はない」が，「原エラム文字は音声表記の発見という大進歩をなした」ことによって，したがって，「表意文字」から転換，「表音文字」の発見という大進歩をなしたことによって，くぼみ目の印と図柄の意味で表記するだけの文字から「音声で表記する文字」で記録するようになったということである。そのようになると，想像するに，頭部の図柄を絵文字で記録する「名詞」，「刻み込まれたくぼみ目の印」の数字で記録する「数詞」だけではなく，「動詞」，「前置詞」，「接続詞」も記録することになるので，もはや，絵文字と数字の羅列ではなく，「文章」として記録しうるようになるのではなかろうか。

したがって，「数えることは知った，数も知った人間」，しかも，「文字を知った人間」が，頭数は「刻み込まれたくぼみ目の印」の数字で記録するだけではなく，羊，山羊は頭部の図柄の絵文字で記録するようになって，「何をどれくらい」，「何を」全部の個数は「何個」とか，「何を」全部の頭数は「何頭」とか，具体的に正確に記録しうるようになるはずである。しかも，それだけではない。「表意文字」から転換，「表音文字」の発見という大進歩をなしたことによって，もはや，絵文字と数字の羅列ではなく，「文章」として記録しうるようになるので，「取引相手が誰であるか」[48]，「取引の物品が何であるか」[47]はもちろん，「取引は引渡しなのか，受入れなのか，交換なのか，配給なのか」[47]までも，ヨリ具体的に正確に記録しうるようになるはずである。したがって，第5段階と第6段階こそは「記録すること自体」の起源であるのではなかろうか。

それでは，古代都市はウルクで発掘された「会計文書」は，どうであろうか。前掲の著書によると，「発見された最古の粘土板であるシュメールの粘土板は，スーサの粘土板（粘土塊）の第4段階に相当するのだが，前3200年から前3100年頃にウルクで出土した。ウルク遺跡第4a層から出土したのである。形状は，大体，長方形で円みを帯びた乾燥した小さな粘土板（粘土塊）で，両面が膨らんでいる。図４。粘土板（粘土塊）によっては，円筒印章の刻印と絵文字または『表意文字』(idéogramme) のような多くの図柄の傍らに，刻印を彫り込んだものもある。それ以外の粘土板（粘土塊）にも，この数の印と同様の図柄が見られるが，円筒印章の刻印はあまりない。図柄はかなり写実的。経済活動に関係する取引の物品や家畜を明示する目的を持っていた。取引の数量はこれに相応する数字で記録される。

いずれの文書も経済的な性格しか持っていないようで，文書によっては，シュメール文字は，ここでは，『文字』が『話し言葉を記録するための体系的な試み』と解釈するのだが，『粘土板』(粘土塊) に記録されるだけの漠然とした考えではなく，ヨリ明確に分析，秩序を立てながら，あらゆる要素に分解する考えに基づくようになったということである。文節言語の場合と同様である。いくつかの粘土板 (粘土塊) は横線と縦線によって区分されることで，それぞれの区画には，数字に結び付く記号が見られるからである。図 4 の粘土板 E。

したがって，前3200年から前3100年頃のシュメールの粘土板 (粘土塊) は，同時代のスーサの粘土板 (粘土塊) よりも進歩していたと考えられうる。スーサの粘土板 (粘土塊) が象徴的な記号を使用していたときに，シュメールの粘土板 (粘土塊) は，すでに，文字の記号を使用して，商業取引を明示しているのである」[53)]。

そこで，「表意文字」と「表音文字」。「表意文字」から「表音文字」に，どのように転換したかを理解するには，「絵文字」から「楔形文字」に，どのように転換したかも理解しておかねばなるまい。しかし，古代都市はウルクで使用されたという「シュメール文字」は，いくらか解読されているとのことであるが[54)]，古代都市はスーサで使用されたという「原エラム文字」は，現在でも解読されてはいないとのことであるので[54)]，シュメール文字の転換から想像するしかない。著書『シュメール文明 古代メソポタミア文明の源流』(*„Die SUMERER, Volk am Anfang der Geschichte“*, München.) によると，「そのような記号をもった」「粘土板が」「ウルク」「地域で発見された。これらはすべて経済に関係のある内容のものであった」[55)]。「これらの文字が初めは純粋に実

---

53) Ifrah, Georges; *op. cit.*, pp.174-175. 括弧内は筆者。
　参照，松原秀一・彌永昌吉監訳；前掲書，131頁。
54) 参照，渡辺和子稿；「メソポタミアの文字の歴史」：松本健編著；『NHKスペシャル 四大文明 メソポタミア』，日本放送協会 2000年，147頁。
55) 戸叶勝也訳；前掲書，32頁。

用的な目的に用いられていたのであり，当初は単なる記憶の目印に過ぎなかったことは，間違いないところである」[55]。

たとえば，人間の頭部の図柄は「頭」，この頭部の口を強調する図柄は「口」または「話す」を意味する。皿の図柄は「皿」または「食事」，川の流れの図柄は「水」を意味する。口の図柄と皿の図柄を組み合わせて「食べる」，口の図柄と水の図柄を組み合わせて「飲む」を意味する。足を踏出す図柄は「行く」または「立つ」を意味する。鳥の図柄は「鳥」，魚の図柄は「魚」を意味する。牛の頭部に角の付いた図柄は「牡牛」，牛の頭部に角の付かない図柄は「牝牛」を意味する。麦の図柄は「穀物」を意味する。「もちろん，初期シュメール文字のすべてが，このように単純で一義的であったわけではない。解読を拒む粘土板も少なくない」[55]。「それは当時すでに比喩的な用法が生まれており，それを知るのは」「なかなか困難であるという事情とも関連のあること」[55]ではあるが，「比較的短期間に，シュメール人が考え出した絵文字や符合は2000に達した。そのためこれらの文字は同時代人にとってさえ多義的なものとなり，全体を把握することは困難となった」[56]のである。

たとえば，「皿」または「食事」の図柄を意味する図柄でも，「行く」または「立つ」を意味する図柄でも，いずれを意味するのか，この図柄の前後から想像するしかない。「これらの記号が多義的になると，難しいことになる」[56]のである。さらに，口の図柄と皿の図柄を組み合わせて「食べる」，口の図柄と水の図柄を組み合わせて「飲む」を意味するように，多様な図柄を組み合わせることによっては，その意味するところも無限になりかねない。したがって，「その後始まった個々の記号を様々に組み合わせて用いるやり方の出現によって，事情はいっそう複雑となった」[56]のである。「たとえば，星を示す記号は，やがて空や神に対しても用いられるようになる。太陽は同時に，日，明るい，友好的，天気がよいことを意味するようになる。そしてこれらの記号が包含する概念の世界は，おそらく区別する印すらなくなってしまうほどに絶えず拡大していった」[56]。「絵文字から楔形文字への転換が行われれた時になって初めて，それに歯止めがかかったのである」[56]。

56）戸叶勝也訳；前掲書，33頁。

そこで，楔形文字。前掲の著書によると，「絵文字から楔形文字への最後の一歩を踏み出したのは，おそらく記号言語が発明されてまもなく」，「ウルクの」「書記」である「彼らは絵文字をより速くよりよい状態で粘土板に印すために，元来直立していたものを90度左へ転回した。その結果，それらの絵文字はすべて仰向けに横たわることとなった。それにもかかわらず円形部分や四方八方に伸びている線を粘土板の上に刻印することは容易なことではなかった。1枚の板の上に記すべき分量が多い場合は，ことさら難しかった。そこで勢い粘土板の大きさも大きくなった」[56]。これに対応して，「書記の用いる道具—彫刻刀のようなもの—もおそらく改善され，規格化され，特に頭のいい書記は記号を簡素化することを思いついた」[57]。「円や丸みは，逆向きの線と並んで次第に消えていった。そして残ったのが，刀を粘土板の中に入れる時に，先頭が右向きか下向きになるように楔形にして刻むやり方であった。この技法は2つのよい結果を生んだ。まず楔形は比較的速く粘土板の中に刻印することができた。それから第2に絵文字とは違って極めて似た形の，美的とすら今日では言えるほどの印象を与えることとなった。文字が読みやすくなったことは言うまでもない。

楔形文字の発展に伴ない，符合の数は減っていった。楔形は次第により精選された文字体系に適合していくようになると同時に，その多義性は失われ，『表音文字』ともなった。

絵文字は言語との結びつきなしに成立した。誰でも絵文字は，言語とは無関係に理解することができた。符合がその意味において綴りと単語と同じものになり始めるに及んで—これは紀元前2800年頃起こった—文字はヨーロッパ人の理解する意味で，読めるようになった。かくして抽象概念や動詞，接続詞などを表す符合も生まれた。そして『元来の絵の羅列』から『真の文章文字』が生じ，それは同時に言語文字から綴り文字への移行をも表した」[57]。「初期の絵文字から90度の転回を経て最初の楔形文字が生まれ，さらにそれがアッシリア時代（前1000年紀）に通常用いられるような形になるまでの推移」，「それは人類最古の文字の発生とその後の変化を把握するのに大変参考になるものである」[57]。図17[58] を参照。

57）戸叶勝也訳；前掲書，36頁。二重括弧および括弧内は筆者。
58）参照。戸叶勝也訳；前掲書，34頁以降。

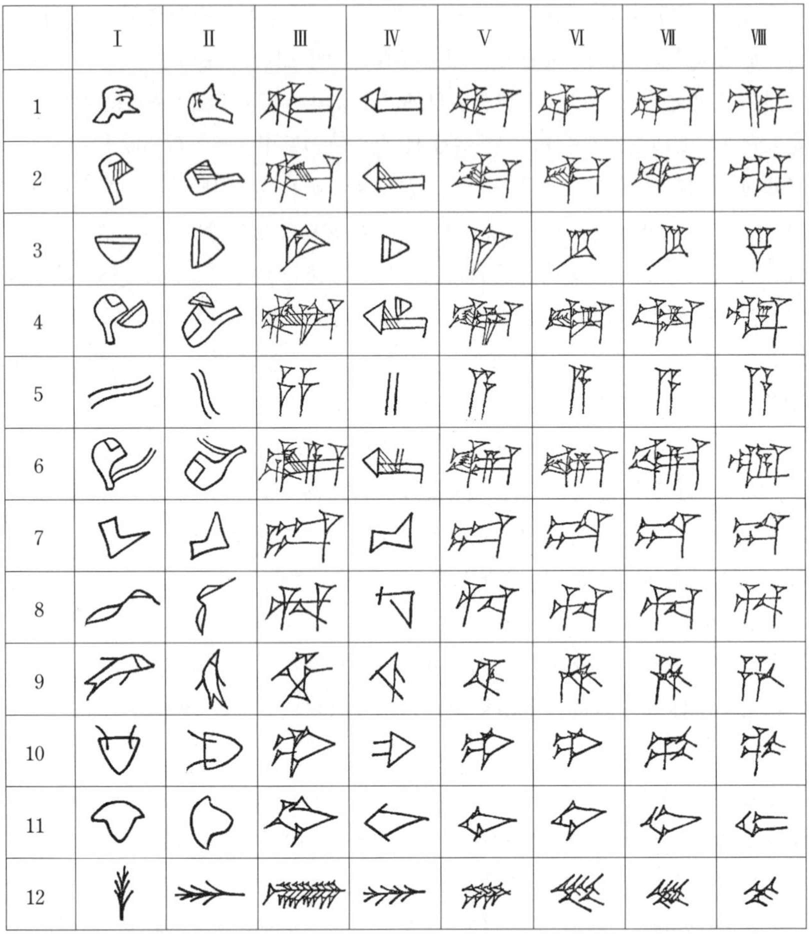

＊Iは，前3000年頃に発生した初期シュメールの絵文字。IIは，この絵文字を90度転回したもの。IIIは，前2500年頃に使用された，いわゆる古代文字。粘土板に刻印された最初の形態。IVは，石や金属に刻印された，同時代の古代文字。VとVIは，前2350年から前2000年頃に記録された楔形文字。VIIは，前2000年紀の前半に使用された楔形文字。VIIIは，楔形文字の最終形態。前1000年紀にアッシリア人によって使用されたもの。

＊1は「頭」(サグ)。2は「口」または「話す」(ケ，ドゥグ)。3は「皿」または「食事」(ニンダ)。4は「食べる」(ク)。5は「水」(ア)。6は「飲む」(ナグ)。7は「行く」または「立つ」(ドゥー，グゥブ)。8は鳥(ムッシェン)。9は「魚」(ハ)。10は「牡牛」(グゥート)。11は「牝牛」(アブ)。12は「穀物」(シェ)。括弧内はシュメール語の音声。

図17

これに併せて，数字についても，楔形文字で記録する場合を参考のために表示することにする。図18[59]を参照。

1	2	3	4	5	6	7	8	9
𒁹	𒈫	𒐈	𒐉	𒐊	𒐋	𒐌	𒐍	𒐎
		𒐈	𒐉	𒐊		𒐌	𒐍	𒐎
			𒐉	𒐊				

𒐉	𒌍 𒐌	𒁹 𒐏𒌍 𒐌	𒐈 𒐏 𒁹	𒐉 𒐏 𒁹	𒁹𒌋 𒐎
	30　8	60　50　7	180　40　1	240　40　1	120　10　9
4	38	117	221	281	139

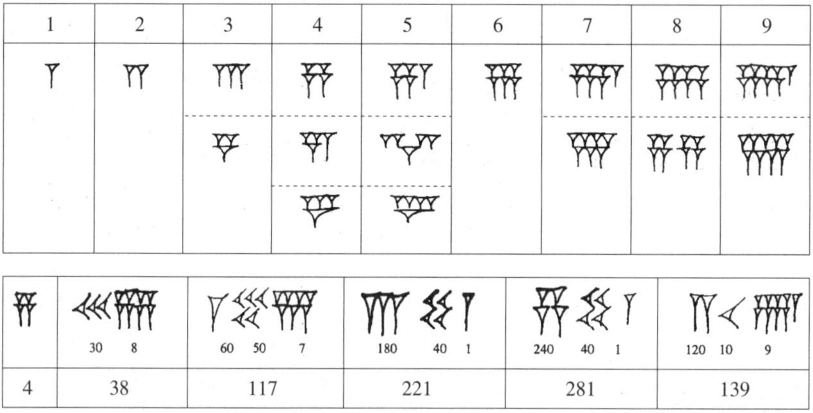

＊前2000年頃に記録されたシュメール文字であるとのこと。

図18

このように，「シュメール文字」については，想像するに，長期間を掛けて，絵文字から「楔形文字」に転換しながら，表意文字から「表音文字」に転換したものと理解しうるのだが，「原エラム文字」については，どうであろうか。簿記学者でしかない筆者としては，「原エラム文字の粘土板では，文字を象徴する記号が数字よりも広い面積を占める」からといって，短期間に「表意文字」から転換，「原エラム文字は『音声表記』の発見という大進歩をなした」と速断することに疑問なしとはいえないかもしれない。しかし，ヨリ抽象的に記録

---

59) Ifrah, Georges; *op. cit.*, p.189.
　　参照，松原秀一・彌永昌吉監訳；前掲書，144頁。
　　なお，メソポタミア時代には，天文学の影響からか，今日の10進法ではなく，10と60という「交互する底」を持つ60進法，たとえば，1, 10, 60, 10×60, 60^2, 10×60^2, 60^3 ……であったとのことで，このように表現。
　　Cf., Ifrah, Georges; *op. cit.*, p.185.
　　参照，松原秀一・彌永昌吉監訳；前掲書，141頁以降。
　　参照，大矢真一・片野善一郎共著；『数字と数学記号の歴史』，裳華房1978年，8頁。

される絵文字，「原エラム文字の記号」[60] として参考に供される絵文字を眺めていると，「極めて単純な図柄であって，直接に視覚的な喚起を促すほどのものではない」だけに，くぼみ目の印と図柄の意味で表記するだけの文字，「表意文字」として判読するのが困難であるのでは，と想像するのである。「この文字は全く解読されておらず，この文字の音声も全く聞き取られることはない」にしても，むしろ，音声で表記する文字，「表音文字」としてこそ判読しうるのでは，と想像するのである。したがって，疑問なしとはいえないかもしれないが，第5段階と第6段階が「記録すること」自体の起源であることを否定しえないのではなかろうか。図19を参照。

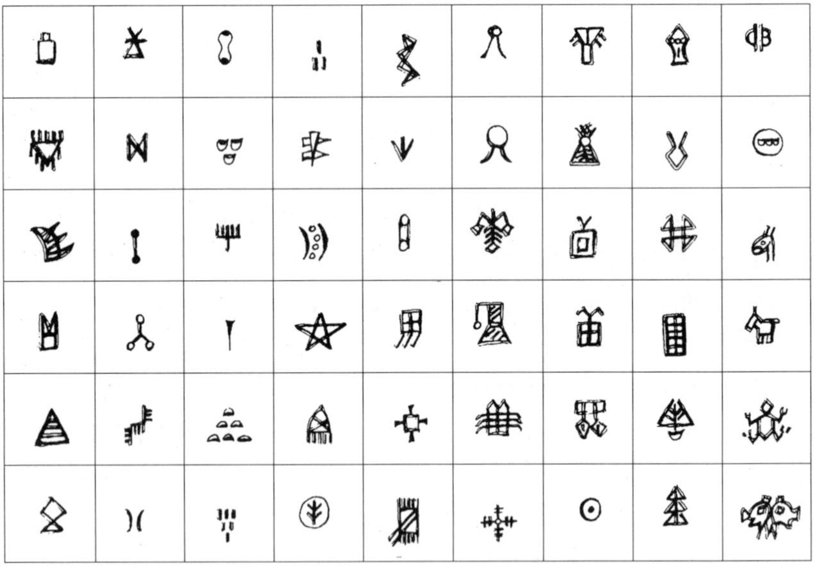

図19

60) de Mecquenem, R.; *Épigraphie proto-élamite, dans les MDP. XXXI. Presses Univers. de France*, Paris 1949.から引用とのことであるが，頁数は不明。
Cf., Ifrah, Georges; *op. cit.*, p.174.
参照，松原秀一・彌永昌吉監訳；前掲書，131頁。

ところで,「記録すること」自体は，やがては，法律によって拍車を掛けられたにちがいない。メソポタミア時代には，自身の記憶を確実なものにするために，もはや「備忘」手段として記録しただけではなさそうで，証憑，したがって，後日の「備忘証明」手段として記録するからである。粘土板の会計証書として記録するからである。著書『粘土に書かれた歴史ーメソポタミア文明の話ー』(“*They Wrote on Clay, The Babylonian Tablets Speak Today*”, New York.）によると,「粘土板に文字を書くことは容易なことではないので，実際に文字を書く術をマスターしようとする人があまりいなかったことは驚くにあたらない。学校に入って何年も苦労するよりも誰かをやとって字を書かせた方がずっとらくである。それで秘書すなわち『私人の書記』が大変重要になり，実際に商取引きをする人々にかくべからざる存在となった」[61]。したがって,「大部分の人々が読み書きの訓練を受けていなかったということは，すべての取引きをふくむ厖大な記録をつくるということを一向さまたげなかった。法律はすべての商取引きがどんなに小さいものでも文字にされ，契約者同士と証人とがちゃんと『署名』しなければならないと命じている。これは『紀元前2000年の法律』」[62]。「文書を有効ならしめる署名は，もし実際に自筆で自分の名前を書かねばならないとしたら，いささか困ったことになったろうが，彼らは大変簡単にこの障害をよけて通った。だれでもが首のまわりに署名をぶらさげていた。これは宗教的あるいは社会的生活に取材した光景をきざんだ小さな石の円筒（印章）であった。文書ができると取引き相手と商人とは彼の円筒を湿った粘土の上にころがす。こうしてできた浮彫りがすなわち署名として通用した。それから書記が捺印した人間の名前を書きこめばよかった」[63]のである。

事実，原典がほぼ完全に残ることで，世界に現存する最古の法律は，バビロニアの王，ハンムラビ（Hammurabi）によって公布された「ハンムラビ法典」。

61）板倉勝正訳；『粘土に書かれた歴史ーメソポタミア文明の話ー』(Chiera, Edward; *They Wrote on Clay, The Babylonian Tablets Speak Today*, New York 1951.），岩波書店 1958年，63頁。

62）板倉勝正訳；前掲書，63頁以降。二重括弧は筆者。

63）板倉勝正訳；前掲書，64頁以降。

王の在位は前1792年から前1750年とも[64]，前1727年から前1686年とも[64]，前1700年代から前1600年代である。したがって，想像するに，前1700年頃に公布された法典である[65]。慣習法を成分化して，全部で282条の法典である。20世紀の初頭に，古代都市はスーサで発掘された石柱の碑文である。前1200年紀頃，エラムの王がバビロニアに進攻，神殿から法典の石柱を戦勝記念に持ち帰り，この石柱の表側の下部の部分を削り取って，自身の戦勝記念の文章を彫り込もうとしたので，この部分，第66条からは欠落していたとのこと。この法典の条文，楔形文字で彫り込まれた条文を解読するのに，欠落していた表側の下部の部分から，全く削り取られていない裏側の上部の部分に接続する条文をそのまま，第100条にしたとのことである。粘土板の写本の断片によって，不完全ながら補足されてはいるのだが，削り取られていない原典だけによると，商業取引は第100条から第107条に規定される[66]。

前1700年頃に公布のハンムラビ法典

第100条　……受取った銀（前受額）の利息を記録して，その日数を計算，商人に支払わねばならない。

第101条　赴いた地（販売地）で利益を得なかったなら，販売人は受取った銀（前受額）を2倍にして，商人に返却しなければならない。

第102条　商人は販売人を信頼して銀を前渡ししたが，赴いた地（販売地）で損失を被ったなら，販売人は元金の銀（前受額）を返却しなければならない。

第103条　赴く途中，盗賊が販売人に運んでいる物品を放棄させたなら，販売人は神に誓うことによって放免されねばならない。

64）参照，小林登志子訳；「ハンムラビ」：フランク・B・キブジー編集；『ブリタニカ国際大百科事典（16）』，ティビーエス・ブリタニカ 1994年，593頁。

65）なお，法典が公布されたのは，前1690年という説もあるが，その根拠は不明。
参照，柴田光蔵稿；「ハンムラピ法典」：伊藤正巳編集；『国民法律百科大辞典』，ぎょうせい 1984年，479頁。

66）参照，原田慶吉著；『楔形文字法の研究』，弘文堂 1949年，315頁以降。
参照，中田一郎訳；『ハンムラビ「法典」』，リトン 1999年，29頁以降。
参照，佐藤信夫著；『古代法解釈 ハンムラピ法典楔形文字 原文の翻訳と解釈』，慶應義塾大学出版 2004年，315頁以降。
すでに，このような3冊の著書ないし訳書があるにもかかわらず，不遜かもしれないが，条文は筆者なりに整理して表現。括弧内は筆者。
なお，第100条の前段は削り取られた部分で，判読不能。

第104条　商人が販売人に，それが何であろうとも，穀物，羊毛，油などの物品を取引で引渡したなら，販売人は銀（取引額）を記録して，商人に返却しなければならない。販売人は銀（取引額）を商人に返却すると，銀（取引額）の捺印証書（領収証）を受取らねばならない。

第105条　販売人が不注意にして，銀（取引額）の捺印証書（領収証）を商人から受取っていなかったなら，捺印証書（領収証）のない銀（取引額）を計算に入れてはならない。

第106条　販売人が商人から銀（前受額）を受取った後に，商人に否定するなら，商人は神と証人の前で，販売人が銀（前受額）を受取ったことを立証したところで，販売人は受取った銀（前受額）を3倍にして商人に返却しなければならない。

第107条　商人が販売人に任せた後に，それが何であろうとも，販売人が商人の引渡した物品を返却したにもかかわらず，商人が否定するなら，販売人は神と証人の前で立証したところで，商人は否定したがために，受取った物品を6倍にして販売人に返却しなければならない。

ここに，「商人」の音声は「タムカルム」(tamkarum)，「委託者」とも翻訳される[67]。「販売人」の音声は「シャマルルム」(šamallum)，「営業補助者」，「行商人」，「代理人」，「受託者」とも翻訳される[68]。本来，「シャマルルム」は「財布を持ち運ぶ人」を意味したとのことであるので[69]，「タムカルム」は「財布を預け任せた人」を意味することになるのかもしれない。想像するに，第100条から第107条に規定される商業取引は，銀，穀物の「委託受託関係」。販売人が利息を支払わねばならない（第100条）ことでは特異であるが，「商人」が委託，「販売人」が受託した場合には（第102条，第104条と第107条），販売人の不可抗力で被った損失は商人が負担するが（第103条），販売人の責任で被った損失は販売人が負担（第102条），しかも，利益が得られなかったなら，販売人に懈怠があったということで，販売人は過大の責任まで負担しなければならない（第

67）参照，佐藤信夫著；前掲書，318頁以降。
なお，「依託者」は「頼って預けた人」，「委託者」は「委ねて預けた人」。本来，同義であるのだが，羊，山羊の「放牧（管理）」の依託者と穀物，銀の「販売」の委託者を区別するために，そのように表現。

68）参照，原田慶吉著；前掲書，315頁以降。
参照，中田一郎訳；前掲書，30頁以降。
参照，佐藤信夫著；前掲書，320頁以降。

69）参照，佐藤信夫著；前掲書，320頁以降。
参照，江上波夫・五味亨共訳；『古代オリエント商人の世界』(Klengel, Horst; *Handel und Händler im alten Orient*, Leipzig 1983.)，山川出版社 1983年，112頁。

101条）とのことである。したがって，「タムカルム」は「委託者」，「シャマルルム」は「受託者」として登場する。「委託者」である商人にしても，「受託者」である販売人にしても，自身を保証しうるには，銀，穀物の「委託受託関係」は記録しておかなばならないはずである。「委託受託関係」を記録する粘土板の会計文書は，「委託者」である商人にとっては「委託証書」，「受託者」である販売人にとっては「受託証書」。したがって，後に記録する「領収書」（捺印証書）と併せて，この「会計証書」こそが自身を保証することになるからである。

さらに，削り取られた部分で，後に，粘土板の写本の断片によって，不完全ながら補足される部分では，断片の条文から想像するに，第78条に規定される商業取引は，家屋の「賃貸借関係」。「借家人」が満期日までの家賃を支払ったにもかかわらず，満期日にならないうちに，「家主」が退去を申し出た場合には，受取った家賃は払戻さねばならないとのことである[70)]。「賃貸借関係」を記録する粘土板の会計文書は，「賃貸人」である家主にとっては「賃貸証書」，「賃借人」である借家人にとっては「賃借証書」。したがって，後に記録する「領収書」（捺印証書）と併せて，この「会計証書」こそが自身を保証することになるはずである。そして，第88条から第96条に規定される商業取引は，穀物か銀の「貸借関係」。「商人」が穀物か銀を貸借した場合には，穀物か銀に対する法定の利率で利息を受取るか支払わねばならないとのことである[70)]。したがって，「タムカルム」は「貸し手」，「シャマルルム」は「借り手」としても登場する。「貸し手」である商人にしても，「借り手」である商人にしても，自身

70）参照，原田慶吉著；前掲書，314頁以降。
なお，銀と穀物は，簡易な支払手段として商業取引に使用されたとのこと。商業取引には，両者が併用されることもあったとのことである。したがって，銀は，鋳造された「貨幣」ではなく，粒銀，銀の環または延べ棒。目方で測る「地金」として流通したようで，小麦などの穀物が枡で量られたのと同様に，商業取引の都度，銀が天秤で量られたとのことである。
参照，江上波夫・五味亨共訳；前掲書，284頁以降。
参照，湯浅赳男訳；『図説 お金の歴史全書』（Williams, Jonathan; *MONEY―A HISTORY―*, London 1997.），東洋書林 1998年，18頁以降。

を保証しうるには，「貸借関係」は記録しておかなばならないはずである。「貸借関係」を記録する粘土板の会計文書は，「貸し手」である商人にとっては「貸付証書」，「借り手」である商人にとっては「借入証書」。したがって，後に記録する「領収書」（捺印証書）と併せて，この「会計証書」こそが自身を保証することになるからである。

そこで，会計証書に記録するのは，かつては，「会計記録人」。古代都市に任用された役所の責任者。官吏であったはずである。メソポタミア地域の古代都市は神殿支配であったことから，この役所の責任者は「神殿の管理者」として，神官であったかもしれない。「依託者」である飼い主は，「受託者」である羊飼いに対する自身の権利を保全してもらうために会計記録人に嘱託したのである。したがって，官吏にしても，神官にしても，「依託者」である飼い主と「受託者」である羊飼いにとっては，羊，山羊の「依託受託関係」を保証するので，今日の「公証人」に相当することになる。「依託者」である飼い主と「受託者」である羊飼いの確認を得ながら，1頭1頭，羊，山羊の頭数を数えることで，この頭数と同数の小物体，これと同様の「刻み目の付いた多様な小物体」を「粘土球」と呼ばれる球体または卵形の容器に詰め込んだのだから，ごまかされるはずもなく，改竄されるはずもない。したがって，「依託者」である飼い主にとっても，「受託者」である羊飼いにとっても，信頼しうるものであったはずである。

しかし，記録したのは「粘土球の会計文書」。「記録することのない記録」でしかない。これを保持しておくことで，記録することと同様になるのだが，粘土球から粘土塊，さらに，「粘土板の会計文書」に移行しても，はたして，今日の「公証人」に相当する会計記録人が対応しえたのであろうか。メソポタミア地域では，商業活動が活発になるに伴って，商業取引も増加してくるはずである。官吏にしても，神官にしても，会計記録人がこの増加してくる商業取引に1つ1つ対応しえたとは，事務量的に，とても想像しえないのである。

そうであるとしたら，考古学者からの批判を覚悟して，あえて憶測するに，今日の公証人に相当する会計記録人が保証することはなく，「商人」と「取引相手」の商人が保証しなければならなくなったのでは，と想像するのである。

かつては,「依託者」である飼い主が自身の権利を保全してもらうために会計記録人に嘱託したのだが,もはや,この会計記録人が保証するのではない。依託受託関係についても,「依託者」である飼い主自身,「受託者」である羊飼い自身が保証しなければならなくなったのでは,と想像するのである。

たとえば,ハンムラビ法典に規定される商業取引,銀,穀物の「委託受託関係」にしても,さらに,家屋の「賃貸借関係」,穀物か銀の「貸借関係」にしても,「委託者」,「賃貸人」,「貸し手」である「商人」は,自身が粘土板の会計文書に記録しておくことで,自身の権利を保全することになるのでは,ということである。これに対して,「受託者」,「賃借人」,「借り手」である「取引相手」の商人は,「委託者」,「賃貸人」,「貸し手」である商人が記録する粘土板の領収書(捺印証書)を保持しておくことで,自身の権利を保全することになるのでは,ということである。したがって,銀,穀物の「委託受託関係」を保証するのも,さらに,家屋の「賃貸借関係」,そして,穀物か銀の「貸借関係」を保証するのも,もはや,今日の公証人に相当する会計記録人ではない。「商人」と「取引相手」の商人が保証しなければならなくなったはずである。

しかし,メソポタミア時代には,「数えることを知った,数も知った人間」,しかも,絵文字と数字の,まさに「文字を知った人間」であったのは,あくまで「会計記録人」。メソポタミア地域には,「書記学校」が創設,「文字を記録しうる人間」である書記が養成されたとのことではあるが[71],あくまで官吏であるか神官。「依託者」である飼い主と「受託者」である羊飼いがそうであったように,「商人」と「取引相手」の商人も養成されたことはなさそうである。複雑な書体の楔形文字でもあるだけに,「文字を記録しうる人間」にまで教育されたことはなさそうである。

そうであるからこそ,あえて憶測するに,「文字を記録しうる人間」としては,官吏でもない,神官でもない会計記録人,したがって,代筆するだけの「私人の書記」,したがって,記録することを職業とする「代書人」に,「商人」と「取引相手」の商人は記録してもらったのでは,と想像するのである。今日

71)参照,渡辺和子稿;前掲書,151頁。

の「行政書士」または「司法書士」に相当することになるとしたら，古代都市に認可されていなければならないであろうが，認可されることはなかったようで，代筆するだけの「私人の書記」，したがって，記録することを職業とする「代書人」が粘土板の会計文書に記録したのではなかろうか。

事実，前掲の著書によると，「商取引きはたいてい市の門のそばで行われた。ここにはたいていブラブラしながら世間のうわさ話をしたり，旅人がきて新しいニュースを知らせてくれるのを待っているひまな連中がウジャウジャいた。そこには」「いつでもお客を待ちかまえている『代書屋』（代書人）も腰をすえていたことだろう。片手に紙を持ち片手にペンを持って書くかわりに，彼はただ粘土の小塊と筆に削った棒を持っているだけであった。取引きする同士がやってきて契約が成立すると書記に取引きの性質を説明する。すっかりのみこむと書記は書きはじめる。彼の手は大変早くて木の棒あるいは葦の棒を縦横にすばやくうごかし，粘土板はじきに美しい字で一杯になる。取引者同士」「は彼らの署名をおし契約は成立する。ある場合には両方が書類を持っていることができるように複製がつくられるが，たいていは1枚で十分であった」[72]のである。

もちろん，代筆するだけの「私人の書記」，したがって，記録することを職業とする「代書人」が記録する「会計証書」であるからには，「商人」と「取引相手」の商人は，双方の署名を代筆してもらい，双方の円筒印章を横に転がして押印することで，自身を保証するのかもしれない。したがって，「2つの円筒印章」を押印しなければならないのかもしれない。

しかし，銀，穀物の「委託受託関係」を記録する粘土板の会計文書は，「委託者」である商人にとっては「委託証書」，「受託者」である販売人にとっては「受託証書」。「委託者」である商人の権利を保全するには，受託証書でもある「委託証書」に「受託者」である販売人の円筒印章を横に転がして押印してもらい，「受託者」である販売人の権利を保全するには，後に記録する「領収書」（捺印証書）に「委託者」である商人の円筒印章を横に転がして押印してもらい，

72）板倉勝正訳；前掲書，64頁以降。二重括弧および括弧内は筆者。

この会計証書を保持しておくことによって，自身を保証することになるはずである。

さらに，家屋の「賃貸借関係」を記録する粘土板の会計文書についても同様。「賃貸人」である家主にとっては「賃貸証書」，「賃借人」である借家人にとっては「賃借証書」。「賃貸人」である家主の権利を保全するには，賃借証書でもある「賃貸証書」に「賃借人」である借家人の円筒印章を横に転がして押印してもらい，「賃借人」である借家人の権利を保全するには，後に記録する「領収書」(捺印証書) に「賃貸人」である家主の円筒印章を横に転がして押印してもらい，この会計証書を保持しておくことによって，自身を保証することになるはずである。そして，穀物か銀の「貸借関係」を記録する粘土板の会計文書についても同様。「貸し手」である商人にとっては「貸付証書」，「借り手」である「取引相手」の商人にとっては「借入証書」。「貸し手」である商人の権利を保全するには，借入証書でもある「貸付証書」に「借り手」である「取引相手」の商人の円筒印章を横に転がして押印してもらい，「借り手」である「取引相手」の商人の権利を保全するには，後に記録する「領収書」(捺印証書) に「貸し手」である商人の円筒印章を横に転がして押印してもらい，この会計証書を保持しておくことによって，自身を保証することになるはずである。

したがって，会計証書を保持しておくことによってこそ，ハンムラビ法典に規定される条文，第106条では，「販売人が銀 (前受額) を受取った後に，商人が否定するなら，商人は神と証人の前で，販売人が銀 (前受額) を受取ったことを立証したところ」となるにちがいない。これに対して，第107条では，「商人が販売人に任せた後に，それが何であろうとも，販売人が商人の引渡した物品を返却したにもかかわらず，商人が否定するなら，販売人は神と証人の前で立証したところ」となるにちがいない。したがって，代筆するだけの「私人の書記」，したがって，記録することを職業とする「代書人」が記録する「会計証書」ということになると，「1つの円筒印章」を押印するだけでよかったのではなかろうか。

事実，これを裏付けるのは，メソポタミアの古代都市はヌジの前1500年頃の宮殿遺跡から発掘された「粘土球」。「この中空の粘土板こそ，後に」，そのような粘土球に詰め込んだ刻み目の付いた多様な小物体を「解明する，まさにロゼッタ・ストーンとなった」「中空の粘土板」[30]，あの「粘土球の会計文書」である。表面には，羊，山羊の頭数が記録される末尾に，羊飼いである「牧夫」「の封印」[73]があるとのことであるので，円筒印章を横に転がして押印しているのは「羊飼い」（受託者）ということになる。これに対して，「この卵形をした粘土板は」，「羊の所有者」「の私家文書に属するものであった」[73]とのことであるので，その粘土球を保持しておくのは，「飼い主」（依託者）ということになる。したがって，羊，山羊の「依託受託関係」を記録しておく粘土球の会計文書は，「依託者」である飼い主にとっては「依託証書」，「受託者」である羊飼いにとっては「受託証書」。「依託者」である飼い主の権利を保全するには，受託証書でもある「依託証書」に「受託者」である羊飼いの円筒印章を横に転がして押印してもらい，「受託者」である羊飼いの権利を保全するには，後に記録する「領収書」（捺印証書）に「依託者」である飼い主の円筒印章を横に転がして押印してもらい，この会計証書を保持しておくことによって，自身を保証することになったのでは，と想像するのである。

ところが，円筒印章を横に転がして押印してもらうにしても，「商人」と「取引相手」の商人は，複雑な書体の楔形文字でもあるだけに，「文字を記録しうる人間」にまで教育されたことはなさそうである。そうであるからこそ，代筆するだけの「私人の書記」，したがって，記録することを職業とする「代書人」に記録してもらったのだから，はたして，「商人」と「取引相手」の商人は粘土板の会計証書を判読しえたか，疑問の残るところではある[74]。ごまかされることもあったのでは，と想像するのである。

しかし，「表意文字」から転換，「表音文字」の発見という大進歩をなしたことによって，くぼみ目の印と図柄の意味で表記するだけの文字から「音声で表記する文字」で記録するようになると，「委託者」，「賃貸人」，「貸し手」であ

73）小口好昭・中田一郎共訳；前掲書，11/12頁。
74）参照，板倉勝正訳；前掲書，65頁。

る「商人」と,「受託者」,「賃借人」,「借り手」である「取引相手」の商人の確認を得ながら,代筆するだけの「私人の書記」,したがって,記録することを職業とする「代書人」に記録してもらったのだから,ごまかされることも軽減されたのでは,とも想像するのである。まして「商取引き」「の行われた」「市の門のそば」「にはたいていブラブラしながら世間のうわさ話をしたり,旅人がきて新しいニュースを知らせてくれるのを待っているひまな連中がウジャウジャいた。そこには」「いつでもお客を待ちかまえている『代書屋』(代書人)も腰をすえていたことだろう」ということになると,この「代書屋」(代書人)とは別の「代書屋」(代書人)に改めて確認してもらえたのだから,さらに,ごまかされることが軽減されたのでは,とも想像するのである。このように腐心することによって,羊,山羊の「依託受託関係」を記録する「粘土球の会計文書」ほどではないにしても,銀,穀物の「委託受託関係」,さらに,家屋の「賃貸借関係」,そして,穀物か銀の「貸借関係」を記録する「粘土板の会計文書」としては,「委託者」,「賃貸人」,「貸し手」である「商人」にとっても,「受託者」,「賃借人」,「借り手」である「取引相手」の商人にとっても,信頼しうるものであったのではなかろうか。

それよりも,粘土板の会計文書には,これに記録した楔形文字に,後で新たに1本か2本の刻み目を彫り込むことによって,改竄されることもあったのでは,と想像するのである。前掲の著書によると,「粘土に書いた記号はただ押しつけたばかりだから,債権者が1本か2本の棒を書き加えることはたやすかっただろう」[75]。「こうして数字あるいは言葉の意味をかえることもできたであろう。これを未然にふせぐためにしばしば文書は封筒に入れられた。それは簡単なプロセスで,粘土板が書きあげられたあと,書記は粘土の塊を手に取ってこれをパイの皮くらいの厚さに平らにのばす。それから文書をこの粘土の紙につつみこむ。あまった粘土は切りとられちょうど文書をつつむだけ残す。縁や表面を綺麗になめらかにするとまったく原物と同じで,もう少し大きなものができあがる。この上に書記はもう一度まったく同文で同じ契約を書きこむ。このカバ

75) 板倉勝正訳;前掲書,65頁。
76) 板倉勝正訳;前掲書,66頁。

ーの上に商人と取引相手とがふたたび印章をおす」[76]。そうすることによって，「粘土の封筒に入れられた文書は，手のつけようがないのでまったく安全だった。もしなんらかの悶着がおこったらば連れだって判事の所に行く。判事はただ封筒をぶちこわして事件をかたづけるのである。というのは中味も封筒もまったく同文のはずであるから，封筒に手がいれてあっても中味を見さえすればすぐわかってしまうのである。封筒をあけて中味を取りだしこれに手を加えてふたたび封筒に入れることはだれにもできない。封筒をあけるにはこれをぶちこわさなければならないからである」[77]。

そこで，「封筒に入れられた粘土板」についてである。改めて，粘土球に詰め込んだ刻み目の付いた多様な小物体を「解明する，まさにロゼッタ・ストーンとなった」「中空の粘土板」[30]，あの「粘土球の会計文書」から想起してもらいたい。古代都市はヌジで発掘された「粘土球」は，羊，山羊の頭数と同数の「小物体」を詰め込んでから，「表面には，『楔形文字』で記録されていた」[34]のだが，「羊（と山羊）の群れの状態を入念に（楔形文字で）記録して，さらに，飼い主の（円筒）印章を（横に転がして）押印したのである」[34]。前1500年頃に作成された粘土球である。これに対して，古代都市はウルクとスーサで発掘された「粘土球」は，前3300年頃に作成された粘土球。表面には，楔形文字で記録されるはずもない。「楔形文字」自体，まだ発明されていないのである。したがって，たとえば，羊，山羊の頭数と同数の小物体，「刻み目の付いた多様な小物体」を詰め込んでから，「表面には，1つか2つの円筒印章を横に転がして，原本であることに間違いのないことの保証とするのである」[25]。しかも，「粘土球の表面には，円筒印章を横に転がすと同時に，多様な形状の刻み目（か刻印）を押し付けたのである」[39]。

したがって，前3300年頃に作成された粘土球には，「刻み目の付いた多様な小物体」を詰め込むのだから，表面に記録されるのは，「いわゆる中味の要約といったところ」[41]にすぎなかったはずである。しかし，小物体を詰め込むだけでは，「記録された取引の総数（頭数の『全部』）を再確認するために，都度，

77）板倉勝正訳；前掲書，67頁。
　なお，写真は，何を記録したかも，作成された年代も不明。

粘土球を壊さねばならない」[39]。そこで，多様な小物体を詰め込むと同時に，表面には，「多様な形状の刻み目か刻印」を押し付けることで，粘土球を壊すこともなく再確認しようとしたはずである。これに対して，前1500年頃に作成された粘土球にも，「山羊と羊に関する小物体」[34]，「粘土製の球状の小物体」[34] を詰め込むと同時に，「表面には，羊，山羊の総数（頭数の「全部」）が「『楔形文字』で記録されていた」[34] が，「記録された取引の総数（頭数の『全部』）を再確認する」ためではない。表面に記録するのは，「いわゆる中味の要約といったところ」ではない。羊，羊山の頭数だけの「小物体」を詰め込むことによって，表面に楔形文字で記録される羊，山羊の総数（頭数の「全部」）を保証しようとしたのである。小物体を詰め込むのは，「表面に記録されることの保証といったところ」なのである。このように腐心することによって，改竄されることが防止されたのでは，と想像するのである。したがって，このような粘土球の会計文書も，「封筒に入れられた粘土板の会計文書」に相当するのではなかろうか。

ところが，このような粘土球の会計文書は，「まさにロゼッタ・ストーンとなった」ことでは重要な発見であったのだが，筆者の知るかぎりでは，これ以外に発見されてはいないようである。したがって，普及してはいなかったのかもしれない。むしろ，「封筒に入れられた粘土板」については，前掲の著書では，「粘土板とその封筒」と呼ばれる写真[77]，これ以外にも，著書『古代オリエント商人の世界』(„*Handel und Händler im alten Orient*“, Leipzig.) では，古代都市はカネシュ（Kanesh）で出土，前2000年紀の初頭に作成されたとする「楔形文字の文書（粘土板）。文書は捺印された封筒」と呼ばれる写真[78]，著書『NHK大英博物館[1] メソポタミア・文明の誕生』では，古代都市はアララク（Alalakh）で出土，前1500年紀に作成されたとする「封筒に入れられた粘土板」と呼ばれる写真[79]，さらに，著書『メソポタミア』では，古代都市はマリ（Mari）の北西の近郊で出土，前1400年から前1300年頃に作成されたとする「楔形文字がしるされた封筒つき粘土板」と呼ばれる写真[80] を眺めていると，

78）江上波夫・五味亨共訳；前掲書，169頁。
なお，写真は，アッシリア商人の商業記録であるとのこと。

いくらか形状は相違するのだが，かなりの封筒が発見されているようで，封筒に入れられた，このような粘土板の会計文書こそが普及していたにちがいない。

そこで，「封筒に入れられた粘土板」について，粘土板には「楔形文字」で記録，円筒印章を横に転がして押印するのだが，この粘土板を新たにパイ状に引き延ばした粘土製の皮膜で包み込もうというのである。この粘土製の封筒で包み込むだけでも，改竄されることは防止されるかもしれない。しかし，再確認するためには，都度，粘土製の封筒を壊さねばならない。「いわゆる中味の要約といったところ」ではないが，前3300年頃に作成された粘土球を彷彿させるようではある。「委託者」，「賃貸人」，「貸し手」である「商人」と，「受託者」，「賃借人」，「借り手」である「取引相手」の商人の確認を得ながら，粘土板には「楔形文字」で記録，円筒印章を横に転がして押印したのと同様に，粘土製の封筒の表面にも「楔形文字」で記録，円筒印章を横に転がして押印しておこうというのである。粘土製の封筒の表面にも同様に記録，押印することによって，粘土板には「楔形文字」で記録，円筒印章を横に転がして押印したことを保証しようとしたのである。粘土製の封筒の表面にも同様に記録，押印するのは，「粘土板に記録されることの保証といったところ」なのである。このように腐心することによって，改竄されることも防止されたのでは，と想像するのである。したがって，羊，山羊の「依託受託関係」を記録する「粘土球の会計文書」と同様に，銀，穀物の「委託受託関係」，さらに，家屋の「賃貸借関係」，そして，穀物か銀の「貸借関係」を記録する「封筒に入れられた粘土板の会計文書」としては，「委託者」，「賃貸人」，「貸し手」である「商人」にとっても，「受託者」，「賃借人」，「借り手」である「取引相手」の商人にとっても，信頼しうるものであったのではなかろうか。図20を参照。

79）吉村守編集；『NHK大英博物館1　メソポタミア・文明の誕生』，日本放送協会 1990年，76頁。
なお，写真は，兄と妹の訴訟記録であるとのこと。

80）吉村作治編集；『メソポタミア』，ニュートンプレス 1998年，73頁。
なお，写真は，何を記録したかは不明。

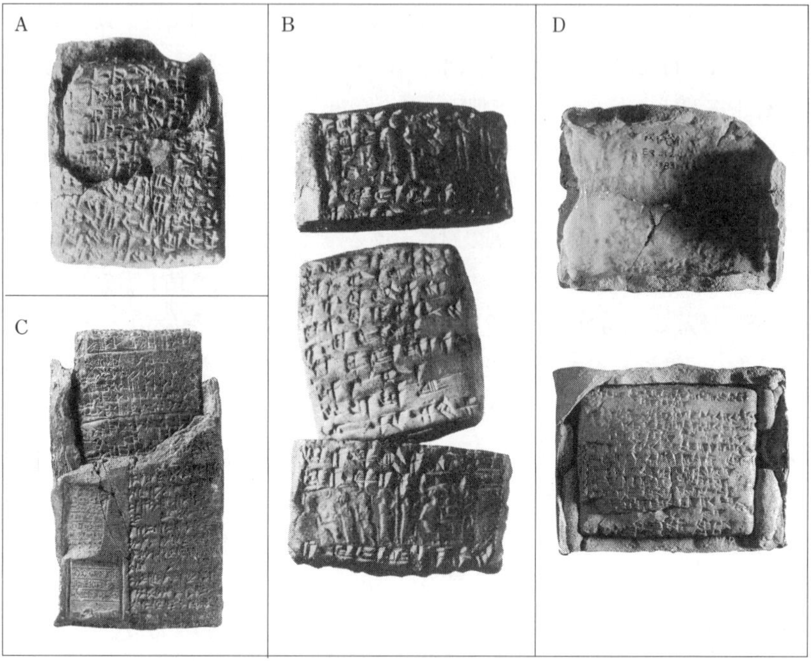

＊Aは「粘土板とその封筒」。Bは「楔形文字の文書（粘土板）。文書は捺印された封筒」。真ん中の部分は，粘土板の商業記録。上下の部分は，中央から切断された封筒の部分。この封筒には，同様の文章が記録されているとのこと。Cは「封筒に入れられた粘土板」。この封筒の大きさは，11cm×6.5cm。Dは「楔形文字がしるされた封筒つき粘土板」。

図20

したがって，いつから記録するようになったか，「何をどれくらい」，これをどのように記録するようになったか，「何のために」記録するようになったか，「記録すること」自体の起源については，簿記学者でしかない筆者は全くの門外漢であるだけに慎重であろうとして，執拗なほどに引用することで，冗長なまでに解明したかもしれない。しかし，極端には，「文字は『会計記録人の発明』になるものである」[22] とまで表現されることに納得しえようというものである。「何のために」記録するようになったか，となると，メソポタミア時代には，自身の記憶を確実なものにするために，もはや「備忘」手段として記録しただけではなさそうで，証憑，したがって，後日の「備忘証明」手段として記録するのである。粘土板の会計証書として記録するのである。

すでに，筆者が解明したところでは，本来，「記録すること」自体の起源の起源としては，「何をどれくらい」，これをどのように記録するようになったか，となると，「数えることは知ったが，数を知らない人間」，まして「文字も知らない人間」は，「何を」は粘土球に横に転がして押印した円筒印章によって確認するしかないのだが，「どれくらい」は「刻み目の付いた多様な小物体」を粘土球に詰め込むことで，会計文書にしたとのことである。もちろん，「記録することのない記録」でしかないのだが，この粘土球を保持しておくことによって，記録することと同様になるのである。しかも，今日の「公証人」に相当する「会計記録人」が双方の確認を得ながら詰め込んだのだから，ごまかされるはずもなく，改竄されるはずもない。粘土球の会計証書としては，信頼しうるものであったのではなかろうか。

さらに，「記録すること」自体の起源としては，「何をどれくらい」，これをどのように記録するようになったか，となると，「数えることを知った，数も知った人間」，しかも，絵文字と数字の，まさに「文字も知った人間」は，「何を」は，粘土塊までは円筒印章によって確認するしかないのだが，粘土板には図柄の絵文字で記録して，「どれくらい」は「多様な形状の刻み目か刻印」を粘土球，粘土塊に押し付けることで，さらに，粘土板に彫り込むことで，会計文書にしたとのことである。しかし，絵文字と数字で記録するようになると，さらに，複雑な書体の楔形文字で記録するようにもなると，皮肉なことには，ごまかされることにも，改竄されることにもなりかねない。

もちろん，粘土板に記録するとしたら，1回かぎりの取引事実を記録するだけの「時点記録」，「断片記録」である。そのような会計文書である。「記録すること」自体は，やがては，法律によって拍車を掛けられるともなると，「商人」と「取引相手」の商人は，時点記録，断片記録として，ごまかされることがないように，改竄されることもないように腐心しなければならなかったはずである。しかも，双方の確認を得たにしても，会計記録人ではなく，代筆するだけの「私人の書記」，したがって，記録することを職業とする「代書人」に記録してもらったのだから，なおさらである。そのように腐心することによって，粘土板の会計証書としては，信頼しうるものであったはずである。

ところが，帳簿に記録することを意味する「簿記」との関わり，特に「複式簿記」との関わりについて解明するともなると，帳簿に記録するとしたら，反復する取引事実を記録する「継続記録」である。そのような「会計帳簿」である。「何のために」記録するようになったのか，となると，これまた，もはや「備忘」手段として記録しただけではなさそうで，証憑，したがって，後日の「備忘証明」手段として記録するとしたら，会計文書と同様に，会計帳簿としても，信頼しうるものであらねばならない。したがって，継続記録としても，ごまかされることがないように，改竄されることもないように，どのように腐心したかということである。いや，商人「自身」が記録するとなると，ごまかすことがないように，改竄することがないように腐心したことによってこそ，「複式簿記の神話」が生み出される発端になったのでは，と想像するのである。

第3節　複式簿記の「記録」

第1項　中世イタリアの公正証書から会計帳簿へ

さて，複式簿記の「記録」についてである。本来ならば，史実に忠実に，複式簿記が誕生する13世紀，14世紀のイタリア簿記まで遡源しなければならないのかもしれない。しかし，ドイツ簿記の16世紀から取組んだだけの筆者には，これまた，簡単に解明しうるはずもない。筆者には，史実を忠実に解釈して解明するとなると，まさに至難の技，不可能でしかないのである。しかし，断片的に散見する史実を適宜に取捨選択して，筆者なりの卑見をまじえながら，これを想像して解明することは可能のようである。

まずは，中世イタリアでは，メソポタミア時代とは相違して，記録するのは「羊皮紙」または「木綿紙」である[81]。この1枚1枚に記録する「紙片帳簿」，さらに，これを綴込んで結束，装釘される「綴込帳簿」に記録することになる。

しかも，商業取引の支払手段としては，すでに，鋳造された貨幣，刻印された貨幣が流通，使用されるので[82]，「何をどれくらい」，「何を」全部の個数は「何個」とか，「何を」全部の頭数は「何頭」とか，記録することだけではなく，「何をいくら」，「何を」全部の個数または頭数は「現金でいくら」の金額で羊皮紙または木綿紙に記録することになる。

そこで，メソポタミア時代には，「数えることは知った，数も知った人間」，しかも，「文字も知った人間」として，「文字を記録しうる人間」は，今日の公証人に相当する「会計記録人」である官吏または神官であったことから，「会計文書」に記録される取引事実は，このような会計記録人が保証したことを想起してもらいたい。

これに対して，複式簿記が誕生する前夜の中世イタリアでは，「会計文書」に記録される取引事実を保証したのは，「公正証書」に記録する，まさに今日の「公証人」。公証人である会計記録人である。メソポタミア時代には，「今日の公証人に相当する」会計記録人でしかないのは，官吏または神官が公証人になるために資格試験を課せられたかどうかは疑問。むしろ，これが課せられることもなかったであろうと想像するのに対して，中世イタリアでは，公証人の「アルテ」(arte)（組合，中世ドイツの「ギルト」(Gilde)）から課せられる資格試験に合格しさえすれば，公証人になりえたことでは[83]，原則，資格試験，実際には，厳格な資格審査でによって国家に任命される「今日の公証人」とは同様である。さらに，メソポタミア時代には，官吏または神官は，都市国家によっ

81）なお，「羊皮紙」は羊のなめし皮。「木綿紙」の素材は綿屑ではなく，亜麻布を中心としたボロ布を原料にしたものであったとのことである。
参照，泉谷勝美著；『スンマへの径』，森山書店 1997年，26頁。

82）なお，銀と穀物は，簡易な支払手段として商業取引に使用されたが，小麦などの穀物は，品質が低下するばかりか，豊作，不作によっては，供給に変動があるところから，金か銀の貴金属，やがては，金貨，銀貨が使用されるようになったとのこと。これに対して，刻印された貨幣が世界で最初に使用されたのは，前600年頃のリュディア王国（Lydia)。小アジアの西端，古代アナトリア半島（現トルコ領）のリディア地方を中心に繁栄，世界で最初に鋳造された貨幣，「エレクトン貨」(electrum coin）を使用したことで有名な王国である。金と銀の自然合金を産出したことから，これに刻印を押して使用されたとのことである。
参照，湯浅赳男訳；前掲書，27頁以降。

83）参照，清水廣一郎著；『イタリア中世の都市社会』，岩波書店 1990年，61頁。

て生計が保障されたであろうと想像するのに対して，中世イタリアでは，嘱託人から支払われる手数料で報酬を得ることで，生計が保障されるので，神官であろうはずもなく，官吏，公吏または官僚ともいえないので[84]，まさに自由業である「今日の公証人」とは同様である。

そこで，中世イタリアにおける「公証人」(notarius / notaio / notaro) についてである。論説「中世イタリアにおける都市の秩序と公証人」によると，「公証人は中世のイタリア社会の法的側面を特徴づける存在」[85]。「12世紀以降の」「北・中部イタリアの諸都市は次々に自治権を獲得し，コムーネ（自治都市）(comune) となっていった。事実上，統一的な公権力の存在しない環境のなかで，社会的秩序はコムーネによって維持されるに至った」[85]。この「自立するコムーネは，この時点ではいまだ公権力として不安定であり，皇帝や教皇のごとき理念上の至向の権力に依存する側面もあった。その都市の社会のなかで法的実務を担うようになったのが『公証人』である。彼らにその法的権限を与えたのは，直接的には都市当局であるが，彼らの公証力・社会的威信の根拠となったのは，多くの場合，皇帝や教皇であった。このような中世の公証人制度の痕跡は11世紀末のジェノヴァ（Genova）に遡るが，12世紀にはその存在が多くの都市の資料から確認されるようになる。公証人制度の確立はまさにコムーネの自立と歩みを同じくしていたのである。

公証人は公的秩序の一端を担うものではあったが，官吏ではない。基本的には，公正証書の作成や契約の登記を請け負い，それに対する報酬を受ける自由業であった。だが同時に，都市行政・司法文書の作成をはじめとする公的実務もまた，彼らの手に委ねられていた。法的専門知識に疎い行政官（都市行政は概して市民によって担われた）を補佐することも，しばしばあったらしい。公私の区別の曖昧な当時の社会にあっては殊に公証人は，いわば公と私の間に立つものであった」[86]とのことである。

さらに，中世イタリアにおける「公証証書」(instrumentum) についてであ

84) 参照，三堀博稿；「公証人公証の基礎理論」，『公證法學』，5号，1976年5月，65頁。
85) 徳橋曜稿；「中世イタリアにおける都市の秩序と公証人」：歴史学研究会編；『紛争と訴訟の文化史』，青木書店 2000年，263頁。
86) 徳橋曜稿；前掲書，264頁。二重括弧および括弧内（comuneとGenova）は筆者。

る。著書『中世イタリア商人の世界ールネサンス前夜の年代記ー』によると，「中世におけるイタリア商人の生活をあとづけてみようとすると，かれらにとって『記録する』という行為がいかに重要な意味をもっているか，あらためて感じさせられる」[87]。本来は，「人との約束も，口約束で十分だったと思われる。それに対して，変転きわまりない都市社会に生きている人間にとっては，隣人との関係はこのように安定したものでありえない。今日，約束を交わした相手も，明日はどこかに消え去ってしまうか，あるいは，約束を履行できない境遇におちいってしまうかもしれない。今日の社会とは較べものにならないにせよ，中世都市もいちじるしく流動性に富む社会であった」[87]。「このような環境の中で，人と人との関係を人為的に形成された『契約』として把握し，それを記録にとどめることによって持続的な効力を確保しようとするメンタリティが広く定着することになる。ここでは，信義による結びつきは，大きな効力を持ちえない。市民たちは，つねに書かれた証拠を武器に，自分たちの利益を守ろうとするのである」[87]。したがって，「『紙に契約を記す』，あるいはより広く『紙に証拠を書く』という習慣は，ヨーロッパの歴史を通じて重要な意義を持っている」[87]。

「それでは，市民にとって重要な意味を持っていた『書かれた証拠』とは何であろうか。それは，ラテン地域に特徴的な法曹である公証人の作成する『公正証書』なのである」[88]。この「公証人は，公正証書の作成と認証にあたり，紛争を未然に防止する任務を負う法曹であり，判・検事，弁護士と並ぶ存在である。ヨーロッパ諸国ではその社会的地位はきわめて高く，たとえばイタリアの場合，競争試験のもっとも難しいのは公証人であるという。

今日，イタリアにおいて保存されている最古の公証人登録簿は，12世紀末のジェノヴァのものである。その記載内容を見ると，多種多様な商品の売買契約

87）清水廣一郎著；『中世イタリア商人の世界ールネサンス前夜の年代記ー』，平凡社 1982年，150頁。

88）清水廣一郎著；前掲書，156頁。二重括弧(公正証書)および括弧内（commendaとsocietas）は筆者。
しかし，中世ドイツのことではあるが，その資格試験については，「任命に先立って，候補者の試験がおこなわれたが，多くの宮中伯は専門知識を欠いていたので，試験はしばしば形式だけのことであった」とのことでもある。
参照，久保正幡稿；「公証人と法律学の歴史」，『公證法學』，2号，1973年5月，10頁。

や会社ないし組合（コンメンダ（commenda），ソキエタス（societas）などと呼ばれる）の設立契約に関するものが多い。つまり，中世地中海商業の発展に伴って，公証人による記録の作成が必要とされたのである。初期の時代には，大規模な取引を行なう際には，ほとんどの場合，公証人が介入し，証拠の保全を行なったのであろう。しかし，時とともに商品取引に関する登記簿の記載は減少し，これらは次第にそれぞれの商人の帳簿の方に記載されるようになった」[88]とのことである。

そこで，メソポタミア時代には，商業活動が活発になるに伴って，商業取引も増加してくるとなると，官吏にしても，神官にしても，会計記録人がこの増加してくる商業取引に1つ1つ対応しえたとは，事務量的に，とても想像しえないところから，官吏でもない，神官でもない会計記録人，したがって，代筆するだけの「私人の書記」，したがって，記録することを職業とする「代書人」に記録してもらったことも想起してもらいたい。

これに対して，中世イタリアでは，「商人」と「取引相手」の商人は，「数えることは知った，数も知った人間」，しかも，「文字も知った人間」として，「文字を記録しうる人間」にまで教育されていたのである。著書『中世都市―社会経済史的試論―』（“*Les villes du moyen âge. Essai d'histoire économique et sociale*”, Bruxelles.）からも，その裏付けを得る。この著書によると，「12世紀の半ばになると，市参事会は，古代の終焉以降におけるヨーロッパ最初の世俗学校である学校を，市民の子弟のためにつくることに熱心であった。この学校の出現によって，教育は，修道院の修練士や未来の聖堂区司祭だけにその恩沢を頒ち与えるものではなくなる。『読み書きの知識』は，商業を営む上に必要不可欠であるからして，もはや，聖職者身分に属する者だけが独占するものではなくなる。市民は，貴族にとっては知的贅沢にすぎなかったものが市民にとっては日常欠くことのできないものであったが故に，貴族よりも先に『読み書きの知識』を身につけた」[89]。したがって，前掲の著書によっても同様。「商業的先進地であったイタリアでは，このような傾向はとくに強かったと思われる。中・上層商人の間で初等教育に対する熱意がきわめて高かった」[90]とのことである。

しかし，メソポタミア時代には，「文字を記録しうる人間」にまで教育されてはいなかったので，代筆するだけの「私人の書記」，したがって，記録することを職業とする「代書人」に記録してもらったがために，「会計文書」に記録される取引事実は，「商人」と「取引相手」の商人が保証しなければならなくなったからこそ，会計文書が信頼しうるものであるために，「封筒に入れられた粘土板の会計文書」を作成。これを作成してまで，ごまかされることがないように，改竄されることもないように腐心しなればならなかったことも想起してもらいたい。

これに対して，複式簿記が誕生する前夜の中世イタリアでは，「文字を記録しうる人間」にまで教育されていたとなると，公証人に記録してもらう「公正証書」には，商業取引を記録するとしたら，たとえば，「現金の貸付または借入」の貸借関係。1回かぎりの取引事実を記録するだけの「時点記録」，「断片記録」でしかない。「商人」と「取引相手」の商人は，公証人に記録してもらっても，これは判読しえたにちがいない。公証人に保証してもらうにしても，商人「自身」が判読しうるとなると，「商人」と「取引相手」の商人は，もはや，ごまかされることがないように，改竄されることもないように腐心することもなかったのでは，と想像するのである。

しかし，「現金の貸付または借入」の貸借関係については，これに対する「一括返済」ばかりか，「分割返済」の貸借関係も記録しておかねばならない。さらに，「追加貸付」または「追加借入」の貸借関係も記録しておかねばならない。場合によっては，「貸借振替」，さらに，「相互貸借」の貸借関係も記録しておかねばならない。したがって，商人「自身」が記録しうるとなると，反復する取引事実を記録する「継続記録」。商人「自身」が暦順的に記録するのは，証憑，したがって，後日の「備忘証明」手段として記録する「会計帳簿」である。会計文書である「公正証書」と同様に，会計帳簿としても信頼しうる

89）佐々木克己訳；『中世都市ー社会経済史的試論ー』（Pirenne, Henri; *Les villes du moyen âge. Essai d' histoire éonomique et sociale,* Bruxelles 1927.），創文社 1970年，198頁。二重括弧は筆者。
参照，清水廣一郎著；前掲書，22頁。

90）清水廣一郎著；前掲書，22頁。

ものであらねばならない。しかし，商人「自身」が記録しうるとなると，「商人」と「取引相手」の商人は，もはや，ごまかされることがないように，改竄されることがないように腐心するのこともあるまい。商人「自身」が会計記録人なのである。公証人に保証してもらうのではなく，商人「自身」が保証しなければならないのである。したがって，会計帳簿に記録する商人「自身」こそが，むしろ，ごまかすことがないように，改竄することもないように腐心しなければならなくなったのでは，と想像するのである。まさに「複式簿記」が誕生するのである。

事実，前掲の著書によると，「12世紀から13世紀にかけて北・中部イタリアの都市経済は急速な膨張を経験するが，それとともに契約の数は激増し，もはや公証人の手にあまることになる。一方，かつては文盲であった商人たちも，必要から文字の知識を獲得し，やがて自分の手で記録することが可能となる。商品の売買契約について，いちいち公証人のもとで記録してもらうことは，手続上あまりにも煩雑であり，同時に費用がかさむために，少しずつすたれていったのである。それとともに，商業帳簿の証明力が増大し，裁判所もそれを認めるようになる。このような転換は，およそ13世紀末に生じたと考えられている。やがて，14世紀中に商業帳簿の記載方法が整備され，『複式簿記』が成立することになった。公証人の業務は，商業活動の最前線から後退し，不動産の売買や賃借の契約，金銭の貸借契約，遺言，夫婦の財産契約などを中心とするようになる。今日にまでおよぶ公証人業務の伝統は，ほぼこの時期に形成された」[91] とのことである。

さらに，前掲の著書によっても同様。「公証人は，都市生活のおよそあらゆる法的側面に関与した。公正証書はすべて公証人の手になる必要があり，不動産の譲渡，財産の遺贈等，契約に類するものは公証人の許で結ばれた」[92] が，「証書や公証人の登記簿に見られる限り，概して13世紀には商取引契約が多い。だが14世紀までには，比較的遅くまで商取引に公証人を用いたとされるジェノヴァなどを除いて，商取引は公証人を介さずに商人（商社）の個別の帳簿に記

91）清水廣一郎著；前掲書，157頁。二重括弧(複式簿記)は筆者。
92）徳橋曜稿；前掲書，273頁以降。

されるようになった。13世紀に飛躍的に発展する商業活動なかんずく国際取引は，その全契約を公証人の許で結ぶことを不可能にした」[93] とのことでもある。

したがって，複式簿記が誕生する前夜の中世イタリアでは，商業活動が活発になるに伴って，商業取引も増加するようになると，本来，今日の公証人が会計記録人であったのに対して，「商人」と「取引相手」の商人が，(1)「いちいち公証人のもとで記録してもらうことは，手続上あまりにも煩雑」であることから，(2)「同時に費用がかさむ」ことから，しかも，(3)「商業帳簿の証明力が増大し，裁判所もそれを認めるようになる」ことから，さらに，(4)「国際取引は，その全契約を公証人の許で結ぶことを不可能にした」ことから，商人「自身」はスムースに会計記録人になったということである。「概して13世紀には」，「商取引は公証人を介さずに商人（商社）の個別の帳簿に記されるようになった」のである。「会計帳簿に記録する商人」の登場である。「『複式簿記』が成立することになった」のである。商人「自身」が会計記録人となると，会計帳簿に記録する商人「自身」は，むしろ，ごまかすことがないように，改竄することもないように腐心しなければならなくなったにちがいない。そのように腐心したことによってこそ，「商業帳簿の証明力が増大し，裁判所もそれを認めるようになる」のでは，と想像するのである。

それでは，「何をどれくらい」，「何を」全部の個数または頭数は「現金でいくら」と金額で羊皮紙または木綿紙には，どのように記録するのであろうか。

まずは，公証人が記録する「公正証書」。「何を」の文字を記録するのは，キリスト教の公用語，やがては，法律の公用語でもあった「ラテン語」(latina)。公証人は，契約する当事者の双方から確認を得ることで，「登記簿」(imbreviatura / protocllum / chartolarium) に記録，場合によっては，関係人，証人の確認も得ながら，「覚書帳」(scheda / schedula) に下書きをしてから，「公正証書」に清書する。ラテン語で記録して文章にするのである。公正証書の末尾には，公証人が署名，書き判 (signum) を付すことで完了する[94]。さらに，全部の個数または頭数は「現金でいくら」の金額の数字は，ラテン文字であった

93）徳橋曜稿；前掲書，274頁。

「ローマ数字」(nimeri romani) で記録する。

そこで，数字については，ローマ数字で記録する場合を参考のために表示することにする。図21を参照。

1	2	3	4	5	6	7	8	9
I	II	III	IV	V	VI	VII	VIII	IX

10	20	30	40	50	60	70	80	90
X	XX	XXX	XL	L	LX	LXX	LXXX	XC

100	500	1,000	5,000	10,000	50,000	100,000
C	D	M	$\overline{V}$ / (V)	$\overline{X}$ / (X)	$\overline{L}$ / (L)	$\overline{C}$ / (C)

IV	XXXVIII 30 8	CXVII 100 10 7	CCXXI 200 20 1	CCLXXXI 200 80 1	CXXXIX 100 30 9
4	38	117	221	281	139

図21

これに対して，商人「自身」が記録する会計帳簿。「何を」の文字を記録するのは，中世イタリア，地方地方の「話し言葉」(volgare) である[95)]。しかし，全部の個数または頭数は「現金でいくら」の金額の数字について，インドを起源とする「アラビア数字」(cifre arabiche) で記録するまでには，長い間，根強

94) 参照；清水廣一郎著；前掲書，155頁以降。
参照，徳橋曜稿；前掲書，269頁。
なお，公証人の「印章」によって押印されることもあったとのこと。「書き判」と「印章」については，「13世紀以来公証人は花押（書き判）のほかに印章を帯びることができた。しかし印章は，署名や謄本の確証のために用いられただけで，花押（書き判）の代わりにはならなかった」とのことである。
参照，久保正幡稿；前掲誌，11頁。括弧内は筆者。

95) 参照，泉谷勝美著；前掲書，22頁。

い抵抗があったがために，公正証書と同様に，会計帳簿には，「ローマ数字」で記録。著書『スンマへの径』によると，13世紀の末葉から，相手勘定の丁数，年号，金額の1部分に「アラビア数字」で記録することはあったが，イタリアに現存する会計帳簿にも，複式簿記の印刷本にも，金額を「アラビア数字」で記録するようになるのは，15世紀の中葉の会計帳簿，15世紀の末葉のPacioli,Lucaの印刷本，さらに，15世紀の末葉から16世紀の初頭の会計帳簿であるとのことである[96]。

すでに，長い間，根強い抵抗があったことは，著書『図説 数の文化史ー世界の数字と計算法ー』（„*ZAHLWORT UND ZIFFER, Eine Kurturgeschite der Zahl*“, Göttingen.）からも，その裏付けを得る。この著書によると，「十字軍によって小規模の事業を拡張した大商人および銀行家，その帳簿には，ローマ数字で記録された。この金額は切り離して記録するのではなく，文章のなかに書き込まれたので，これを並記して計算する必要がある」[97]。しかも，「15世紀の初頭になると，（金額）欄で区分して記録するのに，あちこちで，膨大な数字が混在して表示されるようになる。これに対して，新しい数字（アラビア数字）で記録することは，いかに簡単であったことか。

しかし，突然に思いもしなかった側面から反対者が出現する。いくつか銀行家によっては，インド数字（アラビア数字）で記録したことから，1299年に，フィレンツェ（Firenze）の市議会は，銀行業務に関する条例を公布した。この『両替商組合規約』（Statuto dell’Arte di cambio）には，元帳の金額を数字（アラビア数字）で記録する算術で（modo abaci），数字を切り離して記録する違反に

96）なお，15世紀の中葉の会計帳簿は1436年から1440年に記録するGiacomo Badoer の元帳。
さらに，15世紀の末葉のPacioli,Luca の印刷本は1494年に出版。
そして，15世紀の末葉から16世紀の初頭の会計帳簿は 1496年から1528年に記録するAndrea Barbarigoの孫Giovanni di Alvise Barbarigo の元帳。
参照，泉谷勝美著；前掲書，60 / 61/176/ 330頁。

97）Menninger, Karl; *ZAHLWORT UND ZIFFER, Eine Kurturgeschite der Zahl,* Göttingen 1958, S.244. 括弧内は筆者。
参照，内林政夫訳；『図説 数の文化史ー世界の数字と計算法ー』，八坂書房 2001年，335頁以降。

対して，20Soldiの罰金を科したのである。そして，これまでのように，『ラテン文字』（ローマ数字）で（per literam）記録，しかも，直接に本文に接続することを規定したのである。

そのように規定したのはなぜか。ごまかしを防止するためであったのである。

簿記についてのヴェネツィア（Venezia）の古い著作は啓発する。『古い数字（ローマ数字）だけを使用すること。この数字は，新しい算術のそれのようには，容易に改竄されえないからである。新しい算術では，ある数字をたやすく別の数字に，たとえば，零(０)から６または９にしうると同様に，多くの別の数字も改竄しうる』と。

したがって，信頼しうる会計記録人からは，古い数字（ローマ数字）について要望する。『数字の字体を精確に形成，鎖の環のように相互に確実に繋ぎ合わせて素早く，しかも，筆先が紙面から離れないように』と。しかも，彼は，金額を切り離して記録しても，1行1行に記録するのに，ローマ数字の前には，(隙間を埋めるための）横線を引いておく。同様に，ごまかしを防止するために，ローマ数字の末尾の数字のｉ(Iの小文字）は，ｊで記録する」[98]とのことである。

しかも，「アラビア数字」で記録するまでには，約２世紀後，複式簿記について，Pacioli, Lucaによって，世界に現存する最初の印刷本『算術，幾何，比および比例全書』（*"Summa de Arithmetica Geometria Proportioni et Proportionalita"*, Venezia.）が出版される1494年でも，中世ドイツのことではあるが，依然として，根強い抵抗があっている。前掲の著書によると，「新しい数字（アラビア数字）で記録することには，いまなお，不安であった。数字の字体の形状が新しいだけではなく，記録するやりかたにも，不安があった。1494年に，『さらに，会計専門職（Rechenmeister）は時として数字で計算するのに，節度を守ること』，そのように，フランクフルト（Frankfurt）の『市専

98）Menninger, Karl; *a. a. O.*, S.244f. 二重括弧（両替商組合規約）および括弧内は筆者。
参照，内林政夫訳；前掲書，336頁。

99）Menninger, Karl; *a. a. O.*, S.245. 二重括弧（市専門職簿）および括弧内は筆者。
参照，内林政夫訳；前掲書，336頁以降。

門職簿』(Bürgermeisterbuch)は規定する。会計記録人が新しい数字(アラビア数字)を時として使用することがあったからである」[99]とのことである。

実際,複式簿記について,Pacioloによって,世界に現存する最初の印刷本が出版されるまでの「アラビア数字」の字体から想像するに[100],これでは,「数字の字体を精確に形成」しえたはずもなく,会計帳簿に記録する商人「自身」が,ごまかすことがないように,改竄することもないように腐心するどころではあるまい。むしろ,商人「自身」が,ごまかすことのあるような,改竄することもあるような,そのような危惧が懸念されたとしても不思議ではない。図22を参照。

	1	2	3	4	5	6	7	8	9	10
950年頃,インド神聖数字	?	?	?	?	?	?	?	?	?	?
1100年頃,コバル(西サラセン)数字	1	?	?	?	4	?	?	9	9	1.
1335年頃,ヨーロッパ	1	2	3	?	4	?	?	8	9	10
1400年頃,同 上	1	2	3	?	5	6	7	8	9	10
1480年印刷,同 上	1	2	3	4	?	6	?	8	9	10
1482年印刷,同 上	1	2	3	?	4	6	?	8	9	10
1494年印刷,Pacioli, Luca	1	2	3	4	5	6	7	8	9	10
現代,アラビア	١	٢	٣	٤	٥	٦	٧	٨	٩	١٠

＊「1494年印刷,Pacioli, Luca」のアラビア数字は,筆者が追加。
＊「現代,アラビア」の数字「10」は,筆者が訂正。

図22

---

100) 参照,吉田洋一著;『零の発見－数学の生ひ立ちー』,岩波書店 1939年,10頁。
　　Cf., Pacioli, Luca; *Summa de Arithmetica Geometria Proportioni et Proportionalita*, Venezia 1494, fol.37.
　　Pacioli, Lucaについては,姓と名を表記する場合に,「パチョーリ家のルカ」というように,複数形のPacioliを使用して,姓のみを使用する場合には,単数形のPacioloを使用する。

しかし，それでも，「アラビア数字」で記録しようとしたのはなぜであろうか。ローマ数字で記録するなら，5を補助に10を「底」にする，いわゆる10進法であるので，I（1），V（5），X（10），L（50），C（100），D（500），M（1,000）などの多くの文字，たとえば，1，2，3は，その数だけIを並べて記録，4は（5の1前で）IV，そして，5はV，6は（5の1後で）VI，9は（10の1前で）IX，そして，10はX，11は(10の1後で)XI，40は(50の10前で)XL，そして，50はL，60は(50の10後で)LX，90は(100の10前で)XC，そして，100はC，110は(100の10後で)CX，400は(500の100前で)CD，そして，500はD，600は(500の100後で)DC，900は(1,000の100前で)CM，そして，1,000はM，1,100は(1,000の100後で)MCと記録するように，多くの文字を記憶しておかねばならない。しかも，ローマ数字で記録した数字を計算するとしたら，「筆算」で計算するのが容易ではない。

したがって，簿記学者でしかない筆者としては，数学史家からの批判は覚悟して，あえて憶測するに，ローマ数字は，極端には「記録する数字」でしかないのでは，と想像するのである。実際に計算するのは「アバクス」(Abacus)[101)]，「算盤」である。著書『零の発見―数学の生ひ立ち―』によると，「このローマ数字は計算の材料や結果を書き記すのがその主たる役目で計算そのものは多くの場合算盤でおこなわれる習慣であった」[102)]とのことである。

そこで，「算盤」についてであるが，前掲の著書によると，「それは，表面に縦横の刻み目を入れた木や大理石の板，あるいはテーブルであった。その上に大理石やガラスなどで作ったクワルティルォーリ（quartiruoli）という小さな玉を置いて計算するのである。ちょうどおはじきのようなものであろう」[103)]。「小さな玉を計算盤の上に並べて計算するのははなはだ厄介のように思われる

101）なお，「アバクス」はラテン語。「板」または「盤」を意味するギリシャ語のabaksないしàbáktionに由来する。ローマ時代には，遊技，陳列のための平面の板または盤，特に計算の器具としての「算盤」を意味したとのこと。
Cf., Ifrah, Georges; *op.cit.*, p.115.
参照，松原秀一・彌永晶吉訳；前掲書，102頁。

102）吉田洋一著；前掲書，29頁。

103）清水廣一郎著；前掲書，27頁。括弧内(quartiruoli)は筆者。

が，12進法や20進法が入りまじっている当時の貨幣体系の下では意外にも合理的なものだったのかもしれない。また，ローマ数字の計算に適していることも確かである。位取りのないローマ数字を算盤の上に置きなおすことによって，数の大小が視覚的に鮮やかに示されるからである」[104] とのことである。

しかし，算盤で計算するとなると，足し算，引き算は，実に簡単であるが，掛け算，割り算となると，実に厄介である。前掲の著書によると，「この『珠並べ算盤』を用いてする加法，減法は極めて簡単」，「しかし，乗法となるとかなり面倒」[105]，さらに，「除法にいたっては」，「減法をくりかえす方法にたよらねばならなかった」[106] ことから，「中世においては計算がいかに不便で難渋であったか」。「実際，この時代には乗法や除法の完全にできる人といっては1つの町に数える程しかいなかったもので，そういう人達は大した学者であるとして特に畏敬の念をもって人から遇せられていたという話さえ伝えられている」[107] とのことである。

ところが，「会計帳簿」に記録するとなると，足し算，引き算はもちろん，貨幣の換算，目方や寸法の計算，したがって，単価から金額の計算，利息の計算には，掛け算，割り算が不可欠になる。もはや算盤で計算するよりも，ローマ数字では，「位取り」が不可能であるだけに，「筆算」で計算したほうが容易であるのは「アラビア数字」。インドを起源とする「アラビア数字」で記録すると，零（0）の発見によって，1から9までの10文字を記憶しておきさえするなら，どのような数字も記録しえようというもので，実に簡単である。しかも，10を底にする今日の10進法からすると，数字の右端を1の位，その右側を10の位，その次の右側を100の位，さらに，その次の右側を1,000の位にすることで，「位取り」を可能にすることから，どのような数字も記録しうるばかりか，足し算，引き算はもちろん，掛け算，割り算は，筆算で容易に計算しうるはずである。

104）清水廣一郎著；前掲書，27頁以降。
105）吉田洋一著；前掲書，30頁。
106）吉田洋一著；前掲書，32頁。
107）吉田洋一著；前掲書，40頁。

したがって，簿記学者でしかない筆者としては，数学史家からの批判は覚悟して，あえて憶測するに，アラビア数字は「記録する数字」であると同時に，筆算で容易に計算しうるということで，「計算する数字」でもあるのでは，と想像するのである。前掲の著書によると，中世イタリアの「算盤と算術の学校について」[103]，「アルゴリズム（Algorism），算術というのは，アラビア数字を用いた計算のことである。筆算もカリキュラムの中に入っていたのかもしれない。この学校は完全に職業教育のためのものであるので，生徒たちは簿記の初歩も勉強しなければならなかっただろう。この時期は，ちょうどフィレンツェやジェノヴァを先頭に，『複式簿記』がその形をととのえつつある時期であった」。「簿記は算術の1部門と考えられていた」[108] とのことである。

事実，Pacioloによって出版される印刷本は「算術書」。アラビア数字で筆算する事例を解説したところで，「複式簿記」について解説する。さらに，中世ドイツのことではあるが，約4半世紀後の1518年に，Grammateus, Henricusによって，ドイツで最初に出版される印刷本『新しい技術書』（*„Ayn new Kunstlich Buech・・・“*, Erfurt.）も「算術書」。これまた，アラビア数字で筆算する事例を解説したところで，「ドイツ固有の簿記」について解説する。これ以降は，中世イタリアでも，中世ドイツでも，簿記について出版される印刷本に，会計帳簿に記録するのは「アラビア数字」[109]。したがって，中世ドイツのことではあるが，「1494年」に，フランクフルトの「市専門職簿」に規定する，既述の禁令と併せ想像するに[99]，Pacioloによって出版される印刷本こそは，アラビア数字で会計帳簿に記録する「転換点」になったのではなかろうか。この「1494年」に出版される印刷本が世界の国々に伝播していったこ

108）清水廣一郎著；前掲書，27頁以降。二重括弧および括弧内（Algolism）は筆者。

109）しかし，Pacioloによって出版される印刷本を原型とする「イタリア簿記」がドイツに移入されたのは，約半世紀後の1549年に，Schweicker, Wolffgangによって出版される印刷本『複式簿記』（*„Zwifach Buchhalten・・・“*, Nürnberg）。この印刷本では，「仕訳帳」（Gional）にも，「元帳」（Haubtpuch）にも，実は「摘要欄」という表現は見出されないが，摘要欄には，「ローマ数字」で記録，場合によっては，「アラビア数字」と併用して記録する。これに対して，実は「金額欄」という表現は見出されないが，金額欄には，「アラビア数字」で記録する。
参照，拙著；『複式簿記の歴史と論理』，森山書店 2005年，238/248頁以降。

とからも，その裏付けを得る。もちろん，この印刷本を支持したのは，会計帳簿に記録する商人「自身」。前掲の著書によると，「実際に数字を取扱う階級であるところの商人や銀行家たちの社会的勢力が増大してきたことが，1片の禁令をもってこの大勢を長くとどめることを許さなかったと考えるほうが真相に近いであろう」[110]とのことである。

しかし，前掲の著書によると，「インド記数法禁止の例は」，アラビアを経由したがために，「単に新来の異教の文字に対する反感ということもあったかも知れないが，おおむねその理由とするところはこの新数字が一定していないためにしばしば混乱や間違がおこるのを防ごうとするというにあったと伝えられる。実際」，「図版（図22）にしめした乏しい例から見ても，算用数字の字体がいかに雑多であったかがうかがわれるであろう」[111]とのことである。

したがって，会計帳簿に記録するとなると，商人「自身」が，ごまかすことのあるような，改竄することもあるような，そのような危惧は払拭しておかねばならなかったはずである。アラビア数字にしても，「数字の字体を精確に形成」しておかねばならなかったはずである。簿記学者でしかない筆者としては，これまた，数学史家からの批判は覚悟して，あえて憶測するに，中世イタリアの算術師が「アラビア数字」を記憶し易いように，その合理的な字体を考案したことから[112]，「数字の字体を精確に形成」しうるようになったのでは，と想像するのである。23図を参照。

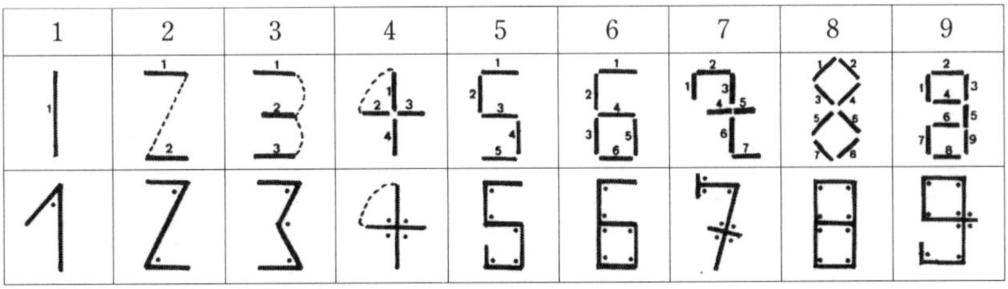

図23

110）吉田洋一著；前掲書，45頁。
111）吉田洋一著；前掲書，44頁。括弧内は筆者。
112）Cf., Ifrah, Georges; *op.cit.*, p.512.
　　参照，松原秀一・彌永晶吉訳；前掲書，422頁。

第2項　貸借記録の会計帳簿

(1) 人名勘定

そこで，イタリアに現存する最古の会計帳簿は，1211年6月18日の日付のある「フィレンツェの1銀行家の会計帳簿」[113]，「貸借記録の会計帳簿」である。論説「イタリア会計史」によると，すでに，「綴込帳簿」であるとのことである[114]。わずか2枚の羊皮紙の表裏，4頁の左側の区画と右側の区画に，銀行家にとっては顧客である「借り手」または「貸し手」を人名別に区分して継続記録，債権または債務を計算することでは「勘定記録」である。「人名勘定」(personal account) の萌芽である。

まずは，この羊皮紙の1枚目の表頁の左側と右側，冒頭の区画をこの1枚目の表頁の原文と共に表示することにする[115]。図24を参照。

---

113) この会計帳簿に記録する銀行家は名前不詳であるので，「1銀行家の会計帳簿」と表現。筆者が知見するかぎりでは，「貸付記録」と，これに対する「返済記録」だけの会計帳簿である。

Cf., Lee, Geoffrey A.; THE OLDEST EUROPEAN ACCOUNT BOOK: A FRORENTINE BANK LEDGER OF 1211, in: *Nottingham Mediaeval Studies,* Cambridge, Vol.XVI, 1972, pp.36-47.

なお，この会計帳簿は「羊皮紙」であったことから，「新ローマ法典の裏表の見返しに使用」。「この新ローマ法典は15世紀に起稿されたもので，その後同法典の見返しにこの帳簿断片が使用されたものとみられている」とのことである。

参照，泉谷勝美著；前掲書，22頁。

114) 参照，泉谷勝美稿；「イタリア会計史」：小島男佐夫編著；『会計史および会計学史』(体系 近代会計学VI)，中央経済社 1979年，47頁。

115) なお，表頁の左側，冒頭の区画については，泉谷勝美稿；前掲書，49頁以降を参照。
さらに，表頁の右側，冒頭の区画については，泉谷勝美著；前掲書，25頁以降を参照。
すでに，このような論説および著書があるにもかかわらず，不遜かもしれないが，筆者なりに納得しようと，文章は整理して表現。

Cf., Lee, Geoffrey A.; *op. cit.,* pp.36-38.

表頁の左側，冒頭の区画

1211年
(1) Aldobrandino PetroとBuonessegnia Falkoniはわれわれに総額52libreを各自で支払うべし。18libreについは,6月18日にImperial Mezzani貨幣で彼らに支払った(フイレンツェの100libreに対して)34$\frac{2}{3}$の比率。彼らは6月18日に支払うこと。これを支払った期日から延滞するなら,われわれが許可するかぎりでは,(利息は) 1カ月に,1libreに対して4denari。証人は Alberto Baldovini と,大聖堂の門番である Quittieri Alberti。さらに,(2) Buonessegniaは Massamutino 貨幣1に対して12soldiを支払うべし。
(3) Buonessegnia Falkoniはわれわれに40libreを支払った。Jacopoが期日にこれを持参。さらに,(4)彼は4libre2soldiを持つべし。われわれは,6月25日にKalkagnio卿の支払いに,彼は持つべしとあるだけをBuonessegniaの口座から控除した。さらに,(5)彼は,布地の代金を彼に支払ったTornaquinciを通して,2libre19soldiを支払った。さらに,(6) Buonessegniaはわれわれに2libreを支払った。6月28日に自分で支払った。さらに,(7) Aldobrandinoはわれわれに2libre19soldiを支払った。Giannozoがこれを持参。

表頁の右側，冒頭の区画

1211年
(1)財布職はPieriの息子であるRistoroと,Sigoliの息子であるJakopinoはわれわれに総額8libre10soldi8dinariを各自で支払うべし。5月20日にわれわれが彼に支払った8libreに対して,7月20日に支払うこと。(これを支払った期日から)延滞するなら,われわれが許可するかぎりでは,(利息は) 1カ月に4denari。証人は Alberto Baldoviniと Kastagniaci家のKonsiglio。さらに,(2)彼は利益として19soldi4denariを支払うべし。
(3) Ristroはわれわれに2libreを自分で支払った。Tegiaioが12月3日にこれを持参。さらに,(4)彼はわれわれに代わって,Buonoの息子であるTadellatoに(1212年) 3月20日に7libre10soldiを支払った。

＊原文では，ローマ数字で記録するが，便宜的にアラビア数字で表示する。
＊取引番号は筆者。括弧内および原文の区画番号は，Lee, Geoffrey A.; *op. cit.*, pp.31-38.を参照。
＊表頁の左側，冒頭の区画，取引番号（1）では，貸付日も返済日も6月18日で，利息を支払わねばならないということは不可解であるが，「これを支払った期日から延滞するなら」と表現することからは，6月18日は利息を計算する「起算日」ということになる。
＊表頁の右側，冒頭の区画，取引番号（2）では，利息は「利益」（prode）と表現して，「遅延料」として記録しているようである。「利息」と表現するのを巧妙に回避しているようでもある。利息を徴収することが禁止されるのは，1234年に公布されるカトリック教会法の「徴利禁止令」(Dekretale Papst Gregorius IX, c. Nabiganti)。したがって，すでに，利息を徴収することに嫌悪感をいだく聖書の文言から，利息を徴収することに対する罪悪感があったからかもしれない。拙著；『複式簿記会計の歴史と論理』，森山書店 2008年，94頁を参照。

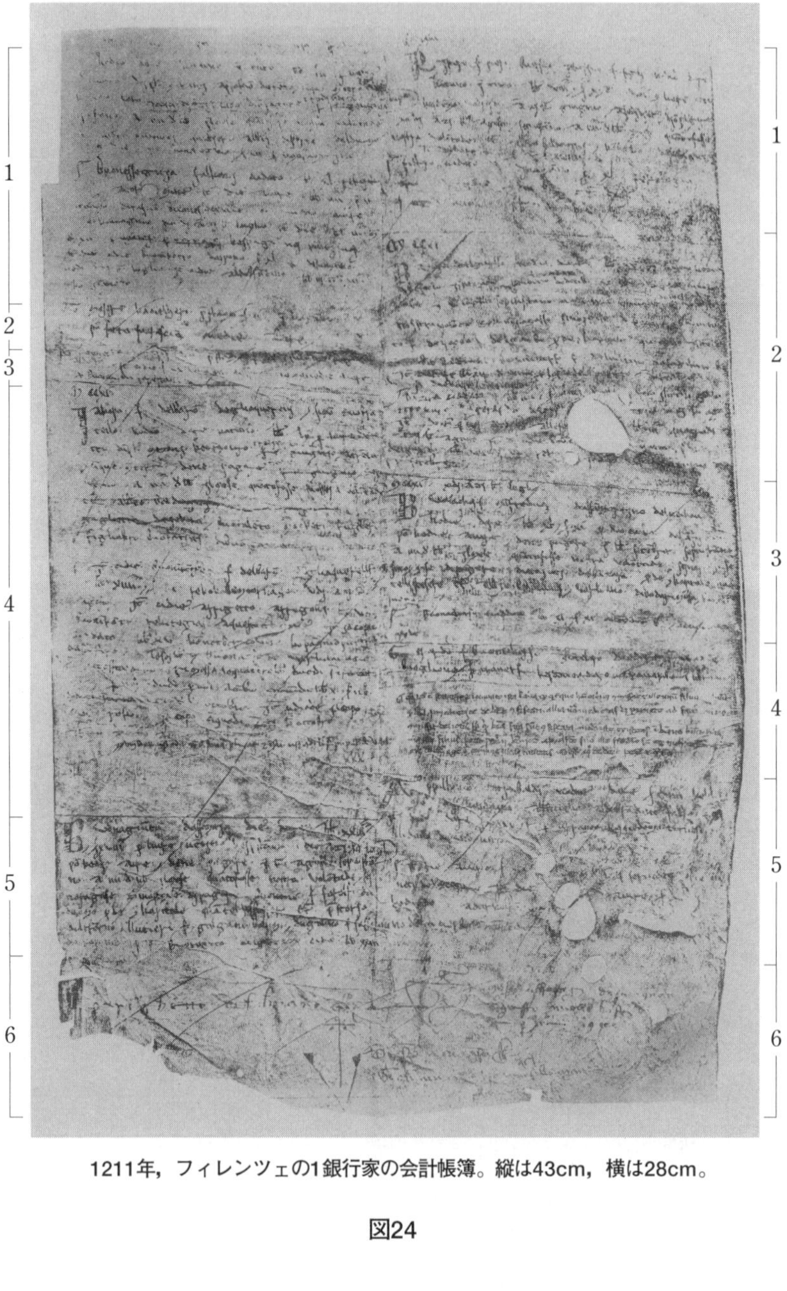

1211年，フィレンツェの1銀行家の会計帳簿。縦は43cm，横は28cm。

図24

したがって，左側と右側の「区画」自体は「人名勘定」。この区画では，銀行家にとって顧客である「借り手」または「貸し手」を人名別に区分して，現金の貸付または借入の「貸借関係」を記録すると，反復する取引事実を「継続記録」していくだけの余白を空けておいて，「さらに」を意味する副詞（Item）を付しながら，人名勘定に記録する取引事実の間に隙間がないように[116)]，これに対する「一括返済」ばかりか，「分割返済」の貸借関係，さらに，「追加貸付」または「追加借入」の貸借関係，場合によっては，「貸借振替」，さらに，「相互貸借」の貸借関係を記録して，債権または債務を計算する。

たとえば，この羊皮紙の表頁の左側，冒頭の区画では，取引番号(1)は利息付きの現金の貸付，取引番号(2)は追加貸付，したがって，「債権の発生」を記録する。取引番号(3)は分割返済，したがって，「債権の消滅」を記録する。取引番号(4)は貸借振替，したがって，「債権の消滅」と，この冒頭の区画に記録することはないが，「債務の消滅」を記録する。取引番号(5)も(6)も(7)も分割返済，したがって，「債権の消滅」を記録する。債権を計算するのである。さらに，この羊皮紙の表頁の右側，冒頭の区画でも同様。取引番号(1)は利息抜きの現金の貸付。取引番号(2)は利息の貸付（利息抜きの現金の貸付であったので，この利息を元金に組入れ），したがって，「債権の発生」を記録する。取引番号(3)も(4)も分割返済，したがって，「債権の消滅」を記録する。これまた，債権を計算するのである。

本来，公証人に記録してもらう「公正証書」には，商業取引を記録するとしたら，たとえば，現金の貸付または借入の「貸借関係」。1回限りの取引事実を記録するだけの「時点記録」，「断片記録」でしかなかったはずである。これに対して，「会計帳簿」には，現金の貸付または借入の「貸借関係」について，「一括返済」ばかりか，「分割返済」も記録しておかねばならない。さらに，「追加貸付」または「追加借入」の貸借関係も記録しておかねばならない。場合によっては，「貸借振替」，さらに，「相互貸借」の貸借関係も記録しておかねばならない。したがって，商人「自身」が記録しうるとなると，反復する取

116）Cf., Lee, Geoffrey A.; *op. cit.*, p.35.

引事実を「継続記録」。商人「自身」が暦順的に記録するのは，証憑，したがって，後日の「備忘証明」手段として記録する「貸借記録の会計帳簿」である。会計文書である「公正証書」と同様に，会計帳簿としても信頼しうるものであらねばならない。

そこで，「公正証書」に記録した様式を模倣，まさに踏襲したがために，「現金の貸付」の貸借関係については，会計帳簿に記録する商人「自身」を当事者にして，

「誰それ（借り手）は支払うべし」(··· die dare / ··· dino dare）と記録する。したがって，「誰それは」借主＝「借方」(debit）と記録することになる。さらに，「一括返済」ばかりか，「分割返済」の貸借関係については，「われわれに支払う / われわれに支払った」(··· diede / ··· hanno dato）と記録するだけである[117)]。

これに対して，「現金の借入」の貸借関係については，これまた，会計帳簿に記録する商人「自身」を当事者にして，

「誰それ（貸し手）は持つべし」(··· die avere / ··· dino avere）と記録する。したがって，「誰それは」貸主＝「貸方」(credit）と記録することになる。さらに，「一括返済」ばかりか，「分割返済」の貸借関係については，「われわれは支払う / われわれは支払った」(··· demmo / ··· avemmo dato）と記録するだけである[117)]。

しかも，公証人が，契約する当事者の双方から確認を得ることで，「登記簿」に記録，場合によっては，関係人，証人の確認も得ながら，「覚書帳」に下書きをしてから，「公正証書」に清書した様式を模倣，まさに踏襲したがためか，会計帳簿には，反復する取引事実を「継続記録」するだけに，商人「自身」はヨリ慎重に記録しようとする。この羊皮紙の表頁の左側と右側，冒頭の区画に記録する人名勘定から想像するに，「現金の貸付または借入」の貸借関係にあっては，金額の多寡によってのようではあるが，現金の支払いについて，「証人」(teste）の確認を得ることで，商人「自身」は会計帳簿に記録，さらに，

117）Cf., Lee, Geoffrey A.; *op. cit.*, p.48.

「一括返済」ばかりか，「分割返済」の貸借関係にあっては，これまた，金額の多寡によってのようではあるが，誰が支払ったか，本人であれば，「自分で」（di sua mano）持参したことを，本人でなければ，「誰それが持参する」（･･･recare）か，「関係人」の確認を得ることで，商人「自身」は会計帳簿に記録する。このように記録することによって，「証人」または「関係人」に立証してもらう可能性を得ることで，商人「自身」は会計帳簿を保証しようとするのである。したがって，会計帳簿として記録する，この「人名勘定」は公正証書の域を出るものではない。

(2) 人名勘定の改良

ところが，商人「自身」の利便から記録しようとして，公正証書の域を脱するとしたら，商人「自身」は，「アラビア数字」で記録しようとしたのに加えて，これまた，ヨリ慎重に記録しようとするのではあるが，「会計帳簿」を改良しなければなるまい[118]。たとえば，債権または債務を計算し易いように改良する。まずは，「金額」のローマ数字を文章から切り離して記録するように改良したのである。さらに，債権または債務を判読し易いように改良する。「債権」または「債務」と，これに対する「返済」を上下に区分して記録，やがては，「債権」と「債務」を左右に区分して記録するように改良したのである。

まずは，「金額」のローマ数字を文章から切り離して記録するように改良。「1銀行家の会計帳簿」には，「さらに」を意味する副詞を付しながら，人名勘定に暦順的に記録する取引事実の間に隙間がないように記録して，「金額」のローマ数字は文章のなかに隙間なく記録するので，債権または債務を計算しようとしたら，算盤で計算するにしても困難。筆算で計算するとしたら，「金額」のローマ数字は別紙に書き移して計算するしかないので，なおさら困難である。

そこで，前掲の論説および著書によると，13世紀の中葉の会計帳簿には，取引事実を記録するごとに改行。すでに，13世紀の末葉，1299年の「両替商組合規約」に規定する，既述の禁令によっては，「数字を切り離して記録する違

118）参照，泉谷勝美著；前掲書，44/49頁以降。

反に対して」「罰金を科した」[98]にもかかわらず，さらに，13世紀の末葉から14世紀の初頭の会計帳簿には，文章の1部分となっている「金額」のローマ数字を文章から切り離して，文章の1行目か2行目の右端の欄外に記録。しかも，貨幣単位，たとえば，libre，soldi，denariの単位が縦に揃うように記録して，文章の末尾と金額の間に余白がある場合には，この隙間を埋めるための横線を引いて，「金額」のローマ数字を記録。さらに，文章の1部分となっている「金額」のローマ数字を文章から切り離して文章の1行目の右端の欄外に記録。そして，ついには，「金額」のローマ数字を文章からは隔離して，文章の末行の右端の欄外に記録。このように記録することによって，実は「金額欄」という表現は見出されないが，金額欄に「金額」のローマ数字を記録することで，債権または債務を計算し易いように改良したとのことである[119]。

さらに，「債権」または「債務」と，これに対する「返済」は上下に区分して，やがては，「債権」と「債務」を左右に区分して記録するように改良。「1銀行家の会計帳簿」には，「さらに」を意味する副詞を付しながら，取引事実の間に隙間がないように人名勘定に暦順的に記録するのだから，「現金の貸付または借入」の貸借関係も，これに対する「一括返済」ばかりか，「分割返済」

---

119) なお，取引事実を記録するごとに改行するのは，1241年から1272年に記録する Cambio e Giovanni di Detacomando の元帳。
参照，泉谷勝美稿；前掲書，53頁以降。
参照，泉谷勝美著；前掲書，44/323頁。
さらに，「金額」のローマ数字を文章から切り離して，右端の欄外，1行目か2行目に記録するのは，1274年から1310年に記録する Gentile de' Sassetti と彼の息子の元帳。
参照，泉谷勝美稿；前掲書，53頁以降。
参照，泉谷勝美著；前掲書，44/49/324頁。
さらに，「金額」のローマ字を文章から切り離して，右端の欄外，1行目に記録するのは，1272年から1278年に記録する Baldovino Iacopi Riccomanni の遺産運用簿と，1296年から1305年に記録する Rinieri Fini de' Benzi とその兄弟の元帳。
参照，泉谷勝美稿；前掲書，54頁。
参照，泉谷勝美著；前掲書，46/49/324頁以降。
そして，「金額」のローマ数字を文章からは隔離して，文章の末行の右端の欄外に記録するのは，1299年から1300年に記録する Giovanni Farolfi 商会の元帳。
参照，泉谷勝美稿；前掲書，54頁。
参照，泉谷勝美著；前掲書，46/49/325頁。

の貸借関係も，さらに，「追加貸付」または「追加借入」の貸借関係も，場合によっては，「貸借振替」，さらに，「相互貸借」の貸借関係も混交して記録されてしまい，債権または債務を判読するのは極めて困難である。

そこで，前掲の論説および著書によると，13世紀の末葉から14世紀の初頭の会計帳簿には，人名勘定を「債権勘定」と「債務勘定」に分類。会計帳簿の前半の頁には，借り手 A，Bに区別する「債権勘定」を開設して，この1頁，2頁の上段に「債権の発生」，この1頁，2頁の下段には「債権の消滅」を記録，したがって，「現金の貸付」の貸借関係と「個別的な因果関係」にある，これに対する「一括返済」ばかりか，「分割返済」の貸借関係を記録すると，随時または決算時に，「債権残高」を計算して判読。これに対して，会計帳簿の後半の頁には，貸し手 C，Dに区別する「債務勘定」を開設して，この1頁，2頁の上段には「債務の発生」，この1頁，2頁の下段には「債務の消滅」を記録，したがって，「現金の借入」の貸借関係と「個別的な因果関係」にある，これに対する「一括返済」ばかりか，「分割返済」の貸借関係を記録すると，随時または決算時には，「債務残高」を計算して判読。このように記録することによって，まずは，「債権」または「債務」と，これに対する「返済」を上下に区分して記録，債権または債務を判読し易いように改良したとのことである[120)]。

しかし，「現金の貸付または借入」の貸借関係に加えて，「追加貸付」または「追加借入」の貸借関係も，これに対する「一括返済」ばかりか，「分割返済」の貸借関係も記録するとなると，貸借関係の「個別的な因果関係」は錯綜する。それでも，貸借関係の「個別的な因果関係」は曖昧，希薄ではあるが，貸借関

120）なお，会計帳簿の前半の頁に「債権勘定」，この後半の頁に「債務勘定」を開設したのは，1274年から1310年に記録する Gentile de' Sassettiと彼の息子の元帳，1277年から1296年に記録する Bene Bencivenni の第2貸付帳，1290年から1324年に記録する Filippo de' Cavalcanti の個人帳と，1299年から1300年に記録する Giovanni Farolfi 商会の元帳。
しかし，これとは反対に，会計帳簿の前半の頁に「債務勘定」，この後半の頁に「債権勘定」を開設したものもあったとのことである。
参照，泉谷勝美稿；前掲書，55頁以降。
参照，泉谷勝美著；前掲書，50/53/58/324頁以降。

係の「個人的な」因果関係があることでは，「債権」または「債務」と，これに対する「返済」を上下に区分して記録するだけでも，債権または債務を判読し易いように改良しえたかもしれない。

ところが，場合によっては，「貸借振替」，さらに，「相互貸借」の貸借関係も記録するとなると，貸借関係の「個別的な因果関係」は完全に崩壊する。「貸借振替」の貸借関係を記録するとなると，たとえば，借り手Aの債権で貸し手Cの債務を返済するのに振替えられると，「債権の消滅」と「債務の消滅」。しかし，「債権」と「債務」だけに区分して記録するがためには，「債権の消滅」は債権勘定に記録するのではなく，債務勘定に「債務の発生」として記録することも，「債務の消滅」は債務勘定に記録するのではなく，債権勘定に「債権の発生」として記録することも可能ではある。さらに，借り手Aの債権を借り手Bの債権に貸換えするのに振替えられると，「債権の消滅」と「債権の発生」。しかし，これまた，「債権」と「債務」だけに区分して記録するがためには，「債権の発生」は債権勘定に記録するのに対して，「債権の消滅」は債権勘定に記録するのではなく，債務勘定に「債務の発生」として記録することも可能ではある。これに対して，貸し手Cの債務を貸し手Dの債務に借換えするのに振替えられると，「債務の消滅」と「債務の発生」。しかし，これまた，「債権」と「債務」だけに区分して記録するがためには，「債務の発生」は債務勘定に記録するのに対して，「債務の消滅」は債務勘定に記録するのではなく，債権勘定に「債権の発生」として記録することも可能ではある。したがって，会計帳簿の前半の頁に，借り手A，B，C，Dに区別する「債権勘定」と，この後半の頁に，貸し手A，B，C，Dに区別する「債務勘定」を併設することになる。

さらに，反復する貸借関係を継続記録するとなると，むしろ，「相互貸借」は増加する。「相互貸借」の貸借関係を反復して記録するようになるので，貸借関係の「個別的な因果関係」が完全に崩壊することでは，これも同様。たとえば，現金の貸付に「現金の借入」の「貸借関係」，さらに，「商品の掛買い」の貸借関係も記録すると，「債権の発生」と「債務の発生」。これに対して，現金の借入に「現金の貸付」の「貸借関係」，さらに，「商品の掛売り」の貸借関係も記録すると，「債務の発生」と「債権の発生」。これに対する「一括返済」

ばかりか，「分割返済」の貸借関係を記録すると，「債権の消滅」か「債務の消滅」。しかし，「債権」と「債務」だけに区分して記録するがためには，貸借関係の「個別的な因果関係」を遮断してしまえさえすれば，現金の貸付に対する「現金の返済」の貸借関係は「現金の借入」の貸借関係にもなることで，「債権の消滅」を債権勘定に記録するのではなく，債務勘定に「債務の発生」として記録することも可能ではある。現金の借入に対する「現金の返済」の貸借関係は「現金の貸付」の貸借関係にもなることで，「債務の消滅」を債務勘定に記録するのではなく，債権勘定に「債権の発生」として記録することも可能ではある。したがって，これまた，会計帳簿の前半の頁に，借り手A，B，C，Dに区別する「債権勘定」と，この後半の頁に，貸し手A，B，C，Dに区別する「債務勘定」を併設することになる。

そこで，前掲の論説および著書によると，13世紀の末葉から14世紀の初頭の会計帳簿には，この前半の頁に，借り手A，B，C，Dに区別する「債権勘定」（借方勘定）と，この後半の頁に，貸し手A，B，C，Dに区別する「債務勘定」（貸方勘定）を併設することで，随時または決算時には，債権勘定（借方勘定）に計算して記録する「債権合計」（借方合計）は「債務勘定」（貸方勘定）に振替えられて相殺，債務残高（貸方残高）を計算するか，これに対して，「債務勘定」（貸方勘定）に計算して記録する「債務合計」（貸方合計）は「債権勘定」（借方勘定）に振替えられて相殺，債権残高（借方残高）を計算するか，したがって，「貸借残高」を計算して判読。このように記録することによって，「債権」または「債務」と，これに対する「返済」を上下に区分して記録するのではなく，債権勘定（借方勘定）と債務勘定（貸方勘定）を併設することで，随時または決算時には，「貸借残高」を計算して記録，債権または債務を判読し易いように改良したとのことである[121]。

しかし，このように振替えられて相殺する煩雑からすると，やがては，「債権」と「債務」を左右に区分して記録するように改良する。会計帳簿の前半の頁に，借り手A，B，C，Dに区別する「債権勘定」（借方勘定）と，この後半の頁に，貸し手A，B，C，Dに区別する「債務勘定」（貸方勘定）を併設するのではなく，債権勘定（借方勘定）と債務勘定（貸方勘定）を会計帳簿の1頁から4頁，この頁の左側と右側の両側に併記して，さらに，会計帳簿の1丁から4丁，この見開きの左側と右側の両面に併記するなら，「貸借残高」を計算して記録するのは簡単である。

そこで，前掲の論説および著書によると，14世紀の中葉の会計帳簿には，この頁の左側に借り手Aの「債権」と，この頁の右側に貸し手Aの「債務」を併記することで，随時または決算時には，「貸借残高」を計算して判読。しかし，この頁の両側には，債権と債務の金額も記録しなければならないので，実は「摘要欄」という表現は見出されないが，摘要としては，取引事実の内容を圧縮して記録するしかない。そこで，14世紀の末葉から15世紀の中葉の会計帳簿には，この見開きの両面，右側の面に借り手Aの「債権」と，左側の面に貸し手Aの「債務」を併記するなら，これまた，実は「摘要欄」という表現は見出されないが，摘要としては，取引事実の内容を仔細に記録しうることで，随時または決算時には，「貸借残高」を計算して判読。このように記録することによって，「債権」と「債務」を左右に区分して記録するように改良したとのことである[122)]。

したがって，この会計帳簿は，商人「自身」にとっても顧客である「借り手」または「貸し手」を人名別に区分する人名勘定，「貸借記録の会計帳簿」である。「債権」と「債務」を左右に区分して記録するように改良した会計帳簿の頁の左側に借り手Aの「債権」と，この頁の右側に貸し手Aの「債務」を併記して，さらに，会計帳簿の見開きの両面，右側の面に借り手Aの「債権」と，左側の面に貸し手Aの「債務」を併記するとなると，「債権」と「債務」だけに区分して記録するがためには，現金の借入に対する「現金の返済」の貸借関係は，もはや，「債務の消滅」として，「われわれは支払う / われわれは支払っ

121）なお，会計帳簿の前半の頁に「債権勘定」（借方勘定），この後半の頁に「債務勘定」（貸方勘定）を併設したのは，1296年から1305年に記録するRinieri Fini de'Benziとその兄弟の元帳と，1318年から1324年に記録するFrancesco del Bene 商会の元帳。
しかし，これとは反対に，会計帳簿の前半の頁に「債務勘定」（貸方勘定），この後半の頁に「債権勘定」（借方勘定）を併設したものもあったとのことである。
参照，泉谷勝美稿；前掲書，56頁以降。
参照，泉谷勝美著；前掲書，46/58/325頁以降。

た」と記録することもない。「債権の発生」として記録することも可能ではあるので，「現金の貸付」の貸借関係だけではなく，現金の借入に対する「現金の返済」の貸借関係についても，

「誰それ（借り手）は支払うべし」と記録する。したがって，「誰それは」借主＝「借方」と記録することになる。

これに対して，現金の貸付に対する「現金の返済」の貸借関係は，もはや，「債権の消滅」として，「われわれに支払う / われわれに支払った」と記録することもない。「債務の発生」として記録することも可能ではあるので，「現金の借入」の貸借関係だけではなく，現金の貸付に対する「現金の返済」の貸借関係についても，

「誰それ（貸し手）は持つべし」と記録する。したがって，「誰それは」貸主＝「貸方」と記録することになる。

したがって，イタリアに現存する最古の会計帳簿から約1世紀半後，約2世紀前までの14世紀の中葉から15世紀の初頭の間に，商人「自身」の利便から記録しようとしては，「公正証書」の域から脱して，会計帳簿の見開きの左側の面に「借方」と記録するのに対して，この見開きの右側の面に「貸方」と記録する「貸借記録の会計帳簿」である「人名勘定」は，まさに完成するのである。それだけではない。左右比較の勘定様式，「T字型勘定」の原型が完成したの

122）なお，会計帳簿の頁の左側に「債権」，この頁の右側に「債務」を記録するのは，1340年に記録するジェノヴァ市政庁の元帳，1406年から1434年に記録する Soranzo兄弟の元帳（新帳）と，1408年から1441年に記録する San Giorgio 銀行の元帳。
参照，泉谷勝美稿；前掲書，56頁以降。
参照，泉谷勝美著；前掲書，52/58/327頁以降。
しかし，これとは反対に，会計帳簿の頁の左側に「債務」，この頁の右側に「債権」を記録したものもあったとのことである。
さらに，会計帳簿の見開きの左側の面に「債権」，この見開きの右側の面に「債務」を記録するのは，1382年から1403年に記録する Paliano di Falco Paliani の元帳，1383年から1384年に記録する Francesco di Marko Datini の元帳，1410年から1417年に記録する Soranzo兄弟の元帳（旧帳），1427年に記録する Borromeo 商会の元帳，1431年から1483年に記録する Barbarigo 商会の元帳と，1436年から1440年に記録する Giacomo Badoer の元帳。
参照，泉谷勝美稿；前掲書，57頁以降。
参照，泉谷勝美著；前掲書，52/58/329頁以降。

である。

第3項　反対記録の会計帳簿

(1) 物財勘定－現金勘定

ところで,「貸借記録の会計帳簿」である人名勘定を開設するとなると，それまで断片記録しただけでしかなかった「現金出納帳」は,「人名勘定」に併存して,「現金の収入」と「現金の支出」を継続記録，現金を計算することでは「勘定記録」である。「現金勘定」の前身である。

そこで，前掲の論説および著書によると，13世紀の初頭の現金出納帳から，そのように記録したとのことであるが，13世紀の末葉からの現金出納帳には，この前半の頁に「誰それから持った」(ebbi da ･･･)，後になると，簡単に「誰それから」(da ･･･) と記録することで,「現金の収入」を記録するのに対して，この後半の頁に「誰それに支払った」(diedi a ･･･)，後になると，簡単に「誰それに」(a ･･･) と記録することで,「現金の支出」を記録。14世紀の初頭の現金出納帳には，この前半の頁に「現金を持つ」(avuti)，この後半の頁に「現金を支払う」(arendutir) と記録したとのことである[123)]。

しかも，人名勘定には，この「相手帳簿」である現金出納帳と照合するための頁数または丁数を文末に記録することがないのだが，現金出納帳には,「現金の収入」を記録するのに,「誰それから借入れた」,「誰それは返済した」，したがって,「現金は誰それから持った」，これに対して,「現金の支出」を記録するのに,「誰それに貸付けた」,「誰それに返済した」，したがって,「現金は誰それに支払った」，この現金の収入と現金の支出の「相手勘定」である人名

---

123) なお，13世紀の初頭の現金出納帳は1211年に記録する「フィレンツェの1銀行家の会計帳簿」のようでもある。しかし，筆者の不案内かもしれないが，Lee, Geoffrey A.; *op. cit.,* pp.28-60.には見出されない。13世紀の末葉からの現金出納帳としては，1299年から1300年に記録する Giovanni Farolfi 商会の現金出納帳があるが，人名勘定の「頁数」または「丁数」を記録することはなかったとのことである。さらに，14世紀の初頭の現金出納帳は1305年から1308年に記録する Garellani 商会の現金出納帳。
参照，泉谷勝美稿；前掲書，40頁以降。
参照，泉谷勝美著；前掲書，189/190/325頁以降。

勘定と照合するための「頁数」または「丁数」を文末に付記。したがって，このように付記することによって，現金出納帳の前半の頁と後半の頁には，人名勘定と「照合記録」することで，人名勘定に記録する「債務の発生」と「債権の消滅」は，「商品の掛買い」の貸借関係を除いて，現金出納帳に記録する「現金の収入」から，その裏付けを得ることで，これに対して，人名勘定に記録する「債権の発生」と「債務の消滅」は，「商品の掛売り」の貸借関係を除いて，現金出納帳に記録する「現金の支出」から，その裏付けを得ることで，この現金出納帳は，「貸借記録の会計帳簿」である人名勘定を「公正帳簿」として補強しえたわけである[123)]。

しかし，随時または決算時に，「現金残高」を計算するには，現金出納帳の前半の頁から記録して計算する「収入合計」(前期からの繰越現金があれば，これを追加，記録）に，この後半の頁から記録して計算する「支出合計」が振替えられて相殺する煩雑からすると，やがては，「現金の収入」と「現金の支出」を左右に区分して記録するように改良して，「現金勘定」を開設するのでは，と想像するのである。

そこで，前掲の著書によると，まずは，13世紀の末葉の現金勘定には，現金出納を代行する「現金出納者」が，「現金の収入」については，「主人からの借」ということで，「主人は持つべし」と記録するのに対して，「現金の支出」については，「主人への貸」ということで，「主人は支払うべし」と記録，したがって，「現金の収入」と「現金の支出」については，主人に対する「貸借関係」として現金勘定に記録して，今日とは反対に記録したものもあったとのことである[124)]。

ところが，前掲の論説および著書によると，今日とは同様に記録するのは，13世紀の末葉に記録する「兄弟商会」の現金勘定。商会の現金を管理するのは２人の兄弟であることから，２人の兄弟を「現金出納者」に仮想することで，現金勘定は商会の「兄弟勘定」。会計帳簿の前半の頁の「兄弟勘定」(借方勘定)

124）なお，13世紀の末葉の現金勘定は，1279年から1280年に記録する Niccolò III の収支記録。しかし，今日とは反対に記録するのは，「代理人簿記」で記録したからとのことである。
参照，泉谷勝美著；前掲書，193/195/324頁。

に，「兄弟（現金）の借は誰それ（貸し手）の貸」ということで，「現金の収入」については，「兄弟のどちらかは支払うべし」（･･･ deve dare）と記録するのに対して，この後半の頁の「兄弟勘定」（貸方勘定）に，「誰それ（借り手）の借は兄弟（現金）の貸」ということで，「現金の支出」については，「兄弟のどちらかは持つべし」（･･･ deve avere）と記録。したがって，「現金の収入」と「現金の支出」については，現金出納者に仮想する2人の兄弟の「貸借関係」を現金勘定に記録したとのことである[125]。図25を参照。

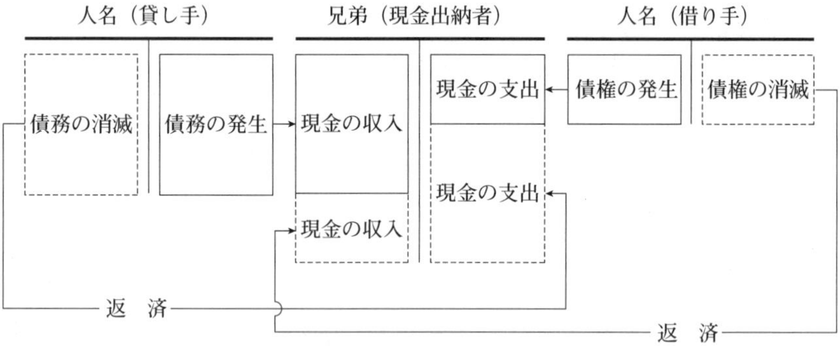

＊Rinieri Fini de'Benziとその兄弟の元帳では，会計帳簿の前半の頁に「債権勘定」（借方勘定）と，この後半の頁に「債務勘定」（貸方勘定）を併設するのだが，ここでは，便宜的に左右比較の勘定様式，「T字型勘定」で例示する。

図25

さらに，14世紀の中葉に記録する「市政庁」の現金勘定も同様。市政庁の現金を管理するのは多くの財務官であることから，市政庁の部署別の財務官を「現金出納者」に仮想することで，現金勘定は市政庁の「財務官勘定」。財務官勘定の頁の左側に，「市政庁（現金）の借は誰それ（貸し手）の貸」ということで，「現金の収入」については，「財務官は，われわれに借りている。われわれのところから（商品を現金売りした場合に，これを記録した商品勘定の頁の右側）何頁のところに」（･･･ debet nobis, ･･･ unde nobis in isto in ･･･）と記録するのに対して，財務官勘定の頁の右側に，「誰それ（借り手）の借は市政庁（現金）

の貸」ということで，「現金の支出」については，「われわれは受領する。われわれのところから（諸掛り経費を現金で支払った場合には，これを記録する商品勘定の頁の左側，商品の掛買いの返済として現金を支払った場合には，これを記録する人名勘定の頁の左側）何頁のところに」（… recepimus, … unde nobis in isto in …）と記録。したがって，「現金の収入」と「現金の支出」については，現金出納者に仮想する部署別の財務官の「貸借関係」を現金勘定に記録したとのことである[125)]。

125）なお，13世紀の末葉の現金勘定は1296年から1305年に記録する Rinieri Fini de'Benziとその兄弟の元帳。さらに，14世紀の中葉の現金勘定は1340年に記録するジェノヴァ市政庁の元帳。しかし，財務官勘定によっては，損益勘定に振替えられることもあるので，「現金勘定」と断定するには，疑問もあるとのことである。
参照，泉谷勝美稿；前掲書，59/83頁。
参照，泉谷勝美著；前掲書，194/195/325頁以降。
ところで，ジェノヴァ市政庁の会計帳簿について，筆者には，なかなか納得するまでにないので，あえて憶測するとして，論説「ゼノアの市政庁簿記（1340年）」と前掲の論説に図示される「商品売買に関する会計処理」から想像することにする。
まずは，（1）商品を掛買いすると，人名勘定の頁の右側（債務の発生）に記録して，商品勘定の頁の左側（商品の仕入）に反対記録。（2）この商品を現金売りしたら，商品勘定の頁の右側（商品の売上）に記録して，財務官勘定（現金勘定）の頁の左側（現金の収入）に反対記録。これに対して，（3）商品の諸掛り経費を現金で支払うと，財務官勘定（現金勘定）の頁の右側（現金の支出）に記録して，商品勘定の頁の左側（商品に追加）に反対記録，さらに，商品の掛買いを返済すると，財務官勘定（現金勘定）の頁の右側（現金の支出）に記録して，人名勘定の頁の左側（債務の消滅）に反対記録するとのことである。
そこで，本来，「市政庁」がすべての取引事実，したがって，現金出納にも介入するものと想像するなら，（2）「現金の収入」については，現金売りの「現金」は商品を管理する商品売買者が受領するのだが，この「現金」は市政庁が受領して，この現金は現金を管理する財務官に貸付けたように仮想することで，
「財務官は，われわれに借りている。われわれのところから（商品を現金売りした場合に，これを記録する商品勘定の頁の右側）何頁のところに」，
これに対して，（3）「現金の支出」についても同様。市政庁が貸付けたように仮想した現金売りの「現金」は，現金を管理する財務官から受領したように仮想することで，この現金で商品の諸掛り経費を支払ったか，商品の掛買いを返済したのなら，
「われわれは受領する。われわれのところから（商品の諸掛り経費を支払った場合に，これを記録する商品勘定の頁の左側，商品の掛買いを返済した場合には，これを記録する人名勘定の頁の左側）何頁のところに」と記録するのではなかろうか。
さらに，これまた，本来，「市政庁」がすべての取引事実，したがって，商品売買にも

しかし，これでは，商会は2人の「兄弟勘定」に「現金残高」を計算して記録，これを合計することで，商会の「現金残高」を計算するだけでも厄介である。まして，市政庁は部署別の財務官の「財務官勘定」に「現金残高」を計算して記録するとなると，これを合計することで，市政庁の「現金残高」を計算して記録することは，なおさら厄介であるのでは，と想像するのである。

そこで，前掲の論説および著書によると，14世紀の末葉の現金勘定からは，自社に「現金出納者」を仮想，この現金出納者を「現金」に置換えて，現金勘定の見開きの左側の面に，「誰それ（現金）の借は誰それ（貸し手）の貸」ということで，「現金の収入」については，「現金は支払うべし」（･･･ debet dare / ･･･ deve dare）と記録するのに対して，現金勘定の見開きの右側の面に，「誰それ（借り手）の借は誰それ（現金）の貸」ということで，「現金の支出」については，「現金は持つべし」（･･･ debet habere / ･･･ deve avere）と記録。したがって，「現金の収入」と「現金の支出」については，自社に仮想する現金出納者の「貸借関係」として現金勘定に記録したとのことである[126)]。

しかも，現金勘定には，現金出納帳と同様に，この現金の収入と現金の支出の相手勘定である人名勘定の「頁数」または「丁数」を文末に付記。しかし，現金出納帳の前半の頁と後半の頁に「現金の収入」と「現金の支出」を記録するかぎりでは，人名勘定と「照合記録」するしかないのだが，このように付記

介入するものと想像するなら，（1）と（3）「商品の仕入」については，市政庁が「商品」を受領して，この商品は商品を管理する商品売買者に貸付けたように仮想することで，さらに，商品の諸掛り経費を支払うとしたら，この商品の諸掛り経費も商品を管理する商品売買者に貸付けたように仮想することで，

「商品は，われわれに借りている。われわれのところから（商品の掛買いをした場合に，これを記録する人名勘定の頁の右側，さらに，商品の諸掛り経費を現金で支払った場合には，これを記録する財務官勘定の頁の右側）何頁のところに」，

これに対して，（2）「商品の売上」についても同様。現金売りの「現金」は商品を管理する商品売買者が受領するのだが，市政庁が介入するとなると，この現金は市政庁が受領したように仮想することで，

「商品の売上によって，われわれは受領する。われわれのところから（商品を現金売りした場合に，この現金は現金を管理する財務官勘定の頁の左側）何頁のところに」と記録するのではなかろうか。

参照，泉谷勝美稿；「ゼノア市政庁簿記（1340年）」：小島男佐夫編著；『簿記史研究』，大学堂書店 1975年，84頁以降。

参照，泉谷勝美稿；「イタリア会計史」：小島男佐夫編著；『会計史および会計学史』（体系近代会計学VI），1979年 中央経済社，82頁。

するだけではない。現金勘定には,「現金の収入」と「現金の支出」を左右に区分して記録するので,人名勘定とは「反対記録」。債務勘定（貸方勘定）の頁の右側か,この見開きの右側の面に「債務の発生」,債権勘定（借方勘定）の頁の右側か,この見開きの右側の面に「債権の消滅」を記録して,現金勘定の頁の左側か,この見開きの左側の面には,「現金の収入」を反対記録するのである。これに対して,債権勘定（借方勘定）の頁の左側か,この見開きの左側の面に「債権の発生」,債務勘定（貸方勘定）の頁の左側か,この見開きの左側の面に「債務の消滅」を記録して,現金勘定の頁の右側か,この見開きの右側の面には,「現金の支出」を反対記録するのである。

したがって,イタリアに現存する最古の会計帳簿から約1世紀半後,約2世紀前までの14世紀の中葉から15世紀の初頭の間に,商人「自身」の利便から記録しようとしては,「公正証書」の域から脱して,「反対記録の会計帳簿」である現金勘定が完成する。人名勘定と「反対記録」することによっては,現金出納帳におけると同様に,「商品の掛買い」の貸借関係を除いて,現金勘定に記録する「現金の収入」から,その裏付けを得ることで,これに対して,「商品の掛売り」の貸借関係を除いて,現金勘定に記録する「現金の支出」から,その裏付けを得ることで,この現金勘定が,「貸借記録の会計帳簿」である人名勘定を「公正帳簿」として補完しうることになる。

(2) 物財勘定ー商品勘定

ところが,会計帳簿に記録するのが銀行家であるばかりか,むしろ,商人「自身」が記録するとなると,「商品の掛買い」と「商品の掛売り」の貸借関係は増加する。「商品売買帳」には,「仕入先（売り手）からの商品の仕入」と

126）なお,14世紀の末葉から15世紀の中葉の現金勘定は,1391年から1392年に記録する Lippi del Bene 商会の元帳,1396年に記録する Aliprando Serrainerio の元帳,1410年から1417年に記録する Soranzo 兄弟の元帳（新帳）,1420年から1615年に記録する Giovanni Borromeo の元帳,1431年から1483年に記録する Andrea Barbarigo の元帳と,1436年から1440年に記録する Giacomo Badoer の元帳。
参照,泉谷勝美稿；前掲書,59/60/82/83頁。
参照,泉谷勝美著；前掲書,194/195/196/329頁以降。

「売上先（買い手）への商品の売上」を記録しておかねばなるまい。「商品売買帳」も，これまた，人名勘定に併存して，「商品の仕入」と「商品の売上」を継続記録，商品を計算することでは「勘定記録」である。「商品勘定」の前身である。

そこで，前掲の著書によると，14世紀の初頭の商品売買帳の前半の頁に「商品の仕入」，この後半の頁に「商品の売上」を記録。たとえば，商品を掛買いすると，商品売買帳の前半の頁に，

「仕入先の誰それ（売り手）は何日に仕入れた商品について持つべし（··· deve avere)」と記録して改行。商品の種類，目方または寸法，単価，そして，金額，場合によっては，貨幣を換算して記録すると，新たに改行して，

その前部には，「仕入先の誰それ（売り手）に支払った」（··· avenne dato）と記録すると，その後部には，「誰それは持つべしに転写。帳簿の何頁に」(ponemo che deviano avere a libro nel ··· charte）と記録したとのことである[127)]。

したがって，これから想像するに，商品を掛売りすると，この後半の頁に，

「売上先の誰それ（買い手）は何日に売上げた商品について支払うべし」（··· deve dare）と記録して改行。これまた，商品の種類，目方または寸法，単価，そして，金額，場合によっては，貨幣を換算して記録すると，新たに改行して，

その前部には，「売上先の誰それ（買い手）は支払った」（··· hanno dato）と

127）なお，14世紀の初頭の商品売買帳は，1318年から1324年に記録する Francesco del Bene 商会の反物売買帳と，1322年から1325に記録する Rinuccio di Nello Rinucci の反物売買帳。
参照，泉谷勝美著；前掲書，202/203/326頁以降。
しかし，「商品の掛買い」の貸借関係について，その前部に「誰それに支払った」と記録して，その後部に「持つべし」と記録するところが矛盾するようではある。そこで，あえて憶測するとして，「仕入先の誰それ（売り手）」に，自社の「現金出納者」が現金を支払ったかのように仮想することで，「債務の発生」を「誰それは持つべしに転写。帳簿の何頁に」と記録したのでは，と想像するしかない。
したがって，「商品の掛売り」の貸借関係についても同様。その前部に「誰それは支払った」と記録して，その後部に「支払うべし」と記録するところが矛盾するようではある。これまた，あえて憶測するとして，「売上先の誰それ（買い手）」が，自社の「現金出納者」に現金を支払ったかのように仮想することで，「債権の発生」を「誰それは支払うべしに転写。帳簿の何頁に」と記録したのでは，と想像するしかない。

記録すると，その後部には，「誰それは支払うべしに転写。帳簿の何頁に」(ponemo che deviano dare a libro nel ･･･ charte) と記録したことになるのではなかろうか。

そうであるとしたら，この商品売買帳の前半の頁に，「仕入先の誰それ (売り手) は」と記録して，「商品の種類，目方または寸法，単価，そして，金額」を記録することでは，今日の「仕入帳」，この後半の頁に，「売上先の誰それ (買い手) は」と記録して，これまた，「商品の種類，目方または寸法，単価，そして，金額」を記録することでは，今日の「売上帳」のようでもある。さらに，「帳簿に転写。何頁に」と記録することでは，人名勘定に転写するだけの，今日の「仕訳帳」のようでもある。しかし，前掲の著書によると，結果としては，失敗したとのことであるが，この商品売買帳から「期間損益」を計算しようとしたとのことであるから[128)]，そのいずれでもない。「商品の仕入」と「商品の売上」を継続記録，商品を記録する「商品売買帳」であったにちがいない。

しかも，人名勘定には，この「相手帳簿」である商品売買帳と照合するための頁数または丁数を文末に記録することがないのだが，商品売買帳には，「商品の仕入」を記録するのに，「仕入先の誰それ (売り手) は」「持つべしに転写。帳簿の何頁に」，これに対して，「商品の売上」を記録するのに，「売上先の誰それ (買い手) は」「支払うべしに転写。帳簿の何頁に」と記録するので，この商品の仕入と商品の売上の「相手勘定」である人名勘定と照合するための「頁数」または「丁数」を付記。したがって，このように付記することによって，商品売買帳の前半の頁と後半の頁には，人名勘定と「照合記録」することで，人名勘定に記録する「商品の掛買い」の貸借関係は，商品売買帳に「仕入先の誰それ (売り手) は」「仕入れた商品について」と記録する「商品の仕入」から，その裏付けを得ることで，これに対して，人名勘定に記録する「商品の掛売り」の貸借関係は，商品売買帳に「売上先の誰それ (買い手) は」「売上げた商品について」と記録する「商品の売上」から，その裏付けを得ることで，この商品売買帳は，これまた，「貸借記録の会計帳簿」である人名勘定を「公正帳簿」

---

128) 参照，泉谷勝美著；前掲書，203頁。
129) 参照，泉谷勝美著；前掲書，201頁以降。

として補強しえたわけでである[129)]。

しかし，随時または決算時に，この商品が完売されるなら，荷口別の「商品売買益」または「商品売買損」を計算するのに，「同種の商品」の仕入と売上を記録するだけでも，商品売買帳の後半の頁に記録して計算する「売上合計」に，この前半の頁に記録して計算する「仕入合計」(前期からの繰越商品があれば，これを追加，記録）が振替えられて相殺する煩雑は想像するにあまりある。「異種の商品」，「多様な商品」の仕入と売上も記録するとなると，なおさらである。商品売買帳の前半の頁と後半の頁に交雑して記録することになるので，荷口別の「商品売買益」または「商品売買損」を計算するのは困難。さらに，この商品が完売されないなら，荷口別の「期間の商品売買益」または「期間の商品売買損」を計算するのに，商品売買帳の後半の頁に記録して計算する「売上合計」(翌期への繰越商品があれば，これを追加，記録）に，この前半の頁に記録して計算する「仕入合計」(前期からの繰越商品があれば，これを追加，記録）が振替えられて相殺するのは極めて困難になるので，やがては，荷口別に「商品の仕入」と「商品の売上」を左右に区分して記録するように改良して，荷口別の「商品勘定」を開設するのでは，と想像するのである。

そこで，前掲の論説および著書によると，14世紀の中葉の「商品勘定」として，すでに有名であるのは，市政庁の「商品勘定」。部署別の財務官を「現金出納者」に仮想するのと同様に，荷口別の商品を「商品売買者」に仮想することで，荷口別の商品勘定の頁の左側に，「市政庁（商品）の借は誰それ（売り手）の貸」ということで，「商品の仕入」については，「商品は，われわれに借りている。われわれのところから（商品を掛買いした場合に，この商品の掛買いを記録する人名勘定の頁の右側）何頁のところに」(··· debet nobis, ··· unde nobis in isto in ···）と記録するのに対して，荷口別の商品勘定の頁の右側に，「誰それ（買い手）の借は市政庁（商品）の貸」ということで，「商品の売上」については，「商品の売上によって，われわれは受領する。われわれのところから（商品を現金売りした場合に，この現金は現金を管理する財務官勘定の頁の左側）何頁のところに」(··· recepimus in vendea, ··· unde nobis in isto in ···）と記録。したがって，「商品の仕入」と「商品の売上」については，荷口別の商品に仮想する商品売買者の「貸借関係」を商品勘定に記録したとのことである[125) 130)]。図26を参照。

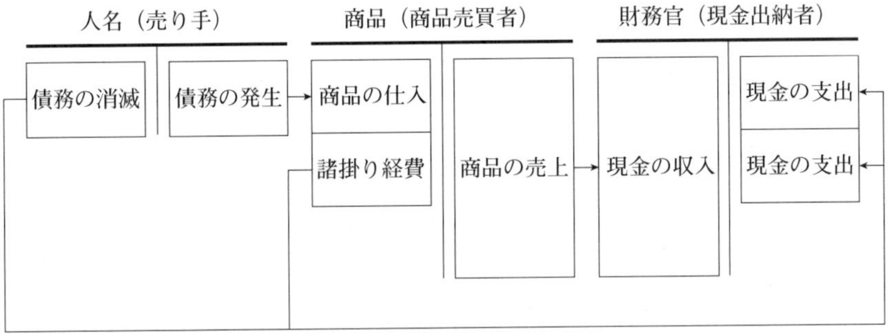

＊ジェノヴァ市政庁の元帳では，会計帳簿の頁の左側に「債権」，この頁の右側に「債務」を記録するので，ここでは，左右比較の勘定様式，「T字型勘定」で例示する。

図26

ところが，市政庁の「商品勘定」よりも，すでに4年前，前掲の著書によると，14世紀の中葉の商品勘定には，自社に荷口別の「商品売買者」を仮想，この商品売買者を荷口別の「商品」に置換えて，「自社（商品）の借は誰それ（売り手）の貸」ということで，荷口別の商品勘定の頁の左側に，さらに，15世紀の中葉の商品勘定からは，この見開きの左側の面に，「商品の仕入」については，「商品は支払うべし」（··· deve dare / ··· deono dare）と記録。これに対して，「誰それ（買い手）の借は自社（商品）の貸」ということで，荷口別の商品勘定の頁の右側に，さらに，15世紀の中葉の商品勘定からは，この見開きの右側の面に，「商品の売上」については，「商品は持つべし」（··· deve avere / ···

130）なお，14世紀の中葉の商品勘定，市政庁の「商品勘定」は1340年に記録するジェノヴァ市政庁の元帳，胡椒勘定と生糸勘定。
参照，泉谷勝美稿；「ゼノア市政庁簿記（1340年）」：小島男佐夫編著；『簿記史研究』，大学堂書店 1975年，75頁以降。
参照，泉谷勝美稿；「イタリア会計史」：小島男佐夫編著；『会計史および会計学史』(体系 近代会計学VI)，1979年 中央経済社，63/81頁以降。
参照，泉谷勝美著；前掲書，206/327頁。

deono avere）と記録。したがって，「商品の仕入」と「商品の売上」については，自社に仮想する商品売買者の「貸借関係」を商品勘定に記録したとのことである[131]。

しかし，14世紀の末葉の商品勘定には，「商品の仕入」については，「商品を購入」（compera ･･･）とだけ記録したのに対して，「商品の売上」については，「商品を販売」（vendita ･･･）とだけ記録したものもあったとのことでもある[132]。

そこで，随時または決算時には，この荷口別の商品が完売されると，荷口別の商品勘定の頁の左側か，この見開きの左側の面に記録する「仕入合計」（前期からの繰越商品があれば，これを追加，記録）と，この頁の右側か，この見開きの右側の面に記録する売上の「売上合計」を比較して計算するのは，荷口別の「商品売買益」または「商品売買損」である。この荷口別の商品が完売されないなら，荷口別の商品勘定の頁の左側か，この見開きの左側の面に記録する「仕入合計」（前期からの繰越商品があれば，これを追加，記録）と，この頁の右側か，この見開きの右側の面に記録する「売上合計」（翌期への繰越商品があれば，これを追加，記録）を比較して計算するのは，荷口別の「期間の商品売買益」または「期間の商品売買損」である。

しかも，商品勘定には，商品売買帳と同様に，この商品の仕入と商品の売上の相手勘定である人名勘定の「頁数」または「丁数」を文末に付記。しかし，商品売買帳の前半の頁と後半の頁に「商品の仕入」と「商品の売上」を記録するかぎりでは，人名勘定と「照合記録」するしかないのだが，このように付記するだけではない。商品勘定には，「商品の仕入」と「商品の売上」を左右に区分して記録するので，人名勘定とは「反対記録」。したがって，現金を支払っていない場合には，債務勘定（貸方勘定）の頁の右側か，この見開きの右側

131）なお，市政庁の「商品勘定」よりも，すでに4年前，14世紀の中葉の商品勘定は1336年から1340年に記録するCovoni商会の元帳，原毛勘定。さらに，15世紀の中葉の商品勘定は1436年から1440年に記録するGiacomo Badoerの元帳，羊毛勘定。
参照，泉谷勝美著；前掲書，205/206/327/330頁。

132）なお，14世紀の末葉の商品勘定は1395年に記録するFracesco di Marco Datiniはバルセロナ店の元帳，製紙勘定。
参照，泉谷勝美著；前掲書，206/327頁以降。

の面に「債務の発生」を記録するか，場合によっては，債権勘定（借方勘定）の頁の右側か，この見開きの右側の面に「債権の消滅」を記録すると，商品勘定の頁の左側か，この見開きの左側の面には，「商品の仕入」を反対記録するのである。これに対して，現金を受取っていない場合には，債権勘定（借方勘定）の頁の左側か，この見開きの左側の面に「債権の発生」を記録するか，場合によっては，債務勘定（貸方勘定）の頁の左側か，この見開きの左側の面に「債務の消滅」を記録すると，商品勘定の頁の右側か，この見開きの右側の面には，「商品の売上」を反対記録するのである。

したがって，イタリアに現存する最古の会計帳簿から約1世紀半後，約2世紀前までの14世紀の中葉から15世紀の中葉の間に，商人「自身」の利便から記録しようとしては，「公正証書」の域から脱して，「反対記録の会計帳簿」である商品勘定も完成する。これまた，人名勘定と「反対記録」することによっては，商品売買帳におけると同様に，「商品の掛買い」の貸借関係は，商品勘定に記録する「商品の仕入」から，その裏付けを得ることで，これに対して，「商品の掛売り」の貸借関係は，商品勘定に記録する「商品の売上」から，その裏付けを得ることで，この商品勘定も，これまた，「貸借記録の会計帳簿」である人名勘定を「公正帳簿」として補完しうることになる。

実際，著書『近代簿記論』によると，「貸借関係についての勘定記録は，もともと，事実としての貸借関係の変動取引を記録するためのものであるが，それだけでは，まだその記録が取引事実に基づいた正しい記録であることを証明するだけの手段を欠いている。そこで，第三者に対してもまた，その記録が事実に基づいた正しいものであることを実証する（その裏付けを得る）だけの必要な手段を備える必要が生ずる。すなわち，その勘定記録が貸借変動という取引事実についての記録であることを記録上実証する（その裏付けを得る）ためには，貸借関係について変動取引がある場合，その貸借関係の変動に関しての記録のほかに，その変動記入を促した取引としての商品売買，現金出納に関しての『反対記録』を同時に平行して行うという方法が考えられる。

すなわち，そこで貸借関係の変動取引と平行して，その反対側としての現金，商品の変動記録を同時に行うという考え方が導入されている。そうした考え方に出発して，その当初に発生した貸借関係領域のみについての勘定記録方法が，次第に，それ以外の現金，商品というふうに各種の財産の範囲へと，同様にこれが用いられるようになったものなのである」[133]。

⑶ 名目勘定

ところが，このように反対記録することで，人名勘定を「公正帳簿」として補完しえたのは，現金勘定，さらに，商品勘定，したがって，「物財勘定」(material account) を開設することによってではある。しかし，この物財勘定が完成しただけでは，完全ではない。

すでに，イタリアに現存する最古の会計帳簿，「フィレンツェの１銀行家の会計帳簿」には，この羊皮紙の表頁の左側，冒頭の区画に，利息付きの現金の貸付の貸借関係について，「誰それは支払うべし」，したがって，「債権の発生」を記録。これに対して，この羊皮紙の表頁の右側，冒頭の区画に，利息抜きの現金の貸付の貸借関係については，改めて，「誰それは利益として支払うべし」，したがって，この利益は「利息」，利息を元金に組入れることで，「債権の発生」を記録。いずれにしても，この「債権の発生」に反対記録するはずの「利息」を記録することはなかったことを想起してもらいたい。

事実，前掲の論説および著書によると，13世紀の末葉から14世紀の初頭の会計帳簿には，「利益（収益）の発生」について，これを認識したにしても，現金を受取った場合に，現金出納帳に，やがては，現金勘定に「現金の収入」として，「私は / われわれは持った」(··· ebbi / ··· avemo) とだけ記録。受取利息，受取家賃について，現金を受取っていない場合には，人名勘定に「債権の発生」として，「誰それは利益（受取利息）として支払うべし」(··· deve dare per prode)，「誰それは家賃として支払うべし」(··· deve dare per pigione) とだけ記録したとのことである。これに対して，「損失（費用）の発生」についても同様。これを認識したにしても，現金を支払った場合に，現金出納帳に，やがては，現金勘定に「現金の支出」として，「私は / われわれは支払った」(···

133) 山下勝治著；『近代簿記論』，千倉書房 1962年，４頁。二重括弧および括弧内は筆者。

diedi / ··· demmo）とだけ記録。支払利息，給料について，現金を支払っていない場合には，人名勘定に「債務の発生」として，「誰それは報酬（支払利息）として持つべし」（··· deve avere per merito），「誰それは給料として持つべし」（··· deve avere per salario）とだけ記録したとのことである[134]。

したがって，「利益（収益）の発生」と「損失（費用）の発生」については，この「現金の収入」と「現金の支出」は現金出納帳に，やがては，現金勘定に記録するか，この「債権の発生」と「債務の発生」は人名勘定に記録しただけである。この「利益（収益）の発生」と「損失（費用）の発生」を反対記録したわけではない。現金勘定または人名勘定に埋没したままであるので，これでは，「貸借記録の会計帳簿」である人名勘定を「公正帳簿」として補完しうるのに，物財勘定が完成しただけでは，完全ではない。「貸借関係の変動に関しての記録のほかに，その変動記入を促した取引としての商品売買，現金出納に関しての『反対記録』を同時に平行して行うという方法が考えられる」[133]だけではなく，「その変動記入を促した取引としての」「利益（収益）の発生」と「損失（費用）の発生」に関しても「『反対記録』を同時に平行して行うという方法が考えられ」ねばならない。その「現金の収入」と「現金の支出」は現金出納帳，やがては，現金勘定に記録するか，その「債権の発生」と「債務の発

134）なお，13世紀の末葉から14世紀の中葉の会計帳簿は，1211年に記録するフィレンツェの1銀行家の元帳（利息の未収），1259年から1267年に記録する Castra Gualfredi 商会の元帳（利息の未払い），1272年から1278年に記録する Baldovino Iacopi Riccomanni の遺産運用簿（諸掛り経費の現金払い），1274年から1310年に記録する Gentile de' Sassetti と彼の息子の元帳（家賃の未収），1277年から1296年に記録する Bene Bencivenni の第2貸付帳（給料の未払い），1279年から1280年に記録する Niccolò III の収支記録（現金払い，利益（収益），損失（費用）の何かは不明），1290年から1295年に Compagno Ricevuti の記録する Paghino Ammanatti の遺児 Perotto と Fina の元帳（現金払い，利益（収益），損失（費用）の何かは不明）と，1304年から1332年に記録する Alberto del Giudice 商会の小財産帳（利息と給料の未払い）。
参照，泉谷勝美著；前掲書，71/73/323頁以降。
ここに，利息を「利益」とか「報酬」と表現するのは，すでに，カトリック教会法の「徴利禁止令」が1234年に公布されているので，「利息」と表現するのを巧妙に回避したからにちがいない。
なお，今日の「収益」は利益，今日の「費用」と「損失」は損失と記録するので，「利益（収益）」，「損失（費用）」と表現する。

生」は人名勘定に記録するとしたら，この「利益（収益）の発生」と「損失（費用）の発生」を反対記録するための「利益（収益）勘定」と「損失（費用）勘定」に記録。したがって，貸借関係を記録する人名勘定でもない，現金出納，さらに，商品売買を反対記録する物財勘定でもない，「利益（収益）の発生」と「損失（費用）の発生」を反対記録する「名目勘定」(nominal account）を開設しなければならないはずである。

まずは，前掲の著書によると，13世紀の末葉の会計帳簿には，「現金の貸付」の貸借関係にある受取利息については，会計帳簿の前半の頁の「債権勘定」に，「誰それは支払うべし」と記録して，受取利息を元金に組入れた文末に，「小帳の利益に転写。何頁に」(ponemo ad avanzo al quadernetto nel ･･･）と付記したとのことである[135)]。したがって，このように付記することによって，「現金の貸付」の貸借関係にある受取利息については，人名勘定の「頁数」は付記しないにしても，補助簿である小帳と「照合記録」しうることでは，人名勘定を「公正帳簿」として補強しうることにはなる。しかし，「損失（費用）勘定」または「利益（収益）勘定」を開設したわけではない。

そこで，前掲の論説および著書によると，13世紀の末葉の会計帳簿には，会計帳簿の前半の頁に「債権勘定」(借方勘定）と，この後半の頁に「債務勘定」(貸方勘定）を併設して，「利益（収益）勘定」と「損失（費用）勘定」を開設する。まずは，「現金の収入」と「現金の支出」を記録する，既述の２人の兄弟の会計帳簿である。商会の現金を管理するのが２人の兄弟であることから，２人の兄弟を「現金出納者」と仮想するとしたら，現金勘定は商会の「兄弟勘定」。そこで，「現金の貸付」の貸借関係について，元金である「債権の発生」については，会計帳簿の前半の頁の「債権勘定」(借方勘定）に，「誰それは支払うべし」と記録するのに対して，「現金の支出」については，この後半の頁の「兄弟勘定」(貸方勘定）に，「誰それ（借り手）の借は兄弟（現金）の貸」という

135）なお，13世紀の末葉の会計帳簿は1292年から1293年に記録する Filippo Peruzzi 商会（銀行）の元帳から抜粋した公証人記録。
参照，泉谷勝美稿；前掲書，60頁以降。
参照，泉谷勝美著；前掲書，74/75/76/325頁。

ことで，「兄弟のどちらかは持つべし」と記録する。しかし，利息抜きの現金の貸付であるので，改めて，受取利息である「債権の発生」については，会計帳簿の前半の頁の「債権勘定」（借方勘定）に，「誰それは支払うべし」と記録するのに対して，受取利息である「利益（収益）の発生」については，この後半の頁の「債務勘定」（貸方勘定）の末頁から，「誰それ（借り手）の借は商会（利息）の貸（享受）」ということで，「贈与として」(per dono)，「利益は持つべし」(l' avanzo deve avere ･･･）と記録した文末に，「誰それは支払うべしに転写。何頁のところに」(ponemo che deve dare da lato nel ･･･ carte）と記録して，この前半の頁，「債権の発生」として記録する「債権勘定」（借方勘定）の「頁数」を付記したとのことである[136)]。図27を参照。

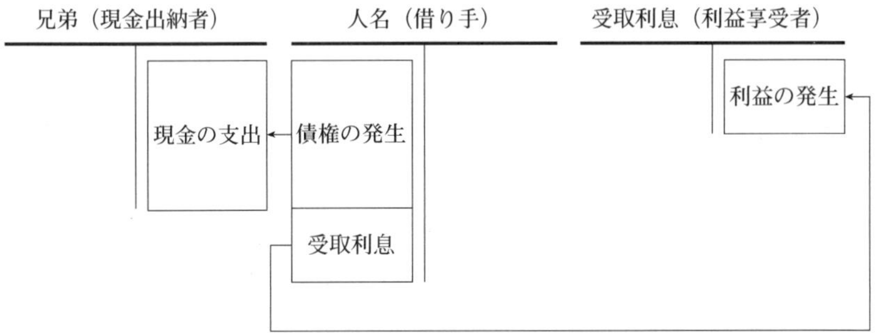

＊Rinieri Fini de' Benziとその兄弟の元帳では，既述のように，ここでも，便宜的に左右比較の勘定様式，「Ｔ字型勘定」で例示する。

図27

　したがって，これから想像するに，支払利息についても同様。支払利息を

136）なお，13世紀の末葉の会計帳簿は1296年から1305年に記録する Rinieri Fini de' Benzi とその兄弟の元帳（利息の未収と未払い。小口経費の現金払い）。
参照，泉谷勝美稿；前掲書，61頁以降。
参照，泉谷勝美著；前掲書，74/87/89/93/94/325頁。
ここに，利息を「贈与」とか「原価（代償）」と表現するのも，すでに，カトリック教会法の「徴利禁止令」が1234年に公布されているので，「利息」と表現するのを巧妙に回避したからにちがいない。

「原価（代償）として」(per chosto）と記録したとのことであるので[136)]，「現金の借入」の貸借関係について，会計帳簿の後半の「債務勘定」(貸方勘定）の頁に，元金である「債務の発生」については，「誰それは持つべし」と記録するのに対して，この前半の「兄弟勘定」(借方勘定）の頁に，「現金の収入」については，「兄弟（現金）の借は誰それ（貸し手）の貸」ということで，「兄弟のどちらかは支払うべし」と記録する。しかし，利息抜きの現金の借入であるので，改めて，支払利息である「債務の発生」については，会計帳簿の後半の頁の「債務勘定」(貸方勘定）に，「誰それは持つべし」と記録するのに対して，支払利息である「損失（費用）の発生」については，この前半の頁の「債権勘定」(借方勘定）の末頁から，「商会（利息）の借（負担）は誰それ（貸し手）の貸」ということで，「原価（代償）として」，「損失は支払うべし」(l'disavanzo deve dare ･･･)」と記録した文末に，「誰それは持つべしに転写。何頁のところに」(ponemo che ･･･ deve avere da lato nel ･･･ carte）と記録して，その後半の頁，「債務の発生」を記録する「債務勘定」(貸方勘定）の「頁数」を付記したとのことである[136)]。

さらに，前掲の論説および著書によると，小口経費についても，会計帳簿の前半の「債権勘定」(借方勘定）の末頁から，「商会（経費）の借（負担）は誰それの貸」ということで，「小口経費は支払うべし」(le dispenso di menute ispese deono dare ･･･）と記録した文末に，「誰それは持つべしに転写。何頁のところに」(ponemo che ･･･ deve avere da lato nel ･･･ carte）と記録して，その後半の頁，「現金の支出」を記録する「兄弟勘定」の「頁数」を付記したとのことである[136)]。図28を参照。

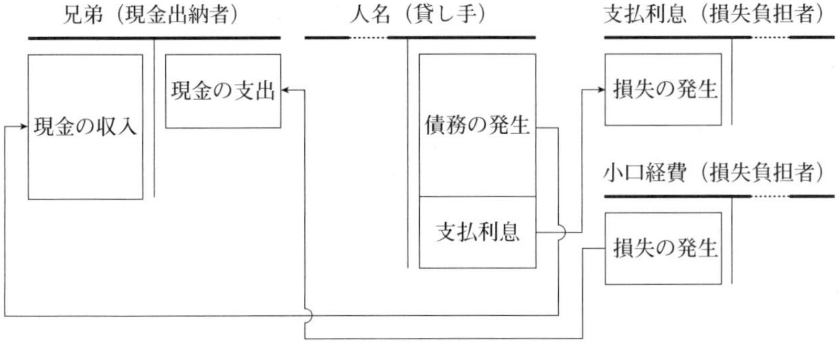

*Rinieri Fini de'Benziとその兄弟の元帳では，既述のように，ここでも，便宜的に左右比較の勘定様式，「T字型勘定」で例示する。

図28

したがって，「利益（収益）の発生」である受取利息については，商会を「利益（収益）享受者」に仮想して，「利益（収益）の発生は商会の貸（享受）」として記録したようで，利益（収益）享受者に仮想する「商会」，この商会を「利益（収益）」に置換えて，益目別の利益（収益）勘定の頁の右側に記録したのでは，と想像するのである。これに対して，「損失（費用）の発生」である支払利息，さらに，小口経費についても同様。商会を「損失（費用）負担者」に仮想して，「損失（費用）の発生は商会の借（負担）」として記録したようで，損失（費用）負担者に仮想する「商会」，この商会を「損失（費用）」に置換えて，費目別の損失（費用）勘定の頁の左側に記録したのでは，と想像するのである。

そうであるとしたら，「利益（収益）の発生」については，利益（収益）享受者に仮想する商会の貸借関係として益目別の利益（収益）勘定に記録，これに対して，「損失（費用）の発生」についても，損失（費用）負担者に仮想する商会の貸借関係として費目別の損失（費用）勘定に記録したのでは，と想像するのである。

さらに，13世紀の末葉の会計帳簿には，会計帳簿の前半の頁に「債権勘定」と，この後半の頁に「債務勘定」を併設して，債権勘定の頁の上段に「債権の発生」，この頁の下段に「債権の消滅」を記録，債務勘定の頁の上段に「債務の発生」，この頁の下段に「債務の消滅」を記録，「現金の収入」と「現金の支出」は現金出納帳に記録して，「利益（収益）勘定」と「損失（費用）勘定」を開設する。この会計帳簿に記録するのは，たとえば，現金の貸付の貸借関係。この支払期限より前に返済したことから発生する割引料については，これを営業費として，想像するに，会計帳簿の前半の「債権勘定」の末頁から記録するのであろうが，「営業費は支払うべし」(le spese chorse deono dare …)，「割引料として」(per isconti) と記録した文末に，現金の貸付の貸借関係の返済である「債権の消滅」は「債権勘定」の頁の下段に記録するので，「支払うべしに転写。何頁の下段に」(ponemo che deve dare dietro nel … carte) と記録。さらに，この会計帳簿に記録するのは，たとえば，運送費と通行税の現金払い。これも営業費として，これまた，想像するに，会計帳簿の前半の「債権勘定」の末頁から記録するのであろうが，「営業費は支払うべし」(le spese deono dare …) と記録した文末に，「運送費と通行税として支払った」(… demmo … per spese e pasagi) と記録して，現金の支出は「現金出納帳」に記録したとのことである[137]。この「損失（費用）勘定」には，相手帳簿である現金出納帳の「頁数」は記録しなかったとのことであるが[137]，現金を支払った場合には，「貸借記録の会計帳簿」である人名勘定を「公正帳簿」として補完しなければならないこともないので，支障もなかろうというものである。

そして，14世紀の初頭の会計帳簿には，「利益（収益）の発生」については，「利益を得る」(avanzamo …) とだけ記録して，「損失（費用）の発生」については，「損失を被る」(disavanzamo …) とだけ記録したものもあったとのことである[138]。

しかし，13世紀の末葉から14世紀の中葉の会計帳簿には，会計帳簿の前半の

---

137) なお，13世紀の末葉の会計帳簿は1299年から1300年に記録する Giovanni Farolfi 商会の元帳（割引料の控除と営業費の現金払い）。
参照，泉谷勝美著；前掲書，74/92/93/99/325頁。

138) なお，14世紀の初頭の会計帳簿は1318年から1324年に記録する Fracesco del Bene 商会の元帳（利益（収益））の何か，未収か現金払いかも不明。給料の未払い）。
参照，泉谷勝美著；前掲書，74/95/326頁。

頁に「債権勘定」(借方勘定）と，この後半の頁に「債務勘定」(貸方勘定）を併設して，「利益（収益）勘定」と「損失（費用）勘定」を開設する。この会計帳簿に記録するのは，「利益（収益）の発生」については，「自社（利益（収益））の貸（享受）は誰それ（借り手）の借」ということで，「利益（収益）として，自社（私または組合員）は持つべし」(･･･ deve avere / ･･･ deono avere）と記録。自社が「利益（収益）享受者」であることを意識して，「自社」と「利益（収益）」を入替えることで，「利益（収益）は持つべし」と記録するようになったのでは，とのことである[139)]。これに対して，「損失（費用）の発生」については，「自社（損失（費用））の借（負担）は誰それ（貸し手）の貸」ということで，「損失（費用）として，自社（私または組合員）は支払うべし」(･･･ deve dare / ･･･ deono dare）と記録。自社が「損失（費用）負担者」であることを意識して，「自社」と「損失（費用）」を入替えることで，「損失（費用）は支払うべし」と記録するようになったとのでは，とのことである[139)]。

したがって，「利益（収益）の発生」については，自社を「利益（収益）享受者」に仮想して，「利益（収益）の発生は自社の貸（享受)」として記録したようで，利益（収益）享受者に仮想する「自社」，この自社を「利益（収益)」に置換えて，益目別の利益（収益）勘定の頁の右側か，この見開きの右側の面に記録したのでは，と想像するのである。これに対して，「損失（費用）の発生」についても同様。自社を「損失（費用）負担者」に仮想して，「損失（費用）の発生は自社の借（負担)」として記録したようで，損失（費用）負担者に仮想する「自社」，この自社を「損失（費用)」に置換えて，費目別の損失（費用）勘定の頁の左側か，この見開きの左側の面に記録したのでは，と想像するのであ

139）なお，13世紀の末葉から14世紀の中葉の会計帳簿は，1292年から1293年に記録する Filippo Peruzzi 商会の元帳（利益（収益）の未収と給料の未払い，利益（収益）の何かは不明)，1321年から1325年に記録する Niccholò Gianfigliazzi の元帳と相続簿（利息の未払い)，1332年から1337年に記録する Corbizzi 商会の元帳（家事費の未払い)，1336年から1340年に記録する Covoni 商会の元帳（利益（収益)，損失（費用）の何かは不明，未収，未払いか現金払いかも不明）と，1340年に記録するジェノヴァ市政庁の元帳（諸掛り経費の現金払い)。
参照，泉谷勝美著；前掲書，74/95/96/97/325頁以降。

る。

そうであるとしたら,「利益（収益）の発生」については，利益（収益）享受者に仮想する自社の「貸借関係」として益目別の利益（収益）勘定に記録，これに対して,「損失（費用）の発生」についても，損失（費用）負担者に仮想する自社の「貸借関係」として費目別の損失（費用）勘定に記録したのでは，と想像するのである。

しかも，利益（収益）勘定にも，損失（費用）勘定にも，この利益（収益）の発生と損失（費用）の発生の相手勘定である人名勘定の「頁数」または「丁数」を文末に付記するだけではない。利益（収益）勘定にも，損失（費用）勘定にも,「利益（収益）の発生」と「損失（費用）の発生」は，人名勘定とは「反対記録」。したがって,「利益（収益）の発生」については，現金を受取っていない場合に，債権勘定（借方勘定）の頁の左側か，この見開きの左側の面に「債権の発生」を記録するか，場合によっては，債務勘定（貸方勘定）の頁の左側か，この見開きの左側の面に「債務の消滅」を記録すると，利益（収益）勘定の頁の右側か，この見開きの右側の面には,「利益（収益）の発生」を反対記録するのである。これに対して,「損失（費用）の発生」については，現金を支払っていない場合に，債務勘定（貸方勘定）の頁の右側か，この見開きの右側の面に「債務の発生」に記録するか，場合によっては，債権勘定（借方勘定）の頁の右側か，この見開きの右側の面に「債権の消滅」を記録すると，損失（費用）勘定の頁の左側か，この見開きの左側の面には,「損失（費用）の発生」を反対記録するのである。

したがって，イタリアに現存する最古の会計帳簿から約１世紀後，すでに約１世紀半前までの13世紀の末葉から14世紀の中葉の間に，商人「自身」の利便から記録しようとしては,「公正証書」の域から脱して,「反対記録の会計帳簿」である利益（収益）勘定と損失（費用）勘定も完成する。すでに「名目勘定」は完成するのである。これまた，人名勘定と「反対記録」することによっては,「利益（収益）の発生」の貸借関係は，利益（収益）勘定に記録する「利益（収益）の発生」から，その裏付けを得ることで，これに対して,「損失（費用）の発生」の貸借関係は，損失（費用）勘定に記録する「損失（費用）の発生」から，その裏付けを得ることで，この利益（収益）勘定も損失（費用）勘定も，これまた，「貸借記録の会計帳簿」である人名勘定を「公正帳簿」としてを補完しえたわけである。

このように，「貸借記録の会計帳簿」である「人名勘定」を「公証帳簿」として補完しうるには，会計帳簿に記録する「自社」を当事者にして，「誰それの借は誰それの貸」，「誰それの貸は誰それの借」ということで，現金勘定には，自社に仮想する現金出納者の「貸借関係」として，この左側の面には「借方」として「現金の収入」，この右側の面には「貸方」として「現金の支出」を反対記録する。さらに，商品勘定には，自社に仮想する商品売買者の「貸借関係」として，この左側の面には「借方」として「商品の仕入」，この右側の面には「貸方」として「商品の売上」を反対記録する。それだけではない。利益（収益）勘定には，利益（収益）享受者に仮想する自社の「貸借関係」として，この右側の面には「貸方」として「利益（収益）の発生」，これに対して，損失（収益）勘定には，損失（費用）負担者に仮想する自社の「貸借関係」として，この左側の面には「借方」として「損失（費用）の発生」を反対記録する。

したがって，「反対記録の会計帳簿」である現金勘定，さらに，商品勘定の「物財勘定」に加えて，利益（収益）勘定と損失（費用）勘定の「名目勘定」までも完備することによって，公証人に保証してもらう「公正証書」に勝るとも劣らない，まさに商人「自身」が保証しうる「公正帳簿」として「人名勘定」を補完しうることになる。会計帳簿に記録する商人「自身」こそが，むしろ，ごまかすことがないように，改竄することもないように腐心したことによってこそ，証憑，したがって，後日の「備忘証明」手段として記録する「貸借取引の会計帳簿」に「反対記録の会計帳簿」を完備することによってこそ，勘定相互に「有機的関連を持つ」[140] ようになるからである。したがって，公正証書としては，「国際取引は，その全契約を公証人の許で結ぶことを不可能にした」[93]

140）小島夫佐男著；『複式簿記発生史の研究』，森山書店 1961年，66頁。
参照，拙著；『16世紀におけるドイツ固有の簿記の研究』，西南学院大学学術研究所 2012年，155/168頁以降。

としても，商人「自身」が記録する「公正帳簿」としては，勘定相互に「有機的関連を持つ」ようになることで，国際取引であったとしても，「商業帳簿が証明力を増大し，裁判所もそれを認めるようになった」[91]のでは，と想像するのである。まさに「複式簿記」が誕生するのである。

しかし，この「複式簿記」が完成するには，著書『複式簿記発生史の研究』から想像するに，勘定相互に「有機的関連を持つ」だけではなく，勘定全体に「1つの閉された有機的な体系的組織を構成する」[140]まで待たねばならないのではなかろうか。

第4項　会計帳簿の機能

(1) 財産管理

ところで，本来，証憑，したがって，後日の「備忘証明」手段として記録する「貸借記録の会計帳簿」も，これを補完するために記録する「反対記録の会計帳簿」も，勘定相互に「有機的関連を持つ」ばかりか，むしろ，勘定自体が「固有の意味を持つ」[141]ことでは，随時，会計帳簿の更新時または決算時に，貸借記録の会計帳簿である「債権勘定」も「債務勘定」も，反対記録の会計帳簿である「現金勘定」も「商品勘定」も，したがって，会計帳簿は「財産管理」手段として機能する。実は「摘要欄」という表現は見出されないが，「債権勘定」には，商人の「取引相手」を摘要欄に，やがては，「相手勘定」を記録することによって，どのように変動して「債権残高」に到達したか，「債務勘定」にも，商人の「取引相手」を摘要欄に，やがては，「相手勘定」を記録することによって，どのように変動して債務残高に到達したかを管理しうるはずである。反対記録の会計帳簿も同様。「現金勘定」には，商人の「取引相手」を摘要欄に，やがては，「相手勘定」を記録することによって，どのように変動して「現金残高」に到達したか，「商品勘定」にも，商人の「取引相手」を摘要欄に，やがては，「相手勘定」を記録することによって，どのように変動して商品残高に到達したかを管理しうるはずである。「債権残高」も「債務残高」

141）山下勝治著；前掲書，5頁。二重括弧は筆者。

も，「現金残高」も「商品残高」も，記録に間違いがないなら，計算に間違いはないことを検証しうるからである。

事実，「貸借記録の会計帳簿」である人名勘定と「反対記録の会計帳簿」である物財勘定に記録するとしたら，「誰それは」借主＝「借方」として記録する「債権の発生」と「債務の消滅」によって招来されるのは，「現金の支出」または「商品の売上」。「現金または商品は」貸主＝「貸方」として反対記録する。「誰それは」貸主＝「貸方」として記録する「債務の発生」と「債権の消滅」によって招来されるのは，「現金の収入」または「商品の仕入」。「現金または商品は」借主＝「借方」として反対記録する。さらに，「現金は」貸主＝「貸方」として記録する「現金の支出」が「商品の仕入」と直結する場合にも同様。「商品は」借主＝「借方」として反対記録する。「現金は」借主＝「借方」として記録する「現金の収入」が「商品の売上」と直結する場合にも同様。「商品は」貸主＝「貸方」として反対記録する。

それだけではない。「貸借記録の会計帳簿」である人名勘定と「反対記録の会計帳簿」である物財勘定ばかりか，名目勘定にも記録するとしたら，「誰それは」借主＝借方として記録する「債権の発生」と「債務の消滅」によって招来される「利益（収益）の発生」も，「利益（収益）は」貸主＝「貸方」として反対記録する。「誰それは」貸主＝貸方として記録する「債務の発生」と「債権の消滅」によって招来される「損失（費用）の発生」も，「損失（費用）は」借主＝「借方」として反対記録する。さらに，「現金は」借主＝借方として記録する「現金の収入」が「利益（収益）の発生」と直結する場合にも同様。「利益（収益）は」貸主＝「貸方」として反対記録する。「現金は」貸主＝貸方として記録する「現金の支出」が「損失（費用）の発生」と直結する場合にも同様。「損失（費用）は」借主＝「借方」として反対記録する。

したがって，会計帳簿の見開きの左側の面に「借方」として記録するのは，「債権の発生」と「債務の消滅」だけではない。「現金の収入」または「商品の仕入」，はては「損失（費用）の発生」も反対記録することになる。この右側の面に「貸方」として記録するのは，「債務の発生」と「債権の消滅」だけではない。「現金の支出」または「商品の売上」，はては「利益（収益）の発生」も反対記録することになる。図29を参照。

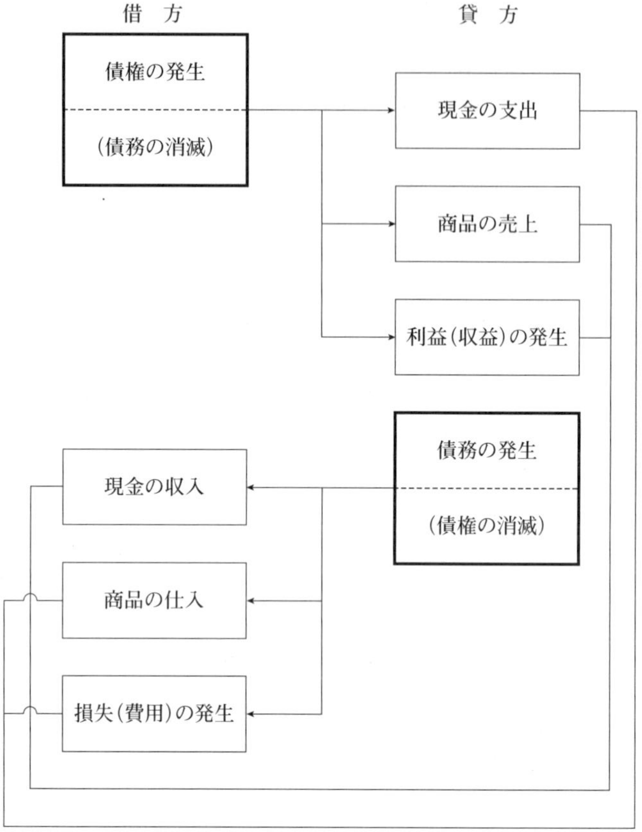

図29

　したがって，会計帳簿の見開きの両面に，日々の取引事実の金額，同額を記録するので，常時，この左側の「借方」の面に記録する合計と，この左側の「貸方」の面に記録する合計が一致する「貸借平均原理」が保証されるはずである。「債権勘定」も「債務勘定」も，「現金勘定」も「商品勘定」も，勘定自体が「固有の意味を持つ」ことで，会計帳簿が「財産管理」手段として機能するのは，この貸借平均原理が保証されるように記録してこそ，「債権残高」も

「債務残高」も，「現金残高」も「商品残高」も，記録に間違いがないなら，計算に間違いはないことを検証しうるからである。

実際，前掲の著書によると，「勘定記録は，それ自体として固有の意味を持つものとして考えられるようになったものであることは留意を要する」。「それぞれの勘定記録は」「現実の取引事実に関しての記録であるところから，その変動を勘定記録として残しておくということは，その記録によって，現金とか，商品とか」，「債権・債務などの変動の事実を計算的に実証する（その裏付けを得る）ことを意味している」。「このように考えてみると，もともと現金とか，商品とか，あるいはまた債権・債務に関しての勘定記録は，その記録という手段をもってする個々の財産の管理という職能を果たすものであるところに重要な意味がある。そこに，記録による『財産管理』という重要な職能を果たすにふさわしいような組織的な勘定記録法が発展するようになることもまた自然なことである」[141)]。たとえば，「その取引事実に基づいて自己の行った現金出納記録が事実に即した正しいものであることを自ら証明すべき手段を求めるためには，ここに，その金銭出納記録を必要とした反対側の記録を相平行して行うという方法をとる必要がある」。したがって，「金銭の出納（または商品の売買）といい，貸借関係の変動記録といい，簿記における勘定記録は，実は，その記録を通じて金銭の出納（または商品の売買）とか，あるいは貸借関係の変動を計算的に管理するという必要から考えられているものである。そこで考えられた方法こそ」，「これを反対記帳という勘定記録方法にこれを求めうる」[142)]のである。

⑵　損益計算と資本保全

さらに，決算時を待つまでもなく，会計帳簿の更新時には，債権残高も債務残高も，現金残高も商品残高も，翌期に繰越されねばならないのだが，荷口別

142）山下勝治著；前掲書，6頁。括弧内は筆者。
参照，拙稿；「簿記の歴史・覚え書」，『商学論集』（西南学院大学），42巻1･2号，1995年12月，38頁以降。
参照，拙著；『複式簿記の歴史と論理』，森山書店 2005年，335頁以降。

の商品が完売されると，商品勘定に計算する荷口別の「商品売買益」または「商品売買損」，完売されないなら，商品勘定に計算する荷口別の「期間の商品売買益」または「期間の商品売買損」は，翌期に繰越されねばならないことはない。利益（収益）勘定に計算する「利益（収益）合計」も損失（費用）勘定に計算する「損失（費用）合計」も同様。翌期に繰越されねばならないことはない。出資金である「資本金」が，それだけ増加したか，それだけ減少したことを意味するからである。したがって，会計帳簿の更新時または締切時に，このような利益（収益）合計とこのような損失（費用）合計は，これを集合するための損益勘定を開設するまでもなく，損益勘定に振替えられるまでもなく，「資本金勘定」に振替えられるはずではある。

しかし，会計帳簿の更新時または決算時に，「損益勘定」を前面に打ち出すことによって，会計帳簿は「損益計算」手段として機能する。「資本金」は，Pacioloの印刷本によると，「財産の総体および本体」（monte e corpo de faculta）[143] と表現するように，利息を生み出す「元金」，利益を生み出す「元本」として固有の意味を持つことになるからである。したがって，「資本金勘定」を開設するとしたら，「損益勘定」は，資本金勘定からは独立して開設。資本金勘定に記録するのは，「資本取引」に起因する資本変動であるのに対して，損益勘定に記録するのは，「損益取引」に起因する資本変動であるからである。したがって，そのような利益（収益）合計もそのような損失（費用）合計も，これを集合するための「損益勘定」に振替えられると，会計帳簿の更新時であるなら，この更新時までの「期間損益」，決算時であるなら，この決算時までの「期間損益」を計算して，会計帳簿の更新時または決算時には，元金ないし元本の増加または減少として，損益勘定から「資本金勘定」に振替えられることになる。

ところが，「損益勘定」こそを前面に打ち出すことによって，会計帳簿が

143） Pacioli, Luca; *op. cit.*, Cap.12(fol.201R).
Vgl., Penndorf, Balduin; *LUCA PACIOLI Abhandling über die Buchhaltung 1494*, Stuttgart 1933, S.104.
参照，本田耕一訳；『パチョリ簿記論』，現代書館，1975年，84/87頁。
参照，拙著；前掲書，169頁。

「損益計算」手段として機能するには，最初からスムースに機能しえたわけではない。前掲の論説および著書によると，13世紀の末葉の会計帳簿，現金勘定を「兄弟勘定」として記録する，既述の２人の兄弟の会計帳簿には[125)]，「個人事業」であったがためか，利益（収益）勘定では，利益（収益）を合計するだけで放置されてしまい，損失（費用）勘定では，損失（費用）を合計して，翌期に繰越されたとのことである[144)]。想像するに，損失（費用）合計は翌期に補塡しておきたかったからかもしれない。「損益計算」が意図されることはなく，したがって，「損益勘定」を開設することもなく，「資本金勘定」を開設することもなかったとのことである[144)]。

さらに，14世紀の初頭の会計帳簿には，決算時に，損失（費用）勘定から利益（収益）勘定に振替えられて相殺すると，「期間損失」を計算するので，「損益計算」が意図されたかもしれないが，これまた，「個人事業」であったがためか，「資本金勘定」を開設することはなく，したがって，期間損失が振替えられることはなく，期間損失は翌期に繰越されたとのことである[145)]。これまた，想像するに，期間損失だけは翌期に補塡しておきたかったからかもしれない。

そこで，「資本金勘定」についてであるが，前掲の著書によると，14世紀の初頭からの会計帳簿には，まずは，約定した利息を支払い，やがては，期間利益を計算して配当しなければならない「組合事業」にあって，実は「出資金勘定」という表現は見出されないが，組合事業の出資金勘定を開設。開始時に，同族にある出資者の全員と出資金の総額を「同族勘定」，したがって，「出資金勘定」に記録して確認すると，出資者である組合員ごとに「組合員勘定」を開設。出資金勘定からは，組合員の「持分」として出資額ごとに組合員勘定に振替えられて，この「組合員勘定」については，会計帳簿としては記録するのだ

144）なお，損益勘定を開設することのない会計帳簿は1296年から1305年に記録する Rinieri Fini de' Benziとその兄弟の元帳。
参照，泉谷勝美稿；前掲書，66頁以降。
参照，泉谷勝美著；前掲書，105/187/325頁。

145）なお，資本金勘定を開設することのない会計帳簿は1321年から1325年に記録する銀行家のNiccholò Gianfigliazzi の元帳と相続簿。
参照，泉谷勝美著；前掲書，133/187/326頁以降。

が，秘匿しておかれたとのことである[146)]。

ところが，出資金勘定にしても，組合員勘定にしても，出資者にとっては，組合事業に投資した貸付金であるのに対して，組合事業にとっては，投資された借入金，最初は「債務」と同視して，貸借記録の会計帳簿である「人名勘定」に記録。したがって，想像するに，債務の「元金」と同視したがために，出資金の総額に対して，まずは，約定した「利息」を支払ったのかもしれない。しかし，債務の元金であるとしたら，「期間損失」を計算するとなると，その利息は支払いようもない。債務の元金は保証されえないことになる。出資金の総額は，Pacioloが表現するまでもなく，すでに，「財産の総体および本体」として意識されはするのだが，債務の元金が保証されえないとなると，これまた，想像するに，利息を生み出す元金としてではなく，利益を生み出す元本として固有の意味を持つ，この「元本」になる出資金の総額から補填することにもなりかねない。したがって，これまた，想像するに，やがては，約定した利息を支払うのではなく，期間利益を計算しては「配当」するようになったのではなかろうか。

さらに，前掲の著書によると，「個人事業」にまで拡張して，「財産の総体および本体」として意識されるのは，15世紀の初頭の会計帳簿からとのことである。トスカーナ地方の州都で商業都市はフィレンツェを中心に交易した「組合事業」から，アドリア海に面する商業都市はヴェネツィアを中心に交易した「個人事業」にまで拡張して，「出資金」はラテン語の「頭ないし源泉」(caput) に由来する「資本金」(chavedal) と表現。組合事業のようには，組合員の「持分」についての混乱もなかっただけに，個人事業では，「資本金」と表現するようになったのだが，「資本金」とだけ記録するのではなく，営業主である「私自身の資本金」(chavedal de mi) と記録したとのことである[147)]。

しかし，15世紀の初頭の会計帳簿には，「個人事業」にあっても，「資本金」

146) なお，出資金勘定を開設する会計帳簿は，1318年から1324年に記録する Francesco del Bene 商会の元帳，1332年から1337年に記録するCorbizzi商会の元帳と，1336年から1340年に記録する Covoni 商会の元帳。
参照，泉谷勝美稿；前掲書，65頁以降。
参照，泉谷勝美著；前掲書，162/187/326頁以降。

と表現して記録するのではなく，実は「代表者勘定」という表現は見出されないが，４人の兄弟のうち長兄の単独出資に加えて，４人の兄弟の共同出資ということで，出資金の総額を４人の兄弟の長兄の代表者勘定，したがって，出資金勘定を開設。４人の兄弟と出資金の総額を代表者勘定に記録して確認すると，４人の兄弟ごとに「兄弟勘定」を開設。出資金勘定からは，４人の兄弟の出資額ごとに兄弟勘定に振替えられたようである。４人の兄弟の間に財産紛争があったがために，商品勘定に計算する「商品売買益の合計」は４人の兄弟勘定に振替えられて，損失（費用）勘定に計算する「損失（費用）合計」は代表者勘定に振替えられたとのことであるからである147)。

実際に，営業主である「私自身の資本金」として「資本金勘定」を開設したのは，15世紀の中葉の会計帳簿からであるが，期間利益を計算して配当しなければならないことはない「個人事業」であったがためか，損益計算が意図されることはなかったようである。利益（収益）勘定に計算する「利益（収益）の合計」は益目別に資本金勘定に振替えられて，損失（費用）勘定に計算する「損失（費用）合計」は翌期に繰越されたとのことであるからである147)。これまた，想像するに，損失（費用）合計は翌期に補填しておきたかったからかもしれない。したがって，「個人事業」にあっては，資本金勘定を開設したにしても，15世紀の中葉の会計帳簿には，「損益勘定」を開設するには至らなかったようである。

そこで，「損益勘定」についてであるが，前掲の論説および著書によると，出資者である組合員に利息を支払うか，期間利益を計算して配当しなければならない「組合事業」にあって，実は「損益勘定」という表現は見出されないが，損益勘定を開設するのは14世紀の初頭の会計帳簿。会計帳簿の前半の頁に「債

147）なお，資本金勘定を開設する会計帳簿は，1406年から1434年に記録する Soranzo 兄弟の新旧の元帳と，1431年から1440年に記録する Andrea Barbarigo の元帳。
参照，泉谷勝美著；前掲書，174/185/187/330頁。
しかし，前掲の論説によると，Andrea Barbarigo の元帳にあっては，「旧元帳（1440年～1440年）から新元帳（1440年～1449年）への繰越記入には，名目勘定の損益勘定への振替，損益勘定の資本金勘定への振替と残高勘定による締切と開始記入がなされている」とのことであるが，詳細は不明。
参照，泉谷勝美稿；前掲書，86頁。

権勘定」(借方勘定)，この後半の頁に「債務勘定」(貸方勘定) を併設して，「商品売買帳」の前半の頁に「商品の仕入」，この後半の頁に「商品の売上」を記録する，既述の商会の会計帳簿である[127]。損失 (費用) 勘定から利益 (収益) 勘定に振替えられて相殺，「純損失」を計算，さらに，これ以外の営業費も加算して振替えられると，商品売買帳の前半の頁に記録する「商品の仕入」(前期からの繰越商品があれば，これを追加，記録) を合計しては「総損失 (費用)」を計算する。この後半の頁に記録する「商品の売上」(翌期への繰越商品があれば，これを追加，記録) を合計しては「総利益 (収益)」を計算する。想像するに，この商品売買帳の末頁に記録するのであろうが，この「総損失 (費用)」は末頁の上段に記録，この「総利益 (収益)」は末頁の下段に記録して，この「総括損益勘定」には，総括損失としての「期間損失」を計算しえたとのことである[148]。

しかし，1枚の紙片，財産目録の「計算表」(ragione) ないし「残高表」(saldo)，後になると，財産目録の「均衡表」(bilancio)，これに計算する期間損失とは大きく食い違ったがために，総括損失としての「期間損失」は信頼されることはなく，したがって，この「総括損益勘定」には，総括損失としての「期間損失」を計算しえただけで，実際に計算して記録することはなく，この損益勘定が締切られることはなかったとのことである[148]。しかも，財産目録の「均衡表」に計算する期間損失こそが組合員の負担ということからか，「組合員勘定」に振替えられたとのことである[148]。したがって，「損益勘定」を開設して，この商品売買帳から「期間損益」を計算しようとしたのだが，結果としては，失敗したことになる[128]。

これに対して，前掲の著書によると，14世紀の初頭の会計帳簿には，「個人事業」にあって，実は「損益勘定」という表現は見出されないが，損益勘定を

---

148) なお，損益勘定を開設する会計帳簿は1318年から1324年に記録するFrancesco del Bene商会の元帳。

しかし，総括損益勘定では，総損失 (費用) について，「持つべし」(deono avere)，総利益 (収益) について，「支払った」(avenne dato) と記録するので，「借方」と「貸方」の表現が反対になっているとのことである。

参照，泉谷勝美稿；前掲書，73頁以降。

参照，泉谷勝美著；前掲書，106/108/326頁。

開設した最古の事例であるとのことで，損失（費用）勘定に計算する「損失（費用）合計」を計算すると，利益（収益）勘定の下段に振替えられて，この上段に記録する「利益（収益）合計」から控除，「期間損失」を計算したとのことではある。しかし，「資本金勘定」を開設することがなかったので，期間損失は振替えられようもなく，翌期に繰越されるしかなかったとのことである[145)]。これまた，想像するに，損失（費用）合計は翌期に補塡しておきたかったからかもしれない。

さらに，「組合事業」にあっては，損益勘定に期間損益は計算しうるにしても，財産目録の「均衡表」に計算する期間利益が「組合員勘定」に振替えられて，組合員に配当されるのは，14世紀の中葉の会計帳簿でも同様。実は「損益勘定」という表現は見出されないが，その前半の頁に記録する損失（費用）勘定に計算する「損失（費用）合計」を計算すると，その後半の頁に記録する利益（収益）勘定の下段に振替えられて，この上段に記録する「利益（収益）合計」から控除して，「期間利益」を計算しえたとのことである。たとえば，

その上段には，「利益の合計。金額はいくら」(Somma questo avanzo ･･･）と記録して，その下段には，「何頁の上段にある損失を控除。金額はいくら」(Levammo il disavanzo innanzi nel ･･･ carta）と記録すると，

「残額は純利益。金額はいくら。この純利益が（損益）勘定に記録するのとは，われわれの『計算表』(均衡表）に計算する純利益よりも，金額がいくら多いことに気付いた。そこで，この……『計算表』(均衡表）に計算する純利益を採用する。したがって，この（損益）勘定は抹消する」(Resta che ci à d'avanzo ･･･ . Troviamo più questo avanzo che ll'avanzo de ragionamento nostro, chome apare al quaderno de ragionamento, ･･･. E però abiamo posto il detto avanzo chome si truova al detto ragionamento ･･･. E però danniamo questa ragione）と記録。したがって，たとえ損益勘定に「期間利益」は計算しえたにしても，「損益勘定」は抹消してしまい，組合員に配当するには，財産目録の「均衡表」に計算する期間利益が「組合員勘定」に振替えられたとのことである[149)]。

それでは，この１枚の紙片，財産目録の「均衡表」はどのように作成されたのであろうか。この「均衡表」に計算する「期間損益」が組合員勘定に振替えられたのはなぜであろうか。

すでに，イタリアに現存する最古の会計帳簿より約半世紀前に，会計文書としてイタリアに現存する最古の公正証書である，既述の「公証人登記簿」[88)]，1156年から1158年の間に，ジェノヴァの公証人 Giovanni Scribaが記録する公正証書の覚書文が見出されるとのことである[150)]。財産目録の「均衡表」の原型になるであろう会計文書は作成されていたようである。前掲の著書によると，実は財産目録の「均衡表」という表現は見出されないが，１回かぎりの航海取引を清算しては，３回だけ繰返された「組合事業」にあって，出港時，帰港時と帰港後の航海取引を記録。１枚の会計証書に，(2) 航海の帰港時の会計文書として，「資産」である債権と「負債」である債務は帳簿記録するしかないが，「資産」である現金と商品は「実地棚卸」で記録，場合によっては，債権も「実地棚卸」で修正して記録することで，「資産」(原文では，「現金」はなく，「商品」と「債権」に加えて，「船舶」を記録) と「負債」(原文では，負債の合計はなく，航海取引の必要経費の合計を記録) を科目別にラテン語の文章で記録。想像するに，「資産」の合計から「負債」の合計を控除して「現に保有する財産」，したがって，「正味財産」を計算しようとしたにちがいない。さらに，いま１枚の会計証書の上段に，(1) 航海の出港時の会計文書として，組合員の全員と出資金の総額をラテン語の文章で記録して確認。さらに，この下段には，(3) 航海の帰港後の会計文書として，「現に保有する財産。金額はいくら」(sunt ･･･) と記録して，この「現に保有する財産」から，出港時に記録して確認した資本金について，「資本金。金額はいくら」(capitale ･･･) と記録して控除すると，「利益を得る。金額はいくら」(proficuum ･･･) とラテン語ではあるが，文章ではなく，上下比較の階梯様式で記録して，組合事業の「航海利益」，し

---

149) なお，損益勘定を抹消する会計帳簿は1336年から1340年に記録するCovoni 商会の元帳。参照，泉谷勝美著；前掲書，139頁以降。二重括弧および括弧内は筆者。

150) 参照，泉谷勝美著；前掲書，４頁以降。
参照，橋本寿哉著；『中世イタリア複式簿記生成史』，白桃書房 2009年，88頁以降。

たがって，航海の出港時から帰港時までの「期間利益」を計算したとのことである[150]。図30を参照。

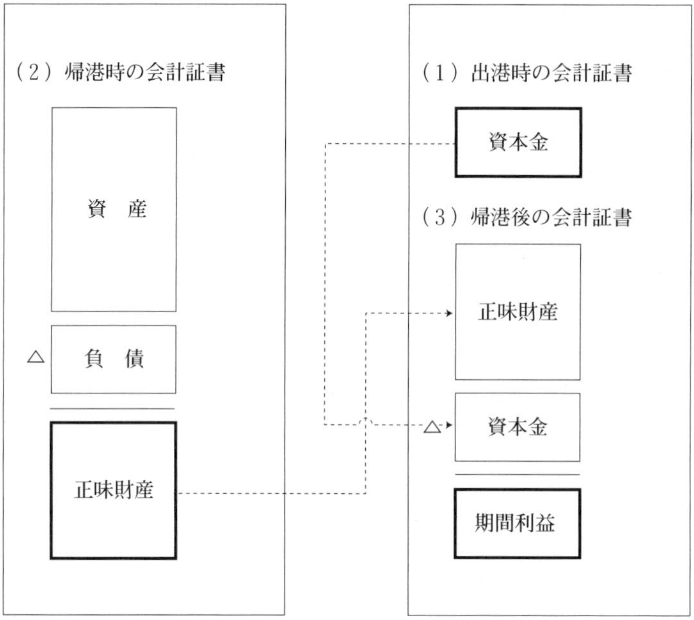

＊航海の帰港時の会計証書についても，航海の帰港後の会計証書と同様に，ここでは，便宜的に上下比較の階梯様式で例示する。

図30

なお，財産目録の「均衡表」の原型になるであろう会計文書として，いま１枚の会計文書に記録する，この航海の帰港後の会計証書を２枚，３様の原文と共に表示することにする[151]。図31を参照。

現に保有する財産。521libre ・・・

資本金。 273libre 4 soldi 1 dinari

・・・

利益を得る。 248libre16soldiマイナス 1 dinali

（したがって，248libre15soldi11dinari）

・・・

＊原文では，ローマ数字で記録するが，便宜的にアラビア数字で表示する。
＊原文では，この 3 項目に付記して，意味不明の金額が記録されるが，判読不能であるので省略。

151）なお，1157年の会計証書は 2 回目の航海取引の記録。
参照，泉谷勝美著；前掲書， 9 頁以降。
参照，橋本寿哉著；前掲書，100頁。
すでに，このような 2 冊の著書があるにもかかわらず，不遜かもしれないが，筆者なりに納得しようとして，文章は整理して表現。括弧内は筆者。
Cf., Martinelli, Alvaro; *THE ORIGINATION AND EVOLUTION OF DOUBLE ENTRY BOOKEEPING TO 1440*, North Texas State University 1974, p.126/135.
原文の左側の1枚、前段は、2回目の航海取引、この帰港時の会計証書。この上部に、ラテン語の文章で「資産」と「負債」を科目別に記録するので、その下部には、この「書式」から想像するに、さらに、上下比較の階梯様式で記録して、「現に保有する財産」、したがって、「正味財産」を計算するようではあるが、判読不能。
原文の左側の1枚、後段は、3回目の航海取引、この帰港時の会計証書。この会計証書には、「資産」と「負債」を科目別にラテン語ではあるが、文章ではなく、上下比較の階梯様式で記録するようではあるが，これまた，判読不能。

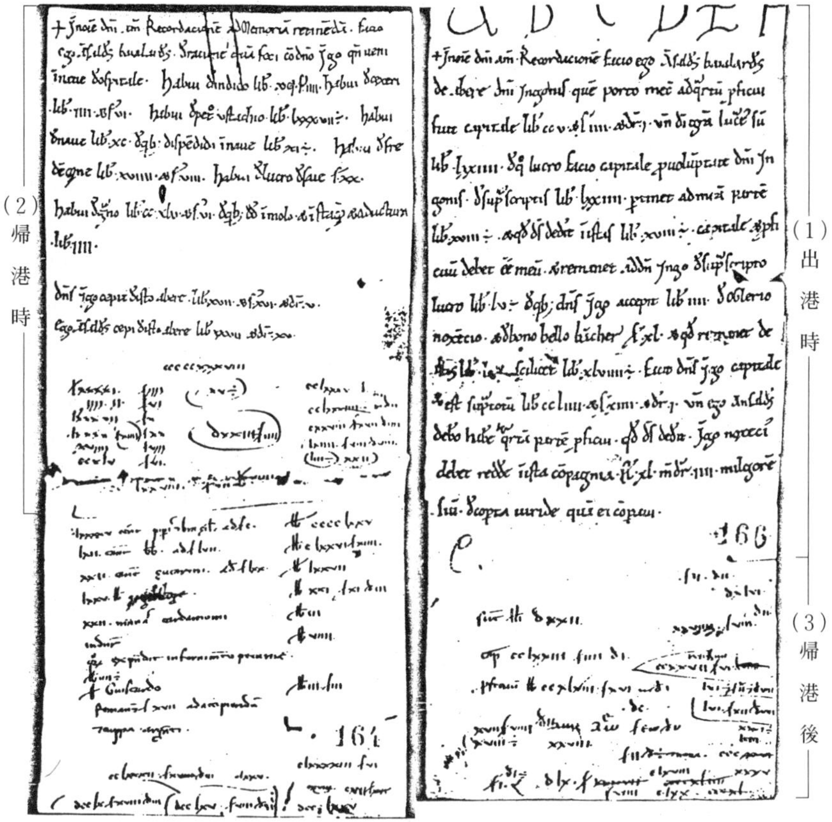

1157年，ジェノヴァの公証人 Giovanni Scribaが記録する公正証書の覚書文。
（2）帰港時の会計文書，縦は22.2cm，横は10.2cm。
（1）出港時と（3）帰港後の会計文書，縦は20.5cm，横は9.2cm。

図31

もちろん，財産目録の「均衡表」の原型になるであろう，この「公正証書」に航海取引を記録するには，航海の出港時，帰港時と帰港後に，この２枚，３様の会計証書が作成されねばならなかったのかもしれない。しかし，組合員に配当すべき「期間利益」を計算するだけであるのなら，この３様の会計証書が作成されるまでもなく，この３様の会計証書を合体することで，航海の帰港後の会計証書が作成されるなら，期間利益は計算しうるはずである。したがって，決算時には，１枚の紙片，財産目録の「均衡表」が作成されるだけで，「期間損益」は計算しえたにちがいない。

しかも，期間利益は「現金」または「現物」で配当しなければならないので，「現に保有する財産」について，「資産」である債権と「負債」である債務は帳簿記録するしかないが，「資産」である現金と商品は「実地棚卸」で記録，場合によっては，債権も「実地棚卸」で修正して記録することで，「航海利益」，したがって，航海の出港時から帰港時までの，組合員に配当すべき「期間利益」を計算するので，「現に保有する財産」から資本金を控除して計算する正味財産の余剰から，その裏付けを得ることで，この「会計証書」に計算して記録する「期間利益」は信頼されたにちがいない。そうであるからこそ，財産目録の「均衡表」に計算する「期間損益」が組合員勘定に振替えられたのでは，と想像するのである。

したがって，14世紀の初頭から中葉の会計帳簿には，「組合事業」にあって，財産目録の「均衡表」に計算する「期間損益」が資本金勘定に振替えられたにしても，損益計算が意図されて，「損益勘定」に期間損益を計算しうることは意識されていたことになる。

しかし，損益勘定に振替えられる「利益（収益）勘定」も「損失（費用）勘定」も，本来は，期間損益を計算するために開設したのではなさそうである。人名勘定と「反対記録」することによっては，「利益（収益）の発生」の貸借関係は，利益（収益）勘定に記録する「利益（収益）の発生」から，その裏付けを得ることで，これに対して，「損失（費用）の発生」の貸借関係は，損失（費用）勘定に記録する「損失（費用）の発生」から，その裏付けを得ることで，この「利益（収益）勘定」も「損失（費用）勘定も，貸借記録の会計帳簿である人名勘定を「公正帳簿」として補完しえただけであるからである。期間損益を計算するために，「損益勘定」まで開設することもなかったようである。したがって，「利益（収益）合計」は放置されるしかなく，「損失（費用）合計」は翌期に補填するために繰越されるしかなく，たとえ「損益勘定」に振替えられたとしても，損益勘定に期間損益を計算しうることが意識されてのことではなさそうである。

事実，論説「学問としての簿記と資本主義の発生」（“SCIENTIFIC BOOKKEEPING AND THE RISE OF CAPITALISM”）によると，「損益勘定（profit-and-loss account）は，締切時に，新しい帳簿に必要とはならない（利益（収益）と損失（費用）の）勘定残高（account balances）を集合するために対応した。そして，借方と貸方を均等にしておくように，残高勘定（balance account）に現われる資本金勘定（capital account）に整然と振替えて締切るために対応した。新しい帳簿に振替える必要はない，この迷惑な多くの勘定，したがって，『塵と屑』（refuse and dregs）は，『誰にも知らせる必要のない』[152]勘定，したがって，『法的な契約によって何かを持つとか，何かを支払うとか，そのようなことのない』[153]勘定であった。したがって，損益勘定は，事業の利益（収益）と損失（費用）を併記する，この『記録の寄集め』（hotch-potch of entries）を収容したものである。持参金の利得，宝籤に対する出費，場合によっては，その利得，家事費および個人引出は，損益勘定の借方か貸方に収容された。『(期間）利益』を計算して分析することに注意が払われた痕跡はあまりない。私的な事情から脱退することがあったとしても，あまり注意が払われることはなかった」[154]とのことである。

ところが，14世紀の初頭から中葉の会計帳簿には，「組合事業」にあって，「損益勘定」に期間損益を計算しうることが意識されるようになると，この

152）Pacioli, Luca; *op. cit*, Cap.34(fol.209L).
Vgl., Penndorf, Balduin; *a. a. O.*, S.144.
参照，片岡義雄著；『パチョーリ「簿記論」の研究』，森山書店 1956年，246頁。

153）Hayes, Richard.; *The Gentleman's Complete Book-keeper*･･･, London 1741, p.81.

154）Yamey, Basil. Selig; SCIENTIFIC BOOKKEEPING AND THE RISE OF CAPITALISM, in: *THE ECONOMIC HISTORY REVIEW*, 2nd Series, Vol.I, Nos. 2 & 3, 1949, p.109. 二重括弧（記録の寄集めと（期間）利益）および括弧内は筆者。
参照，中野常男稿；「複式簿記の基本構造とその成立過程」：中野常男編；『複式簿記の構造と機能』，同文館 2007年，16頁。

「期間損益」こそが信頼されるようにならねばならない。財産目録の「均衡表」に計算する期間損益と「大きく食い違った」のは，記録に間違いがあるか，計算に間違いがあるか，いずれかに起因したのかもしれない。むしろ，それよりも，実地棚卸によって記録することに起因したにちがいない。そのために，「この純利益が，(損益) 勘定に記録するのとは，われわれの『計算表』(均衡表) に計算する純利益よりも，金額がいくら多いことに気付いた」のである。したがって，記録に間違いはないように，計算に間違いはないように腐心しなければならないのはもちろんだが，むしろ，それよりも，実地棚卸によって記録する財産目録の「均衡表」，これに計算する期間損益に修正するようにしたら，勘定相互に「有機的関連を持つ」ことでは，「貸借平均原理」が保証されることで，「損益勘定」に計算する期間損益はヨリ信頼されるようになろうというものである。

事実，14世紀の中葉の会計帳簿には，会計期間を「1年間」として反復した最古の事例，しかも，損益勘定に計算する「期間利益」が組合員勘定，したがって，「資本金勘定」に振替えられる最古の事例でもあるとのことであるが[155)]，「組合事業」にあって，損失（費用）勘定に，利益（収益）勘定に，「このわれわれの組合の組合員」(i chonpangni di questa nostra chonpangnia) は支払うべし，持つべし，簡単には，「組合員」(i chonpangni) は支払うべし，持つべしと記録して，会計帳簿の前半の頁に損失（費用）勘定と，この後半の頁に利益（収益）勘定を開設。その前半の頁の損失（費用）勘定に「損失（費用）合計」を計算すると，その後半の頁の利益（収益）勘定の下段に振替えられて，その上段

155) なお，損益勘定に計算する「期間利益」を修正するのは1332年から1337年に記録するCorbizzi 商会の元帳。
参照，泉谷勝美著；前掲書，92/142/143/145/147/187/327頁。
ここに，損益勘定に計算する「期間利益」が誰それと誰それの「組合員勘定」に振替えられるのに，「われわれはいくらの金額を支払った」と記録するのは不可解のようでもある。しかし，損失（費用）勘定に計算する「損失（費用）合計」が「利益（収益）勘定」に振替えられるのも，これと同様に記録するので，不可解でもなさそうである。実際，債権も債務も振替えられるのに，「われわれはいくらの金額を支払った」と記録したとのことである。
参照，泉谷勝美著；前掲書，228頁。

に記録する「利益（収益）合計」から控除，「期間利益」は計算しうる。実は「損益勘定」という表現は見出されないが，1期目と2期目の決算時に，損益勘定に「期間利益」を計算して，この期間利益は「組合員勘定」に振替えられたとのことであるが，3期目の決算時には，財産目録の「均衡表」に計算する「期間利益」が食い違ったとしても，この期間利益が「組合員勘定」に振替えられるのではなく，「損益勘定」に計算する期間利益を食い違っただけ修正することで，この修正したところの期間利益が損益勘定から「組合員勘定」に振替えらたとのことである。たとえば，

その上段には，「合計の金額はいくら」(Soma …) と記録して，その下段には，「われわれはいくらの金額を支払った。同額は経費の合計として，組合員は支払うべしの何頁の下段に，支払ったとして転写」(Avenne dato … , i quali ponemo per paghati di qua adietro a car. … ove i chonpangni doveva dare per tutte ispesse) と記録して振替えられると，「期間利益」を計算するのだが，

「この（損益）勘定はいくらの金額だけ，組合員は持つべしの残額（財産目録の『均衡表』に計算する期間利益が『損益勘定』に計算する期間利益）よりも多いことに気付いた。（この金額だけを期間利益に加算，修正して）合計の金額はいくら」(Troviamo pue la ragione … , che resta quello che i chonpangni debiono avere …. Soma …) と記録。このように修正して，損益勘定に計算する「期間利益」が組合員勘定に振替えられると，

「われわれはいくらの金額を支払った。同額は，組合員の誰それと誰それは持つべしの何頁の上段に転写」(Avenne dato … , i quali ponemo che … i chonpangni … debiano avere innanzi a car. …) と記録して，「損益勘定」に計算する期間利益が組合員勘定に振替えられて，組合員の誰それと誰それに配分，配当されたとのことである[155)]。

さらに，損益勘定に計算する「期間損益」が資本金勘定に振替えられるのは，前掲の論説および著書によると，これまた，14世紀の中葉の会計帳簿，現金勘定を部署別の「財務官勘定」として記録する，既述の市政庁の会計帳簿。会計帳簿の頁の左側に「債権」，この頁の右側に「債務」を記録する会計帳簿である。実は「損益勘定」という表現は見出されないが，商品勘定に計算する「商

品売買損」と為替勘定に計算する「為替利益」が振替えられて，さらに，市政庁の経常経費も振替えられると，「期間損益」を計算。実は「資本金勘定」という表現は見出されないが，この期間利益は，決算時には，「市政庁勘定」に振替えられたとのことである[156)]。

ところが，15世紀の中葉からの会計帳簿には，「個人事業」であったがためか，利益（収益）勘定に計算する「利益（収益）合計」は益目別に資本金勘定に振替えられて，損失（費用）勘定に計算する「損失（費用）合計」は翌期に繰越されたとのことで[147)]，資本金勘定は開設したにしても，「損益勘定」を開設するには至らなかったものもあったとのことである。

しかし，損益勘定に振替えられる「利益（収益）勘定」も「損失（費用）勘定」も，本来は，期間損益を計算するために開設したのではなさそうであるが，14世紀の初頭から中葉の会計帳簿には，「組合事業」にあって，損益計算が意図されて，「損益勘定」に期間損益を計算しうることが意識されるようになると，「損益勘定」も勘定自体が「固有の意味を持つ」ことになる。しかも，「損益勘定」に計算する期間損益は，実地棚卸によって記録する財産目録の「均衡表」，これに計算する期間損益に修正して振替えられるようにするとしたら，勘定相互に「有機的関連を持つ」ことでは，「貸借平均原理」が保証されるはずであるので，この「期間損益」はヨリ信頼されるようになろうというものである。財産目録の「均衡表」に計算する期間損益ではなく，「損益勘定」に計算する期間損益こそが資本金勘定に振替えられるようになるのである。そのようになると，勘定相互に「有機的関連を持つ」だけではなく，「複式簿記」が完成するのに，勘定全体に「１つの閉された有機的な体系的組織を構成する」ための第一歩を踏み出したことになる。

そこで，利益（収益）と損失（費用）を集合するための「損益勘定」(partita

156）なお，損益勘定に計算する「期間損失」が資本金勘定に振替えられるのは1340年に記録するゼノヴァ市政庁の元帳。
参照，泉谷勝美稿；前掲書，83頁以降。
参照，泉谷勝美著；前掲書，151/152/327頁。

del profitto e danno）という表現が見出されるのは，筆者の知るかぎりでは，Pacioloの印刷本からのようである。Pacioloが表現するところでは，「帳簿には繰越さなくてもよい勘定，たとえば，自己にしか関係しない，誰にも知らせる必要のない勘定は，諸掛かり経費，家事費，収得と出費，すべての臨時費，借地料，家賃，使用料，小作料などである。この勘定は」「損失と利益の勘定，剰余と不足の勘定，場合によっては，利得と損害の勘定に，借方の面はこの勘定の借方の面に振替えて締切られる」。したがって，「残額については」「常時，借方の面か貸方の面，いずれか少ない金額の面に加算しなければならない」。そこで，「『損益勘定』によって締切られた後には，借方の面と貸方の面を合計することによって，（総）利益（収益），（総）損失（費用）が直ちに認識されうる。借方の面と貸方の面を均衡することによって，すべてが均等になるからである。減算されるべきものは減算，加算されるべきものは加算して，均等になるように，しかるべき勘定で，そのようにされるからである。損益勘定の借方の面が貸方の面よりも大きいなら，この期間の間に，開始時から，それだけ（期間）損失を被っている。しかし，貸方の面が借方の面よりも大きいなら，この期間の間に，それだけ（期間）利益を得ている」。「この勘定によって，（期間）利益および（期間）損失が判明したところで，開始時に，自己のすべての財産が記録された財産目録，これが記録されたところの『資本金勘定』によって締切られる」[157]とのことである。

したがって，会計帳簿の更新時または決算時に，「損失（費用）勘定」からは，費目別に損益勘定の見開きの左側の面に振替えられると同時に，「利益（収益）勘定」からは，益目別に損益勘定の見開きの右側の面に振替えられるのである。実は「摘要欄」という表現は見出されないが，商人の「取引相手」を摘要欄に，やがては，「相手勘定」を記録することによって，「損益勘定」の見開きの左側の面には，損失（費用）がどのように発生したか，これに対して，「損益勘定」

157）Pacioli, Luca; *op. cit,* Cap.34(fol.209L). 二重括弧および括弧内は筆者。
　Vgl., Penndorf, Balduin; *a. a. O.,* S.144f.
　参照，片岡義雄著；前掲書，246頁以降。
　参照，拙著；前掲書，198頁以降。

の見開きの右側の面には，利益（収益）がどのように発生したか，そして，双方がどれだけ発生して「期間損益」に到達したかは計算しうるはずである。会計帳簿の更新時または決算時に，まさに「損益勘定」を前面に打ち出すことによって，会計帳簿は「損益計算」手段として機能するのである。したがって，あくまで憶測するとして，15世紀の末葉からは，Pacioloの印刷本が世界に伝播していったことによって，「個人事業」にあっても，「組合事業」にあっても，「損益勘定」として記録するようになったのでは，と想像するのである。

さらに，損益勘定に計算する期間損益が振替えられる「資本金勘定」(partita del cauedal) という表現についても同様のようである。Pacioloの印刷本が出版されたのは，「個人事業」が交易した商業都市のヴェネツィア。個人事業にまで拡張して，「資本金勘定」を開設するようになったとのことで[147)]，実際，Paciolo自身も，営業主である「私自身の資本金」(cauedal de mi)[158)] と表現して，資本金勘定を開設。しかし，商業都市のフィレンツェを中心に交易した「組合事業」にあっても，出資金勘定ではなく，組合員勘定ではなく，「資本金勘定」として開設するようになったのはなぜかとなるのと，筆者には釈然としないのである。Paciolo自身は，「組合の資本金」(cauedal di compagnia)，「組合の権利」(ragione de compagnia)[159)] と表現する。したがって，これまた，あえて憶測するとして，15世紀の末葉からは，Pacioloの印刷本が世界に伝播していったことによって，「個人事業」にあっても，「組合事業」にあっても，「資本金勘定」として記録するようになったのでは，と想像するのである。

ところで，期間利益は「投下資本の回収余剰」，期間損失は「投下資本の回収不足」である。そうであるとしたら，損益勘定に計算する「期間利益」は，

---

158) Pacioli, Luca; *op. cit*, Cap.12(fol.202L).
Vgl., Penndorf, Balduin; *a. a. O.*, S.104.
参照，片岡義雄著；前掲書，78頁以降。
参照，拙著；前掲書，154頁以降。

159) Pacioli, Luca; *op. cit*, Cap.21(fol.205R).
Vgl., Penndorf, Balduin; *a. a. O.*, S.125.
参照，本田耕一訳；前掲書，124/127頁。

投下資本の回収余剰ではあるが，資本変動の原因としての「費用に対する収益余剰」である[160]。これに対して，損益勘定に計算される「期間損失」は，投下資本の回収不足ではあるが，資本変動の原因としての「費用に対する収益不足」である[160]。会計帳簿の更新時または決算時に，損益勘定に計算される「期間損益」は，元入資本（追加出資および資本引出があれば，これを加減）を記録する「資本金勘定」に振替えられる。資本金勘定に記録するのは「資本取引」に起因する資本変動，損益勘定に記録するのは「損益取引」に起因する資本変動である。いずれも資本変動の原因であるので，「資本金勘定」に計算するのは，資本変動の原因としての資本残高，したがって，「元入資本（追加出資および資本引出があれば，これを加減）± 期間損益」である。「正味資本」(reines Kapital）を計算する[161]。正味資本は，資本金勘定の見開きの右側の面の貸借差額ではあるのだが，「資本金勘定」には，この見開きの左側の面に計算して記録するしかない。資本変動の原因としての期末資本，「回収資本」を意味する。

それでは，「正味資本」は，どのようにしたら，その裏付けを得るかということで，すでに，損益勘定に計算する「期間損益」を検証するために，財産目録の「均衡表」が作成されたことを想起してもらいたい。「資産」である債権と「負債」である債務は帳簿記録するしかないが，「資産」である現金と商品は「実地棚卸」で記録，場合によっては，債権も「実地棚卸」で修正して記録，このように記録して「期間損益」を計算するので，「現に保有する財産」から資本金を控除して計算する正味財産の余剰から，その裏付けを得ることで，1枚の紙片，財産目録の「均衡表」に計算する期間損益に修正するようにしたら，「損益勘定」に計算する「期間損益」はヨリ信頼されたはずである。

しかし，会計帳簿の更新時または締切時に，この財産目録の「均衡表」に計算する「期間損益」に修正して，損益勘定に計算する「期間損益」は，すでに，資本金勘定に振替えられてしまっている。したがって，1枚の紙片，財産目録

160）参照，拙著；前掲書，347/353頁以降。

161）Vgl., Schiebe, August; *Die Lehre der Buchhaltung theoretische und practische dargestellt,* Grimma 1836. S.189.
参照，拙著；『複式簿記会計の歴史と論理』，森山書店 2008年，492頁。

の「均衡表」に「期間損益」を計算するのではなく，資本金を控除することもなく，「現に保有する財産」として計算するだけの正味財産から，その裏付けを得ることで，資本金勘定に計算する「正味資本」は信頼されるのではなかろうか。

ところが，Pacioloの印刷本によると，会計帳簿の更新時または決算時に，現金勘定に計算する「現金残高」は，翌期の開始時に，新しい現金勘定に「繰越現金」として，債権勘定に計算する「債権残高」も，翌期の開始時に，新しい債権勘定に「繰越債権」として，さらに，商品勘定に計算する「商品残高」も，翌期の開始時に，新しい商品勘定に「繰越商品」として直接に繰越される。これに対して，会計帳簿の更新時または決算時に，債務勘定に計算する「債務残高」は，翌期の開始時に，新しい債務勘定に「繰越債務」として，資本金勘定に計算する「資本残高」も，翌期の開始時に，新しい資本金勘定に「繰越資本」として直接に繰越される。

したがって，資本金勘定に計算する「正味資本」は，１枚の紙片，財産目録の「均衡表」に「期間損益」を計算するのではなく，「現に保有する財産」として計算するだけの正味財産から，その裏付けを得るしかないのだが，そのような痕跡はない。

そこで，会計帳簿の更新時または決算時に，資産，負債と資本が振替えられる「残高勘定」に注目してもらいたい。あえて憶測するに，勘定相互に「有機的関連を持つ」残高勘定まで開設することで，資本金勘定に計算する「正味資本」は，「現に保有する財産」として計算するだけの正味財産から，その裏付けを得るのでは，したがって，勘定自体が「固有の意味を持つ」残高勘定まで開設することで，勘定全体に「１つの閉された有機的な体系的組織を構成する」のでは，と想像するのである。

すでに，13世紀の末葉の会計帳簿から，残高勘定は開設していたようで，前掲の著書によると，実は「残高勘定」という表現は見出されないが，残高勘定を開設した最古の事例であるとのことで[162]，決算時に，資産，負債と資本，ここに，資本は「元入資本（追加出資および資本引出があれば，これを加減）」，これだけではなく，損失（費用）と利益（収益）もが残高勘定を経由して，翌期に振替えられたとのことである[162)]。会計帳簿の「締切前」に開設するのではなく，「締切時」に開設したとのことであるので，これが「残高勘定」の前身であるとしたら，想像するに，決算時には，損失（費用）と利益（収益）は「損益勘定」に振替えられることもなく，「資本金勘定」に振替えられることもなかったからかもしれない。したがって，決算時に，資産の「現金残高」，「債権残高」と「商品残高」だけではなく，「損失（費用）合計」もが残高勘定に振替えられて，翌期の開始時に，この残高勘定から，新しい現金勘定，債権勘定と商品勘定だけではなく，新しい損失（費用）勘定に振替えられることになる。これに対して，負債の「債務残高」と資本の「資本残高」，ここに，資本は「元入資本（追加出資および資本引出があれば，これを加減）」，これだけではなく，「利益（収益）合計」もが残高勘定に振替えられて，この残高勘定から，翌期の開始時に，新しい債務勘定と資本金勘定だけではなく，新しい利益（収益）勘定に振替えられることになる。

さらに，14世紀の会計帳簿にも，実は「残高勘定」という表現は見出されないが，残高勘定は開設したとのことで，15世紀の中葉の会計帳簿には，「借方と貸方の残高勘定」(conto saldo de debitori et creditori）と表現して，決算時に，これまた，資産，負債と資本，ここに，資本は「元入資本（追加出資および資本引出があれば，これを加減)」，これだけではなく，損失（費用）と利益（収益）もが残高勘定を経由して，翌期に振替えられたとのことである[163)]。残高勘定に振替えられることで，「貸借平均原理」が保証されたことを検証したのだが，「借方合計＝貸方合計」，双方が一致しえたのは，15世紀の中葉の会計帳簿からであったとのことである[163)]。

しかし，「元帳の均衡表」(Balance van Boech)[164)] と表現して，資本，負債と資本，ここに，資本は「元入資本（追加出資および資本引出があれば，これを加減）±期間損益」，これが振替えられる「残高勘定」を開設するのは，筆者の知

162）なお，13世紀の末葉に残高勘定を開設するのは1299年から1300年に記録する Giovanni Farolfi 商会の会計帳簿（損失（費用）と利益（収益）も振替)。
参照，泉谷勝美著；前掲書，232/234/325頁。

るかぎりでは，ネーデルランドのことではあるが，1543年に出版される，Jan Ympyn, Christoffelsの印刷本『新規の教程』（“*Nieuwe Instructie* ⋯”, Antwerpen.）のようである。「残高勘定」まで開設することでは，財産目録の均衡表に「現に保有する財産」として計算するだけの正味財産と同様。残高勘定の左側の面に振替えられる資産の「現金残高＋債権残高＋商品残高」から，この右側の面に振替えられる負債の「債務残高」を控除して，「正味財産」（reines Vermögen）を計算する[165)]。正味財産は，残高勘定の見開きの左側の面の貸借差額ではあるのだが，「残高勘定」には，この見開きの右側の面に計算して記録するしかない。資本変動の結果としての期末資本，「回収資本」を意味する。

したがって，資本金勘定に計算するのは正味資本，資本変動の原因としての「回収資本」を資本金勘定に計算するのに併行して，残高勘定に計算するのは正味財産，資本変動の結果としての「回収資本」を残高勘定に計算する。「正味資本＝正味財産」，双方が一致しうることで，「貸借平均原理」が保証されたことを検証することになる。

実際，前掲の著書によると，「具体的な財産の個別的な管理は可能ではあるが，そこでは全体としての企業ないし企業に投下されている一体としての企業

163）なお，14世紀に残高勘定を開設するのは，1318年から1324年に記録する Francesco del Bene 商会の会計帳簿（資産，負債と資本を振替），1335年から1343年に記録する Peruzzi 商会の会計帳簿（資産，負債と資本を振替）と，Francesco di Marco Datiniの，1392年から記録するバルセロナ支店の会計帳簿（損益勘定に計算する期間利益も振替）と，1394年に記録するピサ支店の会計帳簿（資産，負債と資本を振替）。さらに，15世紀の中葉に「借方と貸方の残高勘定」を開設するのは，1431年から1440年に記録する Andrea Barbarigo の会計帳簿（損失（費用）も振替）と，1440年から1448年に記録する Nicchoró と Alvise Barbarigo の会計帳簿（損失（費用）と利益（収益）も振替）。
参照，泉谷勝美著；前掲書，232/253/254/326頁以降。

164）Cf., Jan Ympin, Christoffels; *Nieuwe Instructie* ⋯, Antwerpen 1543, fol.23（元帳の事例の丁数）.
Cf., Kats, P.; THE “NOUUELLE INSTRUCTION” of JEAN YMPIN CHRISTOPHLE-II, in : *THE ACCOUNTANT*, 27.Aug.1927, p.295.
参照，泉谷勝美稿；「試算表の起源」，『大阪経済論集』（大阪経済大学），69号，1969年5月，177頁。

165）Vgl., Schiebe, August; *a. a. O.*, S.77.
参照，拙著；前掲書，469頁。

資本の保全・管理というような考え方は未だ発達していない」。「そうした意味での企業資本の保全ないし管理に役立つための勘定記録とか会計的手段は」，「具体的な財産の範囲についての勘定記録から発展して，抽象的な一括的大きさとしての企業資本についての勘定記録の方法が採用されなければならない。それは，具体的には，経済活動によって招来する企業資本の増減を資本（金）勘定の増減として記録・計算することの必要を意味している。そのことは，経済活動によって招来する資本の増減を単一の資本（金）勘定の上に一括してこれを直接記録することももちろん可能なわけであるが，資本の増減原因を明らかにするためには，単一の資本（金）勘定の上に一括的に記録する方法に代えて，資本の増減を，その増減を招来した原因別の勘定をもって記録計算する方法をとる必要がある」。「費用・収益という用語は，もともと，経済活動に伴って招来する資本の増減を意味する概念であって，費用は資本（金）勘定の減少原因を，収益は資本（金）勘定の増加原因を意味するものである」[166)]。したがって，「財産保全のための勘定記録が，そこに反対記帳の方式を生成したのと同様の意味において，企業『資本保全』という職能をもつものとしての損益計算領域においてもまた，そこに反対記帳という考え方が採択されていることは留意を要する」[167)]。「損益計算の結果が正しいものであることを実証する（その裏付けを得る）ためには，費用・収益の発生に伴って招来する財産側の増減について，同時にこれを系統的に記録する方法をとる必要がある」。「投下資本の計算的管理のために成立している損益計算は，そこに反対記帳の原理を援用して，財産側の変動計算をそのうちに組織的にとり入れることによって，投下資本の保全・管理計算として本来の職能をよく果たすことが可能となる」[168)]とのことである。

ところが，会計帳簿が，この「資本保全」手段として機能するには，会計帳簿の更新時または決算時に，「残高勘定」まで開設することによってでしかな

166）山下勝治著；前掲書，8頁。括弧内は筆者。
167）山下勝治著；前掲書，9頁以降。二重括弧は筆者。
168）山下勝治著；前掲書，10頁，括弧内は筆者。
参照，拙稿；前掲誌，42頁以降。
参照，拙著；『複式簿記の歴史と論理』，森山書店 2005年，339頁以降。

い。損益勘定に計算する「期間損益」は，すでに，資本金勘定に振替えられしまっているからである。資本金勘定に計算する「正味資本」は，残高勘定に計算する「正味財産」から，その裏付けを得ることで，会計帳簿は「資本保全」手段として機能するにちがいない。会計帳簿の更新時または決算時に，まずは，「損益勘定」を前面に打ち出すことによって，会計帳簿は「損益計算」手段として機能して，さらに，「残高勘定」まで開設することによって，会計帳簿は「資本保全」手段として機能するのである。図32を参照。

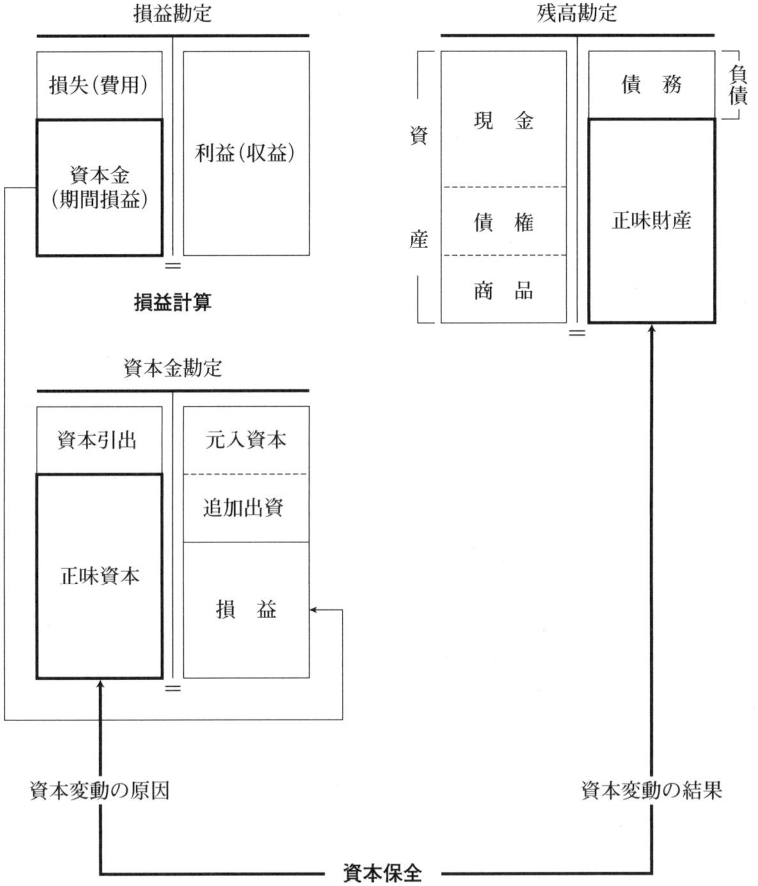

図32

しかし,「正味資本」は, 資本金勘定の見開きの右側の面の貸借差額ではあるが, この見開きの左側の面に計算して記録するしかないのに対して,「正味財産」は, 残高勘定の見開きの左側の面の貸借差額ではあるが, この見開きの右側の面に計算して記録するしかない。これでは, 資本金勘定と残高勘定だけは開かれたままで, 閉されることはない。資本残高, したがって,「元入資本

(追加出資および資本引出があれば，これを加減）± 期間損益」が残高勘定に振替えられることによって，資本金勘定が締切られると，残高勘定の見開きの左側の面と右側の面は均等になることによって完全に締切られるなら，勘定全体に「１つの閉された有機的な体系的組織を構成する」のでは，と想像するのである。

もちろん，解散時であるのなら，残高勘定を開設するまでもなく，したがって，「正味財産」を計算するまでもなく，資産と負債は資本金勘定に振替えられるはずではある。しかし，損益計算が意図されて，損益勘定に「期間損益」を計算することが意識されようになると，会計帳簿の更新時または決算時に，資本金勘定の，まさに「擬制勘定」として，「正味資本」は残高勘定に振替えられるしかない。資本残高，したがって，「元入資本（追加出資および資本引出があれば，これを加減）± 期間損益」は残高勘定に振替えられて，資本金勘定は締切られねばならない。残高勘定に振替えられて，「借方合計＝貸方合計」，双方が一致しうるなら，「正味資本＝正味財産」，双方も一致しうることになる。

したがって，「残高勘定」が完全に締切られることでは，決算時に保有する資本は保全しえたことになるので，計算に間違いはない，翻って，記録にも間違いはないことを検証しえて，はては翌期に間違いなく振替えられることを検証しえたところで，複式簿記は完結するはずである。期間利益を計算する場合に，投下資本＜回収資本，したがって，残高勘定によって検証するのは，投下資本＋期間利益（資本余剰）＝ 回収資本（正味財産）である。期間損失を計算する場合には，投下資本＞回収資本，したがって，残高勘定によって検証するのは，投下資本－期間損失（資本不足）＝ 回収資本（正味財産），極端には，期間損失（資本不足）－ 投下資本＝回収資本（マイナス正味財産）（債務超過）である[169]。残高勘定の見開きの左側の面とこの見開きの右側の面が均等になることによって，残高勘定によって検証するのは，「借方合計＝貸方合計」だけではなく，「正味資本＝正味財産」である。双方が一致しうることで，勘定全体に「１つの閉された有機的な体系的組織を構成する」はずである。決算時に保有する資

169）参照，拙著；『複式簿記会計の歴史と論理』，森山書店 2008年，370頁以降。

本を保全しえたことになるので，計算に間違いはない，翻って，記録にも間違いはないことを検証しえて，はては翌期に間違いなく振替えられることも検証しえたところで，複式簿記は完結するはずである。まさに「複式簿記」が完成するのである。

そこで，「複式簿記」が完成するとなると，前掲の著書によると，「取引の諸勘定への複記によって，簿記の各勘定は相互に有機的関連を持つのみではなく，全体としてもまた，1つの閉された有機的な体系的組織を構成する。決算時における諸勘定締切の結果はこれを示している。損益に関する諸勘定の残高を集合損益勘定に振替えると，それらの諸勘定は貸借平均して締切られ，集合損益勘定の貸借差額は純損益を示す。これを資本金勘定に振替えると集合損益勘定は貸借平均して締切られる。資産，負債，資本金の諸勘定の残高を決算残高勘定に振替えると，これらの諸勘定と決算残高勘定は共に貸借平均して締切られ，かくして総ゆる勘定は締切られ，1つの閉された有機的組織を構成するのである。このことは，集合損益勘定で算出された損益が，決算残高勘定による財産計算により確証づけられることを意味している」[140] とのことである。

ところが，「決算残高勘定による財産計算により」計算されるのは「正味財産」である。これに対して，「集合損益勘定の貸借差額は」，すでに，資本金勘定に振替えられてしまっている。資本金勘定からは，「資本残高」，したがって，「元入資本（追加出資および資本引出があれば，これを加減）± 期間損益」が残高勘定に振替えられるので，「決算残高勘定による財産計算により確証づけられる」のは，損益勘定に計算する「期間損益」が資本金勘定に振替えられて計算する「正味資本」である。したがって，「集合損益勘定で算出された損益が，決算残高勘定による財産計算により確証づけられる」には，資本金勘定に計算する「正味資本」に，残高勘定に計算する「正味財産」が一致しうることで，決算時に保有する資本は保全しえたことになるので，資本金勘定に振替えられた「期間損益」も併せ考慮して，計算に間違いはない，翻って，記録にも間違いはないことを検証しえて，はては翌期に間違いなく振替えられることも検証しうるということではなかろうか。

付　記

筆者は，第４項の「会計帳簿の機能」の後に続いて，第５項の「会計帳簿の検証」として，（１）「仕訳帳と元帳」，（２）「試算表と合計の総計表」についても解明することにしていた。しかし，いずれも解明しているところであるので，これは省略することにして，筆者なりに納得しうるところだけを披瀝しておくことにしたい。

まずは，14世紀の末葉から，会計帳簿が整備，分類されるようになったとのことであるが，Pacioloの印刷本によると，記録に間違いはないように，会計帳簿は「日記帳」(memoriale)，「仕訳帳」(giornale) と「元帳」(quaderno) に整備，分類される。日々の取引事実を文章でメモ書きしておくのが「日記帳」であるのに対して，取引事実を「二重記録」，元帳の借方に記録する科目と貸方に記録する科目を「反対記録」しうるように分解しておくのが「仕訳帳」。仕訳帳の左端の行には，実は「元丁欄」という表現は見出されないが，元帳の借方に記録する科目には，元丁欄の上段に元帳の丁数である「元丁」，元帳の貸方に記録する科目には，元丁欄の下段に元帳の丁数である「元丁」を記録することで，元帳に「転記済」であるかどうかを検証しようとする。さらに，「貸借平均原理」が保証されるように，勘定相互に反対記録するのが元帳。しかし，元帳の借方と貸方に転記された科目には，今日の元帳のように，仕訳帳と検証しようとして，摘要欄の右側の行の「仕丁欄」に仕訳帳の丁数である「仕丁」を記録したのではない。実は「元丁欄」という表現は見出されないが，摘要欄の右側の行の元丁欄に「相手勘定」の丁数である「元丁」を記録することによって，元帳に「反対記録」されたかどうかを検証しようとする。そうすることによって，「貸借平均原理」が保証されるように記録して，記録に間違いはないようにしえたのである。

これに加えて，Pacioloの印刷本によると，資産，負債と資本は直接に繰越されるだけであるので，計算に間違いはないように，「元帳から作成される均衡表」(bilancio che del libro) と表現しては，随時または会計帳簿の締切前に，今日の「合計試算表」，「古くなった元帳の均衡表」(bilancio del libro vechio) と表現しては，会計帳簿の締切前に，今日の「残高試算表」，さらに，今日に作成されることはないが，会計帳簿の締切後に，「合計の総計表」(summa de summarum)，このような紙片，３様の紙片を作成することによって，「貸借平均原理」が保証されるように記録したかどうかを検証して，計算に間違いはないようにしえたのである。しかし，あえて憶測するに，会計帳簿が「資本保全」手段として機能するのに，会計帳簿の更新時または決算時に，「残高勘定」まで開設することでは，このような３様の紙片を作成することが不要になるのでは，と想像するのである。

なお，（１）「仕訳帳と元帳」については，拙著；『16世紀におけるドイツ固有の簿記の研究』，西南学院大学学術研究所 2012年，115頁以降，（２）「試算表と合計の総計表」については，拙著；『複式簿記の歴史と論理』，森山書店 2005年，203頁以降を参照されたい。

第4節　む　す　び

すでに，著者が「ドイツ簿記の16世紀から複式簿記会計への進化」を解明しようとして以来，抱き続けてきた疑問，「会計情報」自体が多様な変革を迫られる現状にあって，しかも，この変革を可能にする開示「技術」が急速に進歩する現状にあっても，「それでも，複式簿記に関わるのはなぜか」，したがって，「それでも，今日の複式簿記の枠内にある会計，『複式簿記会計』であるのはなぜか」，このような疑問を抱き続けてきた筆者は，「複式簿記の神話」に無意識に頼っていることを自覚しておかねばならないとの想いから，「記録の起源と複式簿記の記録」を解明したところである。このような課題，「記録すること」自体の起源から説き起こしたことは，まさに趣味の域との誇りは免れないかもしれないが，筆者には，それなりの理由があってのことである。1回かぎりの取引事実を記録する「時点記録」，「断片記録」，この「会計文書」を信頼しうるものにするために，「商人」と「取引相手」の商人が，ごまかされることがないように，改竄されることがないように，どのように腐心したか，まずは，「記録」の起源について解明しておきたかったからである。これに対して，反復する取引事実を記録する「継続記録」，この「会計帳簿」を信頼しうるものにするために，商人「自身」が，ごまかすことがないように，改竄することがないように，どのように腐心したか，さらに，複式簿記の「記録」について解明しておきたかったからである。これを併せ解明しうるなら，会計帳簿に記録する商人「自身」が腐心したことによってこそ，この「複式簿記の神話」が生み出される発端となったことを浮き彫りにしえようというわけである。

これに加えて，約半世紀の間，簿記教育の現場に会計教育の現場に携わってきた筆者が努めてきたことではあるが，「複式簿記」をただの技法として，ともすれば難解なままに学習してもらうのではなく，少しは楽しい教養として「簿記知識」を学習してもらえたらとの願いがあったからでもある。筆者は，「記録すること」自体の起源から説き起こして，その「会計文書」を信頼しうるものにするために，「商人」と「取引相手」の商人が，ごまかされることがないように，改竄されることがないように，いかに腐心したか，これに対して，その「会計帳簿」を信頼しうるものにするために，商人「自身」が，ごまかすことがないように，改竄することがないように，いかに腐心したか，数百年，いや，数千年にも亘る「商人の英智」のほどを知ってもらいたかったからでもある。

まずは，「アルタミラの壁画」から想像したように，自身の記憶を確実にするための「備忘手段」として記録したのだが，極端には，「文字は『会計記録人』の発明になるものである」[22]とまで表現されるように，証憑，したがって，後日の「備忘証明」手段として記録したのは，「メソポタミア時代の粘土板」。これを記録したのは，官吏または神官，「今日の公証人」に相当する会計記録人である。まずは，羊，山羊の「依託受託関係」，さらに，ハンムラビ法典では，銀，穀物の「委託受託関係」，家屋の「賃貸借関係」，穀物か銀の「貸借関係」を記録してもらうことで，「商人」にとっても，「取引相手」の商人にとっても，この「会計文書」は信頼されたわけである。

しかし，商業が活発になるに伴って，商業取引も増加するとなると，官吏にしても，神官にしても，会計記録人がこの増加してくる商業取引に１つ１つ対応しえたとは，事務量的には，とても想像しえない。事実，対応しえなくなると，「商人」にしても，「取引相手」の商人にしても，自身では記録しえなかっただけに，代筆するだけの「私人の書記」，したがって，記録することを職業とする「代書人」に記録してもらうしかない。そうであるからこそ，「商人」と「取引相手」の商人は，ごまかされることがないように，改竄されることがないように腐心したがために，「封筒に入れられた粘土板」の会計文書まで作成してもらうことで，この会計文書は信頼されたわけである。

これに対して，複式簿記が誕生する前夜の中世イタリアでも同様である。証憑，したがって，後日の「備忘証明」手段として記録したのは，まさに今日の「公証人」。「商人」にとっても，「取引相手」の商人にとっても，現金の貸付と借入の「貸借関係」を「公正証書」として記録してもらうことで，この「会計文書」は信頼されたわけである。

しかし，メソポタミア時代におけると同様に，公証人にしても，会計記録人がこの増加してくる商業取引に１つ１つ対応しえたとは，事務量的には，とても想像しえない。事実，対応しえなくなると，メソポタミア時代におけるとは相違して，商人「自身」が記録しえたがために，会計記録人は商人「自身」。したがって，商人「自身」が，ごまかすことがないように，改竄することがないように腐心しなければならなくなったのである。

まずは，商人「自身」も，証憑，したがって，後日の「備忘証明」手段として記録するために，「貸借記録の会計帳簿」である「人名勘定」を開設する。「現金の貸付または借入」の貸借関係，これに対する「一括返済」ばかりか，「分割返済」の貸借関係，さらに，「追加貸付」または「追加借入」の貸借関係，場合によっては，「貸借振替」，さらに，「相互貸借」の貸借関係を人名勘定，したがって，「債権勘定」または「債務勘定」に記録したのである。しかも，「債権の発生」と「債務の消滅」によって招来される「現金の支出」は相手帳簿である「現金出納帳」に，「商品の売上」は相手帳簿である「商品売買帳」に記録すると，人名勘定の「頁数」または「丁数」を記録して「照合記録」。「債務の発生」と「債権の消滅」によって招来される「現金の収入」は相手帳簿である「現金出納帳」に，「商品の仕入」は相手帳簿である「商品売買帳」に記録すると，人名勘定の「頁数」または「丁数」を記録して「照合記録」。そうすることによって，人名勘定を「公正帳簿」として補強しえたわけである。

さらに，商人「自身」は，証憑，したがって，後日の「備忘証明」手段として人名勘定に記録したのに対して，「反対記録の会計帳簿」である「物財勘定」を開設する。人名勘定の相手勘定である「現金勘定」を開設しては，「現金の収入」と「現金の支出」を人名勘定とは「反対記録」。人名勘定の相手勘定である「商品勘定」を開設しては，「商品の仕入」と「商品の売上」を人名勘定とは「反対記録」。さらに，「反対記録の会計帳簿」である「名目勘定」までも開設する。人名勘定の相手勘定である「利益（収益）勘定」を開設しては，「利益（収益）の発生」，「損失（費用）勘定」を開設しては，「損失（費用）の発生」を人名勘定とは「反対記録」。そうすることによって，人名勘定を「公正帳簿」として補完しうることになる。

もちろん，人名勘定とは反対記録するだけではなく，勘定相互に「反対記録」することにもなるので，会計帳簿は，勘定相互に「有機的関連を持つ」[140] ことになる。「貸借平均原理」こそが保証されることになるのである。「貸借平均原理」が保証されるように記録することによっては，「貸借記録の会計帳簿」である「人名勘定」，したがって，債権勘定または債務勘定も，「反対記録の会計帳簿」である「物財勘定」，したがって，現金勘定，さらに，商品勘定も，「名目勘定」，したがって，利益（収益）勘定と損失（費用）勘定も，この会計帳簿は信頼されたわけである。

さらに，勘定自体が「固有の意味を持つ」[141] ことによって，随時，会計帳簿の更新時または決算時に，会計帳簿は「財産管理」手段として機能するばかりか，会計帳簿の更新時または決算時に，まずは，「損益勘定」を前面に打ち出すことによって，「損益計算」手段として機能して，さらに，「残高勘定」まで開設することによって，会計帳簿は「資本保全」手段として機能する。勘定全体に「１つの閉された有機的な体系的組織を構成する」[140] のである。「貸借平均原理」が保証されるように記録することによっては，この会計帳簿も信頼されたわけである。

したがって，「貸借平均原理」が保証されさえするなら，計算に間違いはない，翻って，記録にも間違いはないことを検証しえて，はては翌期に間違いなく振替えられることも検証しうるのである。そうであるからこそ，「『貸借平均原理』が保証されるなら間違いはない」，したがって，「『複式簿記』であるなら間違いはない」と思い込んでしまう「複式簿記の神話」が生み出される発端となったことを浮き彫りにしえようというものである。

すでに，「複式簿記」を機軸にして構築されている大著『動的貸借対照表論』の著者であるSchmalenbachが表現するところでは，「複式簿記は，着替えようとする経営者がいろんな宿命によって無理矢理に着用していることの分かるような強靭なものである。複式簿記は古い上着のようなものである。なるほど，着用する人が大きくなって体に合わなくなったかもしれないが，それは長持ちしたのだから，その生地を心底から褒めてやらねばならない」[3] とのことである。しかし，「強靭なものである」との想いこそは，「これに慣れてしまう」[3] ことで，「複式簿記の神話」になっているのではなかろうか。そうであるとしたら，「複式簿記の欠陥について，いくらか述べるにあたっては，『裁断』を考えるのであって，『生地』を考えるのではない」[3)]と表現するにしても，どのような生地であったか，長持ちしたのはなぜか，ここから裁断を考えねばならないのでは，ということである。「会計情報」自体が多様な変革を迫られる現状にあって，しかも，この変革を可能にする開示「技術」が急速に進歩する現状にもあって，裁断を考えるにしても，「強靭なものである」との想い，「これに慣れてしまう」ことで，この「複式簿記の神話」に無意識に頼っていることを自覚しておかねばならないのでは，ということである。

そのようなわけで，筆者は，「複式簿記の神話」を自覚しておかねばならないとの想いから，「記録の起源と複式簿記の記録」，このような課題に取組んだのだが，人知れぬ獣道でしかないかもしれない，その筋道だけは，やっとの想いで解明しえたようである。「ドイツ簿記の16世紀から複式簿記会計への進化」を解明しようとしただけの筆者としては，専門的な知識も乏しいだけに，思わぬ間違いを犯すことを覚悟しながら，「記録すること」自体の起源から説き起こして，「複式簿記」が誕生，完成するまでの「商人の英智」のほどを書き記しておこうとしただけである。

付　　録

19世紀のドイツに出版される簿記の印刷本の目録

想えば，筆者は，実に無謀な構想を練ったようである。「ドイツ簿記の16世紀」から，17世紀，18世紀を経由，19世紀までの単式簿記と複式簿記，さらに，静態論から「20世紀の動態論」まで，この4世紀余，この400年余の間を俯瞰して，今日の複式簿記の枠内にある会計，したがって，「複式簿記会計への進化」を解明しようとしたのだから。しかし，後悔しきりのなかで，ともかくも，筆者の姉妹の書として，2005年には，拙著『複式簿記の歴史と論理ードイツ簿記の16世紀ー』(森山書店)，2008年には，拙著『複式簿記会計の歴史と論理ードイツ簿記の16世紀から複式簿記会計への進化ー』(森山書店) を公刊することで，人知れぬ獣道でしかないかもしれないが，その筋道だけは，やっとの想いで解明しえたようである。

本来，筆者は，これまでに，日本の会計理論，日本の会計制度を支配してきたといわれるドイツ会計学は Schmalenbach, Eugenの大著『動的貸借対照表論』に取組むことによって，会計理論と会計制度の関わりを解明したものである。しかし，第二次大戦後の1947年に大改訂が試みられた第8版の序文に表現される言葉から，収支簿記（カメラル簿記）と単式簿記を意識しながら，これが「複式簿記」を機軸にして構築されていることに気付かされるにつれて，いつも筆者の脳裏から離れなかった問題は，会計制度，会計理論と「複式簿記」の関わり……。「特に税法に支配的な見解，すなわち，貸借対照表を使用する『商人的損益計算』(kaufmännische Erfolgsrechnung) が，この貸借対照表によってこそ，原則として『非商人の損益計算』(Erfolgsrechnung der Nichtkaufleute) とは相違するという見解に挑戦する必要があった。このような見解は，商人的損益計算が期首財産と期末財産の比較であって，収入・支出計算を使用する損益計算とは根本的に相違するということであった。ここに，『商人の損益計算』(Erfolgsrechnung des Kaufmanns) は収益・費用計算であって，この収益・費用計算が単純な収入・支出計算と相違するのは，ただ未決項目が考慮されることによってであることを明示する必要があった」[1)] という核心に迫る言葉に覚醒されてのことである。

そこで，想像するに，「挑戦する必要があった」のは，本来，ドイツ税法に規定される「収入・支出計算を使用する損益計算」に対して，1890年のプロシア税制改革によって，ドイツ商法，ドイツ株式法に規定される「貸借対照表を使用する」「期首財産と期末財産の比較」が容認されたことに起因する。収支簿記（カメラル簿記）を使用する損益計算に加えて，単式簿記を使用する損益計算が容認されたのである。そのためにこそ，「資産・負債」からする損益計算が「収入・支出」からする損益計算に相違しないことが保証されねばならなかったのである。全体損益計算の構造を想像して論証されるのだが，複式簿記を想定してのことである[2)]。

しかし，これまた，想像するに，Schmalenbachにとって，このような貸借対照表を使用するのは「商人的損益計算」，このような収入・支出計算を使用するのは「非商人の損益計算」である。「商人の損益計算」こそは「複式簿記」を使用する損益計算，したがって，「収益・費用」からする損益計算なのである。そうであるとしたら，まずは，収入・支出からする損益計算に相違しない

1）Schmalenbach, Eugen; *Dynamische Bilanz*, 8.Aufl., Bremen-Horn/Hamburg/Hannover-Döhren 1947, S.3. 二重括弧は筆者。

2）参照，山下勝治稿；「貸借対照表論の問題性（其の二）」，『會計』，73巻1号，1958年1月，20 / 21頁。
しかし，「収入・支出」からする損益計算が「現金勘定」であるとしたら，全体利益は，企業の解散時には，債務から完済，資本金も払戻されてからの「現金余剰」である。これに対して，全体損失となると，「現金不足」ということになるが，このような「収入・支出」からする損益計算では，企業の解散時に，債務から完済しえて，資本金が払戻されるにしても，全額が払戻されるとはかぎらない。全額が払戻されないこともある。まして完済しえないとしたら，債務超過。企業が無限責任の場合に，資本主が追加出資して自弁するしかない。企業が有限責任の場合には，資本補充によって塡補されるか，債権者から債務免除されないかぎりでしか，清算結了にはしえない。いずれにしても，全体収入＝全体支出でしかなく，「現金不足」は計算しえない。複式簿記を想定することで，「資本金勘定」を介在させてしか，「全体損失」は計算しえないのである。Schmalenbach自身，不可解にも，「全体損失」という表現を使用してはいないが，この点に気付いてのことかどうかは疑問である。

ことが保証されねばならない。「収益・費用計算が単純な収入・支出計算と相違するのは，ただ未決項目が考慮されることによってである」ので，「未決項目」が貸借対照表に収録される。それだけではない。資産・負債からする損益計算に相違しないことも保証されねばならない。そのためには，未決項目はもちろん，「現金」ばかりか，「資本金」までもが貸借対照表に収録される。期間損益計算の構造を想像して論証されるのだが，これまた，複式簿記を想定してのことである[3)]。

したがって，「簿記」自体を取り巻く環境，今日的には会計環境の変化に対応して，「簿記」自体も変容せざるをえなかったにちがいない。「商人的損益計算」，「非商人の損益計算」，「商人の損益計算」，いずれも相違しないことが論証されるのだが，それでは，複式簿記を機軸にして，反対記録されることで検証されるのは何かということである。反対記録されるのは，全体損益計算の構造を想像するかぎりでは，資産・負債からする損益計算の「全体損益」が収入・支出からする損益計算の「全体損益」で検証するためであるのに対して，期間損益計算の構造も想像するかぎりでは，この全体損益で収益・費用からする損益計算の「期間損益の合計」を検証するためである。期間損益の合計が全体損益に一致するようにするのが「貸借対照表」なのである[3)]。

事実，「挑戦する必要があった」，この使命を共有したためか，プロシア税制

そこで，敷衍するに，「収入・支出」からする損益計算は，資本金勘定は除いての，現金勘定の「相手勘定」なのである。複式簿記を想定して，現金勘定の借方に記録すると，相手勘定の貸方に，相手勘定の借方に記録すると，現金勘定の貸方に記録する。現金勘定を経由しないならば，この相手勘定の借方と貸方に記録する。資本金勘定は除いての，現金勘定の「相手勘定」が，「収入・支出」からする損益計算なのである。したがって，企業の解散時に，このような「収入・支出」からする損益計算では，収益・費用として解消することで，費用に対する「収益余剰」として全体利益，費用に対する「収益不足」として全体損失も計算するのに対して，現金勘定に現金残高を計算するならば，資本金勘定に振替えられることで，「資産・負債」からする損益計算でも，「資本余剰」として全体利益，「資本不足」として全体損失を計算して検証することになる。そうすることによって，全体損益計算を想像するなら，「収入・支出」からする損益計算が「資産・負債」からする損益計算に相違しないことが保証されることになる。
参照，拙著；『複式簿記会計の歴史と論理』，森山書店 2008年，516 / 533頁。

改革によって引起こされる混乱のなか，1892年には，簿記の専門誌，*„Zeitschrift für Buchhaltung. Fachblatt für das gesamte Rechnungswesen“*が創刊されて，収支簿記（カメラル簿記），単式簿記，複式簿記は，どのように組立てられるか，「勘定学説」ないし「勘定理論」としても，さらに，複式簿記は，本来，どのように組立てられたか，「簿記発生史」ないし「簿記発達史」としても，

3）参照，山下勝治稿；前掲誌，20 / 22頁。
しかし，「収入・支出」からする損益計算が「現金勘定」であるとしたら，全体利益は，企業の解散時には，債務から完済，資本金も払戻されてからの「現金余剰」。したがって，「収益・費用」からする損益計算に転化するとしたら，資本金は，いずれは「支出」として解消する未決項目として貸借対照表に収録されることになるのかもしれない。これに対して，全体損失となると，「現金不足」ということになるが，このような「収入・支出」からする損益計算では，企業の解散時には，債務から完済しえても，資本金は払戻されえないことがある。全額が払戻されないことすらある。資本金は，貸借対照表に収録されるにしても，「支出」として解消される未決項目になるとはかぎらない。これまた，複式簿記を想定することで，「資本金勘定」を介在させてしか，「全体損失」には対応しえないのである。Schmalenbach自身，1939年に出版される第7版までは，「資本金」は未決項目，「収入・未支出」としていたのに対して，1947年に出版される第8版からは，未決項目から弾き出して，貸借対照表に収録することになるが，この点に気付いてのことかどうかも疑問である。
そこで，敷衍するに，資本金勘定は除いての，現金勘定の「相手勘定」が，「収入・支出」からする損益計算なのであるから，期間，期間の決算時には，このような「収入・支出」からする損益計算が収益・費用として解消するので，収益・費用としても，支出・収入としても，いまだ解消することのない「未決項目」は排除，これが貸借対照表に収録されることで，費用に対する「収益余剰」として期間利益，費用に対する「収益不足」として期間損失を計算する。「収益・費用」からする損益計算に転化して，「損益勘定」に計算するのである。損益勘定に期間損益を計算するならば，資本金勘定に振替えられる。したがって，企業の解散時に，資本金勘定に収録されるのは「期間損益の合計」。企業の解散時に，現金勘定に現金残高を計算するならば，資本金勘定に振替えられることで，現金残高＝資本金±期間損益の合計。現金残高－資本金＝全体損益を計算して，期間損益の合計を「全体損益」で検証することになる。企業の全生命期間に，利益処分があったとしても，さらに，追加出資または資本引出があったにしても，同様。資本金勘定の借方と貸方は，それだけ増加するか減少するだけである。そうすることによって，期間損益計算を想像するなら，「収入・支出」からする損益計算が「収益・費用」からする損益計算に相違しないことが保証されることになる。ひいては，「資産・負債」からする損益計算に相違しないことも保証されることになる。
Vgl., Schmalenbach, Eugen; *Dynamische Bilanz*, 7.Aufl., Leipzig, 1939, S.117.
Vgl., Schmalenbach, Eugen; *a. a. O.* (*Dynamische Bilanz*, 8.Aufl.), S.32.
参照，拙著；前掲書，541頁。

実に興味深い貴重な多くの論稿が公表されたのだが，創刊されて30年余にして，1923年には突如として廃刊。廃刊される直前，1921年の巻頭には，印刷費，郵送料が高騰した旨，第一次大戦後の未曾有のインフレーションに逼迫したことが告知されてはいるが，Schmalenbachの大著『動的貸借対照表論』の初版が公刊されたのは1919年。廃刊されたのが，その直後であるだけに，この簿記の専門誌は，「挑戦する必要があった」，この共有した使命もほぼ終了しえたからでは，と想像してしまうのは，「Schmalenbach学者」でしかない筆者だけの単なる思い込み，裏事情の読みすぎ考えすぎであろうか。

そのようなわけで，19世紀のドイツ簿記に取組んではみたのだが，ともすれば残影を追いかけているにすぎないのでは，これでは核心に到達しえないのでは，したがって，複式簿記が，ほぼ完成される15世紀，16世紀にまで遡源しなければならないのではとの想いに駆られて取組んだものである。複式簿記は，本来，どのように組立てられたか，「ドイツ簿記の16世紀」に想いを馳せて，複式簿記の歴史の裏付けを得ながら，その論理を解明しようとしたわけである。

しかし，停年を目前に，筆者に残された時間もないことを気付かされるにつれて，本来ならば，17世紀から19世紀までのドイツ簿記も解明して，会計理論，会計制度と「複式簿記」の関わり，この問題に立ち向かわねばならないのだが，そうすることはできるはずもない。時間が残されていないとなると，筆者が解明したかった問題だけは整理しておきたいとの想いから，わずか３冊の印刷本でしかないが，17世紀，18世紀，さらに，19世紀に出版される印刷本を選定して[4)]，この３冊の印刷本だけを手掛かりに整理して，「ドイツ簿記の16世紀」から，17世紀，18世紀を経由，19世紀までの単式簿記と複式簿記，さらに，静態論から「20世紀の動態論」までの，「ドイツ簿記の16世紀から複式簿記会計への進化」と確信する道筋，人知れぬ獣道でしかないかもしれないが，その道筋だけでも解明しておこうとしたものである。

そこで，17世紀から19世紀までのドイツ簿記を改めて解明するだけの時間が残されていない筆者としては，せめて，これまでに整理してきた目録だけでも披露しておきたいとの想いから，筆者の姉妹の書には，「ドイツ簿記の16世紀における印刷本の年表と目録」[5)]に加えて，「16世紀から18世紀までにドイツに出版される印刷本の目録」[6]を披露したところである。さらに,「19世紀のドイツに出版される印刷本の目録」までも披露しておきたいのである。

もちろん,そのような印刷本は,先学によって整理されてはいる。すでに,1975年に「イギリス勅許会計士協会」(Institute of Chartered Accountants in England and Wales)によって編纂される『会計資料の歴史目録』(“*Historical Accounting Literature*”, London.)である。この目録のうち,いくらかは復刻されてもいる。雄松堂書店によって,1978年から1980年(1st SERIES)と1989年から1990年(2st SERIES)に復刻された『簿記・会計名著復刻シリーズ』(“*HISTORIC ACCOUNTING LITERATURE*”)が,それである。その目録と復刻シリーズを参考にしながら,筆者が内外の大学図書館から独自に収集してきた簿記の印刷本と合わせて,ドイツに出版される簿記の印刷本の目録を作成している。さらに,久留米大学御井図書館に所蔵される『ハーウッド文庫』(“*The Herwood Library of Accounting including Books printed between 1494 and 1900*”)を実際に調査しながら,新たに収集してきた簿記の印刷本もこの目録に追加している。

ところが,16世紀から18世紀までにドイツに出版される印刷本の目録に加えて,19世紀のドイツに出版される印刷本の目録までを作成して気付くのは,先学によって整理される標題と原本の標題が微妙に相違することである。印刷本

---

4) 17世紀に出版される印刷本として選定したのは,Savary, Jacques; *Der vollkommene Kauff=und Handels=Mann*･･･, Erstes Buch, Erster Theil, Genf 1676.
なお,原本(フランス語版)の初版は1675年。
参照,拙著;前掲書,389頁以降。
18世紀に出版される印刷本として選定したのは, de la Porte, Matthieu; *Einleitung zur Doppelten Buchhaltung, Erster Theil, Wissenschaft der Kaufleute und Buchhalter*･･･, Wien, Prag und Triest 1762.
なお,原本(フランス語版)の初版は1704年。
参照,拙著;前掲書,417頁以降。
19世紀に出版される印刷本として選定したのは,Schiebe, August; *Die Lehre der Buchhaltung, theoretisch und practisch dargestellt*, Grimma 1836.
参照,拙著;前掲書,460頁以降。

5) 参照,拙著;『複式簿記の歴史と論理』,森山書店 2005年,417頁以降。

6) 参照,拙著;『複式簿記会計の歴史と論理』,森山書店 2008年,565頁以降。

の標題が微妙に相違するのは，想像するに，原本の標題自体に，類似する活字が混用されているためか，略字，略語が多用されているためか，古文体から現代文に書換えられているためか，いずれかに起因するにちがいない。先学の苦労が偲ばれる想いではある。それにしても，原本と照合して，16世紀から18世紀までにドイツに出版される印刷本の目録に加えて，19世紀のドイツに出版される印刷本の目録までもヨリ完全に作成しておかねばならないはずである。したがって，先学の業績を参考にしながら，このような印刷本の目録を作成しておくことは，むしろ，後学に残された責務でもあるにちがいない。表1を参照。

19世紀前半（1800年～1849年）のドイツに出版される簿記の印刷本
＊HINZE, Heimbert Johann; *Grundsätze des landwirtschaftlichen Rechnungswesens, nebst Formularen zu dessen zweckmäßigen Einrichtung*, Helmstädt 1800.
＊JONES, Eduard Thomas; *EDUARD T. JONES neuerfundene einfache und doppelte englische Buchhalterey, nach welcher es unmöglich ist, daß ein Fehler, er sey auf noch so klein, unbemerkt bleiben kann. Vorzüglich eingerichtet, um diejenigen üblen Folgen, die mit den bisher bekannten Methoden unzertrennlich verbunden waren, ganz sicher zu vermeiden, und für jede Art von Geschäft brauchbar gemacht. Von einem sprachkundigen Gelehrten aus dem Englischen übersetzt, und für Teutschlands Kaufleute und Geschäftsmänner bearbeitet, mit Anmerkungen und Zusätzen versehen von Andreas Wagner*, Leipzig 1801.
＊著者は不明; *Vollständiges systematisches Lehrbuch der gesammten Handlungswissenschaft. Zum Gebrauche für Kaufleute und alle diejenigen, die sich der Handlung widmen, vorzüglich aber zum Leitfaden bei Vorlesungen über die Handlung in allen ihren Theilen bestimmt*, Hamburg und Mainz 1801.
＊WAGNER, Anndreas; *Neues Vollständiges und allgemeines LEHRBUCH DES BUCHHALTENS für jede Art der Handlung passend. Zum Gebrauch für angehende Lehrer und Selbstlernende, wie auch für Handlungs-Schulen. Entworfen und nach eignen Grundsätzen bearbeitet*, Magdeburg 1802.
＊BAHLSEN, Johann Heinrich; *DER PRACTISCHE BUCHHALTER ODER GRÜNDLICHE ANWEISUNG ZUM DOPPELTEN ITALIENISCHEN BUCH-*

HALTEN DEM KAUFMANNE, BUCHHALTER UND LEHRER GEWIDMET. MIT ALLEN NOTHWENDIGEN KAUFMÄNNISCHEN ERLÄUTERUNGEN BEGLEITET, Hanonover 1803.

*MEISNER, S. G.; *Neuerfundene deutsche Buchhalterey. Ein Gegenstück zu Jones neuerfundenen englischen Buchhaltung, oder Versuch die bisherige einfache und doppelte Methode des kaufmännischen Buchhaltens auf die zweckmäßigste Art miteinander zu verbinden, und auf das einfachte, leichteste und sicherste System zurück zu führen*, Breslau 1803.

*EULER, Martin; Vorübungen zu Comptoir-Geschäften, oder Anleitung zum kaufmännischen Briefwechsel in deutscher, französischer, englischer, und italienischer Sprache, in zwei und zwanzig Geschäftsdarstellungen und vollständiger Buchhaltung darüber, mit einer englischen Phraseologie und drei Anhangen, enthaltend: Circulare aller Art, Connaissemente, Charteparties, Proteste und Bodmereibriefe; ein kleines terminologisches Worterbuch; Abhandlung über kaufmännische Erziehung und die dabei zu behandelnden Lehrgegenstände, mit Hinweisung auf die vorzüglichsten Schriften; über Handlungs-Correspondenz; über Assecuranzwissenschaft; Anleitung zur doppelten Buchhaltung, sowohl nach der alten Methode, als nach des neuen von Jones, wie vollständigem Abschluss, Vierte durchaus verbesserte und vermehrte Auflage von Johann Georg Cleminius, Frankfurt am Main 1804, 1806.[7)]

* PIERÉ, Heinrich; *Theoretisch-Practische Anweisung zur gründlichen Erlernung der doppelten ITALIENISCHEN kaufmännischen Buchhaltung. Sowohl zum Vortrag für Lehrer als auch für jene, die sich selbst unterrichten wollen. Practisch dargestellt*, Dritte Theil, Wien 1804, 1805.

*BOCK, J. H. D.; Versuch einer gnündlichen Anweisung zum fasslichen und leichten Erlernen des Italianischen Buchhaltens oder der kaufmännischen doppelten Rechnungsführung, Berlin 1805-1806.[8)]

*BUSE, Gerhard Heinrich; *Allgemeiner kaufmännischer Buchhalter oder vollständige Anleitung zu allen bekannten Arten des Buchhaltens für angehende Kaufleute, Comtoristen, Lehrer in Handelsschulen und Jünglinge die sich dem Handel widmen, nach den neuesten und besten Mustern in diesem Fache bearbeitet und herausgegeben,* Praktischer Theil, Erfurt 1804. / Des theoretischen Theiles erste Hälfte, Erfurt 1804. / Des theoretische Theiles zweite Hälfte, Erfurt 1805.

---

7) Cf., Institute of Chartered Accountants in England and Wales; *Historical Accounting Literature*, London 1975, p.26.

8) Cf., Institate of Chartered Accountants in England and Wales; *op. cit.*, p.17.

*FLASCHIN, Salomon; *PRACTISCHES LEHRBUCH DER BUCHHALTEREY NACH EINER ERPROBTEN NEUEN METHODE welche bei der einfachen Buchhaltung eine tägliche Uebersicht sowohl des Ganzen als der einzelnen Handlungsgegenstände gewährt, und die Vortheile DER DOPPELTEN BUCHHALTUNG in jeder Rücksicht übertrift*, Frankfurt am Main 1805.

*HOFF, Christoph Friedrich; *DIE DOPPELTE BUCHHALTUNG NACH DEM DEUTSCHEN UND ITALIENISCHEN SYSTEM IN VERGLEICHUNG MIT DER EINFACHEN BUCHHALTUNG FÜR ANGEHENDE KAUFLEUTE, FABRIKANTEN UND GESCHÄFTSMÄNNER, BESONDERS FÜR DIE JENIGEN, DIE SICH DER BUCHHALTEREI IN ALLEN ARTEN WIDMEN WOLLEN; AUCH FÜR HANDLUNGSSCHULEN BRAUCHBAR*, Magdeburg 1805.

*DECKER, Johann Heinrich, junior; *Gründliche Anweisung zur richtigen Formirung der Schluß=Balanze und Abschließung der Hauptbücher*, Hamburg 1806.

*LEUCHS, Johann Michael; Anleitung zur Berechnung der Facturen, oder Theorie und Praxis der Waaren-Preisberechnung. Mit Facturen und einem Münzverzeichnisse (System des Handels. Dritter Band. Zweite Abtheilung), Nürnberg 1806.[9]

*LEUCHS, Johann Michael; *System des Handels, Dritter Band. Erste Abtheilung: Theorie und Praxis des Italienischen Buchhaltens und des Nürnberger Buchhaltens. Zweyte Abtheilung: Anleitung zur Berechnung der Facturn. Mit Schmaten, Facturen und einem Münzverzeichnisse*, Nürnberg 1806.

*LEUCHS, Johann Michael; *Theorie und Praxis des Italienischen Buchhaltens und des Nürnberger Buchhaltens. Mit Schematen*, Nürnberg I806.

*GROSSER, Joh. Mich. Edlen von; *Oekonomische COMPTABILITAET oder Anwendung der kaufmännischen doppelten Buchhaltung auf landwirtschaftliche Rechnungen zum Gebrauch für Güterbesitzer, Pächter und Beamter*, Zweiter Band, Wien 1807.

*JONES, Edward Thomas; A. Wagner's neue und leicht zu erlernende englische Buchhalterei, nach welcher es unmöglich ist, dass ein Fehler in den Büchern länger als einen halben Tag unentdeckt bleiben, und durch die man jedes noch so grosse Geschäft in einigen Stunden übersehen kann. Nach dem

9) Cf., Institute of Chartered Accountants in England and Wales; *op. cit.*, p.40.

Englischen des E. T. Jones völlig umgearbeitet, und für Deutschlands grosse und kleine Kaufleute brauchbar gemacht, Dritte Ausgabe, Leipzig 1807.[10)]

*THAER, Albrecht Daniel.; *Methode der landwirthschaftlichen Buchhaltung durch das zu Mögelin eingeführte Schema erläutert*, Berlin 1807.

*著者は不明; Verbesserte deutsche Buchhaltung. In welcher Jones englische und Meissners neuerfundene deutsche Buchhaltung zu Grunde gelegt sind. Von einer Geselschaft Kaufleute, Frankfurt am Main 1807.[11)]

*MAISNER, S. G.; *Anleitung zur Kenntnis des kaufmännischen Geschäftsganges, für junge, sich etablirende Männer, welche stets eine helle, ordnungsvolle, und zuverlässige Übersicht ihrer Geschäfte haben und sich mit den vortheilhaftesten Wegen des Waaren= Einkaufs und Absatzes, bekannt machen wollen*, Leipzig 1808.

*DECKER, Johann Heinrich, junior; Handlungs-Prinzipal Buch oder Anweisung zu einer Buchhalterey welche die Hauptbücher entbehrlich macht, vermittelst welcher mau zu jeder Zeit wissen kann, was, und an welchem Gegenstande verloren oder gewonnen und wie der Vermögens-Zustand überhaupt beschaffen ist. Den Vorschriften des französischen Handels-Gesetzbuches gemäss entworfen von···, Hamburg 1809.[12)]

*WAGNER, Andreas; *M. Andreas Wagner's, Privatlehrers der Arithmetik, Buchhalterei für das gemeine Leben. Oder Vollstandige Anleitung, die Geschäfte einer großen Oekonomie, verbunden mit allen kaufmännischen Vorfällen, dergestalt nach den Grundsätzen der doppelten Buchhaltung einzutragen, daß man zu jeder Zeit den wahren Stand seines Vermögens wissen kann*, Leipzig 1810.

*MEISNER, S. G.; *Die doppelte Buchhaltung auf der Stufe ihrer Vollkommenheit, nach genauer Prüfung aller bis darüber erschienen Schrften, und einer eigenen dreißigjährigen praktischen Bearbeitung, sowohl den Vorschriften des allgemeinen Preußischen Landrechts und Gerichtsordnung, als auch den Bestimmungen des neuen Französichen Handels=Gesetzbuches gemäß dargestellt*, Berlin 1811.

*GUTSCHE, Friedrich Wilhelm; *DIE LANDWIRTSCHAFTLICHE BUCHHALTUNG, eine ökonomische Schrift für alle Proprietairs und Beamten, welche nach den neuesten ökonomischen Prinzipien den Ertrag des*

10) Cf., Institute of Chartered Accountants in England and Wales; *op. cit.*, p.32.
11) Cf., Institute of Chartered Accountants in England and Wales; *op. cit.*, p.27.
12) Cf., Institute of Chartered Accountants in England and Wales; *op. cit.*, p.28.

Land-Eigenthums berechnen, sicher stellen, und die Verwaltung aller Güter-Ertrags-Zweige nach den reinsten Regeln des rationellen Ackerbaues einrichten wollen. Mit Bemerkungen über Wechselwirthschaft und andere ökonomische Wichtigkeiten, Prag 1814.

*MAISNER, S. G.; *Die Kunst in drei Stunden ein Buchhalter zu werden. Ein kurzer und deutlicher Unterricht für unbemittelte Handlungslehrlinge, Handlungsdiener und angehende Kaufleute, die doppelte italienische, englische und neue deutsche Buchhalterei, in einem äußerst kurzen Zeitraume ohne Hülfe eines Lehrmeisters gründlich zu erlernen*, Neueste Auflage, Berlin 1814.

*TOEPLITZ, J.; Die kaufmännische Buchführung （einfache und doppelte） für den Unterricht und den praktischen Gebrauch unter Zugrundbelegung der Bestimmungen des Allgemeinen deutschen Handelsgesetzbuches, Zweite vermehrte und verbesserte Auflage, Posen 1814.[13)]

*EBELING, J. C. L.; *Ueber die Beweiskraft der Handelsbücher*, Hamburg 1815.

*SANDER, Carl Wilhelm; Versuch einer Anleitung zur praktischen Kenntniss des Kassen- und Rechnungswesens und der darauf Bezug habenden Gegenstände in den Königl. Preuss. Staaten. Nebst einem Anhange über das Regisraturwesen, Zweite vermehrte Auflage, Breslau 1815.[14)]

*著者は不明; *Der Buchhalter, oder Anleitung zum Selbstunterricht in der einfachen, doppelten und englischen Buchhaltung, nebst Anweisung alle Arten kaufmännisch schriftlicher Aufsätze gründlich zu erlernen, und den jetzigen Geschäftsgang sich eigen zu machen*, Prag 1815.

*著者は不明; *Der Kaufmann wie es soll. oder Anleitung ein vollkomener Geschaftsmann zu werden*, Zweite Theile, Prag 1815.

*DEWIDELS, A.; *Die doppelte Buchhaltung in Briefen an meinen Freund. Eine Anweisung zur Führung der Handlungsbücher in der neuesten und kürzesten Manier, sammt einer deutlichen Auseinandersetzung der Wechselbriefe*, Prag 1816.

*GSELL, Jacob; Kurze und deutliche Anweisung zur Selbsterlernung der doppelten Buchhaltung in einem Geschäftsgang von drei Monaten dargestellt und mit den nöthigen Erklärungen begleitet, Nürnberg 1816.[9)]

13）Cf., Institute of Chartered Accountants in England and Wales; *op. cit.*, p.41.
14）Cf., Institute of Chartered Accountants in England and Wales; *op. cit.*, p.55.

*REINGANUM, A.; Entwurf zu neuen Verbesserungen in der ital. doppelten Buchhaltung oder Darthuung der bey derselben, selbst nach den neuesten Lehrbüchern, noch bestehenden verschiedenen Mängel, nebst Verbesserungsvorschlägen, sowohl durch Anwendung einiger kameralischen Verfahrungs-methoden als durch andere neu aufgestellte theoretische Grundsätze, sammt einigen kleinen Schemis, Rödelheim 1816.[15)]

*GÖBL, Franz Ant.; *Die practische Buchführung und Rechnungspflege in Verwaltung einer Waisen= und Depositenkässe, nach Grundsätzen der Einfachheit, Deutlichkeit und Kürze behandelt*, Grätz 1817.

*LIWEH, E. F.; *Neues System der doppelten Buchhaltung zur Selbsterlernung bearbeitet*, Leipzig 1817.

*LINDNER, Johann Wilhelm Sigismund; Ueber die Beweiskraft der Handelsbücher insonderheit über den Beweis der Hauptbücher eines Lotterie-Hauptcollecteurs; ein juristischer Versuch, Helmstadt 1818.[16)]

*PUTEANI, Johann, Freiherrn von; Grundsätze des allgemeinen Rechnungswesens, mit Anwendung auf alle Vermögens- und Gewerbsverhältnisse des bürgerlichen Lebens, insbesondere auf Landwirthschaft, Handlung und Staatswirthschaft, Wien 1818.[17)]

*CRÜGER, Carl; *Carl Crügers untrüglicher Buchhalter, dargestellt in den Hilfs-, Neben- und Hauptbüchern einer Hamburgischen Handlung und nach den besten Systemen und neusten Verbesserungen entworfen. Zum Selbstunterricht für Kaufleute Kammeralisten, Besonders abgedruckt aus der zweiten Auflage von des Verfassers größerm Werk „der Kaufmann“*, Hamburg 1820.

*DERLE, Carl Friedrich; Versuch einer Anleitung zum Rechnungsführen. Ein Hülfsbuch zunachst für diejenigen, welche temporäre Rechnungs-Obliegenheiten übernehmen, oder neben ihren Geschäften sich damit zubefassen haben. Mit erläuternden Formularen, Dresden 1820.[18)]

*LEUCHS, Johann Michael; *Theorie und Praxis des doppelten, des einfachen und des Nürnberger Buchhaltens. Mit eilf Handlungsbüchern, als Mustern. Zweyte vermehrte Auflage*, Nürnberg I820.

---

15) Cf., Institute of Chartered Accountants in England and Wales; *op. cit.*, p.43.
16) Cf., Institute of Chartered Accountants in England and Wales; *op. cit.*, p.30.
17) Cf., Institute of Chartered Accountants in England and Wales; *op. cit.*, p.47.
18) Cf., Institute of Chartered Accountants in England and Wales; *op. cit.*, p.23.

＊NEUGEBAUER, Joseph; Darstellung des Verfahrens im Cassen- und Rechnungs-Wesen bei der französischen Verwaltung, Breslau 1820.[14)]

＊DEWIDELS, A.; *Theoretisch=praktische Anleitung zur einfachen Buchhaltung oder vollständige und gründliche Anweisung die Handlungsbücher nach der deutschen oder sogenannten einfachen Manier zu führen, für Lehrer und Lernende,* Prag 1821.

＊QUARCH, J. W.; Die Kunst des Buchhaltens. Nebst Darstellung dreyer neueren verschiedenen Systeme des Buchhaltens, nämlich: des Jones'schen, des Meisnerschen, und des Crugerschen. Zum Gebrauche für Handlungs-Schulen, und für den Privatunterricht ; auch als Handbuch für Geübtere, Zweyte, bedeutend vermehrte Auflage, Leipzig 1822.[10)]

＊SZARKA, Joseph von; Lehrbuch der Comptabilitäts-Wissenschaft, systematisch entworfen von Joseph von Szarka. Zweite Volumen, Wien 1822-1823.[17)]

＊CASPAR, Johann Dominic; Der Rechnungsführer nach Anleitung der Gesetz, oder Sammlung der bestehenden allerhöchsten Gesetz und Berordnungen, welche die Berrechnung des Steuer- Kirchen-, Waisen-, Depositen- und Armeninstituts - Bermogens, dann der obrigzeitlichen Gelder und Naturalien, wie auch derlei Bezugsrechte und ihre Eintreibung zum Gegenstande haben. Für Böhmen Mähren und Schlesien, Dritte Volumen, Brunn 1823, 1824, 1825.[19)]

＊HEINEMANN, M.; *Die solide Handlung en detail oder theoretisch= praktische Anweisung, wie die Bücher einer Waaren= Handlung en detail nach doppelt Italienischer Buchhaltungsart geführt werden können*, Zweite umgearbeitete und sehr verbesserte Auflage, Leipzig 1823.

＊JUNG, Johann Heinrich; *Dr Joh. Heinr. Jung's theoretiske og practiske Handels=System; til Brug ved Underviisning i Handelsvidenstabens samtlige Dele, samt for alle Klaster af Risbmcend. Overfat, omarbeidet, forfynet med Anmecrkninger og udgivet ved H. F. Heliesen*, Koebenhavn 1824.

＊HEINEMANN, M.; Der gebahnte Weg um Buchhalten; Der gebahnte Weg um Buchhalten; oder natürliche Reihefolge für den Unterricht im kaufmännischen doppelt italienischen Buchhalten. Für Lehrer und den Selbstunterricht und zum Gebrauch für Manufaktur-, Material-. Kurze- Waaren- und Weinhandlung, Zürich 1825.[14)]

---

19) Cf., Institute of Chartered Accountants in England and Wales; *op. cit.*, p.21.

＊ELZE, Johann Ludwig; *Doppelte oder Italienische Buchhalterei zum Selbstunterricht*, Leipzig 1826.

＊PETTER, Franz; *Theoretisch=practisches Lehrbuch der kaufmännischen Buchhaltungs=Wissenschaft. Gründliche und fäßliche, auf practischen Erfahrungen beruhende Anleitung, wie die Bücher der Kaufleute, sowohl im Groß= als Kleinhandel und in Fabriken, auf einfache Art und in doppelten Posten zweckmäßig geführt werden können, Mit Schematen und Tabellen*, Wien 1826.

＊CASATI, Johann von; *Practische Anleitung zur BUCHHALTUNG für junge Leute, die sich der Handlung widmen, und sich das Verhältniss zwischen dem In- und Auslande ohne Beyhülfe eines Lehrers eigen machen wollen, mit einem Vorberichte und practischen Darstellung aller dazu nöthigen Arbitrage-Rechnungen*, Wien 1827.

＊LEVI, Nehemias; Allgemeiner Schlüssel zur einfachen und doppelten Buchhaltung. Aus dem Englischen übersetzt, Zweite durchaus verbesserte Auflage, Stuttgart 1827.[20]

＊著者は不明; Grund-Linien und zugleich practische Darstellung über Buchführung, Rechnungs- und Kassawesen der adelichen Güterverwaltungen, ein Handbuch für Gutsherrschaften und gutsherrliche Rechnungs-Beamten. Entworfen und herausgegeben von einem königl. bayer. Revisionsbeamten, Würzburg 1827.[14]

＊GRlMM, Karl Friedrich; Anleitung zur doppelten italienischen Buchhaltung, Kassel 1828.[21]

＊MEISNER, S. G.; Die Kunst, in drei Stunden ein Buchhalter zu werden, Ein kurzer und deutlicher Unterricht für unbemittelte Handlungslehrlinge, Handlungsdiener und angehende Kaufleute, die doppelte italienische, englische und neue deutsche Doppel-Buchhaltung, in einem ausserst kurzen Zeitraume, ohne Hülfe eines Lehrmeisters gründlich zu erlernen, Vierte verbesserte und mit einer Wiederholungsstunde versehen Auflage, Berlin 1828.[8]

＊RIEGER, Augustin; Versuch einer Anleitung zur richtigen Aufnahme und Berrechnung des Fundus Instructus oder Wirthschafts-Inventars. Nach einer neuen, fehr einfachen Methode, mit einem alphabetisch geordneten Requisiten-Berzeichnisse und allen nothigen Beispielen. Ein Handbuch für

20) Cf., Institute of Chartered Accountants in England and Wales; *op. cit.*, p.44.
21) Cf., Institute of Chartered Accountants in Englandand Wales; *op. cit.*, p.31.

Gutsbesiker, Inspectoren, Buchhalter, Residenten, Wirthschaftsbeamte und ihre Schreiber, Leitmeritz 1829.[22]

＊KOBATŽ, Johann Carl; *Anweisung zur Führung einer deutschen doppelten Buchhaltung für die Landwirtschaft, durch welche nicht nur das auf einer Herrschaft oder auf einem Gute überhaupt, und in den verschiedenen landwirtschaftlichen Zweigen insbesondere, ruhende Stamm=Capital stets richtig dargestellt und verrechnet, sondern auch erprobt werden kann, welch reinen Ertrag eine Herrschaft oder ein Gut sowohl im Ganzen, als auch jeder für sich bestehende Landwirthschaftszweig einzeln abgeworfen, und wie hoch sich der ganze Besitzstand überhaupt, und in allen seinen Abtheilungen insbesondere, von einem Jahre zum andern, verzinset hat. Nach zweyerley Methoden. Für Herrscaftsbesitzer, Wirthschaftsräthe und Inspectoren, Landwirthschafts= und Fort=Beamten, Rechnungsführer und Lanswirthe des In= und Auslandes,* Zweiter Band, Wien 1830.

＊LOISON, I. D.; *Der Mann im Glücke mit sechshundert Gulden, in sieben leichten Abschlüssen der doppelten Buchhaltung, nebst Anleitung, ein Inventarium aufzunehmen; für alle, die sich einen richtigen Begriff von der doppelten Buchhaltung machen, oder sie durch eigene Übung erlernen wollen, oder die in den Fall kommen, Handlungsbücher untersuchen zu müssen*, Wien 1830.

＊SCHLOESSING, Moritz; Die praktisch-kaufmännische deutsche Doppel-Buchhaltung mit gesetzlichen und anderen Anmerkungen und drei Tafeln A. B. C., enthaltend: Conto-Courant nebst Supporto's-Berechnungen, angehende und geschäftstreibende Kaufleute. Nebst einer Nachweisung: wie ein angehender vereideter Waaren-, Wechsel-, Fonds- und Geld-Makler das gesetzlich bestimmte Makler-Jornal und Courtage-Buch ordnugsmässig einrichten und controlliren kann, Zweite Volumen, Berlin 1830, 1832.[8]

＊SCHUERER, Eduard; Magasin für Jünglinge die sich dem Handel widmen wollen oder eine Zusammenstellung der nöthigen Kentnisse eines Kaumannes nebst deutlichen Erklärungen und Beispielsammlungen, Dresden 1830.[18]

＊SULSER, J.; *Gründlicher Unterricht zur Erlernung der doppelten Buchhaltung dargestellt in den Geschäften von sechs Monaten*, Zweite Bände, Zürich 1830, 1831.

＊著者は不明; *Ueber den Beweis durch Handelsbücher im Civil=Proceß*, Leipzig 1830.

22）Cf., Institute of Chartered Accountants in England and Wales; *op. cit.*, p.37.

*GRAAF, Bartolome Christian; Handbuch des Stats-, Kassen- und Rechnungs-Wesens des Königlich Preussischen Staats, Berlin 1831.[8)]

*DEWIDELS, A.; *Das Ganze der kaufmännischen Buchhaltungswissenschaft. Oder villstänge und leichtsatzliche Anweisung, die Handlungsbücher in doppelten und einfachen Parthien zu führen und abzuschließen, mit einer Einleitung, betreffend: Einen kurzen Abriß der Geschichte des Handels, Cours- und Cours-Zettel, eine ausführliche Beschreibung der Wechselbriefe, und eine möglichst klare Darstellung der Oesterreichischen Staatapapiere. Für Lehrer und Lernende*, Dritte Theile, Prag 1832, 1833, 1834.

*JÖCHER, Albert Franz; *Die Handelsschule. Real=Encyklopädie der Handelswissenschaften. Enthaltend Belehrungen über den Handel und seine verschiedenen Zweige; die kaufmännische Rechenkunft; Cours-berechnung; die Correspondenz; die doppelte und einfache Buchhaltung; alle Arten kaufmännischer Aufsätze; den Waaren=, Wechsel= und Staatspapierhandel; Seehandel; das Land= und Seefrachtwesen; über Handlungsgesellschaften, Affekuranzen etc. Für Jünglinge, welche sich dem Handel und Fabrikwesen widmen wollen. Nach neuesten Quellen und besten Hülfsmitteln bearbeitet*, Dritte Bände, Quedlinburg und Leipzig 1833, 1834, 1835.

*LESSER, August; *Der Handel im Kleinen oder praktische Anleitung sich mit allen Vortheilen desselben vertraut zu machen, ihn mit dem größtmöglichsten Nutzen zu betreiben, die darin vorkommenden Waaren, ihre Behandlung, Beziehungsorte, Preise, Aechtheit oder Verfälschung etc. genau kennen zu lernen, ihrem Verderben vorzubeugen, die Handlungsbücher nach einer einfachen, zweckmäßigen und leicht verständlichen Methode accurat und richtig zu führen. Nebst Unterweisung in den gewöhnlichsten Briesen und Aussätzen, Erklärung der im Handel vorkommenden Kunstausdrücke und Fremdwörter, und Belehrungen über Tratten und Wechsel; auch einem verständlichen. Rechenknechte sowohl nach Thalern als nach Gulden für die am häufigsten vorkommenden Fälle in bequem nachzuschlagenden Tabellen. Ein unentbehrliches Hand= und Hilfsbuch für Krämer, Höfen, Ladenjungfern und Alle, welche, ohne den Handel erlernt zu haben, ihn mit Vortheil zu betreiben wünschen*, Ilemenau 1833.

*LUZAC, Ludwig Wilhelm; *Lehrbuch der Handlungs=Wissenschaften. Dritter Band, enthaltend die praktische Buchführung nach den Grundsätzen der doppelten Buchführung in ihren Haupt= und Nebenbüchern*, Prag 1833.

*LUZAC, Ludwig Wilhelm; *Lehrbuch der Handlungs=Wissenschaften, enthal-*

tend die Buchführung mit ihren Vor= und Nebenkenntnissen; das merkantilische Rechnungswesen und die kaufmännische Correspondenz, theoretisch und praktisch dargestellt, und durch Beispiele erläutert zum Gebrauche des Handelsstandes überhaupt; insbesondere aber für Jene, welche sich dem Comptoir-Dienste widmen, III Bande, Prag 1833.

*著者は不明; *Versuch einer theoretisch=practischen Anleitung zur Buchhaltung für Buchhändler*, Deßau 1833.

*OFFTERDINGER, Ludwig; Anleitung zur Landwirtschafts-Buchhaltung nach dem kaufmännischen Rechnungssystem, Leipzig & Stuttgart 1834.[10)]

*STEIN, Thomas; *Die landwirtschaftliche Buchführung oder Anleitung zur richtigsten Methode. die Landwirtschafts=Rechnungen von großen und kleinen Gütern so zu führen, daß daraus nicht nur am Schlusse des Jahres der reine Ertrag des ganzen Gutes, sondern auch von einer jeden einzelnen Branche mit Leichtigkeit und Zuverlässigkeit zu ersehen ist. Auf die einfachste Art gezeigt durch die Schemas zu den Rechnungsbüchern und durch Beispiele faßlich dargestellt*, Leipzig 1835.

*COURTIN, Carl; Allgemeiner Schlüssel zur einfachen und doppelten Buchhaltung, oder die Kunst, in auffallend kurzer Zeit die kaufmännische Buchführung in allen ihren Theilen gründlich zu erlernen, Neunte, vermehrte Auflage, Stuttgart 1836.[20)]

*FRITSCH, Heinrich Tobias Martin; *Die Buchhaltung für Buchhändler nach den Grundsätzen die doppelten oder italienischen Buchhaltung-Wissenschaft*, Cöslin 1836.

*HOEPSTEIN, Albert; Praktisches Handbuch der Buchführungskunde für den deutschen Buchhandel zur klarsten Geschäfts- und Vermögensübersicht, Leipzig 1836.[10)]

*SCHIEBE, August; *Die Lehre der Buchhaltung, theoretisch und practisch dargestellt*, Grimma 1836.

*BIVANCO, J. Th. K.; Ueber die schwankende Rechnungs-Richtigkeit der mercantilischen Buchungs-Abschlusse. Nach dem Mexikanischen des J. Th. K. Bivanco, Wien 1838.[23)]

*WILDNER, Ignaz; Der Beweis durch in- und ausländische Handels- (Fabriks-, Apotheker-) und Handwerksbücher vor österreichischen Civil-Gerichten,

23) Cf., Institute of Chartered Accountants in England and Wales; *op. cit.*, p.48.

Wien 1838.[23]

*HANTSCHL, Franz; *Anfangsgründe des einfachen und doppelten kaufmännischen Buchhaltens*, Wien 1840.

*KLEEMAN, C.; Die landwirtschaftliche doppelte Buchhaltung. Eine kritische Prüfung der verschiedenen, bei dieser Rechnungsform befolgten Grundsätze, nebst Mittheilung einer einfachen Methode zur Führung einer genauen landwirtschaftlichen doppelten Buchführung, Sondershausen 1840.[20]

*OCHS, A.; *Bilanz-Journal. Neu erfundene Methode, wodurch das Hauptbuch wegfällt, und vermöge welcher bei jedem Posten, der in jenes eingetragen wird, sich die Bilanz, einschliesslich Disconto, Zinsen, Commission und Courtage bis zu jedem beliebigen Tage, mathematisch erwiesen, auf 12 Zeiten, für's ganze Jahr darstellt, nebst einer vollständigen Anleitung zur doppelten und einfachen Buchhaltung, zum Selbstunterricht*, Köln 1840.

*PUTEANI, Karl Ferdinand, Baron; Einleitung und kurze Belehrung zur Führung der Wirthschafts-Rechnungs-Hauptbücher. Zum Gebrauch für Wirthschaftsbeamte und Güterbesitzer, welch'Letztere sich selbst mit ihrer Wirthschaft befassen. Zweite verbesserte und vermehrte Auflage, Prag 1840.[24]

*STÖTZNER, Christian Friedrich; *Buchhaltung für den Handwerks= und Bauersmann oder kurze, gründliche Anleitung, wie der angehende Geschäftsmann in kurzer Zeit und ohne viele Mühe eine genaue Einsicht in den Gang seines Gescäfts erlangen kann, zum Selbstunterricht und zum Gebrauch in höhern Volksschulen, Handwerksschulen, Sonntagsschulen etc.*, Schffhausen 1840.

*ELZE, August Gottlob; *Die einfache kaufmännische Buchhaltung zum Selbstunterrichte*, Leipzig 1841.

*GROSSNIKLAUS, G. E.; *Anleitung zur Buchhaltung, zum Briefschreiben und zu allerlei schriftlichen Aufsätzen aus dem Gewerbs= und Berufsleben, nebst einem Anhang der im Geschäftstyl gebräuchlichsten Fremdwörter. Für Haus= und Landwirthe, Professionisten, Handlungs= Lehrlinge und Detailhändler*, Bern 1841.

*LANGHENIE, J. C. B.; Die doppelte kaufmännische Buchführung, möglichst releichtert und abgekurzt, mit Berücksichtigung der neuesten Ideen über

24) Cf., Institute of Chartered Accountants in England and Wales; *op. cit.*, p.42.
25) Cf., Institute of Chartered Accountants in England and Wales; *op. cit.*, p.29.

Buchführung und der darauf Bezug habenden Gesetzgebung verschiedener Länder. Nebst einer Anleitung zur bequemsten Zinsenberechnung. Ein Handbuch für's Comptoir, Hamburg 1841.[25)]

*PETTER, Franz; *Lehrbuch der kaufmännischen Buchhaltungs=Wissenschaft. Gründliche und leichtfaßliche, auf practischen Erfahrungen beruhende Anleitung, wie die Bücher der Kaufleute, sowohl im Groß= als Kleinhandel und in Fabriken, auf einfache Art und in doppelten Posten zweckmäßig geführt werden können, Mit Schematen und Tabellen*, Wien 1841.

*BIBANCO, Julius Emanuel; Die kaufmännische Buchhaltung in allen ihren Entstemen, ihren Zweigen und neuesten Formen, Zweite Auflage, Pesth 1842.[19)]

*LANZAC, August; Die doppelte und einfache Buchhaltung zum Selbst-Unterrichte für Kaufleute und Fabrikanten, Leipzig 1842.[10)]

*ACKERMANN, Georg; *Praktische Buchführung für Maschinenfabriken & Eisengiessereien. Nach doppeltem und amerikanischem System zum Selbstunterricht bearbeitet*, Leipzig 1843.

* RULAND, Ott; *OTT RULANDS HANDLUNGSBUCH* (Vorwort von Franz Pfeiffer), Stuttgart 1843.

*SJOEBERG, Carl Gustav; Der Kaufmann und sein Buchführer, oder; die italienische Buchführung im Ihrem Umfange. Ein Lehrbuch für Lehrer und zum Selbstunterrichte, Hamburg 1843.[25)]

*DITMAR, W.; Das Staatskassen- und Rechnungswesen, Köln 1844.[26)]

*ODERMANN, Carl Gustav; Praktische Anleitung zur einfachen und doppelten Buchhaltung. Für Handelslehranstalten, sowie für angehende Geschäftsleute. Mit einem Vorworte von August Schiebe, Leipzig I844.[10)]

*著者は不明; *Anleitung zur schriftlichen Geschäftsführung für Buchdruckereien (Durch Beispiele erläutert)*, Eisenach 1844.

*AMMANN, Johann Christian; Verrechnungskunde. Theoretisch und praktisch, Prag 1845.[24)]

* TOEPLIZ, Jakob; *Die doppelte und einfache Buchführung in ihrer Anwendung auf alle Geschäfts=Vorfälle. Eine Anleitung zur leichten und*

26) Cf., Institute of Chartered Accountants in England and Wales; *op. cit.*, p.22.

gründlichen Erlernung derselben. Zunächst für Handelslehrungalters seiner zum Gebrauch für angehende Kaufleute, für Handlungsdiener wie für alle Diejenigen, die kürzester Zeit Buchhaltung erlernen wollen. Systematisch bearbeitet und durch Beispiele und Schemas erläutert, Posen 1845.

*WEHLE, S.; Der populäre Buchhalter, oder leichtfastzliche Anweisung zur Erlernung der kaufmännischen Buchführung, theoretisch und praktisch zum Selbstunterrichte, Pressburg 1845.[27)]

*著者は不明; *Leitfaden für die Vorträge über landwirtschaftliche Buch= und Rechnungsführung am ökonomischen Institute*, Ungarisch-Altenburg 1845.

*ROESSNER, Eduard; Erweiterte einfache Buchhaltung theoretisch und practisch bearbeitet, Leipzig 1846.[28)]

*SEIPEL, Joseph F.; Practische Anleitung zur Aulage und Führung der landwirthschaftliche Gutsrechnung in Tabellenform, Wien 1846.[23)]

* NEUGEBAUER, Joseph; Der vollständigste, gründlichste und fasslichter Unterricht in den Theorien und practischen Geschäftsformen des gesammten cammeralischen Geld- und Material-, dann des merkantilischen Rechnungswesens. Ein unentbehrliches handbuch für die Beflissenen der Berrechnungskunde, so wie zum Selbstunterrichte an gehender Beamten vom administrirenden, verrechnenden und controllirenden Dienstfache, Wien 1847.[23)]

*WILLET, W.; *Die landwirtschaftliche Buchhaltung, wie sie am bequemsten und übersichtlichsten eingerichtet werden kann zur Anwendung bei kleinen und bei großen Wirthschaften. Zusammenhängend auf einen Jahrgang berechnet, tabellarisch geordnet und nach kaufmännischer Art in's Hauptbuch übertragen*, Magdeburg 1847.

*著者は不明; Meister Peter's oder des Lehrers des Dorfes Belehrungen über die Fuhrung der Buchhaltung für alle Stände. Aus dem „Schweizerischen Volksbriefsteller" besonders abgedruckt, Bern 1847.[27)]

*AUSPITZ, Josef A.; Die Lehre der kaufmännischen Buchführung theoretisch und praktisch dargestellt. Nebst einem Anhange, enthaltend die wichtigsten kaufmännischen Rechnungsarten: Dezimal- und Interessen-Rechnung, Berechnung der Staats- und lndustrie-Vapiere, Wechselreduktionen, Arbitragen

27) Cf., Institute of Chartered Accountants in England and Wales; *op. cit.*, p.20.
28) Cf., Institute of Chartered Accountants in England and Wales; *op. cit.*, p.33.

k. k., Wien 1848.[23)]

*DITSCHEINER, Joseph Alois; Neue Wiener-Handels-Schule oder Unterricht in den kaufmännischen Grundwissenschaften: Correspondenz Aufsatzlehre, Rechenkunst, Münz-, Maast- und Gewichtskunde und Buchhaltung, mit eingeschaltetem Wechsel-, Handels- und Seerechte, und der neuen allgemeinen deutschen Wechselordnung, Ein encyclopädisches Comptoir-Handbuch zur Selbstbelehrung für Comtoiristen, Commis, Praktikanten, Lehrlinge und Alle, die sich zu tüchtigen Kaufleuten bilden wollen, Sechse Volumen, Pesth 1849-1855.[19)]

*PACKH, Nikolaus Franz; Das Handlungsbilanzbuch als allgeneines, einfaches und gesetzliches Hauptbuch aller Handlungen und Gewerbe, wie colches jeder Kauf- und Geschäftsmann bei seinem Portefeuille zu halten und zu führen hat, Zweite, umgeänderte, verbesserte Auflage, Wien 1849.[23)]

19世紀後半（1850年～1899年）のドイツに出版される簿記の印刷本

*OTTO, C. G.; *Die Buchführung für Fabrik-Geschäfte. Ein neues System, einfach in seiner Anwendung, doppelt in seinen Leistungen,* Zweite verbesserte Auflage, Berlin I850.

*PICK, David; *Kaufmännische Buchhaltung. Theoretisch und praktisch dargestellt*, Pest 1850.

*ESCHERICH, Philipp, Ritter von; Lehrbuch des allgemeinen und des Staats-Rechnungswesens. Ueber Aufforderung der k. k. obersten Studienbehörde, Erster Band, Wien 1851.[23)]

*EXELI, Wenzel; Grundzüge einer zeitgemässen Reform des landwirthschaftlichen Rechnungswesens, Prag 1851.[24)]

*FARNOS, Karl von; Neues System der landwirthschaftlichen doppelten Buchhaltung. Mit IV Formularien, Wien 1851.[23)]

*HARTSTEIN, E.; Anleitung zur landwirtschaftlichen Rechnungsführung, Bonn 1851.[27)]

*SCHUSTER, Adolph; *Einfache und doppelte BUCHHALTUNG theoretisch und durch dreizehn Handlungsbücher praktisch dargestellts*, Heilbronn 1851.

*STEINER, Siard; Zur Kenntniss der Staatscassen und ihres Organisnus nach den neuesten Bestimmungen im Kaiserthume Österreich, Brunn 1851.[19)]

*FROEHLICH, Alois; Handbuch der Staatsrechnungswissenschaft zum gebrauche bei akademischen Vorlesungen und zum Selbststudium, Wien 1852.[23)]

*GEYER, Johann; *Umriß der italienischen doppelten Buchhaltung, im Rahmen einer einmonatlichen Geschäfts=Partie, theoretisch-praktisch und in Verbindung mit den nothwendigen Briefen dargestellt,* Dritte, vermehrte Ausgabe, Wien 1852.

*WOHLGEMUTH, Ferdinand; Neueste, leichtfassliche Volks-Buchhaltungs-Lehre für Schulen und zum Selbstgebrauche oder Anleitung für Handelsleute, Krämer, Fabrikanten, Handwerker und Landwirthe, ihre Rechnungen klar, deutlich, allgemein verständlich und regelrecht zu führen, nebst umfassenden Reduktion der alten Schweizermünzen und Reichsgeldes in's neue Schweizergeld; aus amtlichen Quellen geschöpft, Dritte, veränderte Ausgabe, Weinfelden 1852.[29)]

*HOLLAND, Albert; Die Buchhaltung des kleineren Landwirths. Ein Leitfaden zur Erlernung der landwirtschaftlichen Buchführung für Ackerbauschüler, Verwalter und Gutsbeziker. Für den Unterricht und zur Selbstbelehrung. Mit funfzehn Formularien, Stuttgart 1853.[20)]

*LOEWINSOHN, Samuel; Die doppelte italienische Buchführung in ihrer Anwendung bei Manufacturwaaren in Verbindung mit Wechsel-, Fonds- und Speditions-Geschäften statt der sonst üblichen neun Bücher auf zwei Geschäftsbücher beschränkt. Theoretischer und praktischer Cursus, Berlin 1853.[8)]

*SCHLÖSSING, Friedrich Heinrich; *Die deutsche Doppelte Buchhaltung dargestellt durch vollständige Ausarbeitung einer dreimonatlichen Geschäftsperiode nebst der dazu gehörigen Correspondenz. Zum Selbstunterricht für Lehrlinge und Gehülfen und als Leitfaden für selbstständige Kaufleute herausgegeben*, Heidelberg 1853.

*DITSCHEINER, Joseph Alois; *Vollständiges Lehrbuch der einfachen Buchhaltung für Groß= und Kleinhandlungen, bei Commissions= und Speditions=Geschäften, in Fabriken und auf Messen oder Märkten, so wie nach einer neuen controlirenden Methode. Nebst der Anleitung zur Abfassung der Conto-Corrents ohne und mit Binsen, in allen üblichen Formen. Nach rein praktischen Prinzipien bearbeitet und zum Zwecke des Selbstunterrichtes herausgegeben*, Pesth 1854.

*LEHMANN, Max; *DAS BANK- UND PAPIERGESCHÄFT, INSBESONDERE*

29) Cf., Institute of Chartered Accountants in England and Wales; *op. cit.*, p.54.

DIE BUCHHALTUNG DESSELBEN NACH EINFACHER UND DOPPELTER METHODE THEORETISCH UND PRAKTISCH DARGESTELLT, Frankfurt am Main 1854.

*MUEHLBOEK, Rudolf; Baugeschäfts-Stil. Vollstädige Anleitung wie man sich in Bau-Geschäften aller Art benehmen, und die nöthigen schriftlichen Aufsätze, als: Bau-Elaborate von allen vier Baufächern verfassen, dann alle Arten Bau-Erhebungs-, Befunds- und Kollaudirungs-Protokolle zu bearbeiten, sowie überhaupt das ganze Bau-Hanzleigeschäft nicht sowol im Kleinen, als auch im Grossen zu uberwachen und selbst zu besorgen hat･･･, Leipzig 1854.[28)]

*OHNSORG, Johs.; Kaufmännische Schriften, Hamburg I854.[25)]

* SCHROTT, Josef; Der österreichische Aerarial-Rechnungsprozess, Wien 1854.[23)]

*FISCHER, G. Robert; Das Wissenswertheste des Kaufmanns im Comtoir･･･, Dresden 1855.[18)]

*LOEWINSOHN, Samuel; Praktisches Lehrbuch der einfachen und doppelten italienischen Buchführung, mit ausführlichen Erklärungen der bei Kaufleuten gebrauchlichen Ausdrucke und vorkommenden Rechnungen, als: Proportions-, decimal- und Procent-Rechnung, sowie mit einem Verzeichniss der auf den bedeutendsten Handelsplatzen Europas gebrauchlichen Gold- und Silber-Münzen, mit den nöthigen Erklärungen über Wechsel, Staatspapiere, Pfandbriefe, Papiergeld, Hypothkenwesen u.s.w.･･･, Leipzig 1855.[28)]

*SCHROTT, Josef; Versuch der Begründung eines Staatskassensystems vom Standpunkt der Finanzwissenschaft, Leipzig 1855.[28)]

*HARTZFELD, W.; Die verbesserte neue deutsche Buchhaltung in ihrem ganzen Umfange. Zum practischen Gebrauch für Banquiers und Kaufleute, sowie zum Selbstunterricht, Zweite Ausgabe, Leipzig 1858.[28)]

*KURZBAUER, Georg; Leichtfassliche Darstellung der doppelten Buchhaltung zum Gebrauche für Handelsschlulen und zum Selbstunterrichte, Wien 1858.[23)]

*ROSENBAUM, M.; Kein Journal mehr! oder allerneueste Methode zur Einrichtung für Prima-Nota, Cassa- und Factura-Buch, für Einkauf und Verkauf, zur doppelten oder einfachen Buchführung mit und ohne Journal, Zweite, reichverbesserte und vielvermehrte Auflage, Berlin 1858.[30)]

---

30) Cf., Institute of Chartered Accountants in England and Wales; *op. cit.*, p.18.

*SCHERBER, Jacob; Die Merkantil-Buchhaltung in der neuen österr. Währung bearbeitet für alle kaufmannischen Stände mit Rücksicht auf Arbeiter-Unterstützungs-Kassen in Fabriken und bei Eisenbahnen, nebst einem Anhange über die Berechnung der öffentl. Fonds, Aktien, Industrie-Papiere und Devisen nach den neuen Coursnotirungen zum Selbststudium leichtlasslich dargestellt, Brünn 1858.[19]

* STUBENRAUCH, Moritz von; Ueber die Bedeutung der kaufmännischen Buchführung nach österreichischem Rechte (Jahres-Bericht der Wiener Handels-Akademie, Am Schlüsse des Studienjahres 1859), Wien 1859.[31]

*WINTERNITZ, Karl; *Die allgemeine Buchhaltung als Inbegriff aller bekannten Buchungsarten. Zum Gebrauche für Handels-Akademien, Ackerbau-Institute, Gewerbe- und Real-Schulen, so wie zum Selbstunterrichte für Jedermann der irgend ein Geschäft, irgend einen Industriezweig, irgend einen Groß= oder Kleinhandel zu betreiben, irgend einen Besitz oder irgend ein wie immer geartetes Vermögen zu verwalten hat* , Wien 1859.

*ESCHERlCH, Philipp, Ritter von; Lehrbuch des Casse- und Rechnungswesens, mit besonderer Rücklicht auf die Einrichtungen der öffentlichen Verwaltung in Österreich. Ein Leitfaden zu den Vertragen über diesen Lehrgegenstand und zur Vorbereitung auf die hierüber abzulegenden Staatsprüfungen, Zweite umgearbeitete Auflage, Wien 1860.[31]

*LÖW, Eduard; Theorie des Rechnungswesens und systematische Anleitung zur Buchführung im Staats-, Kommunal- und Privathaushalte, nebst der Geschichte und Litteratur des Rechnungswesens; als Leitfaden zu akademischen Vortragen und zum Selbstunterricht, Berlin 1860.[30]

*SCHMIDT, Louis; *Die Buchführung und die damit verbundenen schriftlichen Ausarbeitungen*, Stuttgart 1861.

*SKŘIVAN, Antonin; Ein Beitrag zur Lehre der Buchhaltung bei Liquidationen der Gläubiger-Massen für Kaufleute und Juristen. Aus der juridischen böhmischen Zeitschrift „Pravnik“ nebst einem Anhang über die wichtigsten Grundsätze der doppelten Buchhaltung, Prag 1861.[24]

*KERCK, Emil; Die doppelte Buchführung, Hamburg 1862.[25]

*SCHROTT, Josef; Die Staatskassen im Kaiserthume Oesterreich, Prag 1862.[24]

*TELSCHOW, Wilhelm; Theorie und Praxis der kauftmännischen Buchführung.

31) Cf., Institute of Chartered Accountants in England and Wales; *op. cit.*, p.49.

Ein Comptoir-Handbuch zum Selbstunterricht für angehende Kaufleute und Geschäftsmänner, wie zum gebrauch für Handels- und Gewerbschulen, Leipzig 1862.[28)]

*AUGSPURG, G. D.; *Die Grundlage der Doppelten Buchhaltung. Ein Nachtrag zu seiner Kaufmännischen Buchhaltung auf besondere Veranlassung dem Druck übergeben*, Bremen 1863.

*AUSPITZ, Josef A.; Die angewandte Arithmetik nebst der Buchführung, der Wechsel- und Zollkunde, zum Selbststudium und als Lehrbuch für den dritten Jahrgang der Unterrealschule, Zweite Edition, Wien 1863.[31)]

*FORT, Ludwig; Theoretische und praktische Anweisung zur doppelten Buchhaltung, hauptsächlich für den Grosshandel der Binnenstädte, Vierte rev. Edition by Wilhelm Ortelli, Leipzig 1864.[28)]

*KROLL, F. G.; *Buchhaltung für Müller. Vollständige theoretische und praktische Anleitung zum Selbstunterricht in der doppelten Buchhaltung in ihrer Anwendung beim Fabrik=Geschäft. Ein Dampf=Mühlen=Etablissement in 4 Haupt= und 8 Hilfsbüchern*, Leipzig 1864.

*KURZBAUER, Georg; *Lehrbuch der kaufmänischen Buchhaltung*, Zweite, umgearbeitete Auflage, Wien 1864.

*POHLENZ, Robert; Des Landwirths „Soll und Haben" beruht auf der Erkenntniss der wirthschaftlichen Gesetze des Betriebes und eines einfachen und correcten Buchführung zur Controlle desselben, Zweite vollständig umgearbeitete Auflage, Breslau 1864.[14)]

*SKŘIVAN, Antonin; Lehrbuch der kaufmännischen einfachen Buchhaltung mit vorangehender Erklärung der Hilfsbücher, Dritte Auflage, Prag 1864.[24)]

*GOTTSCHALK, C. G.; Die Grundlagen des Rechnungswesens und ihre Anwendung auf industrielle Anstalten, insbesondere auf Bergbau, Hütten- und Fabrik-Betrieb. Mit besonderer Rücksicht auf die verschiedenen Methoden und Systeme der Buchführung fur Unternehmer, angehende Betriebs- und Rechnungs-Beamte, sowie insbesondere fur Studirende der Bergwissenschaften, Leipzig 1865.[28)]

*MANNLICHER, Gustav; Leitfaden der Verrechnungskunde von Montanwerken nach dem Sisteme der doppelten kaufmännischen Buchhaltung. Gewidmet dem vortrage auf Montan-Lehranstalten und dem Selbststudio für Bergbeamte und Montanwerksbesitzer, Graz 1865.[11)]

*MEYER, J. Ch.; *Gemeinnütziges Lehrbuch der Buchführung, Wechsellehre, Wechselrechnung, Staatspapiere, Actien, Münzen, nebst einer Münztabelle mit den Gold= und Silbermünzen der wichtigsten Länder und Handelsstädte auf der Erde. Für Gewerbtreibende und Landwirthe, für junge Kaufleute und Lehrer, sowie für den Unterricht auf Schulen*, Hannover 1865.

*SALOMON, Siegmund; *Siegmund Salomon's Comtoirhandbuch. Eine practische Unterweisung in der einfachen und doppelt-italienischen Buchführung für das Waaren= und Bankgeschäft, unter Hinweis auf die Bestimmungen des Allgemeinen Deutschen Handelsgesetzbuchs, in der Wechsel- und Concurs-Ordnung, in der Wechsel=Cours=Berechnung aller Börsenplätz und in der kaufmännischen Correspondenz. Für die Bedürfnisse des Comtoirs und zum Gebrauch in Handelslehranstalten*, Berlin 1865.

*STERN, Emanuel; Die kaufmännische Buchführung und der erste Absatz des Art. 28. des allgemeinen deutschen Handelsgesetzbuches. Vorträge über obigen Gegenstand, gehalten und auf vielfeitiges Verlangen dem Drucke übergeben, Dritte Auflage, Darmstadt 1865.[18)]

*STOETZNER, Christoph Friedrich; Buchhaltung für den Handwerks- und Bauersmann zum Selbstunterricht, so wie zum Gebrauch in Volksschulen, Handwerkschulen, Sonntagschulen u.s.w., Dritte Auflage, Schaffhausen 1865.[20)]

*CZOERNIG, Carl Freiherrn von; Darstellung der Einrichtungen ueber Budget, Staatsrechnung und Controle in Oesterreich, Preussen, Sachsen, Baiern, Württemberg, Baden, Frankreich und Belgien, Wien 1866.[31)]

*SCHICK, Ernst; Theoretisch-praktischen Lehrbuch der einfachen und doppelten Buchhaltung, nebst einer Anleitung zur Ausfertigung der Conto-Corrente. Für Kaufleute und Geschäftsmänner, insbesondere aber für die Zöglinge des Handels, sowie zum Gebrauche bei Vorträgen, Leipzig 1866.[28)]

*ZELLER; Die Buchführung nach den Anforderungen des Handelsgesetzbuchs und nach dem Bedürfniss eines Geschäftmanns Gekrönte Preisschrift, Stuttgart 1866.[32)]

*KHEIL, Carl Peter; Die Lehre der Buchfuhrung nach einfacher Art, und den Bestimmungen des Handelsgesetzbuches, Prag I867.[24)]

*MUENSCH, J. L.; Übungsaufgaben zur Buchführung für Fortbildungsschuler,

32) Cf., Institute of Chartered Accountants in England and Wales; *op. cit.*, p.45.

Stuttgart 1867.[32]

*STERN, Emanuel; Vollständige Anleitung zur Buchführung für die Gewerbtreibenden und kleinere Fabrikanten, wie sie nach den Bestimmungen des deutschen Handelsgesetzbuches ihre Bücher zu führen haben···, Darmstadt 1867.[18]

*KLAPKA, Anton; Die landwirthschaftliche doppelte Buchführung auf dem Pachtgute Sassin in Ungarn, Skalitz 1868.[20]

*KROLL, F. G.; *Buchhaltung für Müller. Vollständige theoretische und praktische Anleitung zum Selbstunterricht in der doppelten Buchhaltung in ihrer Anwendung beim Fabrik=Geschäft*, Leipzig 1868.

*LICHTNEGEL, Josef Calasanz; Sistematische darstellung der Grundsätze im neuen österreichischen Civil-, Cassa-, Rechnungs-Controlswesen. Nebst einem Anhange, enthaltend: eine kurze theoretisch-practische Anleitung über die Conto-corrente-Buchführung und eine Zusammenstellung der allgemeinen Vorschriften für die ordnungsmässige Vornahme der Liquidirung, Verbuchung und Centur, mit Rechnungs-Formularien, Wien 1868.[31]

*ROTH, August; Anleitung zur Buchführung für Vorschuss- und Credit-Vereine. Zu Auftrag der auf dem fünften Verbandstage der „wirthschaftlichen Genossenschaften am Mittelrhein" gewählten Commission, Wiesbaden 1868.[14]

*SCHMIDT, Louis; Die Buchführung des Landwirths. Leichtfasslich und praktisch Dargestellt für Gutsbesitzer, Pächter und Verwalter, sowie zum Gebrauche in landwirthschaftlichen Fortbildungschulen, Stuttgart 1868.[32]

*BONDY, Leopold B.; *Die Wirthschafts-Buchführung nach doppeltem Buchführungssisteme mit einem Anhange über die Fabrikations-Buchführung*, Prag 1869.

*ODERMANN, Carl Gustav; *Die Lehre von der Buchhaltung, theoretisch und praktisch dargestellt von August Schiebe, vormaligen Director der öffentlichen Handelslehranstalt zu Leipzig. Zum sechsten Male herausgegeben*, Neunte verbesserte Auflage, Leipzig 1869.

*OPPERMANN, Gustav; Die doppelte kaufmännische Buchführung insbesondere für Consum-Vereine (auch leicht anwendbar auf Produktiv- und Rohstoff-Genossenschaften), nach einer vollständig bewährten, leicht fasslichen Methode des neuen Consum-Vereins, eingetragene Genossenschaft, zu Magdeburg, Berlin 1869.[30]

*SCHMIDT, Robert; Die Buchführung nach einfacher und doppelter Methode. Practische und leicht fasliche Anleitung zum Selbstunterricht fur Kaufleute und Gewerbtreibende, ein Beitrag zur Förderung weiblicher Erwerbsfähigkeit, Posen 1869.[13)]

*WERNER, Hugo; Die doppelte landwirthschaftliche Buchführung für mittel- und norddeutsche Landgüter, Berlin 1869.[30)]

*CHRIST, Adolf; Die einfache Buchführung theoretisch und praktisch, mit vielen verbesserungen und Vereinfachungen sowie vollständigen Formularen. Ausführlich dargestellt, Zweite Auflage, Elberfeld 1870.[33)]

*DOENGES, G.; Die doppelte Buch- und Geschäftsführung für Buchdruckereien und verwandte Geschäfte. Nebst einem Anhange enthaltend Anleitung zur einfachen Buch- und Geschäftsführung. Zweiter Theil. Specielle Erläuterung des ersten Theils···, Separatabdruck aus dem Archiv für Buchdruckerkunst, Leipzig 1870.[28)]

*HUBER, L. F.; Die Contorwissenschaft in französischer und deutscher sprache nämlich: Buchhaltung; Handelskorrespondenz, Geschäftsformulare etc. für junge deutsche Kaufleute welche sich nach Frankreich zu begeben Wünschen, Herausgegeben von L. F. Huber und Rémi Dumont, Leipzig 1870.[28)]

*NOCAR, Adolf; Stoff zur Buchung des Geschäftsganges nach dem Mercantil-Styl. Für die Eleven seiner Handels-Lehr-Anstalt, Prag 1870.[24)]

*PORGES, Carl; Materialien für ein Muster-Comptoir. Der Geschäftsgang eines Bank-, Waaren-, Commissions- und Speditions-Geschäftes. Zusammengestellt nach praktischen Erfahrungen, Wien 1870.[31)]

*REISCHLE, M.; *Die einfache und doppelte Buchhaltung, nach praktischer Verzeichnung erläutert für Handelsschulen und Handlungslehrlinge,* Vierte vermehrte Auflage, Augsburg und München 1870.

*SCHLÖSSING, Friedrich Heinrich; *SCHLÖSSING'S Unterrichts-Briefe zum Selbststudium. IV.Ahtheilung Buchhaltung (einfache und doppelte) für alle Geschäfts-Gattungen im Rahmen einer dreimonatlichen Geschäftsperiode,* Dritte ungearbeitete Auflage, Berlin 1870

*KARNER, Johann; Vollständiges Lehrbuch der einfachen und doppelten Buchfürung für Detailhandel, Fabrikanten und Gewerbsleute, sowie für den Selbstunterricht angehender Praktiker und zum Gebrauche an Handels-

33) Cf., Institute of Chartered Accountants in England and Wales; *op. cit.*, p.24.

schulen. Enthaltend: einfache, französische und italienische doppelte Buchführung···, Zweiter Edition, Pest I871.[26]

*POESCHL, Robert; Das Muster-Comptoir. Der Geschäfts-Praxis entsprechend durchgefürhte und mit theoretischen Erläuterungen versehene Ausarbeitung einer dreimonatlichen Gebarung in einem Compagnie-Geschäfte (en gros) mit Auflösung der Gesellschaft und Liquidation, Wien 1871.[31]

*ROZSAAGI, Martin; Spezielle und allgemeine Buch-, Rechnungs- und Geschäftsführung in Banken und anderen Geldinstituten···, Nach eigener Erfahrung und den besten Quellen, Pest 1871.[26]

*SCHROTT, Josef; Lehrbuch der allgemeinen Verrechnungswissenschaft, Zweiter rev. Edition, Wien 1871.[31]

*WAGNER, Carl F. A.; Lehre der doppelten Buchhaltung, vereinfacht durch Anwendung einer unfehlbaren Regel für das Formiren Journalposten, enthaltend eine gewahlte Sammlung von kaufmännischen Geschäftsvorfällen, welche so geordnet und erläutert sind, um einen vollständigen praktischen Cursus nebst unterweisung zu bilden. Nebst zahlreichen Beispielen von kaufmännischen Berechnungen. Für den Gebrauch von jungen Kaufleuten und Andern, und namentlich für Solche, die sich für Stellungen in englischen oder amerikanischen Handelshausern vorbereiten wollen, sowie für den Gebrauch von Comptoirs und Handelsschulen in Deutschland. Zu englischer und deutscher Sprache. Unter zu Grundlegung der berümten Marsh'schen Methode bearbeitet, Leipzig 1871.[28]

*AUGSPURG. G. D.; Die kaufmännische Buchführung zunächst für den Geschäftsgang der Hansestädte für Lehrer und zum Selbst-unterrichte für angehende Kaufleute, Zweite Edition, Hamburg 1872.[25]

*HOEGER, Rudolf W.; Die Buchführung des landwirthschaftlichen Gross-Geschäftes nach der Manier der italienischen doppelten Buchhaltung. Vollständige Darstellung ihrer Theorie und Praxis. Ein Leitfaden für Vorlesungen und zum Selbstunterrichts, Pilsen I872.[9]

*LICHTNEGEL, Josef Calasanz; Geschichte der Entwickelung des oesterreichischen Rechnungs und Controlwesens, Graz 1872.[11]

*WALTER, Albert; Die lehre vom Wechsel und Conto-Corrent. Zum Gebrauche in Real- und Handelschulen, sowie zum Selbststudium für den angehenden Kaufmann, Frauenfeld 1872.[11]

*W., E.; Die einfachste Art die Grundbücher der doppelten Buchhaltung einzurichten, wodurch nicht nur Fehler beim Uebertrag ins Hauptbuch unmöglich werden, sondern auch eine dreifache Probe für die Richtigkeit der Eintrage gewonnen wird, Stuttgart 1872.[32]

*CREIZENACH, J.; *Der kaufmännische Contocurrent in seiner rechtlichen Bedeutung. Mit erweitertem Inhalt aus dem Archiv für praktische Rechtswissenschaft abgedruckt*, Mainz 1873.

*DROBIL, Franz; Das Soll und Haben im Bankfache. Für Comptoiristen und Bank-Beamte. Mit besonderer Rücksicht auf den Selbstunterricht nach eigener Methode bearbeitet···, Erster Theil: Die Arithmetik, das Kaufmännische Zinsenrechnen und die Conto-Corrent-Lehre mit 74 Conto-Corrents, Wien 1873.[31]

*GALLUS, W.; Die doppelte (italienische) und einfache Buchführung in 10 Vorträgen zum Selbstunterricht, Berlin 1873.[30]

*KHEIL, Carl Peter; Die Lehre der Buchführung nach italien- & Kheil'schem Systeme in doppelten partien, und den Bestimmungen des Handelsgesetzbuches ···, Vierte verbesserte Auflage, Wien 1873.[31]

*SCHERBER, Jacob; Compendium der Buchhaltung für Kaufleute, Banquiers, Fabrikanten, Urproducenten, Staats-, Communal-, Eisenbahn- und Versicherungsbeamte, Schiffscapitäne (Bordbuchhaltung) und höhere Handels-Lehranstalten, Erster Theil, Wien 1873.[31]

*SCHMIDT, Louis; *Die Verwaltung der Eisenbahnen und die Buchführung im Eisenbahnbetrieb*, Stuttgart 1873.

*BLANC, S.; Praktische Buchhaltung für Schule und Haus. Nach dem Französischen bearbeitet von Fr. Schneider, Zweite mit Auslosungen der 83 Fragen vermehrte Auflage, Bern 1874.[27]

*JÄGER, Ernst Ludwig; *Beiträge zur Gescichte der Doppelbuchhaltung*, Stuttgart 1874.

*KNOEHL. G.; Die Buchführung im Schiffs-Rhederei-Geschäft. Theorie und Praxis, Hannover und Leipzig 1874.[16]

*PARTH, J. H.; Das A-B-C der Buchhaltung zum Schul- und Selbstunterricht, Graz 1874.[11]

*PAZELT, J.; Joh. Geyer's Lehrbuch der einfachen und doppelten Buchhaltung, vollstandig und bearbeitet von J. Pazelt. In zwei Theilen. Zehnte vermehrte

Ausgabe, Wien 1874.[31)]

*SCHLOESSING, Friedrich Heinrich; Einfache und doppelte Buchhaltung für alle Geschäfts-Gattungen im Rahmen einer drei-monatlichen Geschäftsperiode. 20 Briefe nebst Beilagen (Schlössing's Unterrichts-Briefe zum Selbststudium. IV Abtheilung), Fünfte umgearbeitete Auflage, Heilbronn 1874.[16)]

*SCHUMACHER. A.; Amerikanische Buchführung. Darstellung des Systems derselben für Kaufleute, Mainz 1874.[34)]

*BROŽ, Ferdinand; Fr. Broz's doppelte Wirthschafts-, Forst- und derer Industriebuchführung, Prag 1875.[24)]

*ENGLER, Johann Fr.; Allgemeine Theorie der Buchführung und ihre Anwendung im Waaren- und Bankgeschäfte, Wien 1875.[35)]

*KIESSLlNG, Emil; Die Buch- und Rechnungsführung bei kleineren Sparkassen. Belehrung über die einfachste und zweckmassigste Art derselben, sowie über die Anfertigung von Jahresabschlüssen und Geschäftsübersichten, Zweite umgearbeite Auflage, Dresden 1875.[18)]

* RÖHRICH, Wilhelm; Die Laufende Rechnung oder das Contocorrent. Die Ausstellung die verschiedenen Wege zur Berechnung der Zinsen und der Abschluss, Dritte Auflage, Leipzig 1875.[36)]

*SALOMON, Siegmund; Praktisches Lehrbuch zum Selbst-Unterricht im Buchführen in der Einrichtung der Bücher. Für Handwerker und Kaufleute, Neunte nach der Markwährung umgeänderte Auflage, Berlin 1875.[30)]

*SCHMITZ, Heinrich; *Neuer kaufmännischer Bucherabschluß. Entworfen und begründet, sowie im Vergleiche mit den bisher üblichen, minder zweckdienlichen Methoden des Abschlussverfahrens,* Leipzig 1875.

* STAHLMANN, Joh.; Aufgaben für den Unterricht in der Kaufmännischen Buchführung, Zweite vollständig umgearbeitete Auflage, Augsburg 1875.[37)]

* ZÄHRINGER, H.; Leitfaden für den Unterricht in der Rechnungs- und

---

34) Cf., Institute of Chartered Accountants in England and Wales; *op. cit.*, p.38.
35) Cf., Institute of Chartered Accountants in England and Wales; *op. cit.*, p.50.
36) Cf., Institute of Chartered Accountants in England and Wales; *op. cit.*, p.34.
37) Cf., Institute of Chartered Accountants in England and Wales; *op. cit.*, p.16.
38) Cf., Institute of Chartered Accountants in England and Wales; *op. cit.*, p.56.

Buchführung an schweizerischen Volksschulen, Zweite Edition, Zürich 1875.[38]

*KITT, Ferdinand; Lehrbuch der doppelten Buchhaltung, Wien 1876.[35]

*MACHTS, Ferdinand; *DIE GÜTER BUCHHALTUNG NACH DEM SYSTEME DER DOPPELTEN BUCHFÜHRUNG*, Prag 1876.

*PFULIMANN, C. G.; Buchführung für Handwerker und kleinere Gescäftsleute, Leipzig 1876.[36]

*PORGES, Carl; Lehrbuch der kaufmännischen Buchführung in doppelten Posten. Leitfaden für den Schul- und Selbstunterricht, Dritte gänzlich umgearbeitete und vermehrte Auflage, Wien 1876.[35]

*RICHTER. H.; Anleitung zur Buchführung. Anweisung für kleine und mittle Landwirthschaften, mit geringer Mühe Ausgaben und Einnahmen der Wirthschaft zu verbuchen, um dadurch eine genaue Ueberlicht des Reinertrages zu erfangen und für die Einkommensteuer-Feststellung die nöthigen Anhaftspunke zu gewinnen, Berlin und Leipzig 1876.[30]

*RÖHRICH, Wilhelm; Die einfache und doppelte Buchhaltung. Zum Gebrauche für angehende Geschäftsleute, sowie für den Unterricht theoretisch und praktisch dargestellt von Wilhelm Röhrich und Wilhelm Röhrich jr. Dritte, ganz neu bearbeitete und den neuen Münz- und Cursverhältnissen entsprechende Auflage (Handbuch der Contorarbeiten. Zum Gebrauche für angehende Geschäftsmänner, sowie für den Unterricht theoretisch und praktisch dargestellt, Zweiter Band), Stuttgart 1876.[32]

*TREMPENAU, Wilhelm; *Die geheimen Arbeiten der Buchführung zum praktischen Gebrauch für Banquiers, Fabrikanten, Kaufleute, Rechnungsbeamte und Zöglinge von Handelsinstituten*, Qedlinburg 1876.

*TREMPENAU, Wilhelm; Die Hotel-Buchführung. Praktische Unterweisung zum Selbstunterricht in der kaufmännischen doppelten Buchführung für Hoteliers, Gastwirthe, Restaurateurs, Cafetiers, Oberkellner etc., Weimar 1876.[29]

*WAGNER, Albert; Der Rechnungs- Abschluss im Bank und Versicherungs-Geschäft, Berlin 1876.[30]

*FISCHER, Gr.; Die doppelte Buchhaltung. Ein methodischer Leitfaden für Real- und Burgerschulen, für Handelslehranstalten und für den Selbstunterricht, München 1877.[34]

*KARG, J. B.; Leitfaden zur gründlichen Selbst-Erlernung der einfachen sowie doppelten Bierbrauerei-Buchhaltung für kleinere und grössere Etablissements, München 1877.[34)]

*KHEIL, Carl Peter; Materialien zur Praktik der doppelten Buchführung, Prag 1877.[24)]

* RÖHRICH, Wilhelm; Der Bücherabschluss und die Ermittelung des Geschäftsgewinnes bei der einfachen und bei der doppelten Buchführung, Stuttgart 1877.[32)]

*SCHULTEN, Wilhelm; Schlüssel Fortletzung der einfachen und doppelten Buchführung für den Monat Februar, nebst Schema für das Geheimbuch, Duisburg und Leipzig 1877.[18)]

*SWOBODA, Otto; Die einfache und doppelte Buchführung. Eine praktische Anleitung für Bank- und Waarengeschäfte (Die gesammten Contoirwissenschaften. Ein praktischen Lehrbuch für den Unterricht, sowie Waarengeschäfte, Erster Band), Berlin 1877.[30)]

*BEIGEL, R.; Practische Einführung in die kaufmännische Buchhaltung. Ein theoretisch-practischer Leitfaden zur schnellen und leichten Erlernung der einfachen und doppelten Buchführung für Schulen und zum Selbstunterricht, Stuttgart 1878.[32)]

*BERGER, J.; Lehrbuch der einfachen und doppelten Buchhaltung. Für Handelsschulen sowie für angehende Geschäftsleute, Pressburg und Leipzig 1878.[27)]

*ELSE, Hermann; Die Lehre von der Buchhaltung für Landwirthe (auch für grosse und kleine Fabrikgeschäfte verwendbar) aus Grund volkswirthschaftlicher Ideen in ihren bisherigen Schwierigkeiten gelöst und nach kaufmännich doppeltem System, Zweite vermehrte und verbesserte Auflage, Pirna 1878.[13)]

*HERZ, Michael; Der methodische Buchhalter lehrt die einfachste, einfache und Doppelte Buchhaltung; das Handelsgesetz über die Handelsbücher, und den praktischen Theil der Wechsellehre besonders geeignet fur Selbstunterricht so auch als Handbuch fur den unterrictenden Lehrer, Pressburg 1878.[19)]

* KLAPKA, Anton; Die landwirthschaftliche doppelte Buchführung, Zweite Auflage, Wien 1878.[35)]

*KUWERDT. J.; Grundriss der doppelten kaufmännischen Buchführung. Ein Lehrbuch zum Selbststudium und zum Gebrauche an Handelslehranstalten. Mit vier übersichtlich Tabellen, Leipzig 1878.[36)]

*NOVAK, Alexander; Karner's Lehrbuch der einfachen und doppelten Buchführung für Detailhandel, Fabrikanten und Gewerbsleute sowie für den Selbstunterricht angehender Praktiker und zum Schulgebrauche, Zweiter Theil: Doppelte Buchführung, Budapest 1878.[26)]

*RÖHRICH, Wilhelm; *Die Beweiskraft ordnungsmässig geführter Handelsbücher und die Anforderungen des allgemeinen deutschen Handelsgesetzbuches an die kaufmännische Buchführung*, Stuttgart 1878.

*BERLINER, Manfred; Zwerei Monate in einem Engros- Geschäfte. Ausdem Praxis entnommene Geschäftsvorfalle als Grundlage fur den Unterricht in der Buchführung, Hannover 1879.[16)]

*HÖNIG, Julius; Die einfache und doppelte Buchführung; ein Leitfaden zur Erlernung der Buchführung. Anhang - Zinsenrechnen, Escompte, Wechsel, Wien 1879.[35)]

*JÄGER, Ernst Ludwig; *Drei Skizzen zur Buchhaltung,* Stuttgart 1879.

*MORGENSTERN, Julius; Allgemeine deutsche Buchführung die Vorzüge und Ergebnisse der doppelten (ital.) Buchführung in einfacher Buchführung dargestellt. Ein neues, höchst zuverlässiges System, Berlin 1879.[30)]

*POHL, J.; Handbuch der landwirthschaftlichen Rechnungsführung, Berlin 1879.[30)]

*RUPRICH, Wenzel; Einige sogenannte Buchführungs-Methoden und Systeme im Vergleiche mit dem Systeme der doppelten italienischen Buchführung, Brünn 1879.[19)]

*SCHULTEN , Wilhelm; Deutsch-französische Buchführung nach der doppelten Methode für den Waaren-, Bank- und Seehandels-Verkehr, im Anschlusse an die „Praktischen Uebungen zur Handels-Correspondenz", nebst Anleitung zur selbstständigen Fortletzung der Buchführung in deutscher und französischer Sprache, Zweite Auflage, Duisburg und Leipzig 1879.[33)]

*BEIGEL, Rudolf; Die kaufmännische Buchführung und die Beweiskraft der Handelsbücher nach den Anforderungen des Allgemeinen Deutschen Handelsgesetzbuches, Lahr 1880.[21)]

*KRISTIN, R.; Die doppelte Buchführung für Fabrikgeschäfte, Zweite Auflage, Kattowitz 1880.[21)]

*POESCHL, Robert; Lehrbuch der einfachen Buchhaltung für kaufmännisch oder gewerblich betriebene Geschäfte. Zum Selbstunterrichte sowie speciell zum Gebrauche an weiblichen Handelsschulen, Arbeits- und Fortbildungsschulen, Wien 1880.[35)]

*RUPRICH, Wenzel; Der Conto-Corrent oder die laufende Rechnung, Brunn 1880.[19)]

*SIMON, Ferdinand; Kurzgefasster Lehrgang der Handelswissenschaft mit besonderer Berücksichtigung der doppelten Buchführung der Lehre von den Wechseln und Actien nebst einem Grundriss der Volkswirthschaftslehre, Magdeburg 1880.[34)]

*DAEMPFLE, Ferdinand; Praktische Anleitung zur einfachen und doppelten Buchführung für Braugeschäfte, Augsbung 1881.[37)]

*GLASSER, Franz; Materialien für den praktischen Buchhaltungs-Unterricht in doppelten Posten, Wien 1881.[35)]

*MORGENSTERN, Julius; Die Buchführung des Waaren-Verkaufs-Agenten. Belehrung über praktische und übersichtliche Einrichtung und Führung der Geschätsbücher für Agentur- und Commissions-Geschäfte, Leipzig 1881.[36)]

*PACHMANN, Heinrich; *Die Fabrikbuchhaltung nach den Regeln der doppelten Buchführung, unter besonderer Rücksichtnahme auf die für genaue Controlle und richtige Calculation, und zur Verfassung exacter Bilanzen nöthigen Scontro=Bücher,* Dritte verbesserte und vermehrte Auflage, Leipzig, Lipa und Wien 1881.

*SCHILLER, Rudolf; Ueber einige Fragen aus dem Gebiete der Buchhaltung. Vortrag gehalten am 24. Januar 1881 im Wiener Kaufmännischen Verein, Wien 1881.[35)]

*WENSELY, Julius; Die Contocorrent-Zinsrechnung für Zöglinge des Handelsstandes und Schüler höherer Lehranstalten an zwölf Beispielen erklärt und mit Uebungsaufgaben versehen, Chemnitz 1881.[26)]

*BROŽ, Ferdinand; *Praktische Erfahrungen über die Anwendung der doppelten Buchführung in der Land- und Forstwirthschaft und deren Industrie*, Prag 1882.

*JÄGER, Ernst Ludwig; *Beachtenswerthe Fälle und neue Skizzen aus dem Gebiete der Buchhaltung,* Stuttgart 1882.

*ODERMANN, Carl Gustav; Praktische Anleitung zur einfachen und doppelten Buchhaltung. Für Handelsschulen sowie für angehende Geschäftsleute, Siebente Edition, Leipzig 1882.[36)]

*RUEBER, Ferdinand Edlen von; Die Buchführung bei den Spar- und Vorschuss-Consortien des ersten allgemeinen Beamten-Vereines, Wien 1882.[35)]

*SCHROTT, Josef; Die Logismographie, eine neue doppische Buchführungsmethode, Wien 1882.[35)]

* WERTHEIMER, Wilhelm; Theorie und Praxis der Buchhaltung und der Handelscorrespondenz mit Beispielen und Formularien. Für Lehrer, Schüler sowie selbstlernende Kaufleute und Gewerbetreibende auf Grund Praktischer Erfahrungen, Dritte verbesserte und vermehrte Auflage, Prag 1882.[24)]

*KAUFMÄNISCHE VEREIN IN CREFELD; Das Banquier-Conto-Corrent, dargestellt und erläutert in Voraus- und Ruckrechnung mit einheitlichem und wechselndem Zinsfutze. Praktische Anleitung zum richtigen Verständnisse wie zur selbständigen Ausarbeitung der Conto-Corrent, Zweite Auflage, Crefeld 1883.[18)]

*KEIL, Oskar Heinrich Wilhelm; Kaufmännische Unterrichts-Kurse zum Selbst-Studium der Kontorwissenschaft, Leipzig 1883.[36)]

*KOPP, Vital; Leichtfassliche, methodische Anleitung zur doppelten Buchhaltung und den Conto-Correnten. Zum Gebrauche für Gewerbe-, Real- und Handelsschulen sowie für angehende Kaufleute und Gewerbetreibende, Luzern 1883.[22)]

* MÜLLER. Wilibald; Dr. Wilibald Müller's Geschäftsbuch. Verlässlicher, leichtverständlicher und praktischer Rathgeber in allen Angelegenheiten des Privat- und des Geschäfts-Verkehrs. Mit 248 Formularien und Mustern zu Aufsätzen aller Art, Privat-. Handels- und Geschäftsbriefen, Neunte Auflage, Wien und Teschen 1883.[35)]

*SCHILLER, Rudolf; Aufgaben-Sammlung für Handel-Lehranstalten. 1. Aufgaben für einfache und doppelte Buchhaltung, Wien 1883.[35)]

*TOMSSA, Theodor; Geldrechnung und Ertragsnachweisung bei landwirthschaftlichen Gütern mit Ausschluss construiter preise für marktlose Ware, Prag 1883.[24)]

＊WINKLER, Robert; *LEHRBUCH DER BUCHHALTUNG*, Zweite umgearbeitete und vermehrte Auflage, Wien 1883.

＊GAUTSCH, J. von; Erläuterungen über Aufstellung einer Bank-Bilanz mit besonderer Berücksichtigung des transitorischen Conto, Wien 1884.[35)]

＊HEILER, C. W.; Handbuch für Genossenschaftsbanken. Anleitung zur Gründung, Geschäfts- & Buchführung derselben. Mit einem Anhange enthaltend Schemata zu Statuten & Formularien sowie das Deutsche Genossenschaftsgesetz, Stuttgart 1884.[32)]

＊HERTEL; Die preussische Ober-Rechnungskammer Rechnungshof des Deutschen Reichs ihre Geschichte, Einrichtung und Befugnisse, Berlin 1884.[30)]

＊LEIXNER, Alois von; Aufgaben zu Alois v. Leixner's Lehrbuch der kaufmännischen Buchführung. Ausgearbeitet nach italienischem und fraznösischem System, Wien 1884.[35)]

＊LEIXNER, Alois von; Lehrbuch der kaufmännischen Buchführung (italienische und französische doppik). Mit besonderer Rücksicht auf den Selbstunterricht, Wien 1884.[35)]

＊LEVY, J. A.; Der Contocorent-Vertrag. Von J. A. Levy. Autorisirte deutsche Ausgabe. Mit besonderer Berücksichtigung der neuerendeutschen Theorie und Praxis. Herausgegeben von Dr. J. Riesser, Freiburg und Tübingen 1884.[11)]

＊MEYER, Herman; Die Theorie der Buchhaltung. Der kaufmannischen Welt gewidmet, Leipzig 1884. [36)]

＊PERPEET, C. D.; Probe-Bilanzen in der doppelten Buchhaltung mit und ohne Conto-Corrent-Buch. Ein Beitrag zur Praxis der Systematischen Buchführung mit besonderer Berücksichtigung des gewönlichen Warens- und Fabrik-Geschäfts, Crefeld 1884.[18)]

＊PÖSCHL, Robert; *Geyer- Pazelt's Lehrbuch der einfachen und doppelten Buchhaltung, vollständig neu bearbeitet*, Zwei Theilen, Dreizehnte vermehrte Ausgabe, Wien 1884.

＊RUPRICH, Wenzel; Handbuch für Bankbeamte, Contoristen und Lernende, Zweite vermehrte und gänzlich umgearbeitete Auflage, Brunn 1884.[19)]

＊SCHMELZER, Hermann; *Die Werkstätten-Buchführung für den Maschinenbau. Eine praktische Anleitung zur zweckmässigen Einrichtung und Führung aller für den rationellen Betrieb von Eisengiessereien und Maschinen-*

fabriken nothwendigen Bücher. Für Fabrikanten, Betriebsleiter, Ingenieure, Werkmeister etc., Zweite Auflage, Leipzig 1884.

＊SEIDLER. Gustav; *DER STAATSRECHNUNGSHOF ÖSTERREICHS*, Wien 1884.

＊STERN, Robert; Unterrichtsbriefe für das Selbstudium der Buchführung. Wohlfeile Volksausgabe. mit zahlreichen Vorlagen, Blanquetten und rastrirten Scripturen zum Verbuchen von aus der Handels- und Gewerbepraxis gewählten uebungsbeispielen, Wien 1884.[39)]

＊BAUER, Julius; Buchhaltung für Brauereien, Wien 1885.[39)]

＊BRAUNE, Albert; *Praktische Anleitung zur einfachen und doppelten Buchhaltung für Handelsschulen, sowie zum Selbstunterrichte für angehende Geschäftsleute*, Dritte, gänzlich umgearbeitete Auflage, Leipzig 1885.

＊EGLI, H; Instruktions-Buch zur praktischen Erlernung der Conto-Correntführung und der einfachen und doppelten Buchführung verbunden mit Disconto-Rechnen und Correspondenz, Zweite Edition, Winterthur 1885. [14)]

＊JEEP, W.; Leichte und praktische Buchführung für baugewerbeliche Geschäfte. Zum Gebrauche für Bauhandwerker, als: der Maurer- und Steinmetz-, Zimmermeister, Dachdecker, Tischler etc···, Zweite Auflage, Weimar 1885.[29)]

＊LANGE, C. Friedrich Rudolf; Das Grubenhaushalts-, Kassen- und Rechnungswesen der Königlich Preussischen Bergbehörden sowie die Organisation und der Geschäftsgang der Königlichen Oder-Rechnungs-Kammer, Freiberg in Sachsen 1885.[11)]

＊RUPRECHT, Ernst; Die Buchhaltung. Eine Erklärung ihrer Grundsätze und Formen, Zweite umgearbeitete und vermehrte Auflage, Wien 1885.[39)]

＊SCHERBER, Jakob; *Bilanzen nach buchhalterisch=juridischen Gesichtspunkten. Bilanzmässige Schätzungen und Bilanzrevisionen nebst Vemängelungsverfahren für alle Berufstände, welche Bilanzen zu verfassen, zu prüfen oder darüber zu judiciren haben*, Wien 1885.

＊SCUBITZ, Friedrich; *Methodische Anleitung zum Selbstunterricht in der doppelten Buchführung*, Stuttgart 1885.

＊STOLL, F.; Lösung practischer Rechnungsfälle für das Notariats- und Verwaltungsfach, Stuttgart 1885.[32)]

---

39) Cf., Institute of Chartered Accountants in England and Wales; *op. cit.*, p.51.

＊THOMAS, Franz; Anwendung der doppelten Buchhaltung, Brunn 1885.[19]

＊BELOHLAWEK, Hans; Das Contocorrent mit wechselndem und das mit doppeltem Zinsfusse. Separatabdruck aus dem vierten Jahresberichte der öffentlichen Handels-Akademie in Linz a.d. Donau, Wien 1886.[39]

＊KLEIN, Friedrich; Friedrich Klein's Amerikanische Buchführung. Lehrbuch, bearbeitet unter Anwendung einer leichtfastlichen Methode zum Selbstunterricht, sowie für den Unterricht in Handelsschulen, mit neuem praktischen Bücherabschlusse, Leipzig 1886.[36]

＊LEVY, M.; Wegweiser für den jungen Kaufmann. M. Levy's Buchführungsmethode praktische, leicht fassliche Anleitung zum Selbst-Unterricht der doppelten Buchführung nach italienischem u. amerikanischen System. Ein Wort an die Herren Principale nebst dem von anderer Seite un-berechtigter Weise als eigene Erfindung empfohlenen und nur gegen eine namhafte Summe käuflichen Geheimniss des Buchführung's Control-Systems, Köln 1886.[26]

＊MANN. K.; Das Gemeinde-Rechnungswesen in Württemberg in Lösungen praktischer, zu Prüfungsaufgaben verwendeter. Rechnungs-fälle, Stuttgart 1886.[32]

＊SIMON, Herman Veit; *Die Bilanzen der Aktiengesellschaften und der Kommanditgesellschaften auf Aktien,* Berlin 1886.

＊ALLINA, Max; Theorie der doppelten Buchführung. Separat-Abdruck aus dem unter der Presse befindlichen Lehrbuche der einfachen und der doppelten Buchführung von Director Max Allina, Wien 1887.[39]

＊GRUBER, Johann; Leitfaden der einfachen und doppelten Buchhaltung. Zum Gebrauche an einclassigen Handelsschulen und kaufmännischen Fortbildungsschulen, Wien 1887.[39]

＊HÜGLI, Franz; *Buchhaltungs-Systeme und Buchhaltungs-Formen. Ein Lehrbuch der Buchhaltung,* Bern 1887.

＊KOEHLER, August; Practische Darstellung der doppelten Buchhaltung für Spar- & Vorschuss-Vereine, mit den hiezu nöthigen Erläuterungen, Eger 1887.[33]

＊ODENTHAL, Joseph; Lehrbuch der kaufmännischen doppelten Buchhaltung. Zum Gebrauche für hohere Handelslehranstalten, sowie zum Fortbildungsunterrichte für Handlungsbeflissene, Leipzig 1887.[36]

*SCHILLER, Rudolf; Lehrbuch der Buchhaltung für höhere Handelslehranstalten, Drei Volumen, Wien und Leipzig 1887, 1888.[39]

*TABORSKY, Franz; Kurz gefasstes Lehrbuch über den k. k. österreichischen Staats-Rechnungs- und Controlls-Dienst auf Grund der kaiserlichen Verordnug vom 21 November 1866. enthaltend die allgemeinen cameralistischen Grundfässte und die neuen Berechnungs- und Controllsvorschriften der Staatsgeldgebarung, ferner die kaufmännische Buchführung der k. k. Montanamter und eine besondere Abhandlung uber die Berrechnung der - den Militarintendanzen unterstehenden k. k. Militalcassen und Gruppenkörper-Amter. Mit zahlreichen formularien, Brunn 1887.[19]

*著者は不明; Practische Anleitung zur sofortigen Erlernung der doppelten Bierbrauerei-Buchhaltung im Rahmen einer monatlichen Austellung. Herausgegeben von einem Fachmann, Leipzig 1887.[36]

*AUSTRO-HUNGARY. Post- und Telegraphen Anstalt; Handbuch für den Rechnungsdienst der Post- und Telegraphen-Anstalt. Sammlung de den administrativen und den Fachrechnungsdienst der Post- und Telegraphen-Anstalt betreffenden Normen. Im Auftrage des k.k. Handelsministeriums zusammengestellt im Ministerial-Rechnungsdepartement, beziehungsweise in den Postfachrechnungsdepartements, I und II, Wien 1888.[39]

*KLAPPER, Edmund; *Die wirtschaftliche Buchführung des Landwirts. Vorschläge aus der Praxis,* Zweite Auflage, Oranienburg 1888.

*LAMBL, J. B.; *DIE GRUNDRENTE als Zweck aller Landwirtschaft und Viehzucht. Ein Beitrag zur Reform irriger Betriebs-, Buchführungs- und Ertrags-Taxations-Grundsätze,* Zweite, fast unveränderte Ausgabe, vermehrt mit einem Nachtrage die Correctur des Grundsteuergesetzes betreffend, Prag 1888.

*RAIFFEISEN, F. W.; *Anweisung zur Errichtung und Leitung von Spar- und Darlehenskassen-Vereinen nach dem System F. W. Raiffeisen's in Niederöstereich. Musterstatuten, Geschäftsordnung, Buchführungsvorschrift und Formulare für solche Vereine, berathen und beschlossen von einer bei dem niederösterreichischen Landesausschusse unter dem Vorsitz Sr. Excellenz des Herrn Landmarschalls Grafen Christian Kinsky abgehaltenen Fachmänner=Versammlung auf Grund eines von dem Landesausschuss=Referenten Dr.G. Grantisch vorbereiteten Entwurfes, nebst einem Anfange, enthaltend die Verichte und Verhandlungen des n.ö Landtages sowie die Maßnahmen des n.ö Landesausschusses in dieser Angelegenheit*, Zweite, ergänzte Auflage, Wien 1888.

＊SCHÄR, Johann Friedrich; *Lehrbuch der Buchhaltung. Methodischer Aufbau der doppelten Buchhaltung aus ihren Elementen und Anwendung des Systems auf die amerikanische, italienische, deutsche, und französische Buchhaltungsform und das Kontokorrent. Mit zahlreichen Beispielen und Aufgaben für die Bedürfnisse der Handels- und Industrie-Schulen, sowie zum Selbststudium für Kaufleute*, Stuttgart 1888.

＊SEIDLER, Gustav; *LEHRBUCH DER ÖSTERREICHISCHEN STAATSVERRECHNUNG*, Wien 1888.

＊SIMON, Ferdinand; Das Wesen der Buchführung mit besonderer Berücksichtigung des amerikanischen Systems (Universal-Bibliothek. Heft I), Berlin 1888.[40)]

＊BLEY, C. H.; Praktische kaufmännische Buchführung für Fleischereien und Viehhandlungen mit fortlaufender Velmögensübersicht bearbeitet von ･･･, Leipzig 1889.[36)]

＊BREYER, Emil; Lehrbuch für den Unterricht in den Comptoirwissenschaften und der gewerblichen Buchführung, Reichenberg 1889.[15)]

＊DRAPALA, Theodor; Buchhaltungskunde in ihrer wissenschaftlichen Pflege. Zugleich eine Einführung in die Geschichte und Literatur der Buchhaltungslehre, Wien 1889.[39)]

＊HESS, Adolf Friedrich; *ANLEITUNG ZUR BERECHNUNG DER ZINSEN, PROVISION UND MANIPULATIONSGEBÜHR IN CHECK-VERKEHR MIT DER K. K. POSTSPARCASSE*, Zweite vermehrte und verbesserte Auflage, Wien 1889.

＊KLEMICH, Oskar; Kaufmännische Buchführung. Vierte, vermehrte und verbesserte Auflage, Leipzig 1889.[36)]

＊MAIER-ROTHSCHILD; *Der kleine Maier=Rothschild. Ein praktischer Führer durch das Wissenwürdigst aus dem Gesamtgebiet der Handelswissenschaften. Für Zöglinge des Handels- und Gewerbestandes, welche im Geschäftsleben stehen oder in dasselbe eintreten wollen*, Berlin 1889.

＊SINGER, Richard; Lehrbuch der gewerblichen Buchführung nebst einem Anhange: das Wichtigste aus der Wechselkunde und uber den Wechselstempel fur Werkmeisterschulen, allg. Handwerkerschulen, gewerbliche Fachschulen und verwandte Lehranstalten, sowie zum Selbstunterrichte, Wien 1889.[39)]

---

40) Cf., Institute of Chartered Accountants in England and Wales; *op. cit.*, p.19.

*TREMPENAU, Wilhelm; Die doppelte Buchführung für das Bankgeschäft. Theoretische und praktische Anleitung zur Erlernung der doppelten Buchführung für diese Branche nebst Belehrungen und Elklärungen über Wertpapiere aller Art, Börsen und Börsengeschäfte, Börsenberichte u.s.w., sowie die Börsen-Ordnungen und Usancen der Börsen zu Berlin und Wien, Leipzig 1889.[41)]

*VILLICUS, Franz; Lehr- und Übungsbuch der einfachen Buchhaltung mit buchhalterischen Aufgaben sammt beigefügten Abschluss-Resultaten für kaufmännische Fachschulen, Wien 1889.[39)]

*BERGER, J.; Lehr- und Übungsbuch der kaufmännischen (einfachen und doppelten) Buchhaltung, Für zweiclassige Handelsschulen, Wien 1890.[42)]

*MICHELIS, Heinrich; Conto-Corrent. Abrechnungen für alle kaufmannischen Geschafte insbesondere für Grosso- und Bankier-Verkehr. Ein Lehrbuch für Handelsschulen, sowie zum Selbstunterricht, Berlin 1890.[40)]

*ODENTHAL, Joseph; Leitfaden der kaufmännischen einfachen Buchhaltung. Zum Gebrauche für Handelsschulen und zum Selbstunterricht, Wien 1890.[42)]

*SCHÄR, Johann Friedrich; *Versuch einer wissenschaftlichen Behandlung der Buchhaltung, hg. von HÖNNCHER, Erwin; Aus Handel und Industrie. Sammlung volkswirtschaftlicher Abhandlung unter besonderer Berücksichtung der Industrie, des Bank- und Börsenwesens, sowie der kaufmännische Rechtspflege,* II. Serie. Heft 1/2, Basel 1890.

*FRISCH, Friedrich; Handbuch der Vermägens-Verwaltung und des Rechnungswesens der bürgerlichen Gemeinden im Königreich Württemberg nach dem neuesten Stande der Gesetzgebung, Waiblingen 1891.[29)]

*HENRICH, Gustav; Das Pfandbrief-Geschäft vom Standpunkte der Buchhaltung, Hermannstadt, Wien und Leipzig 1891.[16)]

*KAATZ, Louis; Buchführung für Hotels und Restaurants; Leitfaden zur Selbst-Erlernung, Leipzig 1891.[41)]

*ODERMANN, Carl Gustav; *Die Lehre von der Buchhaltung, theoretisch und praktisch dargestellt von Schiebe und Odermann,* Dreizehnte verbesserte Auflage, Leipzig 1891.

---

41) Cf., Institute of Chartered Accountants in England and Wales; *op. cit.*, p.35.
42) Cf., Institute of Chartered Accountants in England and Wales; *op. cit.*, p.52.

*PERPÉET, C. H.; *Die doppelte Buchhaltung. Theorie und Praxis in neuer, vereinfachter Darstellung. von C. H. Perpéet, unter Mitwirkung seines Sohnes Johs. Edmund Perpéet*, Leipzig 1891.

*RUECK, J.; Verbesserte amerikanische Buchführung System „Rück." Anleitung mit vollständiger Durchbuchung fingirter Geschäftsvorfälle, Zweite Auflage, Stuttgart 1891.[43)]

*SEIDLER, Gustav; Leitfaden der Staatsverrechnung, Zweite durchgeschene Auflage, Wien 1891.[42)]

*ZOLLING, C.; Die Buchführung des Landwirths, nach bewährtem System dargestellt und für die Bedürfnisse grösserer Güter bearbeitet, Zweite wohlfiele Ausgabe, Halle 1891.[12)]

*著者は不明; Das Colonnen-System. Die einfachste und sicherste Art der doppelten Buchführung für die Landwirthschaft, geeignet zur genauen Feststellung des Jahresertrages im Hinblick auf das Selbsteinschatzungsverfahren, Bremen 1891.[19)]

*BUERCK, Paul; Praktische Buchführung für Brauereien (Bibliothek praktischer Specialbuchführungen für Handel und Gewerbe. Bd. II), München 1892.[34)]

*BUERDORFF, Georg; *Praktische Buchführung für Ziegeleien. Zum Selbstunterricht,* Zweite Auflage, Leipzig 1892.

*EIBEN, Georg; Die gastgewerbliche Buchführung und Verwaltung. Ein Lehrbuch für Gastgewerbetreibende und gastgewerbliche Fachschulen, Kassel 1892.[21)]

*FRANZ, Alois Rudolf; Österreichische Staats-Verrechnugskunde, Prag 1892.[15)]

*GRUBER, Ignaz; System der Rechnungswissenschaft, Wien 1892.[42)]

*HÜGLI, Franz; Kurze Charakteristik der Buchhaltungs-Systeme, Bern und Basel 1892.[27)]

*LANG, Hans; In 8 Tagen doppelte Buchführung. Für den Selbstunterricht, Zweite Auflage, Berlin 1892.[40)]

*SCHILLER, Rudolf; Ein Beitrag zur richtigen Berechnung der Conto-corrent-Zinsen. Separat-Abdruck aus dem 35. Jahresberichte der Wiener Handels-Akademie pro 1892, Wien 1892.[42)]

43) Cf., Institute of Chartered Accountants in England and Wales; *op. cit.*, p.46.

*SKŘIVAN. Antonin; Lehrbuch der kaufmännischen einfachen Buchhaltung mit vorangehender Erklärung der Hilfsbücher, Sechste Auflage. Herausgegeben von Vladimir Skřivan, Prag 1892.[15)]

*STAHLMANN, Joh.; Aufgaben für den Unterricht in der Kaufmännischen Buchführung, Augsburg 1892.[37)]

*VILLICUS, Franz; Muster- und Übungsheft für die ersten Verbuchungen im Cassabuche und in der Prima-Nota mit Überträgen ins Hauptbuch sammt Abschluss der Conti nach der doppelten Buchhaltung. Für Handelsschulen und kaufmännische Fortbildungsschulen (Nr.I), Wien 1892.[42)]

*VILLICUS, Franz; Muster- und Übungsheft für die ersten Verbuchungen im Hauptbuche mit Abschluss der Conti nach der doppelten Buchhaltung. Für Handelsschulen und kaufmännische Fortbildungsschulen (Nr.II.), Wien 1892.[42)]

*VILLICUS, Franz; Muster- und Übungsheft für die ersten Verbuchungen nach der einfachen Buchhaltung. Für kaufmännische Fortbildungsschulen und Handelsschulen, Wien 1892.[42)]

*WEINHEIMER; Das Rechnungswesen der Gemeinden, Amstförperschaften und Gemeindestiftungen in seinen Grundzügen dargestellt, Stuttgart 1892.[43)]

*BERLINER, Manfred; *Schwierige Fälle der kaufmännischen Buchhaltung und ihre Lösung nebst einer Darlegung der Allgemeinen Lehrsätze der kaufmännischen Buchhaltung. Ein Hand- und Nachschlagebuch für Buchhalter, Vorstände und Aufsichtsräthe von Aktiengesellschaften, Verwaltungsbeamte, Juristen und Lehrer der Buchhaltung*, Hannover und Leipzig 1893.

*GREBER, Julius; Das Kontokorentverhältnis, Freiburg im Breisgau und Leipzig 1893.[11)]

*HUSCHKE, Emil; Leitfaden der Einfachen u. Doppelten Buchführung (Als Manuskript gedruckt), Leipzig 1893.[41)]

*SCUBITZ1, Friedlich; Methodische Anleitung von Selbstunterricht in der doppelten Bucführung, Zweite, verbesserte Stereotypauflage, Stuttgart 1893.[43)]

*TREMPENAU, Wilhelm; Bücher-Einrichtung und Bücher-Abschluss ohne und mit Geheimhaltung der Bilanz. Praktische Anleitung zur Einrichtung von Handelsbüchern für die verschiedenartigsten Geschäftsverhältnisse und zum Abschluss derselben sowohl im Gewinn als im Verlust-Falle, sowie zu einer sehr einfachen aber gründlichen Geheimbuchführung. Nebst einem Anhang: die stille Gesellschaft und ihre Buchführung, Elberfeld 1893.[33]

＊BANZER, M.; Die moderne Hôtel-Buchführung und die Buchführung für Restaurant und Café; für den Selbstunterricht und als Leitfaden bei der Einrichtung und Fülvung der Bücher, Frankfurt am Main. 1894.[11]

＊BEDNAŘZ, Konstantin; Normalbilanzen. Ein Beitrag zum Rechnungswesen in Rohzuckerfabriken. Separatabdruck aus der „Zeitschrift für Zuckerindustrie in Böhmen", Jahrg. XIX, Prag 1894.[15]

＊BERGER, J.; *Die Fortschritte in der Buchhaltungswissenschaft insbesondere hinsichtlich der Gütercontrole und der Ertragsnachweisung. Für Kaufleute, Lehrer, Juristen und Beamte*, Wien 1894.

＊HÜGLI, Franz; *Die konstante Buchhaltung*, Bern 1894.

＊KIESSLING, Emil; Die Buch- und Rechnungsführung bei kleineren Sparkassen. Belehrung über die einfachste und zweckmässigste Art derselben, sowie über die Anfertigung von Jahresabschlüssen und Gescäftsubersichten, Zweite, umgearbeitete Auflage, Dresden 1894.[18]

＊PAYR, Carl; Lehrbuch der Verrechnung und Controle in der Privat-, Gemeinde-, Landes- und Staats-Wirtschaft, Innsbruck 1894.[16]

＊BAUER, Josef; Inventur und Bilanz sowie Gewinnberechnung bei der offenen Handelsgesellschaft, Kommanditgesellschaft und stillen Gesellschaft, Leipzig 1895.[41]

＊BELOHLAWEK, Hans; Das Zinsenkontokorrent in seinen verschiedenen Formen, Zittau 1895.[14]

＊BELOHLAWEK, Hans; Fünfzig Büchungs-Stoffe, eine Aufgaben-Sammlung für höhere Handelslehranstalten, Zweite Auflage, Linz 1895.[22]

＊SCHÄR, Johann Friedrich ; *Aus Handel und Industrie. Sammlung volkswirtschaftlicher Abhandlungen unter besonderer Berücksichtigung der Industrie, des Bank- und Börsenwesens, sowie der kaufmännischen Rechtspflege.* II. Serie. Heft 1/2. *Inhalt: Versuch einer wissenschaftslichen Behandlung der Buchhaltung. Herausgegeben von Erwin Hönncher*, Zittau 1895.

＊JAHN, Friedrich ; Wie befeitigt man das Wörtchen „per"aus der Buchführung? Ein Beitrag zur Reinigung unserer Muttersprache, Essen 1895.[44]

*LEEB, Johann; *Das Gesellschaftsvermögen und der Gesellschaftsanteil bei der Kommanditgesellschaft auf Aktien*, Zittau 1895.

*NEUMANN, Ignaz; *Durchführung von Zinseszinsen-, Renten- und Amortisations-Rechnungen auf gewönlichem Rechnungswege durch ganz neue Anwendung der Zahlen aus den Zinseszinsen-Tabellen*, Wien 1895.

*POPPE, O.; Die deutsche Buchführung, eine Anleitung, ohne vorkentnisse die Bücher nach einer neuen, einfachen, übersichtlichen Methode zu führen, wodurch man zu jeder Minute recht überzeugend nachweisen kann, wie man steht, bearbeitet unter besonderer Berücksichtigung des Kleingewerbes, Saalfeld 1895.[15)]

*PORGES, Carl; Lehrbuch der kaufmännischen Buchführung. Leitfaden für den Schul- und Selbstunterricht. I Theil: einfache Buchführung, Vierte, ganzlich umgearbeitete Auflage, Wien und Leipzig 1895.[42)]

*SCHÄR, Johann Friedrich; *Einfache und doppelte Buchhaltung (Maier-Rothschild-Bibliothek. Band 6/7.)*, Berlin 1895.

*FRANZ, Alois Rudolf; Die Vermögensverwaltungs-Rechnung, Prag 1896.[15)]

*KOCH, Leopold; Die einfache Art der Buchführung für den Gewerbsmann und Landwirt. Anleitung für den Unterricht an Volks- und Bürgerschulen und an gewerblichen, bezw. landwirtschaftlichen Fortbildungschulen, Stockerau 1896.[20)]

*LAMBL, J. B.; Der Morbus doppicus in der Landwirthschaft, Prag 1896.[15)]

*MAATZ, Richard; Die kaufmännische Inventur und Bilanz als Grundlage der Veranlagung des Geschäftsinhabers zur Staatsinkommensteuer, Liegnitz 1896.[22)]

*MEWES, G.; Die kaufmännische Buchführung - einfache und doppelte - für den Unterricht an Handelsschulen, zur Selbsterlernung und zum practischen Gebrauch bei Einrichtung und Führung von Geschäftsbüchern unter Berücksichtigung des Allgemeinen Deutschen Handels-Gesetzbuches, Küstrin 1896.[21)]

*PLANK, Franz; *Die Zinsen-Rechnung im Bank-Conto-Corrent, mit besonderer Berücksichtigung neuerer Abschlussverfahren und mit einer*

44) Cf., Institute of Chartered Accountants in England and Wales; *op. cit.*, p.25.

Anleitung zur theoretisch richtigen und praktischen Berechnung der Zinsen in Conto-Corrents mit doppelten und wechselnden Zinsfüssen, sowie zur Berechnung der verschiedenartigen Provisionen. Nebst einem Anhange enthaltend 25 nach verschiedenen Methoden und Usancen abgeschlossene Bank-Conto-Corrents, Wien 1896.

＊STERN, Robert; Formularien-Heft. Sammelheit von Formularien für den Gebrauch im Muster-Comptoir, Wien 1896.[42]

＊VILLICUS, Franz; Musterheft zur einfachen Buchhaltung mit Verbuchungsaufgaben fur kaufmännische Fortbildungschulen, Vierte Auflage, Wien 1896.[42]

＊BEIGEL, Rudolf; Braucht der Turist Buchführungs-Kenntnisse? Strassburg 1897.[20]

＊GOERK, Friedrich; Neues System der doppelten Buchführung genannt die deutsche doppelte Buchführung, Leipzig 1897.[41]

＊HUDABIUNIGG, Karl; Cameralistik und Doppik, Dritte Auflage, Leipzig 1897.[41]

＊HUDABIUNIGG, Karl; Interessante Fälle im Buchhaltungswesen, Zweite Auflage, Leipzig 1897.[41]

＊HUDABIUNIGG, Karl; Kritik der Constanten, Zweite Auflage, Leipzig 1897.[41]

＊KEMMER, Franz; *DER KONTOKORRENT-VERKEHR. SYSTEMATISCHE DARSTELLUNG IN RECHTLICHER, WIRTSCHAFTLICHER UND KAUFMÄNNISCH-TECHNISCHER HINSICHT*, München I897.

＊LAMBL, J. B.; Die landwirthschaftliche Doppik. Ein Faschings-Nachklang, Wien 1897.[42]

＊STERN, Robert; Leitfaden für ein Muster-Comptoir mit Einbeziehung aller handelswissenschaftlichen Unterrichtsgegenstande in den Comptoirdienst und unter Zugrundelegung des vom hohen k.k. Ministerium für Cultus und Unterricht für zweiclassige Handelsschulen vorgeschriebenen Normallehrplanes, Wien 1897.[45]

＊STERN, Robert; Muster-Comptoir-Atlas. Sammelheft von Musterbeispielen aus den Comptoirarbeiten und von sonstigem Orientierungsmateriale zum gleichzeitigen Unterrichtsgebrauche mit dem Leitfaden für ein Muster-Comptoir, Wien 1897.[45]

45) Cf., Institute of Chartered Accountants in England and Wales; *op. cit.*, p.53.

*HECET, C.; Übungsbuch für den Unterricht in der einfachen Buchführung. Zum Gebrauch in Fortbildungs- und Handelsschlen wie beim Selbstunterricht, Bielefeld und Leipzig I898.[27)]

*HECKEL, Max von; *DAS BUDGET (HAND- UND LEHRBUCH DER STAATSWISSENSCHAFTEN IN SELBSTSTÄNDIGEN BÄNDEN, Zweite Abteilung: Finanzwissenschaft. IV. Band.)*, Leipzig 1898.

*HOWARD; Was vermag eine gute Buchführung und Landwirthe zu Lehren? Sonder-Abdruck aus Fuhling's Landwirthschaftliche Zeitung, Leipzig 1898.[41)]

*LEGAT, Louis Alex.; Die Technik des Bank-Contocorrentes nach den Usancen des wiener Platzes. Mit 28 Original-Müsterbeispielen und einer Sammlung von Übungsaufgaben. Von Louis Alex. Legat und Alexander Töpfel, Wien 1898.[45)]

*SCHILLER, Rudolf; *Beiträge zur Buchhaltung im Versicherungswesen. Separat-Abdruck aus dem Jahresberichte der Wiener Handels-Akademie für 1898*, Wien und Leipzig 1898.[43)]

*SELLNICK, H.; Die wirthschaftliche-statistische Buchhaltung. Eine neue Lehre der doppelten Buchhaltung mit neuen Conten, neuen Bilanzen und neuen Abschlüssen, Leipzig 1898.[41)]

*STERN, Robert; Die Besteuerung der Actiengesellschaften, Sparcassen, Genossenschaften und sonstigen zur öffentlichen Rechnungslegung verpflichteten Unternehmungen nach dem Steuergesetze vom 25./10. 1896. Mit besonderer Berücksichtigung der Buchhaltung, Wien 1898.[45)]

*WICK, W.; Methodische Aufgaben-Sammlung für den Buchhaltungs-Unterricht an kaufmännischen, gewerblichen und technischen Lehranstalten. Unter Berücksichtigung der hauptsachlichsten Wirtschaftsformen und in strengster Anlehnung an die Stoffgruppirung des handelswissenschaftlichen Unterrichts (Sammlung kaufmännischer Lehrbücher), Leipzig 1898.[41)]

*GUTHEIL, Johannes Rudolf; Buchführungs-Unterricht (Methode Gutheil). Kaufmännische Unterrichtsbriefe, Erster Kursus, Berlin 1899.[40)]

*標題のイタリック体は，原本と照合済。

表1

最後に，筆者は，Schmalenbach, Eugenの人となり[46]と，その大著『動的貸借対照表論』の標題だけは紹介しておきたい。これまでに，日本の会計理論，日本の会計制度を支配してきたといわれる大著。しかも，筆者が，「ドイツ簿記の16世紀」から，17世紀，18世紀を経由，19世紀までの単式簿記と複式簿記，さらに，静態論から「20世紀の動態論」まで，この4世紀余，この400年余を俯瞰して，今日の複式簿記の枠内にある会計，したがって，「複式簿記会計への進化」を解明しようと，実に無謀な構想を練るようになる誘因となったのは，この大著である。この大著は，ほぼ半世紀に亘って，増補，改訂が繰返されたことから，Schmalenbach自身，1906年に，商学の専門誌，*„Zeitschrift für handelswissenschaftliche Forschung“*（1963年からは，経営経済学の専門誌，*„Schmalenbachs Zeitschrift für betriebswirtschaftliche Forschung“* に改称）の創刊以来，その編集者であったのだが，この専門誌に，1919年に掲載される論稿の第1版，1920年に出版される第2版までを「初版」，1925年に出版される第3版から1939年に出版される第7版までを「中版」，そして，1947年に出版される第8版から1962年に出版される第13版，この最終版までを「終版」として分類されている[47]。この間，日本でも翻訳されているのだが，さらに，スペイン，フランスおよびイギリスでも翻訳されている。

46）Schmalenbachの人となりについては，参照，土岐政蔵訳；『動的貸借対照表論』，森山書店 1950年，1頁以降。土岐政蔵訳；『11版・動的貸借対照表論』，森山書店 1956年，247頁以降。拙稿；「シュマーレンバッハ」，『第6版 会計学辞典』（神戸大学会計学研究室編），同文舘 2007年，651頁。
Vgl., Kruk, Max / Potthoff, Erich / Sieben, Günter; *EUGEN SCHMALENBACH, Der Mann - Sein Werk - Die Wirkung,* hg. von Cordes, Walter, Stuttgart 1984.
参照，樗木航三郎・平田光弘共訳；『シュマーレンバッハ　炎の生涯』，有斐閣 1990年.

47）参照，谷端長著；『動的会計論』（増補版），森山書店 1968年，163頁以降。
なお，「シュマーレンバッハの文献目録」については，参照，拙著；『近代会計の基礎理論』，森山書店 1981年，付録。

初版

**Grundlagen dynamischer Bilanzlehre*,
G.A. Gloeckner, Verlagsbuchhandlung. Leipzig 1919. 96S.（Abdruck aus Grundlagen dynamischer Bilanzlehre, in: *Zeitschrift für handelswissenschaftliche Forschung,* 13.Jg. 1919, S.1-60, 65-101.）

＊2.Aufl., G.A. Gloeckner, Verlagsbuchhandlung. Leipzig 1920. 92S.

中版

＊*Dynamische Bilanz*, 3.Aufl., G.A. Gloeckner, Verlagsbuchhandlung. Leipzig 1925. VIII, 288S.

＊4.Aufl., G.A. Gloeckner, Verlagsbuchhandlung. Leipzig 1925. VII, 376S.

＊5.Aufl., G.A. Gloeckner, Verlagsbuchhandlung. Leipzig 1931. XI, 376S.
Japanische Übersetzung von Toki Masazô（土岐政蔵）.
『動的貸借対照表論』,
上巻、森山書店、東京　昭和13（1938）年、259頁。
『改訂　動的貸借対照表論』,
上巻、経済圖書、東京　昭和15（1940）年、259頁。

＊6.Aufl., G.A. Gloeckner, Verlagsbuchhandlung. Leipzig 1933. VIII, 330S.
Japanische Übersetzung von Toki Masazô（土岐政蔵）.
『動的貸借対照表論』,
下巻、森山書店、東京　昭和14（1939）年、(260-）538頁。
『改訂　動的貸借対照表論』,
下巻、経済圖書、東京　昭和16（1941）年、(260-）538頁。

＊7.Aufl., G.A. Gloeckner, Verlagsbuchhandlung. Leipzig 1939. VIII, 330S.
Japanische Übersetzung von Toki Masazô（土岐政蔵）.
『動的貸借対照表論』,
森山書店、東京　昭和25（1950）年、404頁。
Spanische Übersetzung.
Balance Económico,
Institute de Censores Jurados de Cuentas de Espña. Madrid 1953. 355p.

終版

＊*Dynamische Bilanz*, 8.Aufl., I.Teil und II.Theil, Industrie- und Handelsverlag Walter Dorn. Bremen-Horn, Hamburg und Hannover-Döhren 1947. 228S.

＊9.Aufl., Felix Meiner Verlag. Leipzig 1948. 216S.

＊10. durchges. Aufl., Industrie- und Handelsverlag Walter Dorn. Bremen-Horn, Hamburg und Hannover-Döhren 1948. 196S.

＊11.Aufl., unter Mitwirkung von Richard Bauer, Westdeutscher Verlag. Köln und Opladen 1953. 217S.
Japanische Übersetzung von Toki Masazô (土岐政蔵).
『11版・動的貸借対照表論』,
森山書店，東京　昭和31 (1956) 年，257頁。
Französische Übersetung von Bruck, Frédéric.
Le bilan dynamique (L'Économie d'Enterpreise. 8.),
Dunod. Paris 1961. XVIII, 245p.
＊12.Aufl., unter Mitwirkung von Richard Bauer, Westdeutscher Verlag. Köln und Opladen 1953. 217S.
Japanische Übersetzung von Toki Masazô (土岐政蔵).
『12版・動的貸借対照表論』,
森山書店，東京　昭和34 (1959) 年，257頁。
Englische Übersetung von Murphy, G.W. und Most, Kenneth, S.
Dynamic Accounting,
Gee. London 1959. 222p.
＊13. verb. u. erw.Aufl., bearb. von Richard Bauer, Westdeutscher Verlag. Köln und Opladen 1962. 272S.

筆者自身，大学院生の時代には，まずは，土岐政蔵先生の大訳に頼りながら，この大著を読み耽ったものである。さらに，大学院時代の指導教授であった谷端長先生（神戸大学名誉教授）の助言によっては，Schmalenbach自身になりきることで，この大著を読み込もうとしたものである。同時に，大学時代からの指導教授であった小島男佐夫先生（関西学院大学名誉教授）の助言によっては，Schmalenbachが出版した背景を意識することで，この大著を読み熟そうとしたものである。そのようなわけで，筆者は，この大著を読破しようとしたのはもちろん，経歴からエピソードまで，Schmalenbachのことなら，何でも知ろうとしただけの，まさに「Schmalenbach学者」になってしまったかもしれない。筆者の学者人生にとっては，研究の出発点であると同時に，研究の終着点であったからである。

そこで，停年を目前に，筆者の学者人生にとっては，研究の大きな「拠り所の書」であったことの感慨に浸るときに，Schmalenbachの人となりについて，これまで筆者の研究室を飾ってきた写真[48]と経歴に併せて，その大著について

48) Schmalenbachの写真については，土岐政蔵訳；『動的貸借対照表論』（森山書店）の冒頭に掲載されたものを転載。

は,「初版」を代表する，第1版となる論稿が公表される『商学研究誌』の標題と第2版の標題,「中版」を代表する第4版の標題，そして,「終版」を代表する第8版，第Ⅰ部と第Ⅱ部の標題だけは紹介しておきたいのである。

SCHMALENBACH, EUGEN

1873年8月20日に，ヴェストファーレン州，
ハルファーの村里のシュマーレンバッハ村に生まる。
1955年2月20日に81歳と6カ月の生涯を閉じる。

Schmalenbachはドイツの経営経済学者。父親の経営する錠前工場の簿記と原価計算をまかされていたが，1898年にライプツィヒ商科大学の創設と同時に入学。Lambert, Richardの指導を受ける。1900年に卒業すると，1901年に同大学のBücher, Karlに認められて，助手兼司書に指名される。1903年には新設されたケルン商科大学で私講師として大学教授資格を取得，1904年に専任講師，1906年には私経済学教授に昇任する。1919年には単科大学からケルン総合大学に，ケルン商科大学は経済・社会学部になるが，その開校に際して，政治経済学博士の学位を授与される。また，経営経済学教授になる。1920年から2学期間，学部長も勤める。しかし，1933年にナチズムの政変に休職を依願，退職する。夫人のMarianneがユダヤ人であったがために迫害，はては隠れ家に匿われるが，終戦の1945年には同大学に復帰。講義「貸借対照表と財務」は内外からの聴講で超満員であったとのことである。

この間，1923年にライプツィヒ商科大学からは創設25周年を祝して名誉市民権，フライブルク大学からは50歳の誕生を祝して名誉法学博士号，1932年にニュルンベルク経済・社会科学大学からは名誉経済学博士号を授与される。また，1952年に神戸大学からは80歳の誕生を祝して，日本で初めての名誉経営学博士号を授与される。門下には，経済界で活躍した著名な人々が多いが，学界では，Mahlberg, Walter，Geldmacher, Erwin，Walb, Ernstの順に，これまた，著名な学者を輩出する。門下を中心に，1932年に「シュマーレンバッハ連合」（Schmalenbach-Vereinigung）を結成，1952年に「シュマーレンバッハ協会」（Schmalenbach-Gesellschaft）に改組，出版物を公刊するなど，経営経済学の振興に寄与する。すでに，1906年からは『商学研究誌』（„*Zeitschrift für handelswissenschaftliche Forschung*“）を創刊，1963年に『経営経済研究誌』（„*Schmalenbachs Zeitschrift für betriebswirtschaftliche Forschung*“）に改称，これまた，経営経済学の発展にも寄与する。Schmalenbachの業績は，経済，金融，財務会計，原価計算と多岐に及んでいる。1928年の学会で，固定費の割合が増加する現状では，自由経済は終焉，新しい経済体制が徐々に始まると断言した講演は，「ウィーン講演」として有名である。主著は，『動的貸借対照表論』（„*Dynamische Bilanz*“）（初版は1919年，第13版は1962年），『原価計算と価格政策』（„*Selbstkostenrechnung und Preispolitik*“）（初版は1919年，第8版は1963年）および『コンテンラーメン（標準会計組織）』（„*Die Kontenrahmen*“）（初版は1927年，第6版は1939年）。特に『動的貸借対照表論』は「動的会計」ないし「動態論」として，近代会計の代名詞となるほどに，ドイツではもちろん，日本の会計理論，日本の会計制度に及ぼした影響は大きい。Schmalenbachの首唱した動態論を継承，発展させたWalbから，Kosiol, Erichの理論系譜は「ケルン学派」として，これまた，有名である。

なお，「シュマーレンバッハ財団」は彼の伝記を上梓，1984年に伝記『シュマーレンバッハ炎の生涯』（„*EUGEN SCHMALENBACH, Der Mann-Sein Werk-Die Wirkung*“）として公刊する。「理論は実践から導き出されるものであり，理論は実践と常に手を携えていくものだ」（伝記の訳者あとがき）との信念，この学風こそは，動態論はもちろん，今日でも多くの業績を簡単に陳腐化してしまうことはない。

ZEITSCHRIFT
für
Handelswissenschaftliche Forschung

Herausgegeben von

DR. E. SCHMALENBACH
Professor der Betriebswirtschaftslehre
an der Universität Cöln

13. Jahrgang 1919

G. A. GLOECKNER, Verlag für Handelswissenschaft, Leipzig

1919年，第1版となる論稿が掲載される『商学研究誌』の標題。縦は24cm，横は16.8cm。

Grundlagen dynamischer Bilanzlehre

Von

Dr. E. Schmalenbach

Professor der Betriebswirtschaftslehre
an der Universität Köln

2. Auflage

1920
G. A. GLOECKNER, Verlag für Handelswissenschaft, LEIPZIG

1920年，第2版の標題。縦は24.2cm，横は17.2cm。

Dynamische Bilanz

von

Dr. rer. pol., Dr. iur. h. c.
E. SCHMALENBACH
ordentl. Professor der Betriebswirtschaftslehre

Vierte Auflage

1926

G. A. GLOECKNER, VERLAGSBUCHHANDLUNG IN LEIPZIG

1926年，第4版の標題。縦は24.2cm，横は17.2cm。

EUGEN SCHMALENBACH

DYNAMISCHE BILANZ

I. TEIL

Seite 1—116

INDUSTRIE- UND HANDELSVERLAG
WALTER DORN
G. M. B. H.

BREMEN-HORN VAHRER STRASSE 359 FERNRUF: 46433 u. 45407	HAMBURG PRESSEHAUS FERNRUF: 321004	HANNOVER-DÖHREN REICHHELMSTRASSE 8 FERNRUF NUMMER: 82650

1947年，第8版，第Ⅰ部の標題。縦は20.7cm，横は14.8cm。

EUGEN SCHMALENBACH

DYNAMISCHE BILANZ

II. TEIL

Seite 117—228

INDUSTRIE- UND HANDELSVERLAG
WALTER DORN
G. M. B. H.

BREMEN-HORN	HAMBURG	HANNOVER-DÖHREN
VAHRER STRASSE 359	PRESSEHAUS	REICHHELMSTRASSE 8
FERNRUF: 46433 u. 45407	FERNRUF: 321004	FERNRUF NUMMER: 82650

1947年，第8版，第Ⅱ部の標題。縦は20.7cm，横は14.8cm。

索　　引

あ　行

か　行

さ 行

た　行

な　行

は　行

ま　行

や　行

ら 行

わ 行

後　　記

私は，大学院の時代から，20世紀のドイツはもちろん，日本の会計理論，日本の会計制度を支配したといわれる，近代会計の父 Schmalenbach, Eugenの大著『動的貸借対照表論』に取組んでいくうちに，「ドイツ簿記の16世紀」に遡源してしまい，17世紀，18世紀を経由，19世紀までの単式簿記と複式簿記，さらに，静態論から「20世紀の動態論」まで，この4世紀余，この400年余の間を俯瞰して，今日の複式簿記の枠内にある会計，したがって，「複式簿記会計への進化」を解明しようとしたものである。想えば，無謀な構想を練ったものだとの後悔しきりのなかで，ともかくも，私の姉妹の書として，2005年には，拙著『複式簿記の歴史と論理－ドイツ簿記の16世紀－』（森山書店），2008年には，拙著『複式簿記会計の歴史と論理－ドイツ簿記の16世紀から複式簿記会計への進化－』（森山書店）を世に問うことで，人知れぬ獣道でしかないかもしれないが，その筋道だけは，やっとの想いで解明しえたようである。

実は，この「姉妹の書」を世に問うたところで，これでおしまいにしようと思っていた。しかし，私の停年を迎えるまでに，いま少しばかり時間が残されていたことから，「ドイツ簿記の16世紀から複式簿記会計への進化」を解明しようとしたばかりの私としては，これまた，後悔は先に立たずとでもいうべきか，性懲りもなく，無謀な構想を練ってしまったようである。「記録すること」自体の起源から説き起こして，「複式簿記」が誕生，完成するまでの「商人の英智」のほどを書き記しておこうとしたのだから。「記録の起源と複式簿記の記録」，このような課題に取組むようになったのは，私にとって2つの誘因があってのことである。

まず1つの誘因は，私が小学生の低学年の頃を思い出してのことである。新任の

女性の先生であったが，数学の授業時間に，心ここに有らずというか，私は浮かぬ顔で聞いていたのかもしれない。突然に，

「土方くん，何か質問は」。この先生の言葉に我に帰ったのだが，何を質問したらよいのか分からない。咄嗟に，全く関係のない，日頃から不思議に思っていたことを質問してしまった。

「先生，計算はよう分かるんですが，1，2，3の数字は，なしてそんな格好をしとるんですか」。これには，先生は困惑。しばし沈黙の後に，

「いまは，そんなことは考えなくていいの」。そのように言われると，何もなかったかように授業時間を続けられた。それまでは，「分かった分かった」と頷きながら，思い違いばかりする私に付けられた渾名は「早とちりの土方くん」であったのだが，それからは，私に付けられた渾名は「知りたがりの土方くん」。この2つの渾名は，私の性格を見事に言い当てているようで，この性格だけは，いまだに変わることがない。しかし，とんでもない質問をしたもので，あの質問を思い出しては，数字の歴史とか文字の歴史とかに関わる「数学の著書」を片っ端から読み漁ったものだが，「なしてそんな格好……」までは，いまだに納得しえないでいる。先生を困惑させる質問をしてしまったことに申し訳なく思うばかりである。

しかし，この多くの「数学の著書」を読み耽っていて，私には忘れられない考古学者の言葉がある。極端には，「文字は『会計記録人』の発明になるものである」とまで表現される言葉である。本来，「簿記」は，「帳簿を備付けること，保持すること」，したがって，まずは，「帳簿に記録すること」を意味する。それでは，いつから記録するようになったか，「何をどれくらい」，これをどのように記録するようになったか，「何のために」記録するようになったか，「記録すること」自体の起源は……。これに対して，帳簿に記録することを意味する「簿記」との関わり，特に「複式簿記」との関わりは……。このような疑問を抱きながら，まずは，「記録」の起源から解明したいと思ったものである。

いま1つの誘因は，私の研究の不備を自省してのことである。私は「複式簿記」

の歴史の裏付けを得ながら，その論理を解明しようとして，2冊の著書を拠り所に「私なりの試論」を組立てたものである。学部の時代には，簿記講義の教科書であったことから，木村和三郎先生と小島男佐夫先生の共著『簿記学入門』（森山書店）の1編「複式簿記の歴史的生成」は諳んずるほどに読み込んでいたことに併せて，大学院の時代には，山下勝治先生の著書『近代簿記論』（千倉書房）の1編「複式簿記の原理ー計算的管理思考の発展」を何度も読み返しては，この2冊の著書を咀嚼，反芻しながら，複式簿記についての私なりの試論を組立てることで，1995年には，拙稿「簿記の歴史・覚え書」（『商学論集』（西南学院大学），42巻1·2号）をまとめたものである。この私なりの試論を組立てたところで，「ドイツ簿記の16世紀から複式簿記会計への進化」を解明しようとしたのだが，いまだに気掛かりなのは，この私なりの試論を裏打ちする「商人の実務」。中世イタリア商人の実務をまとめて，複式簿記について世界で最初に出版される印刷本までの，この「商人の実務」で裏打ちしておかないかぎりでは，私なりの試論も，ただの「私論」でしかないのである。私の研究の不備を自省するばかりである。

そこで，私が新たに拠り所にしたのは，泉谷勝美先生の著書『スンマへの径』（森山書店）である。しかし，専門的な知識も乏しい私には，実に難解。イタリア語には全くの不案内であるだけに，中世イタリア商人の1人1人について記憶しながら，この商人の実務を整理して納得しようとすると，実に困難な作業である。そこで，視力の落ちた私が読み取れるように，この著書を拡大複写して，その20頁ほどずつを通勤の電車に持ち込んでは，これを何度も読み返したものである。何とか読み熟なそうとしたものである。この著書を読み耽ってしまい，アレコレ思索するのに熱中するあまり，降りるべき駅を乗り越してしまったことも1度や2度ではない。通勤の「車中」が私の研究室という妙な癖が付いてしまったようである。この1冊の著書を咀嚼，反芻しながら，私なりの試論を裏打ちする「商人の実務」を私なりに納得しようとしたものである。したがって，「記録すること」自体の起源から，ことさらに，これに対して，帳簿に記録することを意味する「簿記」との関わり，特に

「複式簿記」との関わりは……。このような疑問を抱きながら，さらに，複式簿記の「記録」について解明したいと思ったものである

しかし，実際に「記録の起源と複式簿記の記録」に取組むようになったのは，私が「ドイツ簿記の16世紀から複式簿記会計への進化」を解明しようとして以来，抱き続けてきた疑問，「会計情報」自体が多様な変革を迫られる現状にあって，しかも，開示「技術」が急速に進歩する現状にもあって，「それでも，複式簿記に関わるのはなぜか」，したがって，「それでも，今日の複式簿記の枠内にある会計，『複式簿記会計』であるのはなぜか」，このような疑問を抱き続けてきた私は，「『複式簿記』であるなら間違いはない」と思い込んでしまう「複式簿記の神話」に無意識のうちに頼っていることを自覚しておかねばならないとの想いからである。この「複式簿記の神話」が生み出される発端となったところを解明しえたらということで，「記録すること」自体の起源から説き起こして，「複式簿記」が誕生，完成するまでの「商人の英智」のほどを書き記しおこうとしたわけである。

これに加えて，約半世紀の間，簿記教育の現場に会計教育の現場に携わってきた私が努めてきたことだが，「複式簿記」をただの技法として，ともすれば難解のままに学習してもらうのではなく，少しは楽しい教養として「簿記知識」を学習してもらいたいとの願いから，数百年，いや，数千年に亘る「商人の英智」のほども知ってもらいたかったからでもある。

ところが，「記録」の起源まで書き記したところで，私は，停年を目前に大学の研究室を片付けていると，これまでに苦労して入手しえておきながら，通覧しただけで忘れてしまっていた印刷本，特に「ドイツ固有の簿記」を解説する印刷本が見出される。しばし片付けるのを中断して，この印刷本を読み返してみると，「ドイツ簿記の16世紀」を解明するのに急いだあまりか，資料不足であったことに加えて，推敲不足，したがって，説明不足であったことを痛感させられるのである。私には気掛かりなところでもあったので，これまた，しばし中断して，この「ドイツ固有

の簿記」について取組んでしまい，改めて解明したわけである。13世紀，14世紀に誕生するイタリア簿記を見聞ないし見知することで，16世紀の初頭に確立，展開されて，16世紀の末葉には，イタリア簿記に融合されてしまう，「16世紀におけるドイツ固有の簿記とイタリア簿記の交渉と融合」をまとめたものである。それからは，複式簿記の「記録」まで書き記すのに，私に残されたわずかな時間を睨みながら，焦燥感に苛まれたものではあるが，「記録の起源と複式簿記の記録」についても，これまた，人知れぬ獣道でしかないかもしれないが，その筋道だけは，やっとの想いで解明しえたようである。

私は，可能ならば，この「記録の起源と複式簿記の記録」を1冊にまとめることにして書き記したものである。しかし，これを解明するのを中断してまで，改めて取組もうとしたところの「16世紀におけるドイツ固有の簿記とイタリア簿記の交渉と融合」は，本来，複式簿記の歴史の裏付けを得ながら，その論理を解明しようとして，私が7年前に世に問うた前々書『複式簿記の歴史と論理』を補完することになる。「ドイツ簿記の16世紀から複式簿記会計への進化」を解明しようとした私にとっては，私の姉妹の書の，まさに「補完の章」になることから，本書の「本論」として収録することにしたわけである。

さらに，私の研究の不備を自省して，これまでに書き漏らしたことを補っておきたいとの想いから，「記録の起源と複式簿記の記録」を書き記したことでは，私の研究を補完することになる。したがって，私が4年前に世に問うた前書『複式簿記会計の歴史と論理』を補完することにもなる。「ドイツ簿記の16世紀から複式簿記会計への進化」を解明しようとした私にとっては，私の姉妹の書の，これまた，「補完の章」にもなることから，本書の「補遺」として収録することにしたわけである。

そして，本書の「付録」として収録することにしたのは，「19世紀のドイツに出版される簿記の印刷本の目録」。16世紀から18世紀までにドイツに出版される簿記の印刷本の目録は，すでに，私の姉妹の書に披露してきたのだが，紙幅の都合から，披露するのを躊躇していた目録に併せて，本来，日本の会計制度と「会計理論」の関わりを解明しようとして，Schmalenbachの大著に取組んできた私が，会計制度，会計理論と「複式簿記」の関わりまで解明しなければならなかった理由，なぜ「ドイツ簿記の16世紀」から取組まねばならなかったか，なぜ「ドイツ簿記の16世紀から複式簿記会計への進化」にまで取組まねばならなかったかを読者諸賢に納得してもらいたい想いを吐露している。さらに，この大著こそは，私の学者人生にとって，研究の出発点であると同時に，研究の終着点であったことから，Schmalenbachの人となりについても紹介しておこうとしたわけである。

したがって，私の姉妹の書の「補完の書」ということで，本書の標題は『複式簿記生成史の研究ードイツ固有の簿記とイタリア簿記の交渉と融合ー』にしたのだが，全体として整合しえてはいないとの批判を甘受しなければならないかもしれない。しかし，本書は，私の停年も直前に，これまでに書き貯めてきたものを私なりに整理して，ここに収録しえたことでは，未熟かもしれないが，停年を迎える私の学者人生の「完結」ともいうべき書，大袈裟かもしれないが，この私の学者人生の「閉幕」ともいうべき書ということで，読者諸賢のご寛恕を頂けるなら幸いである。

すでに，「ドイツ簿記の16世紀から複式簿記会計への進化」を解明しようとしては，16世紀が「大航海時代」であるだけに，私は大航海に船出する気持ちで取組んできたのだが，「記録の起源と複式簿記の記録」までも解明しようとするとなると，まさに「考古学」の発掘に取組む気持ちで，私は「考古学者」，いや，ただの「好古学者」でしかなかったかもしれない。

そこで，この私の気持ちに蘇るのは，幼年の頃から何度も読み返しては憧れた自伝『古代への情熱』。古代ギリシャはホメロスの英雄叙事詩『イリアス』と『オデッセイア』に自分の夢を持ち続けながら，トルコ東部のエーゲ海に接するトロィアの遺跡を発見した，あのハインリッヒ・シュリーマンの自伝である。シュリーマンが50歳も間近にして発掘に取組んだように，不遜かもしれないが，私も馬齢を重ねたところで取組んだのが，「ドイツ簿記の16世紀から複式簿記会計への進化」ばかりか，さらに，「記録の起源と複式簿記の記録」。学部の時代からの指導教授・小島男佐夫先生（関西学院大学名誉教授）に機会あるごとに教え込まれた「複式簿記の歴史の話」を「私の英雄叙事詩」に見立てると共に，大学院時代の指導教授・谷端長先生（神戸大学名誉教授）に機会あるごとに教え込まれた「会計の論理の話」を「私の鶴嘴とシャベル」に見立てることで，複式簿記の核心に迫りうると思われるところを掘りに掘りまくったにすぎない。専門的な知識も乏しいままに，「記録の起源と複式簿記の記録」までも解明しておきたい衝動だけから，ひたすら我武者羅に取組んだにすぎない。小学生の時代からの私の渾名である「知りたがりの土方くん」の面目躍如といったところかもしれない。しかし，専門的な知識も乏しいままに，「空想的な解釈で」掘りに掘りまくったことで，後日，専門家の「考古学者」から，シュリーマンは批判されたように，ともすれば，「好古学者」でしかない私は，まさに空想的な解釈で掘りに掘りまくったようで，思わぬ間違いを犯しているにちがいない。小学生の時代からの私の渾名である「早とちりの土方くん」だけは，いまだに，どうしようもないようで，読者諸賢に大いに矯正してもらいたい。

とにかく，トロィアの遺跡を発見したほどでは，とてもないにしても，『複式簿記生成史の研究』として，「16世紀におけるドイツ固有の簿記とイタリア簿記の交渉と融合」ばかりか，さらに，「記録の起源と複式簿記の記録」を発掘したことだけでも知ってもらえるなら，そして，簿記教育の現場に会計教育の現場に「商人の英智」のほどを知らしめてもらえるなら，これに勝る私の喜びはない。

これまで，私は，複式簿記の歴史の裏付けを得ながら，その論理を解明しようと，「複式簿記」の謎の謎解きに挑戦して，「自分が知りたいこと」，「自分が知ってもらいたいこと」を書き記してきたが，これを「知ってもらえる読者」，「知らしめてもらえる読者」に伝えてくれる仲介者は「出版社」。本書に興味を抱かれる読者に感謝するのは，「これから」に待たしてもらうしかないが，出版者には，「これまで」に感謝しておかねばならない。出版事情の厳しい環境のなか，私の著書のすべてを出版して頂いたのは「森山書店」である。いつの頃だったか，新たな出版のお願いに伺った時のこと，

「売れない本の出版ばかりをお願いしまして」と，私は恐縮して，お詫びの挨拶をすると，

「高名な先生からは，うちは玄人受けする本を出版してるように言ってもらっているようですから」と，菅田直文社長が笑顔で私を激励してくださったことを思い出している。「玄人受けする本」であろうなどと不遜な気持ちは毛頭ないが，この言葉がどれだけ私の誇りと情熱を奮い立たせてくれたことか。さらに，本書の最初の読者になってもらい，校正に尽力してくださった菅田直也氏が入社された頃であったが，神田の古本屋街を案内してもらった時のこと，

「出版してもらうことがありましたら，お世話をお願いしますよ」と，私は当てすらない無責任な軽口を叩くと，

「私でよかったら」と，真顔で応諾して頂いたことを思い出している。私はあの約束を律儀に誠実に果たしてもらえたことに感謝している。森山書店に改めて深謝する。

本書によって，ともかくも，やっとの想いで，私の姉妹の書の「補完の書」，いわば，私の学者人生の「完結の書」にして「閉幕の書」をまとめえたところで，考古学の発掘よろしく，私は堀りに堀りまくった土砂の山を眺める想いである。あのシュリーマンが土砂の山を眺めながら，自身の発掘の進捗を推し量ったように，自宅の私の部屋に所狭しとばかりに堆く積上げられた資料の山と反故の山に埋もれながら，苦しくも実に楽しかった私の学者人生を省みていると，これが私の停年を直前にした夕暮れともなれば，私は万感胸に迫るような想い，柄にもなく感傷的な気

分になろうというものである。ドイツ簿記の16世紀，会計帳簿の冒頭の隅々には，執拗なほどに，すべてに感謝の気持ちを込めて，“Laus Deo”（神に感謝）と書き記したのに倣って，私は，本書の最後になってしまったが，私の2人の指導教授ならびに私の研究を支え励ましてくれた多くの人々，そして，学者三昧の私を見守ってくれた亡き両親と家族に「ありがとう」の感謝の言葉を書き記しておきたい。

2012（平成24）年5月4日　私の古稀祝いの日に

土　方　　久

本書の公刊は，2012（平成24）年度の日本学術振興会・科学研究費助成事業による科学研究費補助金（研究成果公開促進費）の交付によるものであることを付記して，私の感謝としたい。

著者略歴
1942(昭和17)年5月　福岡県久留米市に生まる
1966(昭和41)年3月　関西学院大学商学部卒業
1968(昭和43)年3月　神戸大学大学院経営学研究科修士課程修了
1971(昭和46)年3月　同　博士課程単位取得満期退学
1987(昭和62)年9月　経営学博士（神戸大学）
1968(昭和43)年4月　西南学院大学商学部助手
1971(昭和46)年4月　同　講師
1973(昭和48)年4月　同　助教授
1979(昭和54)年4月　同　教授，現在に至る
1982(昭和57)年6月　日本会計研究学会太田賞受賞
2006(平成18)年8月　日本簿記学会賞受賞
2009(平成21)年10月　日本会計史学会賞受賞

著　書
『近代会計の生成』，1981(昭和56)年4月，西南学院大学学術研究所
『近代会計の基礎理論』，1981(昭和56)年10月，森山書店
　同　　　　（増訂版），1986(昭和61)年11月，森山書店
『近代会計の理論展開』，1986(昭和61)年9月，森山書店
『貸借対照表能力の研究』，1996(平成8)年2月，西南学院大学学術研究所
『貸借対照表能力論』，1998(平成10)年11月，森山書店
『複式簿記の歴史と論理』，2005(平成17)年12月，森山書店
『複式簿記会計の歴史と論理』，2008(平成20)年11月，森山書店
『16世紀におけるドイツ固有の簿記の研究』，2012(平成24)年3月，西南学院大学学術研究所

訳　書
『経営維持と利潤計算』，1975(昭和50)年6月，ミネルヴァ書房

編　著
『貸借対照表能力論』，1993(平成5)年4月，税務経理協会
『近代会計と複式簿記』，2003(平成15)年4月，税務経理協会

複式簿記生成史の研究（ふくしきぼきせいせいしのけんきゅう）

2012年11月10日　初版第1刷発行

著　者　©　土方　久（ひじかた　ひさし）

発行者　菅田直文

発行所　有限会社　森山書店　東京都千代田区神田錦町1-10林ビル(〒101-0054)
TEL 03-3293-7061 FAX 03-3293-7063　振替口座00180-9-32919

落丁・乱丁本はお取りかえ致します　印刷／製本・シナノ

ISBN 978-4-8394-2123-6